SPOKEN NORWEGIAN

NORWEGIAN THIRD Edition

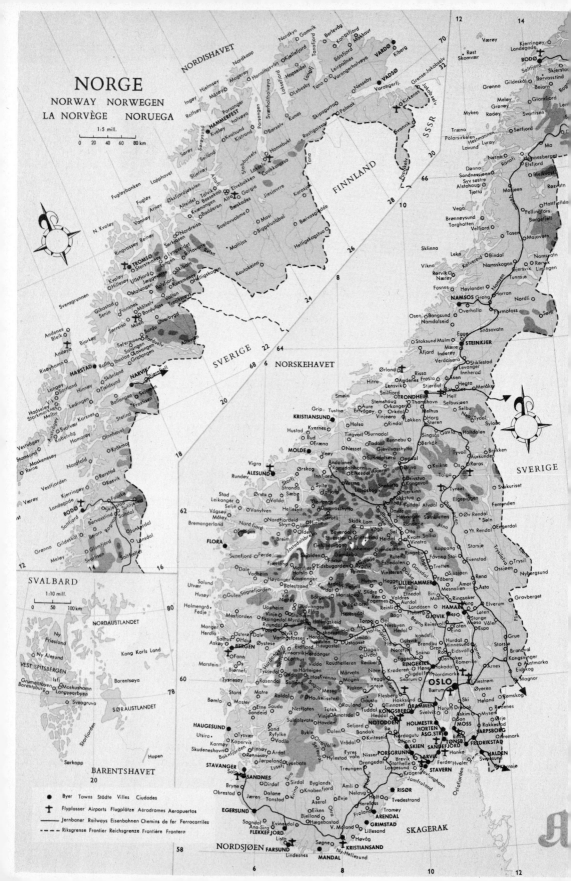

NORGE

NORWAY NORWEGEN
LA NORVÈGE NORUEGA

1:5 mill.

0   20   40   60   80 km

SVALBARD

1:10 mill.

0   50   100 km

Byer Towns Städte Villes Ciudades

Flyplasser Airports Flugplätze Aérodromes Aeropuertos

Jernbaner Railways Eisenbahnen Chemins de fer Ferrocarriles

Riksgrense Frontier Reichsgrenze Frontière Frontera

SPOKEN NORWEGIAN THIRD Edition

Einar Haugen
Harvard University

Kenneth G. Chapman
University of California, Los Angeles

Holt, Rinehart and Winston, Inc.

Fort Worth   Chicago   San Francisco   Philadelphia
Montreal   Toronto   London   Sydney   Tokyo

Til Eva og Astrid

Library of Congress Cataloging in Publication Data
Haugen, Einar Ingvald, 1906–
   Spoken Norwegian.
   Includes index.
   1. Norwegian language—Grammar. 2. Norwegian lan-
guage—Spoken Norwegian. I. Chapman, Kenneth Garnier,
1927–   . II. Title.
PD2623.H33   1982   439.8'282421   81–6333
ISBN 0–03–060013–8   AACR2

Address correspondence to:
383 Madison Avenue,
New York, N.Y. 10017
789 038 9876

CBS COLLEGE PUBLISHING
Holt, Rinehart and Winston
The Dryden Press
Saunders College Publishing

PREFACE

The first edition of this book was prepared in 1944 at the invitation of J Milton Cowan, acting on behalf of the American Council of Learned Societies. As director of its Intensive Language Program and as secretary of the Linguistic Society of America, he was involved in an effort to develop new materials and improve methods in American teaching of foreign languages. A program initiated well before the U.S. entry into World War II was tapped by the Armed Forces and made a part of their war effort. The resulting publicity identified the methods of American linguists as an "army method," though in fact they built on the results of a linguistic science which had its roots in the thinking of such European scholars as Henry Sweet, Wilhelm Viëtor, and Otto Jespersen. As an early convert to these ideas, the senior author was happy to contribute this volume to the series of "spoken manuals" which were prepared at the expense of the United States Armed Forces Institute and eventually released for civilian use under the imprint of Henry Holt and Company, now Holt, Rinehart and Winston.

Over the years the book came to be used in situations for which it was not primarily designed, especially in American schools and colleges. Where the spoken language series of the Armed Forces was designed for a nonclassroom situation, in which American soldiers would find themselves in foreign countries without language teachers but with an abundant supply of native speakers, the classroom calls for a rather different approach, in which the teacher is central and native speakers may be available only in recorded form.

Thus, in 1961, it was welcome news to the senior author that the junior author, former student and now a colleague, was interested in preparing an informal revision of *Spoken Norwegian* for use in his classes in Norwegian at UCLA. A grant during the 1961–1962 academic year from the Department of Health, Education and Welfare under the National Defense Education Act made it possible to put the revision into publishable form. During the summer and fall of 1962, we were able to work closely together at the University of Wisconsin to bring the manuscript into final form. We were greatly assisted in this task by the linguistic competence of our Norwegian-born wives, to whom this book is gratefully dedicated, and by that of our friend and colleague, Harald S. Næss, Professor of Scandinavian at the University of Wisconsin, who combed every lesson for violations of Norwegian idiom and ways of thinking.

Among the improvements in the second edition that were specifically due to the work of the junior author were the pattern drills and other oral and written exercises which now made classroom use of the book possible. He also tailored each unit into equal halves, with a balanced number of new learning items in each. In the second half of the book he extensively reshaped the basic conversations in order to give the dramatized situations greater actuality. This also involved the writing of numerous new supplementary conversations (*La oss Lytte*) for these later lessons, and in many cases the grammar had to be rewritten to suit the new material.

However, in the years that have passed since the revised edition appeared, neither the world nor the Norwegian language has stood still. The 1960s and 1970s have been periods of momentous social change, in Norway as elsewhere, and this is reflected in the language. Fortunately, there have been no major spelling changes, of the type that drastically changed the written image of Norwegian between 1907 and 1938. The changes now required primarily involve a recognition of different ways of traveling to Norway, as well as a widespread trend toward greater informality. In this second revision of a time-tested textbook the authors have not been free to rewrite the book in full, but have limited the changes to those that would meet the needs of the learner of our day.

One major change has been the trend toward elimination of the formal pronoun of address (*De*) in favor of the informal one (*du*), which always has been normal among rural and working-class speakers. To meet this need for greater informality we have reversed the introduction of the pronouns by starting with the informal and adding the formal at a later point. Georg Smith no longer arrives in Bergen by boat, which today is virtually impossible; he arrives by air. He still travels to Oslo by train, which is also the most attractive way of crossing the divide. Prices have been adjusted upwards, as inflation has dictated. A few pictures have been replaced. The style is still ideally that of the first edition, "an approximation as of the present day to the informal speech of cultivated but not fussy people in Oslo."

We are grateful to those teachers of Norwegian who have called our attention to errors in the previous edition, the most diligent of whom has been James Knirk. Among Norwegian language experts whom we thank for advice have been Dag Gundersen, Einar Lundeby, and Finn-Erik Vinje of the University of Oslo. S. Ralph Cohen of Scandinavian Airlines has kindly provided us with new illustrations. We hope that this revision will meet the needs of the 1980s, and that it will keep alive the youth and vitality that users have always found in this book. As always, we look to them for further corrections and suggestions.

Einar Haugen
Kenneth G. Chapman

CONTENTS

Lekse 3

JEG ER JOURNALIST

Første del: Pronunciation: 3.1 The consonants. Grammar: 3.1 Articles and nouns in the plural. 3.2 Introductions and titles.
Annen del: Numbers 13–90. Pronunciation: 3.2 Consonants that aren't there. 3.3 Secondary stress. Grammar: 3.3 Adjective endings. 3.4 Partitive constructions. 3.5 Omission of the article in descriptions of a person's trade, profession, nationality, or rank. 3.6 Use of the past tense to express present time. La oss lytte.

Lekse 4

HAR DE ET ROM TIL LEIE?

Første del: Pronunciation: 4.1 The Norwegian alphabet. 4.2 Unstressed vowels. Grammar: 4.1 The personal pronouns. 4.2 Word order: normal order, inverted order, the position of **ikke.**
Annen del: Pronunciation: 4.3 The location of stress. 4.4 Musical pitch. Grammar: 4.3 The future. 4.4 **Synes, tro, tenke.** La oss lytte. VOCABULARY LIST (Lessons 1–4).

Lekse 5

VIL DU SE LITT PÅ BYEN?

Første del: Grammar: 5.1 **Ei**-nouns. 5.2 Past forms of the verb.
Annen del: Grammar: 5.3 Formation of adverbs from adjectives. 5.4 Demonstrative pronouns. 5.5 **Det er, det var.** La oss lytte.

Lekse 6

SKAL DU SKRIVE BREV?

Første del: Grammar: 6.1 The formal pronoun. 6.2 The possessives. 6.3 The position of the possessives. 6.4 The possession of nouns.
Annen del: Grammar: 6.5 The reflexive pronouns. 6.6 The reflexive possessive. La oss lytte.

Contents

Lekse 11

HVA SYNES DU OM DE NORSKE STATSBANENE? 195

Første del
Annen del: Grammar: 11.1 Adjectives ending in **-en.** 11.2 'Meet' and 'mean'. La oss lytte.

Lekse 12

NÅR KOMMER VI OPP PÅ HØYFJELLET? 209

Første del
Annen del: Grammar: 12.1 Adverb-conjunctions. 12.2 'Both.' 12.3 Word compounding. La oss lytte.

Lekse 13

DET ER MORSOMT Å GÅ TUR I FJELLET 223

Første del
Annen del: Grammar: 13.1 Irregular noun plurals. 13.2 'If.' 13.3 **Igjen.** La oss lytte.

Lekse 14

PASS DEG FOR DEN SVINGEN! 237

Første del
Annen del: Grammar: 14.1 Continuing action. 14.2 'Know.' 14.3 Omission of the article. 14.4 'Ones.' La oss lytte.

Contents

Lekse 19
NORDMARKA

Første del
Annen del: Grammar: 19.1 Modal auxiliaries with perfect participles. 19.2 Adverbial compounds and phrases. 19.3 Appended pronouns. La oss lytte.

Lekse 20
BYGDØY

Første del
Annen del: Grammar: 20.1 Word formation: suffixes and prefixes. La oss lytte. VOCABULARY LIST (Lessons 16–20).

Lekse 21
FROGNERPARKEN

Første del
Annen del: Grammar: 21.1 Norwegian equivalents of English *-ing*. 21.2 The position of adverbs. 21.3 **Et**-noun definite plurals in **-a.** La oss lytte.

Lekse 22
UNIVERSITETET

Første del
Annen del: Grammar: 22.1 Norwegian dialects. 22.2 The **Nynorsk** (New Norwegian) language. 22.3 Nouns and adjectives formed from verb + adverb phrases. La oss lytte.

Lekse 23

I TEATRET 373

Første del
Annen del: Grammar: 23.1 Norwegian names (**norske navn**). 23.2 Kinship terms. 23.3 'Getting places'. La oss lytte.

Lekse 24

VINTER I NORGE 389

Første del
Annen del: Grammar: 24.1 Mountains and weather in Norway. 24.2 Courtesy phrases. 24.3 Emphatic demonstratives. La oss lytte.

Lekse 25

SYTTENDE MAI 403

Første del
Annen del: Grammar: 25.1 Why are many Norwegian and English words alike? 25.2 Grammar survey. La oss lytte. VOCABULARY LIST (Lessons 21–25).

APPENDIX—The Metric System 421

VOCABULARY 422

INDEX OF TOPICS (Grammar and Pronunciation) 448

NOTE: Throughout the text —
☐ stands for Pronunciation sections
○ stands for Grammar sections

GOD DAG!

ENGLISH EQUIVALENTS

1. How do you do! ('Good day')
2. Hello!
3. Hi!
4. Good evening!
5. How are you? ('How do you have it?')
6. Just fine, thanks.
7. And how are you?
8. Fine, thanks.
9. Do you speak Norwegian?
10. Yes, a little./Sorry, I don't. ('No, unfortunately')
11. I have to go now. ('I must . . .')
12. Do you understand?
13. No, I don't understand.
14. Would you repeat it ('. . . say it once more')?
15. I have to go now.
16. Do you understand now?
17. Yes, now I understand.
18. That's fine. ('That was fine.')
19. Goodbye ('Have it', i.e. 'good')
20. So long.

LISTENING SCRIPT

1. [go da′g]
2. [mår′n]
3. [hæi′]
4. [go kvell′]
5. [vor′dan ha′r-du-de]
6. [ba`re bra′, takk′]
7. [å vor′dan har du′ de]
8. [takk′, bra′]
9. [snak`ker du′ når′sk]
10. [ja′, litt′. næi′, dessvær′re]
11. [jæi′ må gå′ nå′]
12. [fårstå′r-du]
13. [næi′, jæi′ fårstå′r ikke]
14. [vill du si′-de e′n gang till′]
15. [jæi må gå′ nå′]
16. [fårstå′r-du nå′]
17. [ja′, nå′ fårstå′(r)-jæi]
18. [de′va(r) bra′]
19. [ha′-de]
20. [mår′n a]

SAS fly

HOW DO YOU DO!

Greetings and other practical phrases

1 God dag!
2 Morn!
3 Hei!
4 God kveld!
5 Hvordan har du det?
6 Bare bra, takk.
7 Og hvordan har *du* det?
8 Takk, bra.
9 Snakker du norsk?
10 Ja, litt./Nei, dessverre.
11 Jeg må gå nå.
12 Forstår du?
13 Nei, jeg forstår ikke.
14 Vil du si det en gang til?
15 Jeg må gå nå.
16 Forstår du nå?
17 Ja, nå forstår jeg.
18 Det var bra.
19 Ha det!
20 Morn da.

21 Excuse me.
22 Where can I find a hotel?
23 A restaurant.
24 A telephone.
25 Where is the hotel?
26 Over there.
27 To the right./To the left.
28 Can you tell me the way to the station?
29 The station is straight ahead.
30 Thank you very much. ('Many thanks.')
31 You're welcome. ('Be so good.')
32 Don't mention it. ('Nothing to thank for.')

21 [unn'/sjyll˙]
22 [vorr' kann jæi fin`ne ett hotell']
23 [en restæurang']
24 [en telefo'n]
25 [vorr' æ(r) hotel'le]
26 [dæ'r bor`te]
27 [te høy're. te ven'stre]
28 [kann du si'-mæ(i) væi'en te stasjo'n^{e}n]
29 [stasjo'n^{e}n æ(r) rett' framm']
30 [mang`e takk']
31 [vær' så go']
32 [ik`ke-no å tak`ke-fårr]

Sogn

Places and directions

21 Unnskyld.
22 Hvor kan jeg finne et hotell?
23 En restaurant.
24 En telefon.
25 Hvor er hotellet?
26 Der borte.
27 Til høyre./Til venstre.
28 Kan du si meg veien til stasjonen?
29 Stasjonen er rett fram.
30 Mange takk.
31 Vær så god.
32 Ikke noe å takke for.

Pronunciation

☐ 1.1 Introduction

A good pronunciation, acquired from the very start, is the best basis for learning a language. If your sounds are right, the native will put up with many errors in your grammar. If your sounds are wrong, he has great difficulty in guessing what you are trying to say.

The chief obstacle to making the right sounds is your English language habits. These have been drilled into you from childhood and are not easy to overcome. Learning Norwegian pronunciation means the substitution of new habits for old by constant practice and self-correction.

Pronunciation cannot be learned from books, but it can be learned from a native speaker or from a good recording made by a native speaker. All a book can do is to help you identify the sounds by teaching you an alphabet consisting of letters which you can associate with them. Your part of the work is to listen attentively and repeatedly to the new sounds, both in isolation and in context, until you can really hear them. After that you can try to produce them yourself. Your teacher will correct you, and you can contribute by recording your pronunciation on a tape and comparing your sounds with the correct ones. Not until you have learned to produce the sounds automatically and correctly have you really learned them.

Norwegian spelling is a much more efficient guide to pronunciation than English. Even so there is a good deal which it does not tell you about the sounds. Whenever there is need for additional information, a respelling has been introduced between brackets. However, the values assigned to the letters between brackets are the same as those of the regular spelling; in either case they are not those of English. The difference is that the respelling reflects the Norwegian sounds more accurately than the spelling, and should help to remind you of the correct pronunciation.

Do not be afraid to try new sounds even if they sound strange to you. At first you may feel foolish when making new and unaccustomed noises, but remember that they do not sound strange to Norwegians. And as soon as you have learned them, they will not seem strange to you, either. Listen especially to the rhythm and melody of the whole sentence. Imitate it as closely as you can, for this is often more important in carrying across the meaning of the sentence than the sounds of the individual letters.

□ 1.2 Long and Short Vowels

Norwegian has nine vowels, written with the following letters:

a e i o u y æ ø å
A E I O U Y Æ Ø Å

Only the last three of these are unfamiliar to you. They come at the end of the alphabet in the order given. In handwriting they look as follows:

Each of these nine vowels has its own pronunciation, more or less different from that which the corresponding letters have in English. The sound is most distinct when each letter is pronounced in isolation, for example when reading the alphabet. This is because they are then pronounced with *stress,* or emphasis, which makes them *long.* The regular spelling does not clearly show which vowels are stressed, and it will therefore be necessary here to respell some words to show it. In the respelling a stressed vowel will be followed immediately by an accent mark, either ['] or [`] (the difference between these will be explained later). Thus the letters listed alphabetically above are pronounced [a' e' i' o' u' y' æ' ø' å']. The accent mark means that they are both stressed and long.

The same vowels can also be pronounced short, i.e., with a crisp, quick quality unlike most English vowels. This happens whenever the stress does not fall primarily, or at all, on the vowel. We distinguish two possibilities: (a) the syllable is stressed, but the vowel shares the stress with the following consonant; (b) the syllable is unstressed, in which case the vowel is always short. In our respelling all such vowels will be written without a following stress mark: [a e i o u y æ ø å].

□ 1.3 The Vowel *a*

The following are all the examples of this vowel which have occurred in the sentences you have learned. Long [a'] sounds almost like English *a* in *father,* short [a] almost like English *u* in *cut*. But listen carefully to these words and learn to distinguish long from short just as Norwegians do.

Long: [a′]

bare [ba`re]   dag [da′g]
bra [bra′]   ja [ja′]

Notice that in these words the vowel is followed by one consonant or none.

Short: [a]

(a) The syllable is stressed, but the vowel shares the stress with the following consonant (and for that reason the stress mark is placed after the consonant):

fram [framm′]   snakker [snak`ker]
gang [gang′]   takk [takk′]
mange [mang`e]                   takke [tak`ke]
restaurant [restæurang′]

Notice that in these words the vowel is followed by two consonants; the only exception (**fram**) is due to a spelling rule which forbids double **m** in final position.

(b) The syllable is unstressed, in which case the vowel is always short. An unstressed syllable may either be coupled with a stressed syllable (as in **stasjonen, hvordan**) in the same word or be a word of its own which has lost its stress in this particular sentence:

det var bra [de′ var bra′]   morn da [mår′n a]
hvordan har du det [vor′dan ha′r du   stasjonen [stasjo′n^{e}n]
  de]
kan du si meg [kann du si′ mæi]

Notice that here it makes no difference how many consonants follow the vowel.

Rule: *When a syllable is stressed, the vowel is long if it is followed by one consonant or none, short if it is followed by two or more. When it is unstressed, the vowel is always short.*

□ 1.4 The Vowel *i*

Long **i** [i′] is about like English *ee* in *knee:*

blir [bli′r]   si [si′]

Short **i** [i] is like long **i**, only shorter. It is not like English *i* in *knit,* which is laxer and lower:

(a) In stressed syllables:

finne [fin`ne]   litt [litt′]   til [till′]
ikke [ik`ke, ke]   snill [snill′]

Notice that **til** is spelled with one l but pronounced as if it had two. Unstressed, it is often pronounced [te].

(b) In unstressed syllables:

Jeg forstår ikke [jæi fårstå'r ikke]   til høyre [til høy're]
                                          vil du si det [vil du si' de]

Notice that the words **ikke** and **til** appear both unstressed and stressed. This is true generally of such classes of words as pronouns, prepositions, and articles. In context they are usually unstressed, but when pronounced alone, or given emphasis, they are stressed.

☐ 1.5 Practice

Pronounce the following pairs of nonsense syllables, paying special attention to the length difference:

a'g	—	agg'	i'g	—	igg'
a'k	—	akk'	i'k	—	ikk'
a'm	—	amm'	i'm	—	imm'
a'n	—	ann'	i'n	—	inn'
a'p	—	app'	i'p	—	ipp'
a's	—	ass'	i's	—	iss'
a't	—	att'	i't	—	itt'

△ **REPETISJON** (Pattern Practice)
Combine the elements in each group to form different sentences:

a)

Hvor er

> hotellet?
> restauranten?
> telefonen?
> stasjonen?

b)

Kan du si meg veien til

> stasjonen?
> hotellet?
> restauranten?

△ This symbol indicates which sections have been recorded on the tapes.

c)

Hvor kan jeg finne

et hotell?
hotellet?
en restaurant?
restauranten?
en telefon?
telefonen?

d)

Hotellet		der borte.
Stasjonen	er	til høyre.
Restauranten		til venstre.
Telefonen		rett fram.

△ **SPØRSMÅL** (Questions)

1. Hvordan har du det?
2. Vil du si det en gang til?
3. Snakker du norsk?
4. Forstår du?
5. Hvor kan jeg finne en telefon?

6. Hvor er stasjonen?
7. Kan du si meg veien til et hotell?
8. Er hotellet til venstre?
9. Er restauranten rett fram?
10. Er telefonen der borte?

SAMTALEØVELSE (Conversation Practice)

△ 1. You meet a friend on the street, greet him, ask him how he is, etc.

2. You meet a stranger on the street, ask him if he speaks Norwegian and ask him the way to a hotel or restaurant. He gives you directions.

△ 3. You walk up to a man on the street and ask him where you can find a telephone. He doesn't understand and asks you to repeat what you said. He finally understands you and gives you directions.

4. You ask a policeman where the station is. He looks puzzled, so you ask him if he understands, to which he answers no, etc.

ENGLISH EQUIVALENTS

33. Would you like some fruit today? ('Shall it be . . .')
34. Yes, thanks.
35. I'd like some apples. ('should have')
36. How many would you like? ('shall you have')
37. Just two, please. ('thanks')
38. And what do the chocolates cost?
39. Fifty *kroner* a box. ('the box')
40. Then I'll take a box, please. ('thanks')
41. Here you are. ('be so good')
42. Thank you. How much will it be? ('becomes it')
43. That will be sixty *kroner* and fifty *øre*.
44. Here you are.
45. Thank you.

LISTENING SCRIPT

33. [ska de væ`re noe fruk't i da'g]
34. [ja' takk']
35. [jæi' skulle ha' noen ep`ler]
36. [vorr mang`e ska du ha']
37. [ba`re to', takk']
38. [å va' kås`ter konfek't^{e}n]
39. [fem'ti kro`ner es`ken]
40. [da' ta'r jæ(i) en es`ke, takk']
41. [vær' så go']
42. [takk'. vorr my`e bli'r-de]
43. [de'bli(r) sek'sti kro`ner å fem'ti ø`re]
44. [vær' så go']
45. [mang`e takk']

GOD DAG!

(fortsatt *continued*)
Buying things

33   Skal det være noe frukt i dag?
34   Ja takk.
35   Jeg skulle ha noen epler.
36   Hvor mange skal du ha?
37   Bare to, takk.
38   Og hva koster konfekten?
39   Femti kroner esken.
40   Da tar jeg en eske, takk.
41   Vær så god.
42   Takk. Hvor mye blir det?
43   Det blir seksti kroner og femti øre.
44   Vær så god.
45   Mange takk.

46. I'd like something to eat, please.
47. Would you like dinner?
48. No thanks, just a couple of sandwiches.
49. What will you have to drink?
50. I'll have a glass of milk, please.
51. Water.
52. Beer.
53. Wine.
54. A cup of coffee.
55. Tea.

46. [jæi' skulle ha' no`e å spi`se takk']
47. [ska de være mid'dag]
48. [næi' takk'. ba`re ett parr smør'brø]
49. [ska de væ`re noe å drik`ke]
50. [jæi' ska ha' ett glass mel'k takk']
51. [vann']
52. [øll']
53. [vi'n]
54. [en kåpp kaf'fe]
55. [te']

One	Seven
Two	Eight
Three	Nine
Four	Ten
Five	Eleven
Six	Twelve

[e'n, ett']	[sy'v, sju']
[to']	[åt`te]
[tre']	[ni']
[fi`re]	[ti']
[femm']	[el`ve]
[sek's]	[tåll']

Eating and drinking

46 Jeg skulle ha noe å spise, takk.
47 Skal det være middag?
48 Nei takk, bare et par smørbrød.
49 Skal det være noe å drikke?
50 Jeg skal ha et glass melk, takk.
51 Vann.
52 Øl.
53 Vin.
54 En kopp kaffe.
55 Te.

Numbers

En, ett	Syv (Sju)
To	Åtte
Tre	Ni
Fire	Ti
Fem	Elleve
Seks	Tolv

Pronunciation

☐ 1.6 The Vowel e

Long e [e′] is about like German *e* in *sehen* or the beginning of English *a* in *late,* but is steady in quality or slightly falling:

det [de′]	te [te′]
en [e′n]	tre [tre′]

Notice that in **det** the final **t** is not pronounced. Short e [e] has widely varying values, according to its position and stress. (a) In stressed syllables it is most like English *e* in *sex, ten,* but slightly higher, approaching *i* in *six, tin:*

ett [ett′]	hotell [hotell′]	rett [rett′]
fem [femm′]	melk [mel′k]	seks [sek′s]

(b) In unstressed initial syllables it is about the same as in stressed syllables:

en gang [en gang′]	restaurant [restæurang′]
et hotell [ett hotell′]	telefon [telefo′n]

In later syllables the **e** is slurred, about like the English *e* of *muted* or the *a* of *senate;* notice the second **e** of **telefon** above:

bare [ba`re]	koster [kås`ter]	noe [no`e]
fire [fi`re]	krone [kro`ne]	esken [es`ken]
være [væ`re]	kroner [kro`ner]	si det [si' de]
kaffe [kaf'fe]	mange [mang`e]	spise [spi`se]
venstre [ven'stre]	mye [my`e]	takke [tak`ke]

In some positions the **e** disappears almost entirely, especially in rapid speech, e.g. after **d, t,** or **n** before **n,** or next to **r,** as indicated by the raised **e:**

amerikaner [am^{e}rika'ner]   konfekten [konfek't^{e}n]
'(an) American'   stasjonen [stasjo'n^{e}n]

In the word **elleve** [el`ve] the second e is never pronounced; in **noen** [non], **noe** [no] the e disappears in rapid speech.

□ 1.7 The Vowel æ

Long **æ** [æ'] sounds like English *a* in *mad,* except that the mouth is more open. In standard Norwegian it is nearly always found before **r.** It is spelled **æ** except in a few common words like **der** and **er:**

der [dæ'r]   er [æ'r]   være [væ`re]

Short **æ** [æ] is like English *a* in *mat,* but shorter and more open. It is mostly found before **r,** where it is usually written **e.** It may also occur as the first element in the diphthongs **ei** [æi] and **au** [æu], which will be discussed later:

der borte [dær bor`te]
vær så god [vær så go']
hvor er hotellet [vorr' ær hotel'le]

□ 1.8 The Rounded Vowels y ø å

The four preceding vowels (**a i e æ**) have all been *unrounded,* i.e. pronounced with the lips drawn back, most for **i,** progressively less for **e, æ,** and **a.** The vowels **y ø å** are *rounded,* i.e. pronounced with the lips slightly rounded and protruded. For **y** and **ø** the front of the tongue is raised as for **i** and **e** respectively, while for **å** the back of the tongue is raised. These have no counterparts in English, so you should listen very carefully to them.

Long **y** [y'] is between *i* and German *ü* (French *u*), being less rounded than the latter. Start with **i** [i'] and relax the corners of the mouth until you have reached a moderately rounded position, about like that of English *oo* in *book:*

mye [my`e]   syv [sy′v]

Short **y** [y] is like long **y,** but shorter and more relaxed. It is also the second member of the diphthong **øy:**

hyggelig [hyg`geli] 'pleasant'   høyre [høy′re]   unnskyld [unn′/sjyll˙]

Notice that in **unnskyld ld** is pronounced [ll].

Long **ø** [ø′] is similar to German *ö* and French *eu,* but less rounded than these. To produce it, start with **e** [e′] and round the lips as you did for **y:**

brød [brø′]   øre [ø`re]

Notice that in **brød** the final **d** is not pronounced.

Short **ø** [ø] is like long **ø,** but shorter. It also forms the first member of the diphthong **øy:**

første [før`ste]   øl [øll′]
smørbrød [smør′brø]   høyre [høy′re]

Long **å** [å′] is a mid back rounded vowel, similar to English *o* in *horn* or *hone,* but higher than these and without their diphthongal offglides. It is steady and more rounded. It is spelled either **å** or **o:**

forstår [fårstå′r]   gå [gå′]   står [stå′r]
                     nå [nå′]   så [så′]

Short **å** [å] is lower and less rounded than long **å,** about like English *o* in *horse.* It is mostly spelled **o,** but may also be **å:**

(a) In stressed syllables:

kopp [kåpp′]   morn [mår′n]   tolv [tåll′]
koster [kås`ter]  norsk [når′sk]   åtte [åt`te]

Notice that **lv** in **tolv** is pronounced [ll].

(b) In unstressed syllables:

forstår [fårstå′r]   jeg må gå nå [jæi må gå′ nå]
vær så god [vær så go′] å takke [å tak`ke]
og hvordan [å vor′dan]

Notice that some of these are reduced from long vowels because of their position in the sentence, and that the **g** of **og** is not pronounced.

☐ 1.9 The Overround Vowels *u o*

These are the hardest of the Norwegian vowels, because they are produced by an unfamiliar combination of lip and tongue positions. They are called "overround" because of their narrow, puckered lip position, much like that used in whistling. For **u** the tongue is fronted, about as for **i**; the result is a sound somewhat like German *ü* or French *u*. For **o** the tongue is raised in the back, almost as for English *oo* in *soon*; the result is a sound somewhat like German *u*, but with more rounding.

Long **u** [u'] can be produced by starting with [y'] and puckering the lips while holding the tongue steady; Southerners in the U.S.A. produce a similar sound in words like *Sue, shoe*.

fru [fru'] 'Mrs.' (to be introduced in Lesson 2)   sju [sju']

Short **u** [u] is like long **u**, but less high and tense:

skulle [skul`le]   unnskyld [unn'/sjyll˙]

Long **o** [o'] can be produced by starting with English *o* in *go* and puckering the lips as described above; but only imitation of actual pronunciation is likely to give the right result:

god [go']   noe [no`e]   telefon [telefo'n]
krone [kro`ne]   to [to']   stasjonen [stasjo'n^{e}n]

Notice that the **d** of **god** is not pronounced.
Short **o** [o] is like long **o**, but less high and tense:

borte [bor`te]        hvor [vorr']        noen epler [non ep`ler]
god dag [go da'g]   hvordan [vor'dan]   hotell [hotell']
ikke noe [ik`ke-no]

□ 1.10 The Vowel System of Norwegian

All together the vowels form a pattern as displayed in the chart below. This shows which vowels are neighbors, and how you can move from one to the next with the smallest amount of adjustment of lips and tongue. The front of the tongue is to the left, the back to the right; tongue height is shown by perpendicular elevation; and rounding is shown by a single circle (for rounding) and a double circle (for overrounding) around the letters:

	Front							**Back**
High	i		ⓨ		ⓤⓤ			ⓞⓞ
Mid		e		ⓞ		ⓐ		
Low			æ		a			

□ 1.11 Practice

1. Pronounce the vowels one after the other in alphabetic order: (a) after the same consonant, e.g. [ba', be', bi', bo', bu', by', bæ', bø', bå']. Then do the same after **d, f, h, m, n, p;** (b) before the same consonant, e.g. [a'k, e′k, i′k, o′k, u′k, y′k, æ′k, ø′k, å′k]. Then do the same before **m, n, p, s, t, v;** (c) before the same double consonant, e.g. [akk′, ekk′, ikk′, okk′, ukk′, ykk′, ækk′, økk′, åkk′]. Then do the same before **g, m, n, p, s, t;** (d) alternately before single and double consonant, to practice long vs. short, e.g. [a′k—akk′, e′k—ekk′, i′k—ikk′] etc., using the same ones as above. Then say each with a consonant before it, e.g. (ba′k—bakk′, be′k—bekk′, bi′k—bikk′] etc.

2. Pronounce the vowels in pairs or triplets that are next to each other in the vowel system, as shown above. (a) Start with [i′] and lower the jaw; you should get [i′—e′—æ′]. (b) Start with [i′] and round the lips: you should get [i′—y′—u′]. (c) Start with [e′] and round the lips: you should get [e′—ø′]. (d) Start with [a′] and round the lips while raising the back of the tongue: you should get [a′—å′—o′]. (e) Start with [ø′] and draw the tongue back to get [å′]. (f) Start with [ø′], overround it to get [u′]; then draw the tongue back to get [o′].

3. Practice each of these groups of vowels with consonants preceding and following as in 1 above: (a) [bi′, be′, bæ′] etc. (b) [bi′, by′, bu′] etc. (c) [be′, bø′] etc. (d) [ba′, bå′, bo′] etc. (e) [bø′, bå′] etc. (f) [bø′, bu′, bo′] etc.

△ **REPETISJON** (Pattern Practice)

Combine the elements in each group to form different sentences:

a)

Jeg skulle ha Jeg skal ha Hva koster Skal det være	→		
		noen epler. en eske konfekt. middag.	
		et par	smørbrød. epler.
		en kopp	kaffe. te.
		et glass	melk? øl? vin? vann?
		noe	å spise? å drikke?

b)

Hva koster

et par smørbrød middag en eske konfekt

og

en kopp	kaffe? te?
et glass	øl? vin? melk?

△ **SPØRSMÅL** (Questions)

1. Hva koster en eske konfekt og et par epler?
2. Hvor mange esker skal du ha?
3. Hva skal du ha å spise?
4. Hvor mye blir et par smørbrød og et glass vin?
5. Skal du ha noe å spise?
6. Hva koster middag og et glass øl?
7. Hvor mange smørbrød skal du ha?
8. Skal det være noe å drikke?
9. Hvor mye er tre og fem?
10. Hvor mye er seks og fire? (etc.)

SAMTALEØVELSE (Conversation Practice)

△　1. You go into a store and ask for a box of chocolates. After you have received them and paid for them, you ask the clerk the way to the station. He gives you directions.

2. You go into a restaurant and say you want something to eat. The waiter asks if you would like to have sandwiches, but you want dinner and something to drink, etc.

△　3. You go into a restaurant and the waiter asks if you would like something to eat, but you say you would just like something to drink. He asks what you would like to drink, etc.

4. You go into a restaurant and meet a friend there. You greet him, etc., and he asks you if you would like something to eat, etc.

△ **LA OSS LYTTE** (Let's Listen)

1. Places and directions. Mr. Unneberg stops Mr. Pedersen on the street.

U: Unnskyld. Hvor kan jeg finne et hotell?
P: Rett fram og så til høyre.
U: Unnskyld. Vil du si det en gang til? Jeg forstår ikke.
P: Rett fram og så til høyre. Forstår du nå?
U: Ja takk, nå forstår jeg. Mange takk.
P: Ikke noe å takke for.
U: Morn da.
P: Morn.

2. Buying things.

A: God dag. Jeg skulle ha litt konfekt.
B: Hvor mye skal du ha?
A: To esker, takk. Hva koster det?
B: Det koster seks kroner esken. Det blir tolv kroner.
A: Unnskyld, kan du si meg veien til stasjonen?
B: Stasjonen er rett fram og så til venstre. Forstår du?
A: Nei. Vil du si det en gang til?
B: Du vil finne stasjonen der borte.
A: Takk, nå forstår jeg. Morn da.
B: Ha det.

3. Eating and drinking. Mr. Berg and Mr. Dal meet in a restaurant.

B: Morn. Hvordan har du det?
D: Bare bra, takk. Og hvordan har *du* det?
B: Takk, bra. Skal du ha et glass øl?
D: Nei, jeg skulle ha noe å spise. (*To the waitress*) Jeg skal ha et par smørbrød, takk.
W: Skal det være noe å drikke?
D: Et glass vin, takk.
W: (*As she hands it to him*) Vær så god.
D: Takk. Hvor mye blir det?
W: Det blir tolv kroner og femti øre, takk.
D: Vær så god.
W: Mange takk.

VELKOMMEN TIL NORGE!

ENGLISH EQUIVALENTS

1. Excuse me, aren't you an American?
2. Yes, indeed. I've just come from America. ('from the USA')
3. What's your name?
4. My name is George Smith.
5. But who are *you?*
6. My name is Trygve Christensen.
7. I am an old friend of your father.
8. Welcome to Norway!
9. Thank you very much.
10. Dad has told me a lot about you.
11. How is your father?
12. He's fine ('has it fine'), thank you.
13. I was supposed to say hello. ('greet so much')
14. Thank you. That's nice. ('That was. . . ')
15. Do you know my mother, too?
16. Yes, very well.
17. She has also been in Norway.
18. And my name is Sigrid Christensen.
19. Welcome to Bergen!
20. Thank you, Mrs. Christensen.

LISTENING SCRIPT

1. [unn'sjyll, æ'r-ikke du' am^{e}rika'ner]
2. [jo'da. jæi kåmmer net'tåpp fra ame'rika, fra u' ess' a'.]
3. [va he`ter du]
4. [jæi he`ter ge'årg smitt']
5. [menn vemm' ær du']
6. [jæi heter tryg`ve kris't^{e}ns^{e}n]
7. [jæi' ær en gam`mel venn' a dinn fa'r]
8. [velkåm'men til når`ge]
9. [takk' ska du ha']
10. [fa'r ha(r) fårta'lt mæi my`e åm dæi']
11. [vor'dan stå`r-de-till me dinn fa'r]
12. [takk', hann ha'r de bra']
13. [jæi skulle hil`se så my`e]
14. [takk'. de' va(r) hyg`geli]
15. [kjen`ner-du mo`ren-min ås'så]
16. [ja, me`get gått']
17. [hunn' har ås'så vært' i når`ge]
18. [å jæi' heter sig`ri kris't^{e}ns^{e}n]
19. [velkåm'men til bær'gen]
20. [takk' får de', fru kris't^{e}ns^{e}n]

WELCOME TO NORWAY!

A young American, George Smith, has just arrived in Bergen by plane. He is looking around Flesland Airport a bit uncertainly when an older man, Mr. Trygve Christensen, walks up to him:

1	*Christensen:*	Unnskyld, er ikke du amerikaner?
2	*Smith:*	Jo da. Jeg kommer nettopp fra Amerika, fra USA.
3	*Christensen:*	Hva heter du?
4	*Smith:*	Jeg heter Georg Smith.
5		Men hvem er *du?*
6	*Christensen:*	Jeg heter Trygve Christensen.
7		Jeg er en gammel venn av din far.
8		Velkommen til Norge!
9	*Smith:*	Takk skal du ha!
10		Far har fortalt meg mye om deg.
11	*Christensen:*	Hvordan står det til med din far?
12	*Smith:*	Takk, han har det bra.
13		Jeg skulle hilse så mye.
14	*Christensen:*	Takk. Det var hyggelig.
15	*Smith:*	Kjenner du moren min også?
16	*Christensen:*	Ja, meget godt.
17		Hun har også vært i Norge.
18	*Fru Christensen:*	Og jeg heter Sigrid Christensen.
19		Velkommen til Bergen!
20	*Smith:*	Takk for det, fru Christensen.

Pronunciation

☐ 2.1 The Diphthongs: *ei au øy*

Each of these consists of two short vowels so pronounced that they make only one syllable. They may remind you at first of the English diphthongs in *bay, bough, boy*. But they are quite different. In the English diphthongs the first element is emphasized and the second is a consonantal glide (*y, w*); in the Norwegian diphthongs the second element is at least as prominent as the first and is a clear vowel. Since the spellings are misleading, we shall respell them as [æi], [æu], and [øy] respectively.

ei [æi′] starts with the mouth more open than English *ay* in *May* and ends after a quick upward glide in a clear Norwegian [i]:

    jeg [jæi′]   meg [mæi′]   nei [næi′]   veien [væi′en]

Notice that in a few words [æi] is spelled **eg** instead of **ei** (**veien** can also be spelled **vegen**). The pronouns often lose the final [i] when unstressed: [jæ, mæ].

au [æu′] may instead begin with [ø], but it should end in a clear [u]; some substitute [v] here, but this is not recommended:

    au [æu′] ouch*   graut [græu′t] porridge*   sau [sæu′] sheep*

øy [øy′] ends in a clear [y] and must not sound like English *oy* (though it does remind one a little of the "Brooklynese" pronunciation of *burn* which is sometimes written "boyn"):

    øy [øy′] island*   høy [høy′] high*   høyre [høy′re]

Practice: (a) Say the diphthongs after each other: [æi′], [æu′], [øy′]; be sure to overround the [u] of [æu] by pursing your lips; round very gently for [øy]. (b) Try saying [æ′]—[æi′]—[i′]; [æ′]—[æu′]—[u′]; [ø′]—[øy′]—[y′]; watch the length of the vowels. (c) Say each diphthong with preceding and following consonants: **hei—hau—høy, eik—auk—øyk**, etc.

☐ 2.2 The Consonant *r*

R is produced by tapping the tip of the tongue quickly and lightly against the ridge behind the teeth. It is quite unlike American *r*, but is similar to that of Italian or Spanish. Other similar sounds are British *r* between vowels, e.g. in *very*, or the American *t* between vowels, e.g. in *city, catty*. If you have any trouble producing it, try starting from a *d*. Then relax the tongue so that the contact will be very light.

---

* Introduced here for pronunciation purposes.

Practice the following words: (a) before vowels, initially: **restaurant, rett;** (b) before vowels, after consonants: **bra, drikke, fram, fru, frukt, krone, Christensen, tre;** (c) between vowels: **Amerika, bare, være, fire, høyre, øre;** (d) after vowels, before consonants: **Georg, Norge:** (e) after vowels, finally: **blir, der** [dæ′r], **er** [æ′r], **far, her** [hæ′r], **for** [fårr′], **mor;** (f) finally, unstressed: **kjenner, koster, epler, snakker.** The last is very lightly tapped.

Note: Between and after vowels r can also be long, and then it needs an extra tap; practice **for** 'for' [fårr′] vs. **får** 'gets' [få′r], **verre** 'worse' [vær′re]. vs. **være** 'be' [væ`re].

When **r** comes before any one of the tongue-tip consonants, **d, l, n, s,** or **t,** many Norwegians pronounce it without the tap. This is true even if the **r** is in one word and the following consonant is in the next word, if there is no pause between them. The resulting sound is a fusion between the **r** and its neighbor. This is most conspicuous in the case of **r** + **s,** which become like English *sh*. Before the other consonants **r** without the tap sounds a little like American *r*. The fusion does not take place in Western Norway, and even in the East there are some words and some styles in which it is avoided. It will not be specially marked in our respelling.

Practice the following words: (a) before **d: blir det, forstår du, hvordan, snakker du;** (b) before **l: Karl;** (c) before **n: morn;** (d) before **s: forstår, norsk, vær så god;** (e) before **t: borte.**

In rapid speech there is a tendency to drop final **r** before following consonants when it is not fused with them. E.g., one may often hear [de′ va bra′] for **det var bra,** [vo mang`e] for **hvor mange.** In the keys this is shown by parentheses around the **r.**

Along the south coast of Norway from Risør to Stavanger, and in the city of Bergen, an entirely different r is used. This is produced in the throat

Bergen: Torvallmenningen

and is similar to that used in Danish and in standard French and German. If you find this easier to make than the tongue-tip **r** described above, use it in your Norwegian; it is quite acceptable.

△ **REPETISJON** (Pattern Practice)
Combine the elements in each group to form different sentences:

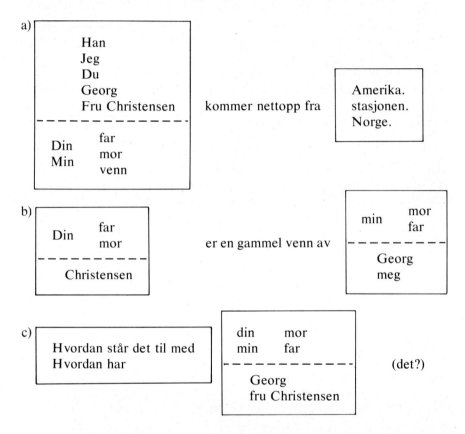

a)

| Han |
| Jeg |
| Du |
| Georg |
| Fru Christensen |

kommer nettopp fra

| Amerika. |
| stasjonen. |
| Norge. |

Din	far
Min	mor
	venn

b)

Din	far
	mor
Christensen	

er en gammel venn av

min	mor
	far
Georg	
meg	

c)

| Hvordan står det til med |
| Hvordan har |

din	mor
min	far
Georg	
fru Christensen	

(det?)

△ **SPØRSMÅL** (Questions)
1. Hva er Georg Smith?
2. Hvor kommer Georg nettopp fra?
3. Hva heter du?
4. Hva heter din mor?
5. Hvor kommer du fra?
6. Hvor kommer din mor (far) fra?
7. Kjenner du min far?
8. Kjenner Christensen din mor?

SAMTALEØVELSE (Conversation Practice)
△ 1. You arrive in Norway and are met by a friend. He welcomes you and his wife introduces herself. She asks you how your mother is;

you say she's fine and that you were supposed to say hello. They thank you and ask about your father, etc.

2. You meet a friend on the street, greet him and he introduces himself to your father (who is with you). He asks you how your mother is, you inquire about his father, etc.

Grammar

○ 2.1 Verb Forms: Infinitive, Present, Imperative

(a) The infinitive is the form you will find listed as the first in the vocabularies of this book and in dictionaries. It is used, as in English, after the infinitive marker (å 'to') and after the modal auxiliaries:

After the infinitive marker:

Ikke noe å **takke** for.　Jeg skulle ha noe å **spise**.　Noe å **drikke?**

After the modal auxiliaries:

Jeg **må gå** nå.	**Skal** det **være** . . .	Jeg skulle **hilse** så mye.
Jeg **skulle ha** . . .	**Vil** du **si** det en gang til?	Hvor **kan** jeg **finne** . . . ?
Hva **skal** du **ha** . . . ?	**Kan** du **si** meg veien til. . . ?	Jeg **skal ha** . . .

As these examples show, the infinitive ends in either an unstressed **-e** or a final stressed vowel: (1) drik**ke**, fin**ne**, hil**se**, vær**e**, spis**e**, tak**ke**; (2) gå, ha, si.

The modal auxiliaries used so far are: **kan, må, skal, skulle, vil.** For further discussion see Grammar 2.3.

(b) The present tense is formed by adding an **-r** to the infinitive in all persons (remember that the English *-s* is only for the third person singular). We have had a number of examples:

		PERSON	PRESENT	INFINITIVE
Hvordan **står** det til?	*stand*	3 sing.	står	stå
Hvordan **har** du det?	*have*	2 sing.	har	ha
Snakker du norsk?	*speak*	2 sing.	snakker	snakke
Forstår du?	*understood*	2 sing.	forstår	forstå
Nå **forstår** jeg.		1 sing.	forstår	forstå
Hva **koster** konfekten?	*cost*	3 sing.	koster	koste
Det **blir** seksti kroner.	*become, remain*	3 sing.	blir	bli
Jeg **kommer** nettopp fra Amerika.	*come*	1 sing.	kommer	komme
Jeg **heter** Georg Smith.	*be named*	1 sing.	heter	hete
Kjenner du moren min også?	*know*	2 sing.	kjenner	kjenne
Hun **har** vært i Norge.		3 sing.	har	ha

The verb 'to be' is irregular, as in most languages (cf. Eng. *be, am, is, are*):

Hvor **er** hotellet?	3 sing.	er	være *to be*
Hvem **er** du?	2 sing.	er	være

(c) The imperative is formed by dropping the **-e** of the infinitive, if there is one:

		IMPERATIVE	INFINITIVE
Be	**Vær** så god.	vær	være
go	**Gå** nå. 'Go now.'	gå	gå
excuse	**Unnskyld.**	unnskyld	unnskylde
have	**Ha** det.	ha	ha

(d) Verb usage; statements and questions: In English most verbs can appear in statements either as simple verbs (*I go*) or as complex verbs (*I do go, I am going*). In questions most of them can appear only as complex verbs (*do I go, am I going*). In Norwegian there are no complex verbs of this type. All verbs must appear as simple verbs both in statements and questions: **jeg går** 'I go, do go, am going'; **går jeg?** 'do I go, am I going?' In questions, the simple verb normally precedes the subject (see Grammar 4.2b).

EXERCISES

Translate into Norwegian:

1. I speak Norwegian.
2. He speaks Norwegian.
3. I am speaking Norwegian.
4. Speak Norwegian!
5. You don't understand.
6. Does he understand you?
7. Can you understand?
8. Excuse me.
9. He is eating dinner.
10. Are you eating dinner?
11. Does he know my father?
12. I should say hello.
13. He has told me about you.
14. I can't find the station.
15. Find my father!

Bergen

ENGLISH EQUIVALENTS

21. And this is our daughter Anne-Marie.
22. Hi, nice to meet you.
23. Hi, Anne-Marie. Same to you.
24. It was kind of you (pl.) to meet me.
25. As you know, I've never been here before.
26. Have you had a good trip?
27. Oh, not especially. ('Nothing special.') It was crowded ('jampacked') on the plane.
28. That's too bad. ('That was . . ')
29. Do you have any place to live?
30. Unfortunately, we don't have room at home,
31. or ('otherwise') you could (have) lived with us.
32. Thank you, but can you recommend a hotel?
33. Yes, Victoria is a good hotel.
34. How long are you staying here in town? (' . . in the city')
35. Just a couple of days.
36. That's much too little in a city like Bergen.
37. You ought to stay here at least a couple of weeks.
38. If you'd like, we'll show you the town.
39. Thank you, you're very ('really') kind.
40. I think it is going to be pleasant in Norway.

LISTENING SCRIPT

21. [å det`te æ(r) dat`tern vårr, anne mari′e.]
22. [hæi′! hyg`geli å hil`se på dæi]
23. [hæi′, anne-mari′e. i li`ge må`de]
24. [de va(r) snil′t a dere å mø`te-mæi]
25. [jæi ha′r jo al`dri vær′t hær fø′r]
26. [har du hatt′ en go′ tu′r]
27. [å′, ik`ke noe sæ`rli. de var stapp`/fullt på fly′e]
28. [de′ va(r) synn′]
29. [ha′r-du noe ste′d å bo′]
30. [vi ha′r dessvær′re ik`ke plass′ jem`me,]
31. [el′lers kun`ne du bodd′ hoss åss′]
32. [takk′, menn kann dere an′/befa`le ett hotell′]
33. [ja, vikto′ria ær ett gått′ hotell′]
34. [vorr leng`e bli′r-du hær′ i by′en]
35. [ba`re et parr′ da`ger]
36. [de′ ær al′tfårr li`te i en by′ såmm Bær′gen]
37. [du bur`de bli′ hær min`st et parr′ u`ker]
28. [viss du vill′, skall vi vi`se-dæi by′en]
39. [takk, de`re æ(r) rik`ti snil`le]
40. [jæi tro′r de ska bli hyg`geli i når`ge]

VELKOMMEN TIL NORGE!

(fortsatt *continued*)

21	*Christensen:*	Og dette er datteren vår, Anne-Marie.
22	*Anne-Marie:*	Hei! Hyggelig å hilse på deg.
23	*Smith:*	Hei, Anne-Marie. I like måte.
24		Det var snilt av dere å møte meg.
25		Jeg har jo aldri vært her før.
26	*Anne-Marie:*	Har du hatt en god tur?
27	*Smith:*	Å, ikke noe særlig. Det var stappfullt på flyet.
28	*Anne-Marie:*	Det var synd!
29	*Fru Christensen:*	Har du noe sted å bo?
30		Vi har dessverre ikke plass hjemme
31		ellers kunne du bodd hos oss.
32	*Smith:*	Takk, men kan dere anbefale et hotell?
33	*Christensen:*	Ja, Victoria er et godt hotell.
34		Hvor lenge blir du her i byen?
35	*Smith:*	Bare et par dager.
36	*Christensen:*	Det er altfor lite i en by som Bergen.
37		Du burde bli her minst et par uker.
38	*Anne-Marie:*	Hvis du vil, skal vi vise deg byen.
39	*Smith:*	Takk, dere er riktig snille.
40		Jeg tror det skal bli hyggelig i Norge.

Pronunciation

☐ 2.3 Consonants, Short and Long

The 18 consonants of Norwegian will be written as follows in our respelling: [b d̞ f g h j k kj l m n ng p r s sj t v]. These symbols are also used in the regular spelling, but not consistently, as some consonants are also spelled in other ways. The symbols in brackets have the same sound values as those of the International Phonetic Alphabet, except for [kj ng sj], which correspond to [ç ŋ ʃ] in IPA. We use the Norwegian spellings for these in order to make the respelling look as much like regular Norwegian as possible. Discussion of the individual consonants will be postponed until the next lesson.

Like the vowels, consonants can be both short and long. They are long only when they share some of the stress with a preceding short vowel. Short consonants are no problem, for they are just like English consonants. The nearest thing to long consonants in English is found in words like *cat-tail, hip-pocket, rock-candy,* where the same consonant ends one word and starts the next. In the spelling of English there are many double consonants, as in *hotter* or *Finnish,* but they are pronounced short. It is important to pronounce the Norwegian double consonants, especially between vowels, quite distinctly. The difference can be heard if you compare Norwegian **datter** with English *hotter,* or **finne** with *Finnish*. In the Norwegian words you dwell on the consonant, as if saying **dat-ter** or **fin-ne.** This is shown in the respelling by placing the stress mark between the consonants: [dat`ter], [fin`ne].

The rule does not hold if the syllable is unstressed. E.g., the two t's in **litteratur** 'literature' do not make a long **t:** [literatu′r]. But in a stressed syllable it is a rule that *only a short consonant can follow a long vowel and only a long consonant can follow a short vowel.* Here are some examples we have had of long consonants: (a) between vowels: **drikke, finne, ikke, kaffe, middag, takke;** (b) finally: **ett, hotell, kopp, rett, vann.** When the long consonant is final, its length is not so conspicuous. But the vowel must be short and crisp.

Practice these pairs, in which the vowels and consonants are the same, but their length is different:

Short Vowel + Long Consonant	Long Vowel + Short Consonant
takk [takk′] thanks	tak [ta′k] ceiling
takke [tak`ke] thank	taket [ta′ke] the ceiling
hatt [hatt′] had	hat [ha′t] hate
spisse [spis`se] sharpen	spise [spi`se] eat

☐ 2.4 The Spelling of Long Consonants

There are many exceptions to the general rule that long consonants are written double, short consonants single.

(a) The complex letters **ng** and **sj** are always long after vowels and are not doubled: **mange** [mang`e]; **hesje** [hesj`e] 'hay rack.' But long [kj] is written **kkj: bikkje** [bikj`e] 'dog.'

(b) **m** is never doubled finally, though it is usually long: **fem** [femm'], **fram** [framm'], **hvem** [vemm'], **om** [åmm'].

(c) l and **r** are not doubled finally in some words, though they are long in standard speech: **par** [parr'], **smør** [smørr'] 'butter' (as in **smørbrød**), **øl** [øll'].

(d) A final long consonant is not doubled in most words that are usually unstressed, even though they have a long consonant when they are stressed: **et** [ett'], **for** [fårr'], **hos** [hoss'], **hvor** [vorr'], **kan** [kann'], **men** [menn'], **min** [minn'], **skal** [skall'], **til** [till'], **vil** [vill']. In our respelling these are regularly written with doubled consonant to remind you that the vowel is short, though the consonant is also short when there is no stress mark e.g. altfor [al'tfårr]. Sometimes the consonant even drops out entirely, e.g. in [ska] for **skal.**

(e) Short consonants are written double, especially in some words of foreign origin, where the foreign spelling is retained, e.g. **akkurat** [akura't] 'accurate,' **litteratur** [literatu'r] 'literature' (cf. French *littérature*).

(f) If the long consonant is followed by another, different consonant, it is usually written single. Examples: **epler** [ep`ler], **burde** [bur`de], **seks** [sek's], **venstre** [ven'stre]. Most of the time this causes no confusion, since vowels are regularly short before two or more consonants. But it is possible to have long vowels when the second consonant is a grammatical ending, like the **-t** in **rent** [re'nt], a form of **ren** 'clean,' and **vist** [vi'st], a form of **vis** 'wise.' To avoid confusion, the spelling sometimes doubles consonants when the **-t** is added to stems with short vowels: **visst** [vis't], a form of **viss** 'certain,' but **rent** [ren't] from **renne** 'run.'

△ **REPETISJON** (Pattern Practice)
Combine the elements in each group to form different sentences:

a)

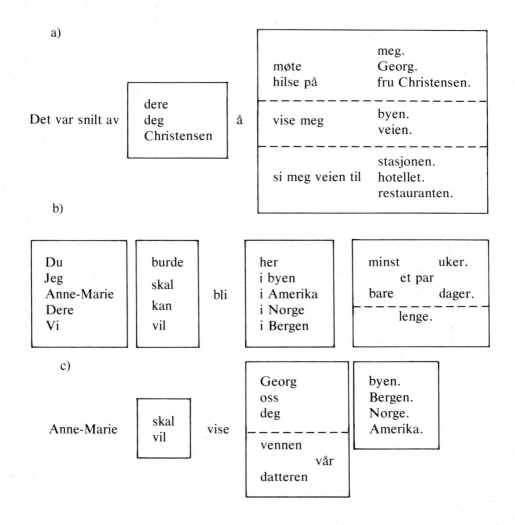

Det var snilt av | dere / deg / Christensen | å

	meg.
møte	Georg.
hilse på	fru Christensen.
vise meg	byen.
	veien.
si meg veien til	stasjonen.
	hotellet.
	restauranten.

b)

| Du / Jeg / Anne-Marie / Dere / Vi | burde / skal / kan / vil | bli | her / i byen / i Amerika / i Norge / i Bergen | minst   uker. / et par / bare   dager. / lenge. |

c)

Anne-Marie | skal / vil | vise | Georg / oss / deg / vennen / vår / datteren | byen. / Bergen. / Norge. / Amerika. |

△ **SPØRSMÅL** (Questions)

1. Har Georg Smith hatt en god tur fra Amerika?
2. Skal han bo hos Christensens?
3. Kan Christensen anbefale et godt hotell?
4. Hvor lenge blir Smith i Bergen?
5. Er ikke det altfor lite i en by som Bergen?
6. Hvor lenge burde Smith bli i Bergen?
7. Hvem skal vise Smith byen?
8. Hvor lenge blir du i Bergen?

SAMTALEØVELSE (Conversation Practice)

1. You stop a man on the street and ask him the way to a hotel. He says he doesn't understand you and asks you to repeat. You ask him if he's an American and he says yes. You say you're an American too. He asks you where you are from in America and you tell him, etc. You ask him if he has any place to live and he says he lives with a friend. You ask him if he can recommend a hotel and he says you can live with his friend too. You thank him, etc.

△ 2. You stop a man on the street and ask him if he knows Trygve Christensen. He replies that he is a good friend of his and asks you if you know Trygve Christensen too. You say he's an old friend of your father. You ask him where Christensen lives and he gives you directions. You thank him.

△ 3. You go into a restaurant and order something to eat. The waiter asks you if you are an American. You answer yes, etc. He says he has a good friend in America. You ask him what his friend's name is and where he lives in America, etc.

Grammar

○ **2.2 Articles and Nouns in the Singular**

Nouns may be used either with or without articles. If there is an article, it is either *indefinite* (like English *a, an*) or *definite* (like English *the*). In most cases these are used as in English.

The indefinite article is either **en, ei,** or **et.** So far the following examples have appeared:

en				et	
en by	**en** krone	**en** restaurant	**en** tur	**et** glass	**et** par
en kopp	**en** eske	**en** telefon	**en** venn	**et** hotell	

The definite article is either **-en, -a,** or **-et** (pronounced [e]). Examples so far:

-en			-et
by**en**	stasjon**en**	vei**en**	hotell**et** [hotel′le]
esk**en**	tur**en**		

Several nouns have appeared with both indefinite and definite articles:

en by 'a city'	by**en** 'the city'	**et** hotell 'a hotel'	hotell**et** 'the hotel'
en eske 'a box'	esk**en** 'the box'		

Note that **et** glass øl is mostly referred to as **en** øl.

As these examples show, the indefinite article appears before the noun as a separate word (as in English), but *the definite article is suffixed to the noun*. If the noun already ends in **-e**, the **-e** is lost.

If the indefinite article used with a noun is **en** and the definite article is **-en**, the noun is called an **en**-noun. Similarly, if the indefinite article is **et** and the definite article is **-et,** the noun is called an **et**-noun. This distinction is purely grammatical, and must be learned for each noun. The best way to do this is to associate the article with the noun at the time you learn the meaning of the noun. In other words, don't just connect 'city' with **by** and 'pair' with **par,** but with **en by** and **et par.** It may help to know that (1) there are many more **en**-nouns than **et**-nouns, (2) words referring to people are usually **en**-nouns, (3) many **et**-nouns have only one syllable.

If you are in doubt about whether a noun is an **en**-noun or an **et**-noun, look it up in the vocabulary at the end of the book, where the article used with each noun is given in parentheses following the noun.

There is also a subdivision of the **en**-nouns called **ei**-nouns. The indefinite article used with them is **ei,** and the suffixed definite article is **-a,** These will be discussed in greater detail in Grammar 5.1

Note: The order of possessives with nouns is variable (**min far, faren min**); see Grammar 6.3 for discussion. Compare sentences 2.11 and 2.15.

In more technical grammars **en**-nouns are called "masculine," **ei**-nouns "feminine," and **et**-nouns "neuter" (gender).

EXERCISES
A. Fill in the correct indefinite articles:

a)

Jeg skal ha

— eske konfekt.
— glass vin.
— kopp kaffe.
— par smørbrød.

b)

Hvor kan jeg finne

— hotell?
— telefon?
— venn?
— stasjon?
— by som Bergen?

B. Fill in the correct definite articles:

a)

Det koster fem kroner

> eske___ .
> glass___ .
> kopp___ .
> par___ .

b)

Hvor er

> stasjon___ ?
> telefon___ ?
> vei___ til hotell___ ?
> vei___ til by___ ?

○2.3 The Modal Auxiliaries: *burde, kan, må, skal, vil*

Like the corresponding English verbs (*can, may, must, shall, will*), these are quite irregular in form. They have present tenses without **-r** and mostly with a different vowel in the stem than the past and infinitive forms. The meanings are also complex, and often differ subtly from those of the related English words.

The negative **ikke** follows the auxiliary immediately unless a pronoun intervenes:

Jeg skal **ikke** ha noe å spise.	'I won't have anything to eat.'
Skal du **ikke** ha noe å drikke?	'Won't you have something to drink?'

Some examples and notes on usage may be helpful at this point:

burde 'ought to': Du **burde** bli her minst et par uker.

kan 'can, is able': **Kan** du si meg veien til stasjonen? **Kan** dere anbefale et hotell? Hvor **kan** jeg finne et hotell?

kunne 'could, was able' (past of **kan**): Ellers **kunne** du bodd hos oss.

må 'have to, must': Jeg **må** gå nå.

skal 'shall, will, is going to.' This is the usual expression of the simple future:

　Skal det være noe å drikke? Jeg **skal** ha et glass melk. **Skal** det være middag?

　Jeg tror det **skal** bli hyggelig i Norge. Takk **skal** du ha.

skulle 'should, would like to, was going to.' This is more polite than **skal** when making a direct request: Jeg **skulle** ha noe å spise (noen epler). It also implies obligation: Jeg **skulle** hilse så mye 'I was supposed to greet you.'

vil 'wants to, wishes to, will.' This does not usually translate English 'will' in a simple future, e.g. *he will go;* Norwegian **han vil gå** means 'he wants to go': **Vil** du si det en gang til? Hvis du **vil** ('wish'), skal vi vise deg byen.

EXERCISES
Translate into Norwegian:
1. Christensen can't drink wine.
2. He doesn't want to eat dinner.
3. I'd like something to eat (. . should have . .).
4. You ought to live at (på) the hotel.
5. You (plural) have to ('must') find the station.
6. We want to go to the city.
7. I can't recommend Hotel Victoria.
8. I'm staying here at least two days.
9. I want to stay in Bergen a couple of weeks.
10. Will you show me the town?

△ **LA OSS LYTTE** (Let's Listen)

1. George Smith is sitting in the hotel restaurant when another man comes up to him:

K: Unnskyld, er ikke du amerikaner?
S: Jo, det er jeg. Men hvem er du?
K: Jeg heter Hans Kjerulf.
S: God dag. Jeg heter Georg Smith.
K: God dag. Hvor kommer du fra i Amerika?
S: Jeg kommer fra Chicago. Kjenner du byen?
K: Jeg har en meget god venn i Chicago, men jeg har aldri vært der.
S: Skal det være noe å spise?
K: Ja, jeg tror jeg skal ha et glass øl og et par smørbrød. Bor du her på hotellet?
S: Ja, men bare et par dager.
K: Hvordan er hotellet?
S: Ikke så bra, dessverre.
K: Det var synd. Kommer du nettopp fra Amerika?
S: Ja, på et stappfullt fly.
K: Hvor lenge blir du her i Bergen?
S: Å, minst et par uker. Jeg har en venn her.
K: Du snakker godt norsk.
S: Takk, det var snilt av deg å si. Men jeg må gå nå. Det var riktig hyggelig å snakke med deg.
K: Takk, i like måte. Velkommen til Bergen.
S: Takk for det. Morn da.
K: Morn da.

God dag. Velkommen til Bergen.

2. Mr. Christensen is stopped on the street by a stranger:

S: Unnskyld, men kan du si meg hvor jeg kan finne et hotell?
C: Ja, jeg kan anbefale Hotell Norge. Det er et godt sted å bo.
S: Unnskyld, vil du si det en gang til?
C: Å, snakker du ikke norsk?
S: Jo, men jeg forstår ikke så mye.
C: Er du amerikaner?
S: Ja, jeg kommer fra Brooklyn. Jeg heter Alf Henriksen.
C: Er din far norsk?
H: Ja, og min mor også.
C: Hva heter din far?
H: Han heter Hans Henriksen og kommer fra Bergen.
C: Å, men jeg kjenner Hans Henriksen meget godt. Din far er en gammel
   venn av meg. Jeg heter Trygve Christensen.
H: Det var hyggelig.
C: Har din far fortalt deg om meg?
H: Ja da. Jeg skulle hilse så mye.
C: Takk. Men vil du ikke bo hos oss? Vi har ikke mye plass hjemme, men
   vi skal finne et sted til deg.
H: Takk, det var snilt av deg.
C: Og så kan min datter vise deg byen.
H: Ja, nå tror jeg det skal bli hyggelig i Bergen!

Vocabulary List (Lessons 1–2)

All words occurring in Lessons 1 and 2 are included in the following list. If you are not absolutely sure of the meaning and usage of each word in this list, check it in the sentence in which the word first occurred. The numbers following each word give the lesson and line number of its first occurrence. If more than one line number is given for a word, it means that the word is used in different meanings in the sentences indicated.

Nouns

En-nouns

amerikaner 2.1	konfekt 1.38	stasjon 1.28
by 2.34	kopp 1.54	synd 2.28
dag 1.1	krone 1.39	takk 1.6
datter 2.21	kveld 1.4	te 1.55
del 1	lekse 1	telefon 1.24
eske 1.39	melk 1.50	tur 2.26
far 2.7	middag 1.47	uke 2.37
fru 2.18	mor 2.15	vei 1.28
frukt 1.33	måte 2.23	venn 2.7
gang 1.14 ('time')	plass 2.30	vin 1.53
kaffe 1.54	restaurant 1.23	øre 1.43 (coin)

Et-nouns

eple 1.35	hotell 1.22	sted 2.29
fly 2.27	par 1.48	vann 1.51
glass 1.50	smørbrød 1.48	øl 1.52 (en-noun only when referring to a unitary quantity)

Names of Places

Amerika 2.2	Bergen 2.19	Norge 2.8
		USA 2.2

Verbs

anbefale 2.32	hete 2.3	skal 1.33 (skulle 1.35)
bli 1.42 ('will be')	hilse 2.13 (hilse på 2.22)	snakke 1.9
2.34 ('remain')	kan 1.22 (kunne 2.31)	spise 1.46
bo 2.29 (bodd 2.31)	kjenne 2.15	stå 2.11
burde 2.37	komme 2.2	ta 1.40
drikke 1.49	koste 1.38	takke 1.32
finne 1.22	møte 2.24	tro 2.40
forstå 1.12	må 1.11	unnskylde 1.21
fortelle 2.10	si 1.14 ('say')	vil 1.14
gå 1.11	1.28 ('tell')	vise 2.38
ha 1.5 (hatt 2.26)		være 1.33 (er 1.25; var 1.18, 2.24; vær 1.31; vært 2.17)

Adjectives

annen 1	høyre 1.27	noen 1.35
bra 1.6	lik 2.23	norsk 1.9
først 1	lite 2.36	snill 2.24
gammel 2.7	mange 1.30	stappfull 2.27
god 1.1	noe 1.33	venstre 1.27
hyggelig 2.14		

Adverbs

aldri 2.25	godt 2.16	minst 2.37
altfor 2.36	her 2.25	mye 1.42
bare 1.6	hjemme 2.30	nettopp 2.2
borte 1.26	hvor 1.22 ('where');	nå 1.11
bra 1.6	1.36 ('how')	også 2.15
da 1.20; 1.40 ('then')	hvordan 1.5	rett 1.29
der 1.26	i dag 1.33	riktig 2.39
dessverre 1.10	ikke 1.13	særlig 2.27
ellers 2.31	jo 2.2; (modal) 2.25	så 1.31
fram 1.29	lenge 2.34	til 1.14
før 2.25	litt 1.10	
	meget 2.16	

Articles

en 1.23	et 1.22

Conjunctions

hvis 2.38	og 1.7
men 2.5	

Exclamations and Greetings

bare bra 1.6	i like måte 2.23	takk for det 2.20
god dag 1.1	ja 1.10	takk skal du ha 2.9
god kveld 1.4	jo da 2.2	mange takk 1.30
ha det 1.19	morn 1.2	ikke noe å takke for
hei 1.3	morn da 1.20	1.32
hvordan har du det? 1.5	nei 1.10	unnskyld 1.21
hvordan står det til?	takk 1.6	velkommen 2.8
2.11	1.40 ('please')	vær så god 1.31 ('you're
		welcome'): 1.41
		('here you are')
		å 2.27

Infinitive Marker

å 1.32

Numerals

en 1.14	fem 1	ti 1
ett 1	seks 1	elleve 1
to 1.37	syv (sju) 1	tolv 1
tre 1	åtte 1	femti 1.39
fire 1	ni 1	seksti 1.43

Prepositions

av 2.7	i 2.17	som 2.36 ('like')
for 1.32	med 2.11	til 1.27
fra 2.2	om 2.10	
hos 2.31	på 2.27	

Pronouns

Personal Pronouns

deg 2.10	han 2.12	oss 2.31
dere 2.24	hun 2.17	vi 2.30
det 1.5	jeg 1.11	
du 1.5	meg 1.28	

Other Pronouns

dette 2.21	hvem 2.5	mye 2.10
din 2.7	ikke noe 1.32	noe 1.32
hva 1.38	min 2.15	vår 2.21

Idiomatic Expressions

der borte 1.26	hos oss 2.31	rett fram 1.29
det var synd 2.28	i dag 1.33	til høyre 1.27
en gang til 1.14	ikke noe særlig 2.27	til venstre 1.27
her i byen 2.34	jeg skulle ha 1.35	

JEG ER JOURNALIST

ENGLISH EQUIVALENTS

1. Thank you for the food, Mrs. Christensen.
2. You're welcome.
3. Let's sit in the living room and chat a while.
4. Thanks, that would be pleasant.
5. Will you have a cigar?
6. No thanks, I prefer to smoke a pipe. ('smoke preferably')
7. What kind of tobacco do you smoke?
8. Oh, it's an American tobacco.
9. Would you like to try it?
10. Yes, thanks. That's quite a good ('a quite good') tobacco. ('That was . .')
11. What do you think of Norwegian tobacco?
12. The tobacco is a little too mild, I think.
13. But the cigars are really good.
14. Have you ever ('any time') been in Amerika, Captain Knudsen?
15. Yes indeed, many times.
16. I fly to New York for SAS (Scandinavian Airlines).
17. I was there just a couple of days ago.
18. Have you been an airline pilot a long time?
19. Oh yes, I've flown for ('in') fifteen years.

LISTENING SCRIPT

1. [takk' få(rr) ma't^{e}n, fru kris't^{e}ns^{e}n]
2. [vell' bekåm'me]
3. [la åss sit`te i stu`en å pra`te en stunn']
4. [takk', de' ville være hyg`geli]
5. [ska du ha' en siga'r]
6. [næi' takk', jæi rø`ker hel'st pi`pe]
7. [va' sjlak's tobakk' rø`ker-du]
8. [å', de æ'r en am^{e}rika'nsk tobakk']
9. [vill du' prø`ve-denn]
10. [ja' takk'. de' va(r) en gan`ske go' tobakk']
11. [va syn's du omm når'sk tobakk']
12. [tobak'ken ær litt' få(rr) mill', syns jæi']
13. [menn siga'rne ær rik`ti go`e]
14. [har du vært' i ame'rika non gang', kaptæi'n knut'sen]
15. [ja' da, mang`e gang`er]
16. [jæ fly'r på ny'-årk fårr sass']
17. [jæ va'r dær fårr ba`re et parr da`ger si`den]
18. [har du vært fly`ger leng`e]
19. [å ja', jæ har fløy`et i fem`ten å'r]

I'M A JOURNALIST

Smith has had dinner with the Christensens and their friend, Captain Sigurd Knudsen. They are just getting up from the table:

1	*Smith:*	Takk for maten, fru Christensen.
2	*Fru Christensen:*	Vel bekomme.
3	*Christensen:*	La oss sitte i stuen og prate en stund.
4	*Smith:*	Takk, det ville være hyggelig.
5	*Christensen:*	Vil du ha en sigar?
6	*Smith:*	Nei takk, jeg røker helst pipe.
7	*Knudsen:*	Hva slags tobakk røker du?
8	*Smith:*	Å, det er en amerikansk tobakk.
9		Vil du prøve den?
10	*Knudsen:*	Ja takk. Det var en ganske god tobakk.
11		Hva synes du om norsk tobakk?
12	*Smith:*	Tobakken er litt for mild, synes jeg.
13		Men sigarene er riktig gode.
14		Har du vært i Amerika noen gang,
15		kaptein Knudsen?
16	*Knudsen:*	Ja da, mange ganger.
17		Jeg flyr på New York for SAS.
18		Jeg var der for bare et par dager siden.
19	*Smith:*	Har du vært flyger lenge?
	Knudsen:	Å ja, jeg har fløyet i femten år.

PRONUNCIATION

☐ 3.1 The Consonants

The following chart lists all the consonants and shows how they are produced:

		(a) LABIAL	(b) DENTAL	(c) ALVEOLAR	(d) PALATAL	(e) VELAR
Stops	Voiced	b	d			g
	Voiceless	p	t			k
Nasals	Voiced	m	n			ng
Spirants	Voiced	v	l	r	j	
	Voiceless	f	s	sj	kj	h

(a) The labials: These are pronounced as in English, and need no further discussion.

(b) The dentals: These are pronounced as in English, except for the fact that in Norwegian the tip of the tongue touches the back of the teeth, while in English it touches the alveolar ridge (behind the gums). This does not make much difference in their sound, except for **1.** Norwegian **1** is "light" compared with English "dark" *l,* because the tongue is higher and flatter and farther forward. In English the *l* of *million* is much lighter than that of *mill.* See if you can hear and feel the difference when you say them. Then make Norwegian **1** even lighter than the *l* of *million,* with the tip of the tongue touching the teeth and the back of the tongue raised. Practice the following words: lite, bli, snill, til [till′], hotell, aldri, unnskyld [unn′/sjyll], litt, hilse, snilt, vil [vill′], skal [skall′], vel [vell′], melk.

(c) The alveolars: **R** has already been discussed (Pronunciation 2.2). It remains to note that double **r** consists of two or three quick taps, or trills. Experience has shown that it is difficult for American students, and needs much practice. It comes after a short vowel and must be held just like any other long consonant. Practice: **herr** [hærr′], **par** [parr′], **smør** [smørr′], **dessverre** [desvær′re].

Sj is about like English *sh.* It is also spelled **skj,** and before the vowels **i, y, ei, øy** it is regularly spelled **sk.** Initial **sl** is generally pronounced **sjl** in Eastern Norway, e.g. in **slags** [sjlaks], while **rs** is pronounced **sj** (as noted above Pronunciation 2.2). Practice: **sju, slags, stasjonen, unnskyld** [unn′/sjyll′], **ellers** [el′lesj].

(d) The palatals: **J** is like English *y* in *yes.* It is also spelled **gj, hj,** and **lj,** and before the vowels **i, y, ei, øy** it is regularly spelled **g.** Practice: **gjør** [jø′r], **hjemme** [jem`me], **gift** [jif′t] 'married,' **begynner** [bejyn′ner] 'begins.'

Kj is different from any English sound, being most like the *ch* of German *ich*. The closest in English is the *h* of words like *hue* and *Hubert*. You can approximate it by holding the tongue at the position of *ee* (Norwegian **i**) and blowing out with the noise of a steam kettle. It must be clearly distinguished from **sj** (English *sh*) and from English *ch*. It is also spelled **tj** and before the vowels **i, y, ei, øy** it is regularly spelled **k**. Practice: **kjenner** [kjen`ner], **tjue** [kju`e] 'twenty,' **kirke** [kjir`ke] 'church'.

(e) The velars: These are pronounced exactly as in English. Note, however, that in the combinations **kn** and **gn** the **k** and **g** are pronounced: **Knut** [knu't], **gnage** [gna`ge] 'gnaw.' **Ng** is never pronounced like *ng* in English *finger* or *linger*, but like that of *sing* and *singer*, only longer: **sang** [sang'] 'song,' **finger** [fing'er] 'finger.' Before **k** it is spelled **n**, as in **tenke** [teng`ke] 'think,' and before **n** it is spelled **g**, as in **vogn** [vång'n] 'wagon.'

△ **REPETISJON** (Pattern Practice)
Combine the elements in each group to form different sentences:

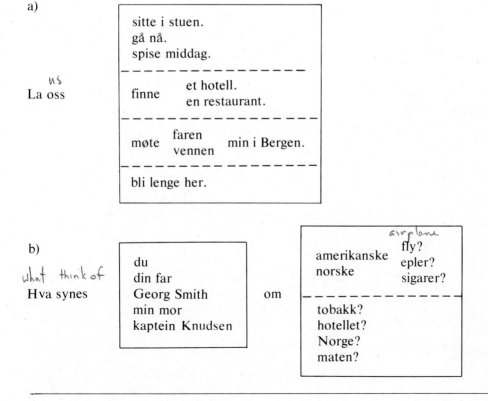

a)

La oss
us

sitte i stuen.	
gå nå.	
spise middag.	
finne	et hotell.
	en restaurant.
møte	faren
	vennen min i Bergen.
bli lenge her.	

b)

Hva synes
what think of

du	om	amerikanske fly?
din far		norske epler?
Georg Smith		sigarer?
min mor		tobakk?
kaptein Knudsen		hotellet?
		Norge?
		maten?

airplane

hos = chez

c)

how
Hvor lenge

skal. .	du	. . bli	i Norge?
har. .	moren din	. . vært	her i byen?
	dere		hos oss?
	fru Christensen		hos kaptein Knudsen?
			i Amerika?

△ **SPØRSMÅL** (Questions)

1. Hvor sitter Smith, Christensen og kaptein Knudsen?

what kind of 2. Hva slags tobakk røker Smith?

3. Hva synes kaptein Knudsen om den?
4. Hva synes Smith om norske sigarer?
5. Røker du sigarer?

who
6. Hvem er kaptein Knudsen?
7. Hvor lenge har han fløyet?
8. Hva slags fly flyr han med?
9. Har han vært i Amerika noen gang?
10. Har du vært i Norge noen gang?

SAMTALEØVELSE (Conversation Practice)

△ 1. You have just finished eating dinner at a friend's house and are leaving the table. Your host offers you a cigar, but you say you don't smoke. He asks you if you would like a glass of wine then, and you say yes and thank him. He asks you how long you are going to stay in town, etc.

2. You meet a friend on the street. He asks you how you are, etc. He offers you a cigar, but you say you prefer to smoke a pipe. He asks what kind of tobacco you smoke, etc. You ask him if he'd like a glass of beer and he says that would be nice. You ask a passerby where a restaurant is, he tells you, you go to the restaurant, etc.

Grammar

○ 3.1 Articles and Nouns in the Plural

(a) The indefinite plural: We have had several examples of the indefinite use of nouns in the plural:

		Plural	Singular
1.35	Jeg skulle ha noen **epler**.	epler	et eple
1.43	Det blir seksti **kroner**.	kroner	en krone
2.37	Du burde bli her minst et par **uker**.	uker	en uke *– week*
3.15	Ja da, mange **ganger**.	ganger	en gang *– time*
1.48	<u>Bare</u> et par **smørbrød**.	(smør)brød	et (smør)brød

become, be (beside 1.43)
just (beside 1.48)

En-nouns regularly add **-er** to form the indefinite plural. If the noun ends in an unaccented **-e**, this is dropped before the plural ending is added.

Et-nouns: <u>one-syllable</u> et-nouns have <u>identical</u> singular and plural indefinite forms. Polysyllabic **et**-nouns add **-er** to form the plural as in the case of **en**-nouns. In compounds like **smørbrød** only the last part counts.

(b) The definite plural: We have had one example of the definite article in the plural:

But 3.13 Men **sigarene** er riktig gode.

The definite article in the plural is **-ene**, suffixed directly to the noun unless the noun ends in unaccented **-e**, in which case the final **-e** is dropped before the ending is added. This applies to all **en-** (and **ei-**) nouns and most **et**-nouns, both monosyllabic and polysyllabic.

The following nouns will illustrate all the regular noun forms in Norwegian:

	EN-NOUNS		ET-NOUNS	
	INDEFINITE	DEFINITE	INDEFINITE	DEFINITE
SING.	en by	byen	et fly	flyet
PLUR.	byer	byene	fly	flyene
SING.	en krone	kronen	et hotell	hotellet
PLUR.	kroner	kronene	hoteller	hotellene

EXERCISES

Fill in the correct plural endings:

a) Det er (there are) mange by__ i Norge. Det er mange fly__ i Norge. Det er mange stasjon__ i byen. Det er mange hotell__ i byen. Det er mange uke__ i året.

b) Jeg har mange venn__ i Norge. Jeg har ikke mange krone__ .

c) Han har vært i Norge i mange dag__ . Han har vært i Norge i mange år__ .

○ 3.2 Introductions and Titles

The customs prevalent in Norway are somewhat different from those of America and today they are rapidly changing. Older persons use titles and formal address, but younger people mostly use first names only. When peo-

ple meet, they introduce themselves. At parties everyone goes around and shakes hands with the other guests on arrival. To those whom they do not know they mumble their own names and get the other person's in reply. Women generally say their *full name,* men their *last name,* in no case prefaced by titles such as **herr, fru,** or **frøken.** It should also be observed that while the latter correspond to English *Mr., Mrs.,* and *Miss,* they are used rather differently. They are hardly ever used by anyone about him- or herself. While **fru** and **frøken** are commonly used in addressing women, **herr** is rarely used in addressing men, except with a title: **herr kaptein, herr professor.** If one knows the man well enough to drop the title, one uses just the last name, without **herr.** Only in addressing an envelope is the **herr** usual; it is abbreviated as **hr.** and is capitalized when it comes at the beginning of a sentence.

ENGLISH EQUIVALENTS

20. But now tell us a little about your work, George.
21. What do you do in America?
22. I'm a journalist.
23. I work for a large American newspaper.
24. Are you going to write while you're here?
25. Yes, I intend to ('have thought to') write a book about Norway.
26. But first I'm going to travel around in the country.
27. How long do you intend to stay then?
28. Oh, at least a year.
29. And then I'm [going] back to America.
30. Isn't your father a doctor?
31. Yes, he's a physician at a large hospital.
32. But he is getting ('beginning to become') old now.
33. Do you have any brothers and sisters?
34. Yes. I have one brother who's a teacher,
35. and one who's a businessman.
36. And my only sister is a physician, like father.

LISTENING SCRIPT

20. [menn fårtell'-åss nå' litt' åmm ar`beide ditt', ge'org]
21. [va jø'r-du i ame'rika]
22. [jæi' ær sjornalis't]
23. [jæi arbæi'der i en sto'r am^{e}rika'nsk avi's]
24. [ska du skri`ve mens du æ'r hær]
25. [ja', jæi har teng't å skri`ve en bo'k åmm når`ge]
26. [menn før'st ska jæi ræi`se åmkring' i lan'ne]
27. [vorr leng`e har du teng't å bli' da]
28. [å', min'st ett å'r]
29. [å så' ska jæi teba`ke till ame'rika]
30. [æ'r-ikke fa`rn dinn dåk'tor]
31. [jo', han ær le`ge ve et sto'rt sy`ke/hu's]
32. [menn hann bejyn'ner å bli gam`mel nå']
33. [ha'r-du noen søs`ken]
34. [ja', jæi ha'r en bro'r såmm ær læ`rer,]
35. [å e'n såmm æ(r) fåret'nings/mann ˙]
36. [å denn e`neste søs`tern minn ær le`ge, såmm fa'r]

JEG ER JOURNALIST

(fortsatt *continued*)

20	*Christensen:*	Men fortell oss nå litt om arbeidet ditt, Georg.
21		Hva gjør du i Amerika?
22	*Smith:*	Jeg er journalist.
23		Jeg arbeider i en stor amerikansk avis.
24	*Christensen:*	Skal du skrive mens du er her?
25	*Smith:*	Ja, jeg har tenkt å skrive en bok om Norge.
26		Men først skal jeg reise omkring i landet.
27	*Christensen:*	Hvor lenge har du tenkt å bli da?
28	*Smith:*	Å, minst et år.
29		Og så skal jeg tilbake til Amerika.
30	*Knudsen:*	Er ikke faren din doktor?
31	*Smith:*	Jo, han er lege ved et stort sykehus.
32		Men han begynner å bli gammel nå.
33	*Knudsen:*	Har du noen søsken?
34	*Smith:*	Ja, jeg har en bror som er lærer,
35		og en som er forretningsmann.
36		Og den eneste søsteren min er lege, som far.

37. Are you married?
38. No, not yet.
39. No one will have me. ('There is no one who. . ')
40. Oh, don't say that.

37. [ær du jif't]
38. [næi, ik`ke en`nå]
39. [de æ(r) ing`en såmm vil ha'-mæi]
40. [å si'kke de']

thirteen	eighteen	fifty
fourteen	nineteen	sixty
fifteen	twenty	seventy
sixteen	thirty	eighty
seventeen	forty	ninety

[tret`t^{e}n]	[at`t^{e}n]	[fem'ti]
[fjor`t^{e}n]	[nit`t^{e}n]	[sek'sti]
[fem`t^{e}n]	[ty`ve, kju`e]	[søt'ti]
[sæis`t^{e}n]	[træd`ve, tret'ti]	[åt'ti]
[søt`t^{e}n]	[før'ti]	[nit'ti]

37   *Knudsen:*   Er du gift?
38   *Smith:*   Nei, ikke ennå.
39   Det er ingen som vil ha meg.
40 *Christensen:*   Å, si ikke det.

tretten	atten	femti
fjorten	nitten	seksti
femten	tyve (tjue)	sytti
seksten	tredve (tretti)	åtti
sytten	førti	nitti

Pronunciation

☐ 3.2 Consonants that Aren't There

The spelling shows some consonants that are usually not pronounced, or that are pronounced differently from the way they are spelled. You have already had some examples of this.

(1) Before **s** and **t** the voiced consonants **b d g v** are unvoiced, i.e. are pronounced respectively as **p t k f: Ibsen** [ip'sen], **Knudsen** [knut'sen], **godt** [gått'], **slags** [sjlak's], **lagt** [lak't] 'laid,' **livs** [lif's] 'life's.'

(2) Before the high front vowels **i** and **y** (and in some words before **ei** and **øy**) the velar consonants **g** and **k** are pronounced as palatals, i.e. as **j** and **kj** respectively: **gift** [jif't], **begynne** [bejyn'ne], **kino** [kji'no] 'movie theater,' **kirke** [kjir`ke] 'church.' In the same position **sk** is pronounced as **sj**: **ski** [sji'] 'ski,' **unnskyld** [unn'/sjyll˙]. When these sounds occur before other vowels, they are most often written with an intervening **j**, as **gj kj skj: gjør** [jø'r], **kjenne** [kjen`ne], **skjære** [sjæ`re] 'cut.'

(3) These consonants are silent in the positions stated:

d   after long vowels in many words: **god** [go'], **med** [me'], **smørbrød** [smør'brø], **ved** [ve'], but **siden** [si`den], **sted** [ste'd] (or [ste']);
  after **r** in most words: **bord** [bo'r] 'table,' but **burde** [bur`de] 'ought';
  after **l** and **n** in most words, when it is replaced by a second **l** or **n**: **mild** [mill'], **stund** [stunn'], **synd** [synn'], **unnskyld** [unn'/sjyll˙].

g   in the suffixes **-ig** and **-lig: hyggelig** [hyg`geli], **riktig** [rik`ti];
  in the words **og** [å'], **også** [ås'så];
  after **e** (and **ø**) in some words, where it is replaced by **i: jeg** [jæi'], **meg** [mæi'].

h   before **j** and **v: hjemme** [jem`me], **hva** [va'], **hvis** [viss'], **hvor** [vorr'], **hvordan** [vor'dan].

t   in the pronoun **det** [de'] and the neuter definite article **-et** [-e].

v   in the preposition **av** [a'];
  after **l**, where it is replaced by a second **l: halv** [hall'] 'half', **selv** [sell'] 'self,' **tolv** [tåll'].

☐ 3.3 Secondary Stress

Simple, uncompounded words have only one stressed syllable, but compounds may have two. It is a general rule, both for English and Norwegian, that in such cases the second is weaker than the first and the two are distinguished as *primary* and *secondary* stress. Examples in English are *mailman* or *weekday,* in which the second part of the compound has secondary stress. Compare these with *seaman* or *Sunday,* in which the second part is unstressed.

In the same way, Norwegian compounds may have secondary stress, in which case either the vowel or the following consonant is long, though the length is less marked than it is under primary stress. In our respelling, the break between the two parts is shown by a slash, while the length is marked by a raised dot. You have had these examples:

anbefale [an′/befa˙le]
sykehus [sy`ke/hu˙s]
arbeid [arr`/bei˙]
unnskyld [unn′/sjyll˙]
forretningsmann [fårret′nings/mann˙]
stappfull [stapp`/full˙]

Watch carefully the long vowels in secondary stress, since it is easy to miss them. Not all compounds have secondary stress. In some the second part has been weakened: **smørbrød** [smør′brø]. In others the first part has been weakened, so that the primary stress is on the second part: **dessverre** [dessvær′re], **omkring** [åmkring′], **selvfølgelig** [sellføl′geli] 'of course,' **tilbake** [tilba`ke], **velkommen** [velkåm′men].

Notice that in compounds the two parts are always written together in Norwegian, while in English they are sometimes divided or hyphenated.

△ **REPETISJON** (Pattern Practice)
Combine the elements in each group to form different sentences:

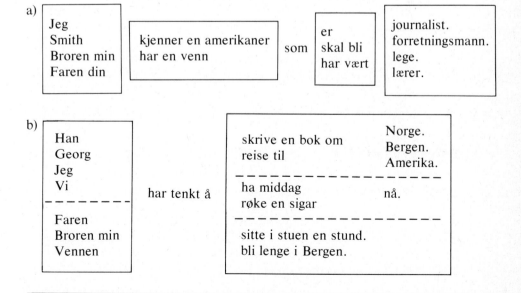

a)
Jeg	kjenner en amerikaner	som	er	journalist.
Smith	har en venn		skal bli	forretningsmann.
Broren min			har vært	lege.
Faren din				lærer.

b)
Han		skrive en bok om	Norge.
Georg		reise til	Bergen.
Jeg			Amerika.
Vi	har tenkt å	ha middag	nå.
Faren		røke en sigar	
Broren min		sitte i stuen en stund.	
Vennen		bli lenge i Bergen.	

c)

| Min Deres | far bror venn søster mor datter | kommer fra arbeider i
----
har ofte vært i fortalt meg om
----
skal skrive en bok om reise tilbake til | Norge. Amerika. Bergen. en stor by i Amerika. |

Now reverse order of nouns and possessives.

△ **SPØRSMÅL** (Questions)

1. Hva gjør Georg i Amerika?
2. Hva skal han gjøre mens han er i Norge?
3. Skal han bare være i Bergen?
4. Hvor lenge har han tenkt å bli i Norge?
5. Hva skal han så gjøre?
6. Hva gjør Georgs far?
7. Hvor mange søsken har Georg?
8. Hva gjør Georgs søster?
9. Har du en bror? Har du en søster?
10. Er din bror (søster) lege?
11. Hvor gammel er din bror (søster)?
12. Er du gift?

SAMTALEØVELSE (Conversation Practice)

1. You have just arrived in Norway and are met by a friend of your brother. You exchange the usual greetings, etc. He asks you how your brother is, etc., and also how your sister is. You are surprised and ask him if he knows your sister too (you didn't know that) and he says that he knows your sister very well. He asks what your sister is doing now, etc.

△ 2. You are dining at a restaurant with an old friend of your mother. He asks you how she is, how many brothers and sisters you have, how old each one of them is, what they do, what you are going to do in Norway, etc.

Grammar

○ **3.3 Adjective Endings**

We have seen adjectives used in a number of sentences:

		Adjective
2.24	Det var **snilt** av dere å møte meg.	snilt
2.39	Takk, dere er riktig **snille**.	snille

1.9 Snakker du **norsk?**	norsk
3.11 Hva synes du om **norsk** tobakk?	norsk
1.1 **God** dag.	god
2.33 Victoria er et **godt** hotell.	godt
3.23 Jeg arbeider i en **stor amerikansk** avis.	stor, amerikansk
3.31 Han er lege ved et **stort** sykehus.	stort
3.13 Sigarene er riktig **gode.**	gode
3.32 Men han begynner å bli **gammel** nå.	gammel

(a) There are three possible forms of the adjective:
No ending, used with **en**-nouns in the singular.
The ending **-t,** used with **et**-nouns in the singular.
The ending **-e,** used with *all* nouns in the plural.
The endings are used whether the adjective stands before the noun or after the verb in the sentence (i.e., in attributive or predicate position).

(b) Adjectives ending in **-sk** and **-ig** do not add the ending **-t.** E.g., **amerikansk, norsk, hyggelig.** Thus the **en**-noun and **et**-noun forms of such adjectives are identical:

en **norsk** by, et **norsk** hotell
en **amerikansk** sigar, et **amerikansk** fly
en **hyggelig** by, et **hyggelig** land

The plural of these adjectives is formed regularly, i.e., by adding **-e.** E.g., **norske epler, hyggelige byer, amerikanske fly.**

(c) Adjectives ending in a long vowel (not a diphtong) add **-tt** instead of **-t.** E.g. **nytt** from **ny** 'new.'

(d) Dissyllabic adjectives with an unaccented **-e** in the second syllable contract the second syllable when the **-e** ending is added (e.g., **en gammel by, gamle byer**). If there are two identical consonants, the second is lost.

EXERCISES
Translate into Norwegian:

(a) The glass is large.
The glasses are large.

He had a large glass.
He has many large glasses.

(b) Norwegian beer is good.
Norwegian planes are good.
Norwegian cigars are good.

Norwegian tobacco is good.
Norwegian hotels are good.

(c) He is very kind.
It was very kind of you to show me the town.

Mr. and Mrs. Christensen are very kind.

(d) Bergen is a pleasant city.
I have many pleasant friends in Norway.

I think it's going to be pleasant in Bergen.

○ 3.4 Partitive Constructions

We have had a number of examples of this construction:

1.50 et glass **melk**	*a glass* of milk
1.54 en kopp **kaffe**	*a cup* of coffee
2.37 et par **uker**	*a couple* of weeks

When one noun describes a part of a quantity expressed by a following noun, the two nouns stand directly beside each other in Norwegian (but are joined by *of* in English).

○ 3.5 Omission of the Article in Descriptions of a Person's Trade, Profession, Nationality, or Rank

We have had a number of examples of this construction:

2.1 Er ikke du **amerikaner?**	*Aren't you* an American?
3.22 Jeg er **journalist.**	*I'm* a journalist.
3.30 Er ikke faren din **doktor?**	*Isn't your father* a doctor?
3.31 Han er **lege** ved et stort sykehus.	*He's* a physician *at a large hospital.*

The article is never used in such constructions in Norwegian.

EXERCISES
Complete the sentences as indicated:
1. Jeg skal ha _____ *(a couple of sandwiches)* og broren min _____ *(a cup of coffee)*.
2. Han har vært i Norge i _____ *(a couple of years)*.
3. Min bror er _____ *(a doctor)* og faren min er _____ *(a business man)*.
4. Jeg har en venn som er _____ *(a teacher)*. Han er _____ *(an American)*.

○ 3.6 Use of the Past Tense to Express Present Time

When a Norwegian wishes to emphasize a statement or to express strong feeling (e.g., agreement, pity, approval, concern, disdain, etc.), he often uses the past tense even though he is referring to something occurring at the present time. We have already had four examples of this:

1.18 Det **var** bra.	That's good.
2.14 Det **var** hyggelig.	That's nice.
2.28 Det **var** synd!	That's too bad!
3.10 Det **var** en ganske god tobakk.	That's quite a good tobacco.

The verb **var** 'was' is most often used in this construction, since most such expressions involve direct description, but other verbs can also be used similarly in certain expressions.

△ **LA OSS LYTTE** (Let's Listen)

1. Hans Berg steps off the train in Oslo and is met by an old friend of his mother's.

   V: Unnskyld, heter du Berg?
   B: Ja, Hans Berg. Men hvem er du?
   V: Jeg er en gammel venn av din mor. Jeg heter Henrik Tangen. Velkommen til Oslo!
   B: Takk, det var snilt av deg å møte meg. Mor har fortalt meg mye om deg.
   T: Hvor lenge blir du i byen?
   B: Å, bare et par uker.
   T: Har du noe sted å bo?
   B: Nei, ikke ennå. Kan du anbefale et hotell?
   T: Ja, Bristol er et godt hotell. Men skal du ikke ha noe å spise?
   B: Jo takk.

2. They go to a restaurant, where they order food:

   T: Skal det være middag?
   B: Nei takk, bare et par smørbrød.
   T: Frøken, vi skal ha fire smørbrød og kaffe.
   B: Har du vært i Amerika noen gang?
   T: Nei, aldri. Vær så god, vil du ha en sigar?
   B: Takk, jeg røker helst pipe.
   T: Hva slags tobakk røker du?
   B: Det er en amerikansk tobakk som er riktig god. Vil du prøve den?
   T: Nei takk, jeg røker helst en sigar. Hvordan står det til med din mor?
   B: Takk, bare bra. Kjenner ikke du søsteren min også?
   T: Jo, hun var i Norge for noen år siden. Er ikke hun journalist?
   B: Jo, hun skriver for en stor amerikansk avis. Jeg skulle hilse så mye.
   T: Takk. Men hva skal du gjøre mens du er her i landet?
   B: Jeg skal reise omkring, og så skal jeg skrive en bok.
   T: Å, er du journalist, du også?
   B: Nei, jeg er forretningsmann, men jeg har tenkt å skrive en bok om Norge.

HAR DE ET ROM TIL LEIE?

ENGLISH EQUIVALENTS

1. Excuse me, is there anything available?
2. *The Hotel Clerk:* No, I'm sorry, all the rooms are taken.
3. There are many tourists in the city now.
4. Do you perhaps know where we can find a room?
5. Yes, I know about a place where they take in ('receive') guests.
6. It's at number eleven Welhaven's Street.
7. You can get a good room at a reasonable price there.
8. Thank you very much.
To Smith:
9. Come, let's take a taxi.
10. Good evening. Do you have a room for rent?
11. *The Landlady* (an older woman): Yes, I have a nice, furnished room.
12. Is it on the first floor?
13. No, it's on the second.
14. May I look at it?
15. Yes, please come (along) up.

LISTENING SCRIPT

1. [unn′sjyll˙, æ′r-de noe le`di]
2. [næi′ dessvær′re, al`le rom′mene ær åpp′/tatt˙]
3. [de æ(r) mang`e turis′ter i by′en nå′]
4. [Ve′t-di kan`sje vorr′ vi kan fin`ne et romm′]
5. [ja′, jæi ve` t-åmm˙ ett ste′d vorr di ta`r-imo˙t jes`ter]
6. [de′ ær i vel′/ha˙vens ga`te nommer el`ve]
7. [dæ′r kann di få′ et gått′ romm′ til en ri`meli pri′s]
8. [mang`e takk′]
[till Smitt′:]
9. [kåmm′ så ta′(r)-vi en bi′l]
10. [go af`t^en. ha′r-di ett romm′ te læi`e]
11. [værtin`nen, en el′dre da`me:] [ja′, jæi ha′r et pe′nt møble′rt romm′]
12. [æ′r de i før`ste-eta`sje]
13. [næi′, de æ′r i a`en]
14. [få(r) jæi se′ på de]
15. [ja′, vær så go′, bli`-me˙ åpp′]

DO YOU HAVE A ROOM FOR RENT?

Mr. Christensen goes with George Smith to Hotel Victoria to help him get a room. They speak to the hotel clerk:

1	*Christensen:*	Unnskyld, er det noe ledig?
2	*Portieren:*	Nei, dessverre, alle rommene er opptatt.
3		Det er mange turister i byen nå.
4	*Christensen:*	Vet De kanskje hvor vi kan finne et rom?
5	*Portieren:*	Ja, jeg vet om et sted hvor de tar imot gjester.
6		Det er i Welhavens gate nummer elleve.
7		Der kan De få et godt rom til en rimelig pris.
8	*Christensen:*	Mange takk.
9	*(Til Smith):*	Kom, så tar vi en bil.

10		God aften. Har De et rom til leie?
11	*Vertinnen (en eldre dame):*	Ja, jeg har et pent, møblert rom.
12	*Smith:*	Er det i første etasje?
13	*Vertinnen:*	Nei, det er i annen.
14	*Smith:*	Får jeg se på det?
15	*Vertinnen:*	Ja, vær så god, bli med opp.

In the room:
16. As you see, the room is quite large.
17. There is a table and two chairs.
18. Isn't that bed rather poor?
19. No, it's almost new.
20. I bought it a year ago.

[på rom'me]
16. [såmm di se'r, æ(r) rom'me gan`ske sto'rt]
17. [de ær ett bo'r å to' sto`ler]
18. [æ`r-ikke denn seng'a nåk'så då`rli]
19. [næi', denn' ær nes`t^{e}n ny']
20. [jæi kjøp`te-n fårr ett å'r sid^{e}n]

Det er mange turister i byen nå.

16	*(På rommet):*	Som De ser, er rommet ganske stort.
17		Det er et bord og to stoler.
18	*Smith:*	Er ikke den senga nokså dårlig?
19	*Vertinnen:*	Nei, den er nesten ny.
20		Jeg kjøpte den for et år siden.

Pronunciation

☐ 4.1 The Norwegian Alphabet

Each letter has its own name, which is used whenever you spell a Norwegian word. The names of the vowels are simply the long vowels, while the consonants are filled out by adding a vowel. Memorize these names, which you will see are a little different from the English ones. Say the alphabet over many times, and then practice spelling the words you have learned so far. You may even find that in Norway you will have to spell your own name!

A	a	[a']	I	i	[i']	Q	q	[ku']	Y	y	[y']
B	b	[be']	J	j	[jådd']	R	r	[ærr']	Z	z	[sett']
C	c	[se']	K	k	[kå']	S	s	[ess']	Æ	æ	[æ']
D	d	[de']	L	l	[ell']	T	t	[te']	Ø	ø	[ø']
E	e	[e']	M	m	[emm']	U	u	[u']	Å	å	[å']
F	f	[eff']	N	n	[enn']	V	v	[ve']			
G	g	[ge']	O	o	[o']	W	w	[dåb'belt/ve']			
H	h	[hå']	P	p	[pe']	X	x	[ek's]			

A capital is referred to as **stor**—'large,' a small letter as **liten**—'small': **stor A og liten a.** Spell **Norge:** [sto'r enn', o', ærr', ge', e']; spell **amerikaner:** [li`ten a', emm', e', ærr', i', kå', a', enn', e', ærr]. Of course it is not necessary to say **liten** except where there might be some doubt.

The letters **c, q, w, x,** and **z** are unnecessary in Norwegian words, and foreign words that have been fully accepted in Norway will usually be re-spelled so as to eliminate them. Examples: **sigar, konfekt, Amerika, kvartett** 'quartette,' **vaier** 'wire,' **mikse** 'mix,' **sebra** 'zebra.' But many words retain their foreign spellings, especially if they are proper names: **Victoria, Welhaven, Quisling.** The 'foreign' letters are then given a Norwegian pronunciation, with these values: **c** [s] before the (front) vowels **e i y æ,** [k] elsewhere; **q(u)** [kv]; **w** [v]; **x** [ks]; **z** [s]. One of the most frequent uses of these letters is in the abbreviation **W.C.** 'toilet,' pronounced [ve' se'], from English 'water closet.'

EXERCISE

Spell in Norwegian: rom, Victoria, Welhaven, unnskyld, møblert, turist, dessverre, etasje, søsken, arbeid, ennå, Bergen, seksten, sytti, kaptein.

☐ 4.2 Unstressed Vowels

In English unstressed vowels are usually slurred and blended into one indistinct vowel, as in the last syllables of words like *credit, rennet, minute, senate, bacon, taken,* or the first of *attain, effect, occur,* etc. This habit must be overcome in learning Norwegian, where the unstressed vowels remain distinct, although short. Listen carefully to the difference between **Amerika** [ame′rika], with initial and final short [a], and *America,* pronounced something like "uhmer′ikuh." Practice the following, making sure that the unstressed vowels have their own distinct qualities:

konfekt	hotell	møblert	kontor
tobakk	fortell [fårtell′]	turist	doktor [dåk′tor]

The only Norwegian vowel that shows a tendency like that of English vowels is **e,** which tends to be slurred and therefore sounds to English speakers like the slurred English vowel. Since short *a* also sounds something like this vowel, the two are often confused by learners. But both of them do remain distinct: the **e** is higher than English *uh,* while **a** is lower. Listen to **pipe** 'pipe' vs. **pipa** 'the pipe'; **lenge** 'a long time' vs. **senga** 'the bed.' Practice saying these two pairs.

As stated earlier (Pronunciation **1.6**), in the sequence **-nen** or **-ten,** the **e** is weakened so that it is heard only as part of the **n.** Something like this happens in English in words like *button* and *cotton.* Practice these words: **maten** [ma′t^{e}n], **konfekten** [konfek′t^{e}n], **stasjonen** [stasjo′n^{e}n]. The raised **e** shows that the sound is very faint.

△ **REPETISJON** (Pattern Practice)
Combine the elements in each group to form different sentences (NB: in this set of exercises select the proper adjective form where necessary):

a)

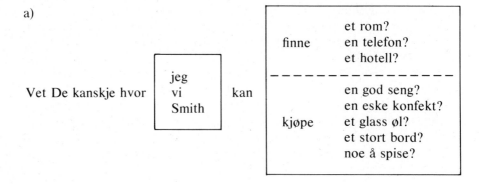

b)

| Jeg
Vi
Smith | vet om | et sted
et hotell
en restaurant | hvor de har (god, godt, gode) | mat.
øl.
smørbrød. |

c)

| Som De ser, er | det
rommet
bordet
den
senga
stolen
de
stolene
smørbrødene | riktig
nokså
ganske
meget | stor, stort, store.
ny, nytt, nye.
gammel, gammelt, gamle.
rimelig, rimelig, rimelige.
dårlig, dårlig, dårlige. |

△ **SPØRSMÅL** (Questions)

1. Har portieren et rom ledig?
2. Hva anbefaler han?
3. Hvor tar de imot gjester?
4. Er alle rommene opptatt der?
5. Hva slags rom har vertinnen til leie?
6. Er det i første etasje?
7. Hvor stort er rommet?
8. Hvordan er det møblert?
9. Hvordan er senga?
10. Hvor gammel er den?

SAMTALEØVELSE (Conversation Practice)

1. You stop a man on the street and ask him if he can tell you the way to a hotel. He tells you, but adds that all the rooms are taken there, and in all the hotels in town. You ask him if he can recommend a place where they take in guests. He says his mother takes in guests and gives you the address. You ask where that is, and he gives you directions, etc.

△ 2. You knock on the door of a rooming house. The landlord opens the door, and you ask if he has a room for rent. He says that, unfortunately, all the rooms are taken, but that he can recommend a hotel. He gives you the name of the hotel, but you say you've been there, and all the rooms are taken there, too. You say you have to have a place to live, and he says he'll try to find you a place. You thank him, etc.

Grammar

○ 4.1 The Personal Pronouns

We have already had most of the personal pronouns. They are arranged in the chart below according to whether they are the subject or object form, and according to person and number. Those which have not already occurred in the conversations are included in parentheses.

Person		Subject Form		Object Form	
1 SING.		jeg	*I*	meg	*me*
2 SING.	informal	du	*you*	deg	*you*
	formal	De [di]		(Dem [demm])	
3 SING.		han	*he*	(ham)	*him*
		hun	*she*	(henne)	*her*
		den (with **en**-nouns)	*it*	den	*it*
		det (with **et**-nouns)		det	
1 PLUR.		vi	*we*	oss	*us*
2 PLUR.		dere	*you*	dere	*you*
3 PLUR.		de	*they*	(dem)	*them*

(a) The second person pronouns.

An important distinction is made in Norwegian between singular and plural pronouns in the second person. **Du, deg** are used when addressing one person, **dere** only when addressing more than one. With strangers or older persons many are still using the formal pronoun **De**, object form **Dem**, but the informal pronoun is now usual (see Lesson 6, Grammar 6.1).

(b) The third person singular pronouns **den** and **det**.

The pronoun **den** is used when referring to an **en**-noun or **ei**-noun, **det** when referring to an **et**-noun. E.g., in

4.12 Er **det** i første etasje?
4.13 Nei, **det** er i annen.

det refers to an **et**-noun (rom). And in

4.19 Nei, **den** er nesten ny.
4.20 Jeg kjøpte **den** for et år siden.

den refers to an **en**-noun (seng).

When reference is made to a general idea, **det** is used. E.g.,

2.40 Jeg tror **det** skal bli hyggelig i Norge.

If the noun is not expressed until after the verb, **det** is used, regardless of whether the noun is an **en**-noun or an **et**-noun, singular or plural. E.g.,

3.8 **Det** er en amerikansk tobakk.

EXERCISES

Underline the correct pronoun in the following sentences:

1. Han forstår (jeg, meg) ikke.
2. Kan du si (vi, oss) veien til Bergen?
3. Får jeg bo hos (du, deg)?
4. (Vi, Oss) skal skrive en bok om Amerika.
5. Vil (De, Dem) vise oss byen?
6. (Jeg, Meg) har aldri vært i Norge.
7. Er Bergen en pen by? Ja, (den, det) er meget pen.
8. Er norsk øl godt? Ja, (den, det) er meget godt.
9. Hva synes De om hotellet? Jeg synes (den, det) er altfor dyrt.
10. Hva synes De om norsk mat? Jeg synes (den, det) er meget god.

○ **4.2 Word Order**

Most sentences have a kernel consisting of their *subject* (a pronoun or a noun with its modifiers) and a *verb* (which may be simple or complex). In addition, there may be objects, predicate nouns and adjectives, and adverbial modifiers of the verb. If the subject (S) comes before the verb (V), we call it *normal* order: SV. If the verb comes before the subject, we call it *inverted* order: VS.

(a) Normal order: SV. You have had many examples of this, e.g.:

	Subject	**Verb**
1.13 Nei, **jeg forstår** ikke	jeg	forstår
3.36 Søsteren min er lege	søsteren min	er

This is the order in all independent clauses in declarative sentences introduced by the subject. Notice that exclamations like **nei, ja, å,** etc. are not part of the sentence.

Normal order also occurs in all dependent clauses, introduced by subordinating conjunctions like **hvis** and **som,** as well as relative pronouns:

	Subject	**Verb**
2.38 Hvis **du vil,** (skal vi vise deg byen).	du	vil
4.16 Som **De ser,** (er rommet ganske stort).	De	ser

(b) Inverted order: VS. Here are some examples of this:

1.17 Ja, nå **forstår jeg.**	jeg	forstår
4.9 Kom, så **tar vi** en bil.	vi	tar
3.26 Men først **skal jeg** reise omkring i landet.	jeg	skal
2.38 Hvis du vil, **skal vi** vise deg byen.	vi	skal
4.16 Som De ser, **er rommet** ganske stort.	rommet	er

This is the order which is used in independent clauses when they are introduced by some other part of the sentence than the subject. Notice that this may be a single word, usually but not necessarily an adverb, or a whole subordinate clause (**hvis du vil, som De ser**). But a coordinating conjunction (**eller, for, men, og,** etc.) does not count: it is just a connecting element. Notice also that when there is an auxiliary (**skal, vil**) with the verb, it is only the auxiliary that comes before the subject.

Most questions are introduced either by the verb or by a question word (**hva, hvem, hvor, når,** etc.). Thus the order in these is also inverted:

		Subject	Verb
1.9	**Snakker du** norsk?	du	snakker
1.12	**Forstår du?**	du	forstår
1.25	Hvor **er hotellet?**	hotellet	er
2.3	Hva **heter du?**	du	heter
2.5	Men hvem **er du?**	du	er

(c) The position of **ikke.** Any affirmative sentence can be made negative by adding **ikke.** This word is placed *immediately* after the verb, unless the verb is followed by either a pronoun or certain adverbs (like **dessverre**); then it comes after these, unless the pronouns are emphasized. If the verb is complex, the rule applies to the auxiliary.

1.13 Nei, jeg **forstår ikke.**
2.1 Unnskyld, **er ikke** du amerikaner? (emphasis on pronoun)
2.30 Vi **har** dessverre **ikke** plass hjemme. (intervening adverb)
3.30 **Er ikke** faren din doktor?
3.40 Å, **si ikke** det. (emphasis on pronoun)
4.18 **Er ikke** den senga nokså dårlig?

EXERCISES
A. Rewrite the following sentences, putting the bold-face portion first:
   1. Det var stappfullt **på flyet.**
   2. Det er altfor lite **i en by som Bergen.**
   3. Jeg har fløyet **i femten år.**
   4. Jeg kjøpte den **for et år siden.**
   5. Som De ser, **er rommet** ganske stort.

B. Translate into Norwegian, producing from each English sentence two Norwegian sentences with different word order:
   1. I understand now.
   2. I work for a newspaper in America.
   3. All the rooms are taken here.
   4. There are many tourists in the city, as you see.
   5. If you'd like, you can live with me.

C. Change the following statements into questions, first by preceding them with the question word indicated, and then by just inverting the verb and the object. E.g. Stasjonen er rett fram. (a) Hvor er stasjonen? (b) Er stasjonen rett fram?
1. Hotellet er til høyre. (**hvor**).
2. Han skal ha et glass melk. (**hva**)
3. Det koster to kroner. (**hvor mye**)
4. Jeg heter Georg Smith. (**hva**)
5. Dette er faren min. (**hvem**)
6. Han har det bra. (**hvordan**)
7. Jeg kommer fra Amerika. (**hvor**)

D. Change each of these sentences from the affirmative to the negative by adding **ikke** in the proper place (without emphasizing the pronouns):
1. Jeg skal ha melk, takk.
2. Skal det være te?
3. Jeg er en venn av din far.
4. Det er bra.
5. Det var snilt av dere.
6. Kan De anbefale et hotell?
7. Det er en amerikansk tobakk.
8. Jeg flyr for SAS.
9. Jeg skal dessverre tilbake til Amerika.
10. Jeg har tenkt å skrive en bok.

ENGLISH EQUIVALENTS

21. Does the sun come in here?
22. Oh yes, this window faces ('turns toward') east,
23. and the other south.
24. Is the room with or without bath?
25. The bath is right next door. ('by the side of')
26. Is there both hot and cold water?
27. Yes, of course, and a shower.
28. What does the room cost?
29. Four hundred crowns a month ('the month').
30. (*to Christensen*) Isn't that a little expensive?
31. No, not at all. I think it is quite reasonable.
32. You'll surely not get any cheaper room.
33. (*to the landlady*) I think I'll take the room.
34. When do you want to move in?
35. This evening, right away.
36. Shall we wake you tomorrow morning ('tomorrow early')?
37. No thanks, I want to stay in bed ('lie') as long as possible.
38. Good night, George.
39. Good night, and thanks for today.
40. Same to you ('self thanks'), and sleep well.

LISTENING SCRIPT

21. [ær de so'l hær inn`e]
22. [ja'da, det`te vin`due ven`ne(r) mot øs't]
23. [å de an`dre mot sø'r]
24. [ær rom'me me' eller u`t^{e}n ba'd]
25. [ba'de ær li`ke ve si`d^{e}n a]
26. [ær de bå`de var'mt å kal't vann']
27. [ja selføl'geli, å dusj']
28. [va kås`te(r) rom'me]
29. [fi`re hun`dre kro`ner må`nt^{e}n]
30. [æ`r-ikke de' litt dy'rt]
31. [næi', sjlett' ik`ke. jæi' sy`nes de æ(r) gan`ske ri`meli]
32. [du får sik'kert ik`ke noe bil`liere romm']
33. [jæi tro'(r) jæi ta'(r) rom'me]
34. [nårr' vi(ll) di flyt`te-inn˙]
35. [nå' i kvell', me de sam`me]
36. [skall vi vek`ke-demm i må'^{e}rn-ti˙li]
37. [næi' takk', jæi' vil lig`ge så leng`e såmm mu`li]
38. [go natt', ge'årg]
39. [go natt' da, å takk' fårr i da'g]
40. [sell' takk', å så'v gått']

HAR DE ET ROM TIL LEIE?

(fortsatt *continued*)

21	*Smith:*	Er det sol her inne?
22	*Vertinnen:*	Ja da, dette vinduet vender mot øst,
23		og det andre mot sør.
24	*Smith:*	Er rommet med eller uten bad?
25	*Vertinnen:*	Badet er like ved siden av.
26	*Smith:*	Er det både varmt og kaldt vann?
27	*Vertinnen:*	Ja, selvfølgelig, og dusj.
28	*Smith:*	Hva koster rommet?
29	*Vertinnen:*	Fire hundre kroner måneden.
30	*Smith:*	(*til Christensen*) Er ikke det litt dyrt?
31	*Christensen:*	Nei, slett ikke. Jeg synes det er ganske rimelig.
32		Du får sikkert ikke noe billigere rom.
33	*Smith:*	(*til vertinnen*) Jeg tror jeg tar rommet.
34	*Vertinnen:*	Når vil De flytte inn?
35	*Smith:*	Nå i kveld, med det samme.
36	*Vertinnen:*	Skal vi vekke Dem i morgen tidlig?
37	*Smith:*	Nei takk, jeg vil ligge så lenge som mulig.
38	*Christensen:*	God natt, Georg.
39	*Smith:*	God natt da, og takk for i dag!
40	*Christensen:*	Selv takk, og sov godt!

Pronunciation

☐ 4.3 The Location of Stress

The correct placing of the stresses is an essential part of learning the pronunciation, and has to be memorized for each word. If you forget, you can look it up in the vocabulary at the end of the book. It may be helpful if we give you here a few general rules concerning the location of stress.

(1) Most Norwegian words are stressed on the *first* syllable: **landet** [lan′ne], **maten** [ma′t^{e}n], **opptatt** [åpp′/tatt ˙], **rimelig** [ri‵meli]. The rising musical pitch (see Pronunciation **4.4**) may make you think at first that the stress is on the last syllable, but this is an illusion.

(2) Some compounds and derivatives are stressed on later syllables than the first. For the compounds see Pronunciation **3.3** (words like **selvføl-gelig**). Examples of derivatives are: **amerikaner** [am^{e}rika′ner], **amerikansk** [am^{e}rika′nsk] from **Amerika** [ame′rika]. In such words the stress is either on the suffix or on the immediately preceding syllable.

(3) The prefixes **be-** and **for-** (when it is used with verbs) are never stressed: **begynne** [bejyn′ne], **bekomme** [bekåm′me], **forstå** [fårstå′], **fortelle** [fårtel′le].

(4) Words of French origin are usually stressed on the *last* syllable. Most of these have also been borrowed into English, but with a switch of stress: **hotell, journalist, kaptein, konfekt, kontor, møblert, restaurant, sigar, stasjon, tobakk, turist.** If they end in unstressed **-e**, the preceding syllable gets the stress: **etasje** [eta′sje].

(5) Words of Latin origin often retain a stress on an earlier syllable than the last: **doktor** [dåk′tor], **professor** [profes′sor] 'professor.'

(6) The addition of the definite article does not change the place of stress: **sigarene** [siga′r^{e}ne], **smørbrødet** [smør′brøe], **stasjonen** [stasjo′n^{e}n].

When words are strung together into sentences, many of them lose the stress they have when pronounced by themselves. Just how many words lose it depends on the tempo of speech: the faster a person speaks, the fewer stresses there are. The general rule is that the "little" words, which function as markers of the grammar, lose their stresses first. Pronouns, prepositions, articles, conjunctions, many adverbs, and even some verbs, like **ha** and **være,** are unstressed unless they are emphasized for contrast. Nouns, verbs, adjectives, and numerals usually keep their stress.

☐ 4.4 Musical Pitch

In Norwegian, as in English, the voice not only produces vowels and consonants, but also moves up and down the musical scale during speech. You must already have noticed that Norwegian has a different melody from

English, or as some people say, that "Norwegians sing when they talk." The reason for this is that Norwegian often goes up where English goes down, and vice versa. In both languages pitch is important, particularly for expressing finer shades of feeling. But it also plays a part in the basic framework of the languages.

In Norwegian *every syllable with primary stress* is the starting point of a potential *pitch contour,* or *melody.* In a normal, unemotional sentence there are just two such melodies, which keep repeating themselves, sometimes a little higher in the register, sometimes a little lower. While they are never quite the same twice in a row, they have a very characteristic profile, though they differ somewhat from person to person and even more from dialect to dialect. These melodies are called *word tones,* Tone 1 and Tone 2 respectively. In our respelling of Norwegian they have been marked on each stressed syllable by an *acute accent* for Tone 1, viz. ['], and a *grave accent* for Tone 2, viz. [`].

It takes some ear-training to hear the difference, since we have nothing like this in English. But for speakers of Norwegian it is important enough so that they can tell apart words of different meaning just by these tones. We have not yet had any such word pairs in the text, but we have had several words with mates that differ only in their tone. Here are some examples:

Tone 1	**Tone 2**
været [væ′re] 'the weather'	være [væ`re] 'be'
hjemmet [jem′me] 'the home'	hjemme [jem`me] 'at home'
badet [ba′de] 'the bathroom'	bade[ba`de] 'bathe'

As pronounced by people from Oslo, the word pairs above are distinguished by the following pitch curves, which come from actual measurements. Notice that the main sections of the curves move in the same direction as the accent marks we have used to represent them. The curves have been placed on a musical staff to show the approximate intervals in terms of notes, but they do not jump from note to note as music does; they slide continuously up and down except where they are interrupted by voiceless consonants. The pitches here are those of a male voice; they could have been transposed either up or down according to the normal pitch of the speaker. They can also be steeper and they can cover up to a whole octave.

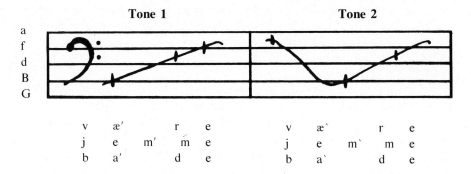

All words with stress on the last syllable (which includes all monosyllables) have Tone 1, and this does not change when the definite article is added: **bad** [ba′d], **badet** [ba′de]; **hotell** [hotell′], **hotellet** [hotel′le]. All other words must have either Tone 1 or Tone 2 when they are pronounced with stress, and the rules are quite complicated. If they lose their stress, they also lose their tone. Short unstressed words, especially pronouns, usually join a preceding stressed word and are covered by its tone: **Forstår du?** is pronounced [fårstå′r-du], with a Tone 1 which runs from [å′] to the end. An unstressed **ikke** will also join a preceding verb and after a vowel may lose its **i** and be reduced to [ke]: **Er ikke du amerikaner?** [æ′r-ikke du′ am^erika′ner]; **Å, si ikke det.** [å′, si′-ke de′]. In East Norwegian a preposition which forms a grammatical unit with a preceding verb may join with the verb into a Tone 2. In this case the preposition gets secondary stress. Here are some examples you have had:

4.5	Jeg **vet om** et sted.	[ve`t-åmm˙]
4.5	De **tar imot** gjester.	[ta`r-imo˙t]
4.15	**Bli med** opp.	[bli`-me˙]
4.34	Når vil De **flytte inn?**	[flyt`te-inn˙]

In West Norwegian the preposition gets primary stress and the verb loses its stress: [vet åmm′] etc.

The word tones are strongly influenced by the intonation of the sentence as a whole. At the end of the sentence it is quite common that the tones do not go up, but down. The final pitch of the Norwegian sentence has three main types: *high, mid,* and *low.* Mid is the pitch shown in the diagrams above. It is used when the speaker is narrating something and expects to continue talking. *High* may go up an octave or more, and is used when the speaker is in good spirits, is interested in what he is saying, or just excited. It is not especially characteristic of questions, as foreigners are sometimes led to believe. *Low* is used when the speaker is definitely finished, if he is being curt or cross, or dispirited.

Pitch and intonation can only be learned by close listening and imitation. One can speak quite adequate Norwegian without clearly distinguishing the word tones. But it is important to learn the pitch movement of the sentence as a whole.

△ **REPETISJON** (Pattern Practice)
Combine the elements in each group to form different *sensible* sentences (NB: not all elements of all groups fit together in these drills):

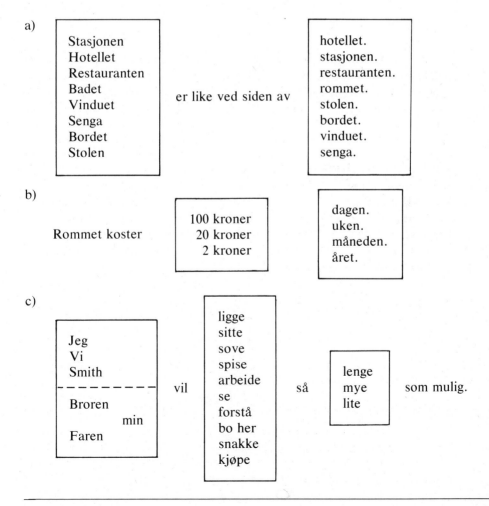

a)

Stasjonen Hotellet Restauranten Badet Vinduet Senga Bordet Stolen	er like ved siden av	hotellet. stasjonen. restauranten. rommet. stolen. bordet. vinduet. senga.

b)

Rommet koster	100 kroner 20 kroner 2 kroner	dagen. uken. måneden. året.

c)

Jeg Vi Smith - - - - - - - Broren min Faren	vil	ligge sitte sove spise arbeide se forstå bo her snakke kjøpe	så	lenge mye lite	som mulig.

△ **SPØRSMÅL** (Questions)

1. Hvor mange vinduer er det i rommet?
2. Er rommet med bad?
3. Hvor er dusjen?
4. Er ikke hundre kroner uken litt dyrt?
5. Får Georg noe billigere rom?
6. Tar Georg rommet?
7. Skal han flytte inn i morgen?
8. Hva vil Georg gjøre i morgen tidlig?
9. Hva slags rom har du?
10. Er det rimelig eller dyrt?

SAMTALEØVELSE (Conversation Practice)

△ 1. You knock on the door of a rooming house and ask the landlady if she has a room available. She says she has two and asks you if you would like to see the rooms, etc. While looking at one of the rooms you ask where the bath is, what the room costs, etc. You decide to take it, etc.

2. You go into a hotel and ask for a room. The clerk asks if you want a room with or without bath. You ask what each costs, etc. He tells you and you say that it is too much. He says there are so many tourists in town now. You tell him you're not a tourist and that the room is too expensive. You ask him where you can get a cheaper room, etc.

Grammar

○**4.3 The Future**

Future time is expressed in several different ways in Norwegian:
(a) Future time expressed by the present tense.

1.42	Hvor mye **blir** det?	*How much* will *it* be?
1.43	Det **blir** seksti kroner.	*That* will be *sixty kroner.*
2.34	Hvor lenge **blir** du her i byen?	*How long* are *you* going to stay . . ?
4.33	Jeg tror jeg **tar** rommet.	I think I'll take *the room.*
4.32	Du **får** sikkert ikke noe billigere rom.	*You'll surely not* get *any cheaper room.*

(b) Future time expressed by **skal.**

2.38	Hvis du vil, **skal** vi **vise** deg byen.	*If you wish, we'll show you the town.*
2.40	Jeg tror det **skal bli** hyggelig.	*I think it's going to be nice.*
3.24	**Skal** du **skrive** mens du er her?	Are *you* going to write *while you're here?*
4.36	**Skal** vi **vekke** Dem i morgen?	Shall *we* wake *you tomorrow?*

(c) Future time expressed by **vil.**

3.9 **Vil** du **prøve** den?	*Do you* wish to try *it?*
4.34 Når **vil** De **flytte** inn?	*When* do *you* want to move *in?*
4.37 Jeg **vil ligge** så lenge som mulig.	*I* want to sleep *as long as possible.*

Notice from these examples that:

(1) If the context makes it clear that the action described is going to take place in the future, the present tense may be used to express future time.

(2) **Skal** states that something *is going to* take place, or that something is predetermined to take place.

(3) **Vil** expresses volition in connection with future action (see also the discussion of the use of **skal** and **vil** in Grammar 2.3).

EXERCISES

A. Rewrite, using the future expressed by **skal** and **vil** and translate if the meaning is altered:

Jeg tar rommet.

B. Rewrite, substituting **vil** for **skal,** and translate:

1. Vi skal vise deg byen. 2. Skal du skrive en bok? 3. Hvor lenge skal du bli her i byen?

C. Rewrite, substituting **skal** for **vil,** and translate:

1. Vil du prøve den? 2. Når vil De flytte inn? 3. Jeg vil ligge så lenge som mulig.

D. Rewrite, substituting the present tense, and translate:

1. Når vil De flytte inn? 2. Skal du skrive en bok?

○ 4.4 Synes, Tro, Tenke

The English verb 'think' is translated by three different verbs in Norwegian:

2.40 Jeg **tror** det skal bli hyggelig i Norge.	*I* think *it's going to be . . . .*
4.33 Jeg **tror** jeg tar rommet.	*I* think *I'll take the room.*
3.11 Hva **synes** du om norsk tobakk?	*What do you* think *about . . . . ?*
4.31 Jeg **synes** det er ganske rimelig.	*I* think *it's quite reasonable.*
3.25 Jeg **har tenkt** å skrive en bok om Norge.	*I*'ve thought *about writing . . . .*
3.27 Hvor lenge **har du tenkt** å bli da?	*How long* do *you* intend *to stay then* (literal translation: Have *you* thought *about staying*)?

(1) **Tro** is used when the speaker is expressing something he *believes* to be true. It can be translated with either 'think' or 'believe.'

(2) **Synes** is used when the speaker is expressing a taste or an opinion. **Jeg synes** can be translated either 'I think' or 'It is my opinion that . . . '.

(3) **Tenke** emphasizes that the process of thinking or consideration is taking place. **Jeg tenker** can be translated either 'I am thinking' or 'I am considering,' even 'I am intending (to).'

EXERCISE
Translate into Norwegian:
1. What do you think of Anne Marie?
2. George Smith has thought of traveling around.
3. He thinks the room is a little expensive.
4. I think he has been in Norway before.

△ **LA OSS LYTTE** (Let's Listen)

1. Mrs. Christensen is questioning George about his room.

Fru Christensen:	Hva synes du om rommet?
Georg:	Det er et meget hyggelig rom, synes jeg.
Fru Christensen:	Er det stort eller lite?
Georg:	Det er et ganske stort rom, og det er mye sol der inne.
Fru Christensen:	Er det mange vinduer?
Georg:	Det er to. Ett vender mot sør, og det andre mot øst.
Fru Christensen:	Er rommet i annen etasje?
Georg:	Nei, det er i første.
Fru Christensen:	Er det med eller uten bad?
Georg:	Det er uten bad, men badet er like ved siden av. Der er det dusj, med både varmt og kaldt vann.
Fru Christensen:	Er rommet møblert?
Georg:	Ja selvfølgelig. Jeg har et stort bord hvor jeg kan skrive, og to gode stoler.
Fru Christensen:	Det var bra.
Georg:	Ja, det er et hyggelig sted å bo.

2. En amerikansk turist, Robert Hansen, snakker til en mann på gata.

Hansen: Unnskyld. Kan De si meg hvor jeg kan finne et hotell?
Mannen: Ja, Hotell Norge er rett fram.
Hansen: Takk skal De ha.
Mannen: Ikke noe å takke for. Er De turist kanskje?
Hansen: Ja, jeg reiser litt omkring i landet.

(mens de går mot hotellet)

Mannen: Har De vært her før?
Hansen: Jeg har vært i Norge før, men dette er første gang jeg er i Bergen.
Mannen: Hva synes De om byen?
Hansen: Jeg er nettopp kommet, men jeg tror det skal bli hyggelig her.
Mannen: Ja, det blir det sikkert. Bergen er en meget hyggelig by.
Hansen: Kommer De fra Bergen?
Mannen: Nei, jeg kommer fra Oslo, men jeg er forretningsmann og er i Bergen nå og da.
Hansen: Er dette hotellet?
Mannen: Ja, det er Hotell Norge. Her kan De sikkert få et rom. Velkommen til Bergen!
Hansen: Mange takk. Det var hyggelig å prate med Dem.
Mannen: I like måte. Morn da.
Hansen: Morn.

3. Hansen går inn og snakker med portieren.

Hansen: Unnskyld, har De et rom ledig?
Portieren: Ja, jeg har et par.
Hansen: Har De ett med bad til en rimelig pris?
Portieren: Nei, dessverre, jeg har bare rom uten bad.
Hansen: Hvor mye koster et rom uten bad da?
Portieren: To hundre kroner dagen.
Hansen: Å, men det er for dyrt. Kan De anbefale et sted hvor jeg kan få et billigere rom?
Portieren: Nei, jeg tror ikke De kan finne et billigere rom i byen nå. Alle turistene vil ha rom, forstår De.

Hansen:	Da tar jeg rommet her.	
Portieren:	Vil De flytte inn med det samme?	
Hansen:	Ja, helst det.	
Portieren:	Skal vi vekke Dem i morgen tidlig?	
Hansen:	Nei takk, jeg vil ligge så lenge som mulig i morgen.	

Vocabulary List (Lessons 1–4)

Nouns
En-nouns (on **ei-nouns** *see Grammar 5.1)*

aften 4.10	journalist 3.22	side (ei) 4.25
amerikaner 2.1	kaffe 1.54	sigar 3.5
avis 3.23	kaptein 3.14	sol (ei) 4.21
bil 4.9	konfekt 1.38	stasjon 1.28
bok (ei) 3.25	kopp 1.54	stol 4.17
bror 3.34	krone (ei) 1.39	stue (ei) 3.3
by 2.34	kveld 1.4	stund (ei) 3.3
dag 1.1	lege 3.31	synd 2.28
dame 4.11	leie 4.10	sør 4.23
datter (ei) 2.21	lekse 1	søster (ei) 3.36
del 1	lærer 3.34	takk 1.6
doktor 3.30	mat 3.1	te 1.55
dusj 4.27	melk 1.50	telefon 1.24
eske 1.39	middag 1.47	tobakk 3.7
etasje 4.12	mor (ei) 2.15	tur 2.26
far 2.7	måned 4.29	turist 4.3
flyger 3.18	måte 2.23	uke (ei) 2.37
forretningsmann 3.35	natt (ei) 4.38	vei 1.28
fru 2.18	pipe (ei) 3.6	venn 2.7
frukt 1.33	plass 2.30	vertinne (ei) 4.11
gang 1.14	portier 4.2	vin 1.53
gate (ei) 4.6	pris 4.7	øre 1.43
gjest 4.5	restaurant 1.23	øst 4.22
	seng (ei) 4.18	

Et-nouns

arbeid 3.20	hotell 1.22	sted 2.29
bad 4.24	land 3.26	sykehus 3.31
bord 4.17	nummer 4.6	vann 1.51
eple 1.35	par 1.48	vindu 4.22
fly 2.27	rom 4.2	øl 1.52
glass 1.50	smørbrød 1.48	år 3.19

Plural—Both et-noun and en-noun

søsken 3.33	slags 3.7

Names of places

Amerika 2.2   New York 3.16   USA 2.2

Bergen 2.19   Norge 2.8

Verbs

anbefale 2.32

arbeide 3.23

begynne 3.32

bli 1.42; 2.34

⌈ bo 2.29

⌊ bodd 2.31

burde 2.37

drikke 1.49

finne 1.22

⌈ fly 3.16

⌊ fløyet 3.19

flytte 4.34

forstå 1.12

fortelle 2.10

få 4.7

gjøre (gjør) 3.21

gå 1.11

⌈ ha 1.5

⌊ hatt 2.26

hete 2.3

hilse 2.13; 2.22

⌈ kan 1.22

⌊ kunne 2.31

kjenne 2.15

kjøpe 4.20

komme 2.2

koste 1.38

la 3.3

ligge 4.37

møte 2.24

må 1.11

prate 3.3

prøve 3.9

reise 3.26

røke 3.6

se 4.14

si 1.14; 1.28

sitte 3.3

⌈ skal 1.33

⌊ skulle 1.35

skrive 3.24

snakke 1.9

sove 4.40

spise 1.46

stå 2.11

synes 3.11

ta 1.40

takke 1.32

tenke 3.25

tro 2.40

unnskylde 1.21

vekke 4.36

vende 4.22

⌈ vil 1.14

⌊ ville 3.4

vise 2.38

vite (vet) 4.4

⌈ være 1.33

| er 1.25

| vær 1.31

| var 1.18; 2.24

⌊ vært 2.17

Adjectives

alle 4.2	gift 3.37	⌈ noen 1.35
amerikansk 3.8	god 1.1	⌊ noe 1.33
andre 4.23	hyggelig 2.14	norsk 1.9
annen 1	høyre 1.27	ny 4.19
billig 4.32	kald 4.26	opptatt 4.2
bra 1.6	ledig 4.1	pen 4.11
dyr 4.30	lik 2.23	rimelig 4.7
dårlig 4.18	lite 2.36	samme 4.35
eldre 4.11	mange 1.30	snill 2.24
eneste 3.36	mild 3.12	stappfull 2.27
fjerde 4	mulig 4.37	stor 3.23
først 1	møblert 4.11	tredje 3
gammel 2.7		varm 4.26
		venstre 1.27

Adverbs

aldri 2.25	hjemme 2.30	nokså 4.18
altfor 2.36	hvor 1.22; 1.36	nå 1.11
bare 1.6	hvordan 1.5	når 4.34
borte 1.26	i dag 1.33	også 2.15
bra 1.6	ikke 1.13	omkring 3.26
da 1.20; 1.40	inn 4.34	opp 4.15
der 1.26	inne 4.21	rett 1.29
dessverre 1.10	jo 2.2; 2.25	riktig 2.39
ellers 2.31	kanskje 4.4	selvfølgelig 4.27
ennå 3.38	lenge 2.34	siden 3.17
for 3.12	like 4.25	sikkert 4.32
fram 1.29	litt 1.10	slett 4.31
før 2.25	med 4.15	særlig 2.27
først 3.26	meget 2.16	så 1.31; 3.29; 4.37
ganske 3.10	minst 2.37	tidlig 4.36
godt 2.16	mye 1.42	til 1.14
helst 3.6	nesten 4.19	tilbake 3.29
her 2.25	nettopp 2.2	vel 3.2

Articles

en 1.23	et 1.22	det 4.23

Conjunctions

både. . . og 4.26	men 2.5	og 1.7
eller 4.24	mens 3.24	som ('who') 3.34;
hvis 2.38		('as') 4.16

Exclamations and Greetings

bare bra 1.6
god aften 4.10
god dag 1.1
god kveld 1.4
god natt 4.38
ha det 1.19
hei 1.3
hvordan har du det? 1.5
hvordan står det til? 2.11
i like måte 2.23
ja 1.10
ja da 3.15
jo da 2.2
morn 1.2
morn da 1.20

nei 1.10
sov godt 4.40
takk 1.6; 1.40
takk for det 2.20
takk for i dag 4.39
takk for maten 3.1
takk skal du ha 2.9
ikke noe å takke for 1.32
mange takk 1.30
selv takk 4.40
unnskyld 1.21
vel bekomme 3.2
velkommen 2.8
vær så god 1.31; 1.41
å 2.27

Infinitive Marker

å 1.32

Numerals

1–90 cf. 1B, 3B (Basic
Sentences)

hundre 4.29

Prepositions

av 2.7
for 1.32
fra 2.2
hos 2.31
i 2.17

imot 4.5
med 2.11
mot 4.22
om 2.10

på 2.27
som 2.36
til 1.27
uten 4.24
ved 3.31

Pronouns
Personal Pronouns

de 4.5
De 4.4
deg 2.10
Dem 4.36
den 3.9
dere 2.24

det 1.5; 3.39
du 1.5
han 2.12
hun 2.17

jeg 1.11
meg 1.28
oss 2.31
vi 2.30

Other Pronouns

den 4.18	hva 1.38	mye 2.10
det 3.40	hvem 2.5	noe 1.32
dette 2.21	ikke noe 1.32	selv 4.40
din 2.7	ingen 3.39	som 3.34
ditt 3.20	min 2.15	vår 2.21

Idiomatic Expressions

bli med 4.15	i første etasje 4.12	se på 4.14
der borte 1.26	i kveld 4.35	slett ikke 4.31
det var synd 2.28	i morgen 4.36	så. . . som 4.37
en gang til 1.14	ikke noe særlig 2.27	så tar vi. . . 4.9
for. . . siden 3.17	jeg røker helst 3.6	ta imot 4.5
her i byen 2.34	jeg skulle ha 1.35	til en rimelig pris 4.7
hos oss 2.31	like ved siden av 4.25	til høyre 1.27
hva slags. . .? 3.7	med det samme 4.35	til leie 4.10
i dag 1.33	noen gang 3.14	til venstre 1.27
i femten år 3.19	rett fram 1.29	

VIL DU SE LITT PÅ BYEN?

ENGLISH EQUIVALENTS

Next morning:

1. Hello there.
2. Hello. Thanks for yesterday.
3. Same to you. Well, what do you think of the room?
4. I like it ('me') very much here.
5. I slept like a log ('stone') all night.
6. That's good to hear.
7. Would you like to come along and look at the town a little today?
8. Yes, with pleasure.
9. I'd like that very much.
10. Do you by any chance have a map of the city?
11. Yes, this is a good map.
12. Here, do you want to look at it?
13. Yes thanks. Where are we now?
14. We're right here on the map now.
15. Oh, then we're quite near the harbor.
16. Is there anything interesting to see down there?

LISTENING SCRIPT

[nes`te må`ern]

1. [mår'n mår'n]
2. [mår'n. takk' fårr i gå'r]
3. [sell' takk'. nå', va sy`nes du åmm rom'me]
4. [jæi li'ker mæi rik`ti bra' hær]
5. [jæi så'v såmm en stæi'n i he`le natt']
6. [de' va(r) gått' å hø`re]
7. [vill du væ`re-me å se' litt på by'en i da'g]
8. [ja', me fårnøy'else]
9. [de' vill jæi svæ'rt jæ`rne]
10. [ha'r du kan`sje et kar't åve(r) by'en]
11. [ja', det`te ær et gått' kar't]
12. [vær' så go', vill du se' på de]
13. [ja' takk'. vorr' æ'r vi nå']
14. [nå' ær vi ak'kurat hæ'r på kar'te]
15. [å', da' æ(r) vi gan`ske næ'r hav'n^{e}n]
16. [æ'r de no int^{e}resang't å se'-dær-ne˙de]

WOULD YOU LIKE TO LOOK AT THE TOWN?

Mr. Christensen calls on Smith the next morning:

Neste morgen:

1	*Christensen:*	Morn morn.
2	*Smith:*	Morn. Takk for i går.
3	*Christensen:*	Selv takk. Nå, hva synes du om rommet?
4	*Smith:*	Jeg liker meg riktig bra her.
5		Jeg sov som en stein i hele natt.
6	*Christensen:*	Det var godt å høre.
7		Vil du være med og se litt på byen i dag?
8	*Smith:*	Ja, med fornøyelse.
9		Det vil jeg svært gjerne.
10		Har du kanskje et kart over byen?
11	*Christensen:*	Ja, dette er et godt kart.
12		Vær så god, vil du se på det?
13	*Smith:*	Ja, takk. Hvor er vi nå?
14	*Christensen:*	Nå er vi akkurat her på kartet.
15	*Smith:*	Å, da er vi ganske nær havnen.
16		Er det noe interessant å se der nede?

17. Yes indeed. The Fish Market is lots of fun ('an amusing place'),
18. and the German Wharf is very interesting.
19. We also have several old churches and museums in the city.
20. And we definitely mustn't forget the parks.

17. [ja' da. fis`ke/tår˙ve æ'r et mor`såmt ste'd,]
18. [å tys`ke/bryg˙gen ær me`get int^eresang']
19. [vi har ås'så fle're gam`le kjir`ker å muse'er i by'en]
20. [å vi må end`eli ik`ke glem`me par`kene]

△ **REPETISJON**
Combine the elements in each group to form different sentences:

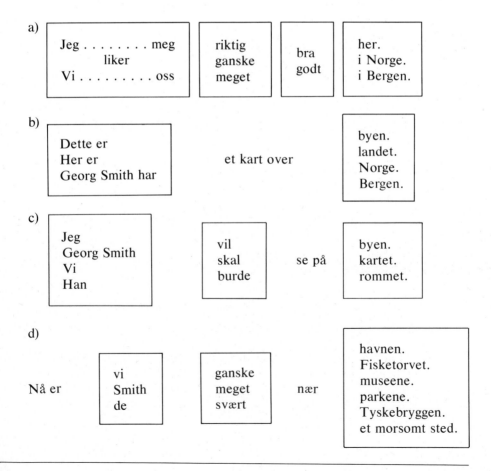

a)

| Jeg . . . . meg
liker
Vi . . . . oss | riktig
ganske
meget | bra
godt | her.
i Norge.
i Bergen. |

b)

| Dette er
Her er
Georg Smith har | et kart over | byen.
landet.
Norge.
Bergen. |

c)

| Jeg
Georg Smith
Vi
Han | vil
skal
burde | se på | byen.
kartet.
rommet. |

d)

| Nå er | vi
Smith
de | ganske
meget
svært | nær | havnen.
Fisketorvet.
museene.
parkene.
Tyskebryggen.
et morsomt sted. |

17 *Christensen:* Ja da. Fisketorvet er et morsomt sted,
18   og Tyskebryggen er meget interessant.
19   Vi har også flere gamle kirker og museer i byen.
20   Og vi må endelig ikke glemme parkene.

△ **SPØRSMÅL**

1. Hva synes Georg om rommet?
2. Hvordan sov han?
3. Hva skal Georg og Trygve gjøre i dag?
4. Hva er det Trygve har?
5. Hvor er de?
6. Er det noe interessant å se i byen?
7. Er Fisketorvet et interessant sted?
8. Hva må de endelig ikke glemme?
9. Har du noen gang vært på Fisketorvet?
10. Hvis du var i Bergen, hva ville du helst se?

SAMTALEØVELSE

△   1. You meet a friend who has just moved into a new room. You ask him how the room is and he tells you about it and describes it, etc. You ask him what he's going to do today and he says he's going to look at the town. He asks you if there is anything interesting to see and you tell him about the different sights in town. He asks you if you have a map of the city, but you don't, unfortunately, so he says he'll buy one.

     2. You go into a store and ask if you can buy a map there and the storekeeper says he has many maps of the city. You look at them, choose one, ask how much it is, pay for it, etc. Then you go out to look at the town.

     3. You stop a man on the street and ask the way to the Fish Market. He gives you directions. Then you ask if there are any good restaurants down there and he says there are a couple of very good restaurants. You ask if they are expensive, but he says no, they're quite reasonable and that the food is very good. You thank him and head for the Fish Market.

Grammar

○ **5.1 Ei-Nouns**

A number of **ei**-nouns have occurred in the conversations since they were mentioned in Lesson 2 (Grammar **2.2**). Only one, however, has been used with the suffixed definite singular article **-a:**

4.18 Er ikke den senga nokså dårlig?

Several other **ei**-nouns have been used as **en**-nouns: **en krone, en gate, en datter, en mor, en stund, en bok, en søster, en sol.** The indefinite article **ei** may be used with all of these. We have had three **ei**-nouns used with the **en**-noun definite article: **stuen (stua), siden (sida), havnen (havna).**

It is important to remember that all **ei**-nouns may be treated as **en**-nouns, but not vice versa. Nor do all **ei**-nouns occur equally often with **ei**-noun endings in cultivated Oslo speech. The reason for this is that the **ei**-noun forms were originally dialect forms which have gradually been introduced into the standard language during the past few decades. This process is still going on, and it is therefore impossible to give any rules concerning the use of the **ei**-noun forms. It is very common that an **ei**-noun is treated as an **en**-noun in the indefinite form and as an **ei**-noun in the definite form. I.e., many people in Oslo and other cities say **en bok, boka; en sol, sola; en gate, gata.** Whether an **en**-noun may be treated as an **ei**-noun is something

Tyskebryggen er meget interessant.

that must be learned for each noun, but notice that: (1) Most words for women (as well as female animals) are **ei**-nouns. (2) Many nouns ending in unaccented **-e** (e.g. **krone, gate, stue, side**) are **ei**-nouns. In the plural, all **ei**-nouns are treated like **en**-nouns (endings **-er, -ene**).

○ 5.2 Past Forms of the Verb

Several verbs have been used in the simple past:

	PAST	INFINITIVE
2.24 Det **var** snilt av dere å møte meg.	var	være
2.27 Det **var** stappfullt på flyet.	var	være
4.20 Jeg **kjøpte** den for et år siden.	kjøpte	kjøpe
5.5 Jeg **sov** som en stein i hele natt.	sov	sove

In Norwegian, as in English, the present perfect tense is formed by using the present form of the verb **ha** with a perfect participle. We have had the examples:

	PARTICIPLE	INFINITIVE
2.10 Far **har fortalt** meg mye om deg.	fortalt	fortelle
2.26 **Har** du **hatt** en god tur?	hatt	ha
3.14 **Har** du **vært** i Amerika noen gang?	vært	være
3.25 Jeg **har tenkt** å skrive en bok om Norge.	tenkt	tenke
3.19 Jeg **har fløyet** i femten år.	fløyet	fly

The past perfect tense is formed, as in English, by using the past form of **ha**, i.e. **hadde**, with a perfect participle (e.g., **hadde fortalt** 'had told'). No examples of this have occurred yet.

From the examples given it can be seen that the past and participial forms of the verb are usually formed by either adding endings to the verb stem or by changing the vowel in the verb stem, just as in English.

(1) Weak verbs. The verbs which add endings to form the past are called 'weak' verbs and are of several different types:
(a) **-et, -et:** Many verbs whose stems end in *more than one consonant* add the ending **-et** to form both the simple past and the past participle:

Infinitive	Simple Past	Perfect Participle
snakke	snakket	snakket

(b) **-te, -t:** Many verbs whose stems end in *a single consonant* (or **nn, mm, ll, nk**) add the ending **-te** to form the simple past and the ending **-t** to form the past participle:

kjøpe	kjøpte	kjøpt
møte	møtte	møtt
tenke	tenkte	tenkt

(c) **-dde, -dd:** Many verbs whose stems end in *an accented vowel* add the endings **-dde** and **-dd:**

bo	bodde	bodd
tro	trodde	trodd
ha	hadde	(but:) hatt

(d) **-de, -d:** A few verbs whose stems end in a consonant (esp. v) add the endings **-de** and **-d:**

prøve	prøvde	prøvd

(2) Strong verbs. The verbs which do not add endings to form the past are called 'strong' verbs:

Infinitive	Simple Past	Perfect Participle
sove	sov	sovet
komme	kom [kåmm´]	kommet

Most strong verbs change the vowel of the stem in the past, and often in the participle as well. Compare English *sing, sang, sung*. Only three examples have occurred so far:

være (present **er**)	var	vært
bli	ble	blitt
fly	fløy	fløyet

There are some weak verbs which form the past and the participle by *both* adding endings and changing the stem vowel:

fortelle	fortalte	fortalt

In addition to the verb **være** (present **er**), a few other verbs have irregular present forms. So far we have had **gjøre** (present **gjør**) and **vite** (present **vet**).

EXERCISES

Translate:

1. I talked with George today.
2. Have you ever been in Norway?
3. How long have you flown?
4. I bought four chairs yesterday.
5. I've bought a new map of the city.
6. Have you ever talked with my father?
7. I have often slept in that bed.
8. He came to (the) town three weeks ago.
9. I lived with friends in Norway.
10. I thought he was Norwegian.

Vi har også flere gamle kirker i Bergen.

ENGLISH EQUIVALENTS

21. What do you want to see first?
22. I really don't know.
23. I'd like to see everything.
24. But couldn't we wait with the museums?
25. Yes, we can certainly do that. Shall we rather begin with the Fish Market?
26. Yes, let's. Is it far (to there)?
27. No, it'll take us only ten minutes.
28. Shall we walk or shall we ride?
29. Is there any streetcar or bus?
30. Yes, the bus stops at this corner,
31. but it will surely only do us good ('we have only good of') to walk.
32. First we'll walk through the city,
33. and then we'll take the Fløyen funicular up to Fløyen.
34. Where is that?
35. It's on top of that mountain.
36. It's good we don't have to ('we escape to') walk up there.
37. Yes, isn't it ('not true')?
38. But the view from the top is great.
39. We'll see the whole city and the fjord and all the islands.
40. And then we'll eat dinner at the restaurant.

LISTENING SCRIPT

21. [va' vil du se' før'st]
22. [jæi ve't-ikke-rikti]
23. [jæi vil jæ`rne se' al't sam'men]
24. [menn kun`ne-vi-ikke ven`te me muse'ene]
25. [jo', de' kann vi gått'. ska vi hel'ler by`ne (bejyn'ne) me fis`ke/tår˙ve]
26. [ja la' åss de'. ær de lang't di't]
27. [næi', de ta'r-åss ba`re ti' minut'ter]
28. [ska vi gå', eller ska vi kjø`re]
29. [ær de noen trikk' elle(r) buss']
30. [ja bus'sen stan`ser ve det`te jø`rne]
31. [menn vi ha'r-da ba`re gått' av å gå']
32. [før'st gå'r-vi jen'nåm by'en]
33. [å så' ta(r) vi fløy'/ba˙n^{e}n åpp' till fløy'en]
34. [vorr' ær de' da]
35. [de' æ(r) på tåp'pen av de' fjel'le]
36. [de æ(r) bra' vi slip'per å gå' di't åpp]
37. [ja', ik`ke san't]
38. [menn u`t/sik˙t^{e}n fra tåp'pen æ(r) flått']
39. [vi se'r he`le by'en å fjo'$^e$rn (fjo'ren) å al`le øy`ene]
40. [å så' spi'se(r) vi mid'da på restæurang'en]

VIL DU SE LITT PÅ BYEN?

(fortsatt *continued*)

21	*Christensen:*	Hva vil du se først?
22	*Smith:*	Jeg vet ikke riktig.
23		Jeg vil gjerne se alt sammen.
24		Men kunne vi ikke vente med museene?
25	*Christensen:*	Jo, det kan vi godt. Skal vi heller begynne med Fisketorvet?
26	*Smith:*	Ja, la oss det. Er det langt dit?
27	*Christensen:*	Nei, det tar oss bare ti minutter.
28	*Smith:*	Skal vi gå, eller skal vi kjøre?
29		Er det noen trikk eller buss?
30	*Christensen:*	Ja, bussen stanser ved dette hjørnet,
31		men vi har da bare godt av å gå.
32		Først går vi gjennom byen,
33		og så tar vi Fløybanen opp til Fløyen.
34	*Smith:*	Hvor er det da?
35	*Christensen:*	Det er på toppen av det fjellet.
36	*Smith:*	Det er bra vi slipper å gå dit opp.
37	*Christensen:*	Ja, ikke sant?
38		Men utsikten fra toppen er flott.
39		Vi ser hele byen og fjorden og alle øyene.
40		Og så spiser vi middag på restauranten.

△ **REPETISJON**

Combine the elements in each group to form different sentences:

a)

Jeg		se på byen i dag.
Vi	vil gjerne	spise middag nå.
Smith		gå opp til Fløyen.
		møte Anne-Marie.

b)

Georg		ikke		gå til	havnen.
Vi	har	bare	godt av å		Fisketorvet.
De		sikkert		arbeide	så mye.
				spise	
				reise	omkring i landet.
					tilbake til Amerika.
				se på byen.
				ligge så lenge som mulig.

c)

	vi		gå dit opp.
Det er bra	dere	slipper å	arbeide i dag.
	Georg		kjøre	gjennom byen.
			gå	

△ **SPØRSMÅL**

1. Vet Smith hva han vil se først?
2. Hva vil han vente med?
3. Hva begynner de med?
4. Er det langt til Fisketorvet?
5. Er det ikke noen buss?
6. Hvor skal de gå først?
7. Hvor skal de spise middag?
8. Hvordan skal de komme opp til Fløyen?
9. Kan de ikke gå dit opp?
10. Hva kan de se fra toppen av fjellet?

SAMTALEØVELSE

1. You get on the Fløyen funicular and ask the conductor how much it costs to ride up to Fløyen. He says it costs one *krone*. You pay

him and ask if there is a restaurant there. He tells you and you thank him, etc.

△ 2. You stop a man on the street and ask him where the German Wharf is. He tells you it's a long way off (far). You ask him if you have to take a bus or a streetcar and he says yes and that it's much too far to walk. He tells you that the streetcar stops at this corner. You thank him.

△ 3. You go into a store and ask for some chocolates, cigars, or tobacco, etc. While the clerk is getting them for you, you notice a map of the city on the counter and ask him if that isn't a map of the city, etc. You ask if it's a good map, how much it costs, etc., and finally you buy it and pay for your purchases.

Grammar

○ 5.3 Formation of Adverbs from Adjectives

In English, many adverbs end in **-ly** (e.g., *surely,* formed from the adjective *sure*). The corresponding ending in Norwegian is **-t,** that is, the same ending as the **et**-noun ending of the adjective. We have had a number of examples:

		Adverb		Adjective	
2.16	Ja, meget **godt.**	godt	well	god	good
4.32	Du får **sikkert** ikke noe billigere rom.	sikkert	certainly	sikker	certain
5.9	Det vil jeg **svært** gjerne.	svært	very	svær	large, heavy

Vi ser hele byen og fjorden og alle øyene.

Remember that the **-t** cannot be added to adjectives ending in **-sk** or **-ig** (cf. Grammar **3.3**):

5.4 Jeg liker meg **riktig** riktig *adv.* really   riktig *adj.* real
bra her.
5.20 Og vi må **endelig** endelig *adv.* definitely endelig *adj.* final
ikke glemme
parkene.
5.22 Jeg vet ikke **riktig.**

○ **5.4 Demonstrative Pronouns**

We have had a number of sentences containing demonstrative pronouns:

	Demonstrative	**Pronoun**
2.21 Og **dette** er datteren vår.	dette	this
2.28 **Det** var synd!	det	that
3.40 Si ikke **det!**	det	that
4.22 **Dette** vinduet vender mot øst.	dette	this
4.18 Er ikke **den** senga nokså dårlig?	den	that
4.30 Er ikke **det** litt dyrt?	det	that
5.6 **Det** var godt å høre.	det	that
5.30 Bussen stanser ved **dette** hjørnet.	dette	this
5.34 Hvor er **det** da?	det	that
5.35 Det er på toppen av **det** fjellet.	det	that

The following chart lists all the demonstrative pronouns, including those that have not yet occurred:

with **en-nouns**			
den byen	that town	**denne** byen	this town
de byene	those towns	**disse** byene	these towns

with **ei-nouns**			
den senga	that bed	**denne** senga	this bed
de sengene	those beds	**disse** sengene	these beds

with **et-nouns**			
det fjellet	that mountain	**dette** fjellet	this mountain
de fjellene	those mountains	**disse** fjellene	these mountains

Så tar vi Fløybanen opp til Fløyen.

NB: Nouns which directly follow demonstrative pronouns must have definite articles attached. You have had examples of all the demonstrative pronouns in the conversations except **denne** and **disse**. **De** has occurred as the personal pronoun 'they' (4.5 : . . . de tar imot). Note that all the forms for 'that' and 'those' are also personal pronouns ('it' and 'they'). Look back at sentences 4.18–4.20. Reread these sentences carefully and make sure that you understand which **den** means 'it' and which means 'that.' When **den, det,** or **de** are used as demonstrative pronouns, they are normally stressed. E.g.,

Jeg kjøpte **den** for et år siden.	*would mean*	I bought that (one) a year ago.

○ 5.5 Det er, det var

The expression **det er** can mean either 'it is' or 'there is,' depending on the context:

(a) with the meaning 'it is':

    3.8 **Det er** en amerikansk tobakk.
    4.12 **Er det** i første etasje?
    4.13 Nei, **det er** i annen.
    5.35 **Det er** på toppen av det fjellet.
    5.36 **Det er** bra vi slipper å gå dit opp.

(b) with the meaning 'there is':

    3.39 **Det er** ingen som vil ha meg.
    4.17 **Det er** et bord og to stoler.
    4.21 **Er det** sol her inne?
    5.29 **Er det** noen trikk eller buss?

If the subject is plural, the meaning is 'there are':

    4.3 **Det er** mange turister i byen nå.

Similarly, if the verb is **var,** the meaning is 'there was (were).' E.g., we could rewrite sentence 4.3 in the past:

    Det var mange turister i byen da.

Of course, **det var** can also mean 'it was':

    2.24 **Det var** snilt av dere å møte meg.

When accented, **det** means 'that,' as explained above:

    2.28 **Det** var synd.
    5.34 Hvor er **det** da?

EXERCISES

Translate:

1. How long are you going to stay in that city?
2. How long have you been in this city?
3. Sit on that bed.
4. I bought these beds a year ago.
5. This bed is very large.
6. This map is very large.
7. Those mountains are very large.
8. That mountain is not as large as this mountain.
9. This trip has been very pleasant.
10. That hotel is very reasonable.
11. There are many mountains in Norway.
12. There's a lot to do in this country.
13. It's not far (to there).
14. It was pleasant to fly on a Norwegian plane.
15. There were several planes in Bergen.

△ **LA OSS LYTTE**

1. Georg Smith snakker med Arne Solum:

Solum: Er ikke De amerikaner?
Smith: Jo, men hvordan vet De det?
Solum: Å, jeg har vært i Amerika flere ganger. Hvor lenge har De vært her?
Smith: Bare tre dager.
Solum: Hvordan liker De Dem i Norge?
Smith: Jeg liker meg svært godt her. Bergen er en meget interessant by, synes jeg.
Solum: Har De vært på noen av museene?
Smith: Nei, jeg har bare vært på Fisketorvet og på Fløyen.
Solum: Ja, da må De gå og se på museene. De er meget interessante. Jeg skal bli med og vise Dem veien.
Smith: Takk, det var da altfor snilt. Får jeg presentere meg? Jeg heter Georg Smith.
Solum: Jeg heter Arne Solum.
Smith: Hyggelig å hilse på deg.

2. Solum og Smith går gjennom byen:

Solum: Si meg, hva er ditt arbeid?
Smith: Jeg er journalist. Jeg arbeider i en stor amerikansk avis.
Solum: Det var da interessant! Jeg er også journalist.
Smith: Det var morsomt å høre. Da kan du fortelle meg litt om norske aviser. Er det mange aviser her i Bergen?

Solum: Ja, vi har fem.

Smith: Fem? Er ikke det nokså mange for en by som Bergen?

Solum: Jo, kanskje det. Men noen av dem er meget gode.

Smith: Hvor er avisen din?

Solum: Den er ved Fisketorvet.

Smith: Er det aften- eller morgenavis?

Solum: Det er aftenavis. Den kommer bare en gang om dagen. Det er en svært gammel avis. Men den er selvfølgelig ikke så stor som amerikanske aviser.

Smith: Å, jeg tror ikke alle amerikanske aviser er så store. Men jeg vil svært gjerne se denne avisen. Kunne vi ikke vente med museene?

Solum: Jo, gjerne det. Så går vi til Fisketorvet og ser på avisen.

Smith: Godt! Og i morgen skal jeg se på museene.

SKAL DU SKRIVE BREV?

ENGLISH EQUIVALENTS

1. Oh, I must have forgotten my writing paper.
2. May I borrow some from you?
3. Are you going to write letters?
4. Yes, I have to write to a cousin in the U.S.A.
5. Sorry, I've used up all my writing paper.
6. But let's go down to the stationer's.
7. Then we'll buy paper for you.
8. I'm going to pick up ('fetch') some pictures there at the same time.
9. That's a good idea.

At the stationer's:
10. Here you have some writing paper.
11. Is this good enough?
12. Sure, that's fine.
13. I also have to buy (myself) a new pen.
14. Don't you have a pen? Why so?
15. Oh ('No'), I lost my pen this morning.

LISTENING SCRIPT

1. [uff', jæ ha viss't glem't skri`ve/papi˙re-mitt]
2. [få(r) jæ lå`ne no`e a dæi']
3. [ska du skrive bre'v]
4. [ja', jæ må skri`ve til en fet'ter i u' ess' a']
5. [jæ har desvær're bruk`t-åpp alt skri`ve/papi˙re-mitt]
6. [men la åss gå ne' til papi'r/han˙deln]
7. [så kjø`pe(r) vi papi'r te dæi']
8. [jæi' ska hen`te non bil`der dæ'r me de sam`me]
9. [de' var en go' ide']

[i papi'r/han˙deln]
10. [hæ'r ha'r du no skri`ve/papi˙r]
11. [ær det`te gått' nåkk']
12. [ja' da, d æ(r) bra']
13. [jæi må ås's̊å kjø`pe-mæi en ny' penn']
14. [ha'r-du ingen penn'. Vorr'får de']
15. [næi', jæ mis`tet pen'n$^e$n minn i mår`res]

ARE YOU GOING TO WRITE A LETTER?

George is visiting the Christensens:

1	*Georg:*	Uff, jeg har visst glemt skrivepapiret mitt.
2		Får jeg låne noe av deg?
3	*Anne-Marie:*	Skal du skrive brev?
4	*Georg:*	Ja, jeg må skrive til en fetter i USA.
5	*Anne-Marie:*	Jeg har dessverre brukt opp alt skrivepapiret mitt.
6		Men la oss gå ned til papirhandelen.
7		Så kjøper vi papir til deg.
8		Jeg skal hente noen bilder der med det samme.
9	*Georg:*	Det var en god idé.

I papirhandelen:

10	*Anne-Marie:*	Her har du noe skrivepapir.
11		Er dette godt nok?
12	*Georg:*	Ja da, det er bra.
13		Jeg må også kjøpe meg en ny penn.
14	*Anne-Marie:*	Har du ingen penn? Hvorfor det?
15	*Georg:*	Nei, jeg mistet pennen min i morges.

16. Well, you're a fine journalist!
17. Without a pen you can't write to your paper.
18. Oh, I always write on the typewriter to the paper.
19. I can type, too.
20. I worked in an office for two years.

16. [jo du′ ær en fi′n sjornalis′t]
17. [u`t^en penn′ kann du jo ik`ke skri`ve till avi′s^en dinn]
18. [å′ jæ skri′ver all′tid på skri`ve/masji˙n^en till avi′sen]
19. [jæi skriver ås′så på masji′n]
20. [jæi arbæi′det på konto′r i to′ å′r]

△ **REPETISJON**

Combine the elements of each group to form different *sensible* sentences
(NB: not all elements of all groups fit together in these drills):

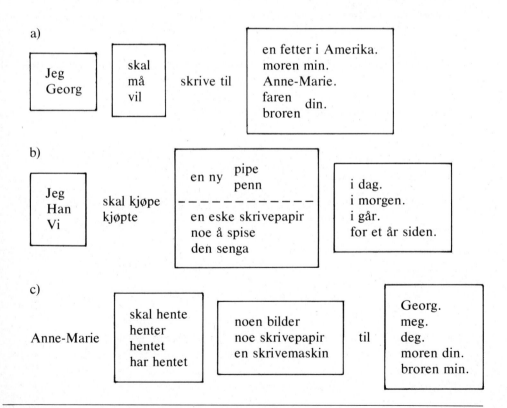

a)

| Jeg Georg | skal må vil | skrive til | en fetter i Amerika. moren min. Anne-Marie. faren broren din. |

b)

| Jeg Han Vi | skal kjøpe kjøpte | en ny pipe penn — — — — en eske skrivepapir noe å spise den senga | i dag. i morgen. i går. for et år siden. |

c)

| Anne-Marie | skal hente henter hentet har hentet | noen bilder noe skrivepapir en skrivemaskin | til | Georg. meg. deg. moren din. broren min. |

16 *Anne-Marie:* Jo, du er en fin journalist!
17 Uten penn kan du jo ikke skrive til avisen din.
18 *Georg:* Å, jeg skriver alltid på skrivemaskin til avisen.
19 *Anne-Marie:* Jeg skriver også på maskin.
20 Jeg arbeidet på kontor i to år.

△ **SPØRSMÅL**

1. Har Georg noe skrivepapir?
2. Kan Anne-Marie låne Georg noe skrivepapir?
3. Hva vil Georg skrive?
4. Hvem skal han skrive til?
5. Har Georg en god penn?
6. Har du noen gang mistet pennen din?
7. Bruker Georg penn når han skriver til avisen?
8. Skriver du på maskin?

SAMTALEØVELSE

△ 1. You meet a friend who has just arrived in town a few days before and ask him how he likes it here. He answers that he likes it very much and is going to stay as long as possible. You ask what he's going to do now and he says he has to buy some writing paper. He asks you where he can buy some and you say you know about a place where they sell writing paper. He asks if it's far and you say it'll only take five minutes to walk there.

△ 2. You start off. He says he has to buy a pen also. He explains that he lost his pen the day before. You say he can borrow your pen if he doesn't have many letters to write. You explain that you have to write to your sister today. He thanks you, but says he has at least five letters he has to write and would rather buy a new pen. You arrive at the store, go in, and he purchases paper and a pen, etc.

3. You are talking to your room-mate and saying that you can't find your pen. He (she) says that you can borrow his (hers). You say thanks, but you'll use your typewriter, you're only going to write to your brother. He (she) says that if you're going to write to your brother, you ought to use a pen, and says he'll (she'll) get his (hers) right away.

Grammar

○ **6.1 The Formal Pronoun**

In Lesson 4 the formal pronoun *De* (object form *Dem*) 'you' was introduced (4.4 etc.). This was formerly obligatory among educated people when addressing strangers, superiors, or older persons, as a gesture of respect. To pass over from using *De* to *du* (called *to bli dus*) was an expression of friendship comparable to being on a first-name basis in the U.S. (though it did not necessarily involve that in Norway). Today the use of *De* has been restricted more and more, so that among younger people it is hardly used at all. Everyone says *du,* as children, farmers, and workers have always done. The use of *De* in Norway and Denmark was originally an imitation of the German *Sie* and the French *vous*.

○ 6.2 The Possessives

A large number of possessives occur in Lesson 6 (as well as in Lessons 2 and 3). The possessives in Norwegian are basically of two types: (a) those which are invariable in form, and (b) those which vary their form according to the noun they modify.

(a) The invariable possessives. These all end in **-s:**

		Corresponding Personal Pronoun
Deres	your, yours (SING.)	De (Dem)
deres	your, yours (PLUR.)	dere (dere)
hans	his	han (ham)
hennes	her, hers	hun (henne)
deres	their, theirs	de (dem)

(b) The variable possessives. These change their form according to whether the noun they modify is an **en-, ei-,** or **et-**noun, and whether it is singular or plural:

en-noun	ei-noun	et-noun	Plural	
min	mi	mitt	mine	my, mine
din	di	ditt	dine	your, yours (fam.)
sin	si	sitt	sine	his, her, their (own)
vår	vår	vårt	våre	our, ours

It is very important to notice that the form of the possessive does not change according to its position in the sentence, as in English (cf. *my, mine*), but according to the type of noun it modifies or refers to. This is because the Norwegian possessive is both an adjective, used with nouns, and a pronoun, used by itself. English *my* is an adjective, *mine* a pronoun. Compare the Norwegian and English possessives in the sentences:

| Skrivepapiret **mitt.** | My *writing paper.* |
| Det er **mitt.** | *That is* mine. |

See Grammar 6.6. on the use of **sin.**

○ 6.3 The Position of the Possessives

The normal position of the possessives is *after* the noun they modify. Notice that the noun then has the article suffixed:

6.1   Jeg har visst glemt skrivepapiret **mitt.**
6.15 Jeg mistet pennen **min** i morges.
6.17 Uten penn kan du jo ikke skrive til avisen **din.**

The possessives can precede the noun they modify only when they are stressed (to emphasize the ownership of what is described by the noun) or (in older speech and most written Norwegian) when the noun refers to a member of the family (as a matter of courtesy):
(a) stressed (in older speech and most written Norwegian)

6.36 (Lesson 6B) Er det **hans** hund? Is it *his* dog?
        Nei, det er **min** hund. No, it's *my* dog.

(b) courtesy

2.7 Jeg er en gammel venn av **din** far.

But in informal style the possessive often follows:

2.15 Kjenner du moren **min** også?
2.21 Og dette er datteren **vår,** Anne-Marie.
3.30 Er ikke faren **din** doktor?

Notice that when the possessive precedes the noun, the article is *not* suffixed to the noun. When it follows, the noun is always in the definite form.

○ 6.4 The Possession of Nouns

In written usage and to some extent in speech, nouns are marked as possessives by the ending **-s,** as in English, except that there is no apostrophe:

Dette er mors skrivepapir.   This is mother's writing paper.
Hvor er Georgs penn?   Where is George's pen?

The possession of nouns is also and more commonly expressed by the use of prepositional phrases, corresponding to the use of phrases with 'of' in English, but these will be taken up later. (Grammar 18.3).

EXERCISES
Translate:
1. I can't find your typewriter.
2. Where is my map?
3. My car is very old, but his car is almost new.
4. My room is right next door to his.
5. Is your room expensive?
6. I lost my pens.
7. Our father knows your mother very well.
8. His friend works for my father.
9. Our cities are very big.
10. I'm going to write a book about your cousin.

ENGLISH EQUIVALENTS

21. But what are you doing now?
22. I'm in the last year ('third class') of secondary school.
23. And in the fall I'm going to be a student at the University.
24. But now we must find out ('hear') if my pictures are ready.
25. (To the clerk) If you please. Can I get these pictures today?
26. (The clerk) One moment. I'll look.
27. Yes, here you are. It'll be 40 crowns.
28. Here you are.
29. What kind of pictures are they ('it')?
30. It's some pictures of my brother.
31. Here you'll see.
32. Here he's standing right in front of our house.
33. He's three years younger than I.
34. I think he looks older in the picture.
35. Oh, do you think so?
36. Is that *his* dog?
37. Yes, he always has his dog with him.
38. Who's that girl who's standing next to him?
39. Oh, that's one of his girl friends.
40. Oh really, does he have so many?

LISTENING SCRIPT

21. [menn va jø'r-du nå']
22. [jæ gå'r i tred`je klas`se i gymna'sie]
23. [å te høs't^{e}n skal jæ bli' studen't på univærsite'te]
24. [menn nå' må vi hø`re åm bil`dene mine ær færd`ie]
25. [till ekspeditø'ern] [værsego', kann jæ hen`te disse bil`d^{e}ne i da'g]
26. [et øy`e/blikk, skal jæ se et`ter]
27. [ja værsego'. de bli ført'i kro`ner]
28. [værsego']
29. [va' sjlaks bil`der æ'r-de]
30. [d ær non bil`der a bro`ern-minn]
31. [hæ'r ska du se']
32. [hæ'r stå'r-en li`ke fårran hu`se-vårt]
33. [hann ær tre' å'r yng're enn mæi']
34. [jæ syn's an ser el'dre u't på bil`de]
35. [jas`så, syn's du de']
36. [ær de' han's hunn']
37. [ja', han har all'tid hun'n^{e}n-sinn me' sæi]
38. [vemm' ær den pi`ken såmm stå'r ve si`den a hamm]
39. [å', d ær e'n a vennin`n^{e}ne hans]
40. [jas`så, ha'r an så mang`e da]

SKAL DU SKRIVE BREV?

(fortsatt *continued*)

21	*Georg:*	Men hva gjør du nå?
22	*Anne-Marie:*	Jeg går i tredje klasse i gymnasiet.
23		Og til høsten skal jeg bli student på universitetet.
24		Men nå må vi høre om bildene mine er ferdige.
		(til ekspeditøren)
25		Vær så god. Kan jeg hente disse bildene i dag?
26	*Ekspeditøren:*	Et øyeblikk, skal jeg se etter.
27		Ja, vær så god. Det blir 40 kroner.
28	*Anne-Marie:*	Vær så god.
29	*Georg:*	Hva slags bilder er det?
30	*Anne-Marie:*	Det er noen bilder av broren min.
31		Her skal du se.
32		Her står han like foran huset vårt.
33		Han er tre år yngre enn meg.
34	*Georg:*	Jeg synes han ser eldre ut på bildet.
35	*Anne-Marie:*	Ja så, synes du det?
36	*Georg:*	Er det *hans* hund?
37	*Anne-Marie:*	Ja, han har alltid hunden sin med seg.
38	*Georg:*	Hvem er den piken som står ved siden av ham?
39	*Anne-Marie:*	Å, det er en av venninnene hans.
40	*Georg:*	Jaså, har han så mange da?

△ **REPETISJON**

Combine the elements in each group to form different *sensible* sentences (NB: not all elements of all groups fit together in these drills):

a)

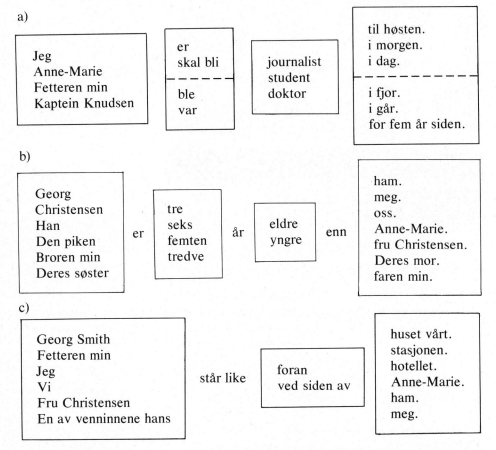

| Jeg
Anne-Marie
Fetteren min
Kaptein Knudsen | er
skal bli
— — — —
ble
var | journalist
student
doktor | til høsten.
i morgen.
i dag.
————
i fjor.
i går.
for fem år siden. |

b)

| Georg
Christensen
Han
Den piken
Broren min
Deres søster | er | tre
seks
femten
tredve | år | eldre
yngre | enn | ham.
meg.
oss.
Anne-Marie.
fru Christensen.
Deres mor.
faren min. |

c)

| Georg Smith
Fetteren min
Jeg
Vi
Fru Christensen
En av venninnene hans | står like | foran
ved siden av | huset vårt.
stasjonen.
hotellet.
Anne-Marie.
ham.
meg. |

△ **SPØRSMÅL**

1. Hva gjør Anne-Marie nå?
2. Går hun på universitetet?
3. Når skal hun på universitetet?
4. Er Anne-Maries bilder ferdige?
5. Hva slags bilder er det?
6. Hvor står broren hennes?
7. Hva har broren hennes alltid med seg?
8. Hvem står ved siden av ham?
9. Er han eldre enn Anne-Marie?
10. Er dine søsken eldre eller yngre enn deg?

SAMTALEØVELSE

1. You are talking with a friend about your brother. He asks you if he is older or younger than you and what he is doing. You tell him he

is older and is going to the University. He asks you when your brother graduated ('became a student'), and you tell him three years ago. He says that his sister has been a student for three years, too.

2. He asks if you would like to see a picture of her. You say yes, of course, and he shows you the picture. You ask him who the girl standing beside his sister is and he says it's one of her girl friends. You say you would like to know that girl friend.

△ 3. You are looking at a picture of your friend's brother and his wife. You ask him if his brother is older than he is. He says no, his brother is younger than he is, but looks older. The picture, he says, is poor.

Grammar

○ 6.5 The Reflexive Pronouns

These are pronouns in the object form which refer back to the subject of the clause in which they stand. As an example take the sentences:

6.37 Han har alltid hunden sin   *He always has his dog with* him.
      med **seg.**
6.38 Hvem er den piken som står   *Who is that girl standing beside* him?
      ved siden av **ham?**

In these two sentences the forms **seg** and **ham** both mean 'him' and refer to the same person (George's cousin). In the first sentence the reflexive pronoun **seg** is used because it refers back to the subject **han.** In the second sentence the regular personal pronoun object form **ham** is used because it does not refer to the subject of its clause (which begins with **som** 'who').

The pronoun **seg** is used only in the third person, but includes all its forms. In other words, it substitutes for **ham** 'him,' **henne** 'her,' **den** 'it,' **det** 'it,' and **dem** 'them.' In most sentences it is or can be translated with *-self* or *-selves,* i.e. *himself, herself, itself,* or *themselves*:

Hun ser **seg** i speilet.	She *sees* herself *in the mirror.*
Han kjøper **seg** en hund.	He *buys* himself *a dog.*
De finner **seg** et hus.	They *find* themselves *a house.*

If the subject in sentences like these is in the first or second person, the reflexive pronoun is identical with the object form of the pronoun. E.g., **Jeg ser meg i speilet** 'I see myself in the mirror.' The following chart shows the possible sequences:

1 person	jeg . . . meg	myself	vi . . . oss	ourselves
2 person	du . . . deg	yourself	dere . . . dere	yourselves
	De . . . Dem	yourself		
3 person	han . . . seg	himself	de . . . seg	themselves
	hun . . . seg	herself		
	den, det . . . seg	itself		

There are some verbs, like English *enjoy oneself,* which require a reflexive object to complete their sense. We have had an example of this:

5.4 **Jeg** liker **meg** riktig bra her.   I like it ('myself') very much here.

○ 6.6 The Reflexive Possessive

Corresponding to the reflexive pronoun there is a reflexive possessive: **sin** (with **en**-nouns), **si** (with **ei**-nouns), **sitt** (with **et**-nouns), and **sine** (with plurals). This is used instead of **hans, hennes, dens, dets,** and **deres** whenever the possessor is also the subject of the clause. This means that in some sentences you will have to remember to use a form of **sin** to mean 'his, hers, its, theirs,' as the case may be. Study these examples:

6.36 Er det **hans** hund?	6.38 Hvem er den piken som står ved siden av **ham?**
6.37 Ja, **han** har alltid hunden **sin** med seg.	6.39 Å, det er en av venninnene **hans.**

Notice that the possessives **hans** (6.36, 6.39) and **sin** (6.37) refer back to the same possessor (George's cousin) and both translate into English as 'his.' The choice of **sin** in 6.37 is due to the fact that it refers back to **han,** the subject of the clause. In the other two sentences the subject is **det,** meaning 'that.'

In the first and second person, the reflexive possessives are identical with the regular possessives. The following sample sentences show how the reflexive pronouns and possessives fit together:

Jeg		min	mitt		mine	meg.
Du		din	ditt		dine	deg.
De	'you'	Deres	Deres		Deres	Dem.
Han		sin	sitt		sine	seg.
Hun	har hunden	sin	sitt	og vennene	sine	med seg.
Vi		vår	vårt		våre	oss.
Dere		deres	deres		deres	dere.
De	'they'	sin	sitt		sine	seg.

, kartet

EXERCISES

A.   Fill in the blanks with appropriate reflexive pronouns and possessives:
1. Jeg liker _____ riktig bra her.
2. Han liker _____ riktig bra her.
3. Vi liker _____ riktig bra her.
4. Georg og Arne liker _____ riktig bra her.
5. Georg Smith liker _____ riktig bra her.
6. Fru Christensen liker _____ riktig bra her.
7. Har hun alltid hunden _____ med _____ ?
8. Har du alltid hunden _____ med _____ ?
9. Har De alltid hunden _____ med _____ ?
10. Har de alltid hunden _____ med _____ ?
11. Har dere alltid hunden _____ med _____ ?
12. Har fetteren din alltid hunden _____ med _____ ?

B.   Translate the following sentences. Translate the English possessive in two ways whenever possible.
1. His brother lost his book.
2. My sister lost her pen.
3. They live in his house.
4. He lives in their house.
5. He lives in his house.
6. He drinks his beer.
7. They drink his beer.
8. He drinks their beer.
9. They drink their (own) beer.
10. She doesn't want to eat her (someone else's) food.

△ **LA OSS LYTTE:**

1. Georg Smith kan ikke finne pennen sin.

   S: Vet du kanskje hvor pennen min er, Trygve?
   C: Det ligger en penn der på bordet. Er det din?
   S: Nei, jeg tror det må være Anne-Maries.
   C: Ja, min datter mister alltid pennene sine. Men skrivemaskinen er din, ikke sant?
   S: Jo, det er min.
   C: En journalist må selvfølgelig ha skrivemaskin.
   S: Ja da. Jeg kan ikke skrive til avisen min med penn.
   C: Skriver du brev på maskinen også?
   S: Jeg skriver alle forretningsbrevene mine på maskin. Men når jeg skriver til far og mor, da bruker jeg pennen.
   C: Det var bra. Jeg liker ikke å få brev fra venner når de skriver på maskin.
   S: Når jeg skriver til deg, skal jeg alltid bruke pennen.
   C: Takk. Det var godt å høre.

2. Smith forteller Christensen om fetteren sin.

   S: Jeg har en fetter i Amerika som skal bli doktor.
   C: Er han eldre enn deg?
   S: Han er tre år yngre enn meg, men ser eldre ut. Hans far var mors yngre bror.
   C: Ja så, jeg kjenner ikke ham. Bor han også i Chicago?
   S: Nei, dessverre. Han går på Universitetet i Wisconsin.
   C: Er det langt fra Chicago til dette universitetet?
   S: Nei, men han er svært opptatt. Her skal du se et bilde av ham.
   C: Hvem er den piken som står ved siden av ham?
   S: Å, det er en av venninnene hans.
   C: Har han så mange da?
   S: Ja, du vet hvordan studenter er.

JEG MÅ KJØPE MEG EN NY DRESS

ENGLISH EQUIVALENTS

George and Christensen are walking in town:

1. I have to buy a new suit.
2. Then you ought to go to Sundt's Department Store.
3. It's the largest in town.
4. Where is ('lies') it [located]?
5. It's the large building you see over there.
6. Could you come along with me (there)?
7. Surely. I need to buy a few things myself.
   In the store. The clerk (an older gentleman):
8. Are you being waited on?
9. No, could you help me?
10. Of course. What will it be today?
11. I'd like a suit.
12. Certainly. Which color did you have in mind?
13. Let me see something in blue.
14. And what size ('number') do you take?
15. I believe it's thirty-eight.
16. At any rate, that's the size I take in America.
17. I don't know if it's the same here.

LISTENING SCRIPT

[ge'årg å kris't^{e}ns^{e}n gå'r i by'en]

1. [jæi' må kjø`pe-mæi en ny' dress']
2. [da' bør du gå' till sun'ts magasi'n]
3. [de' ær de stør`ste i by'en]
4. [vorr' ligger de' da]
5. [de' ær den sto`re byg`ningen du se'r dær bor`te]
6. [kun`ne du bli`-me-mæi di't]
7. [ja' da. jæi treng'er å kjø`pe en de'l ting' sell']
   [i' butik'ken] [ekspeditø'^{e}rn, en el'dre hær`re]
8. [bli'r di ekspede'rt]
9. [næi', kunne di' jel`pe-mæi]
10. [sellføl'geli. va' skal de væ`re i da'g]
11. [jæi' skulle ha' en dress']
12. [ja vell', vil'ken far`ge hadde di teng't-demm]
13. [la mæi se' no`e i blått']
14. [å vil'ket nom`me(r)-bru˙ker-di]
15. [jæi tro'r de æ(r) åt`te å træd`ve]
16. [de' ær i all'fall nom're jæi bru`ker i ame'rika]
17. [jæ(i) ve't-ikke åmm de ær de sam`me hæ'r]

I HAVE TO BUY
A NEW SUIT

Georg og Christensen går i byen:

1	*Georg:*	Jeg må kjøpe meg en ny dress.
2	*Christensen:*	Da bør du gå til Sundts Magasin.
3		Det er det største i byen.
4	*Georg:*	Hvor ligger det da?
5	*Christensen:*	Det er den store bygningen du ser der borte.
6	*Georg:*	Kunne du bli med meg dit?
7	*Christensen:*	Ja da. Jeg trenger å kjøpe en del ting selv.

I butikken.

	Ekspeditøren:	(en eldre herre)
8		Blir De ekspedert?
9	*Georg:*	Nei, kunne De hjelpe meg?
10	*Ekspeditøren:*	Selvfølgelig. Hva skal det være i dag?
11	*Georg:*	Jeg skulle ha en dress.
12	*Ekspeditøren:*	Ja vel, hvilken farge hadde De tenkt Dem?
13	*Georg:*	La meg se noe i blått.
14	*Ekspeditøren:*	Og hvilket nummer bruker De?
15	*Georg:*	Jeg tror det er åtte og tredve.
16		Det er iallfall nummeret jeg bruker i Amerika.
17		Jeg vet ikke om det er det samme her.

18. You probably take size fifty.
19. Here is one for 1250 *kroner*.
20. What do you think of it?
21. Well, I think it's very nice.

18. [di bru`ker sannsy'nli/vi˙s nommer fem'ti]
19. [hæ'r har vi e'n te tåll' hun`dre å fem'ti kro`ner]
20. [va sy`nes di åmm denn']
21. [ja', jæi sy`nes denn æ(r) me`get pe'n]

△ **REPETISJON**

Combine the elements in each group to form different sentences (NB: select the correct pronoun or possessive adjective to match the subject):

a)

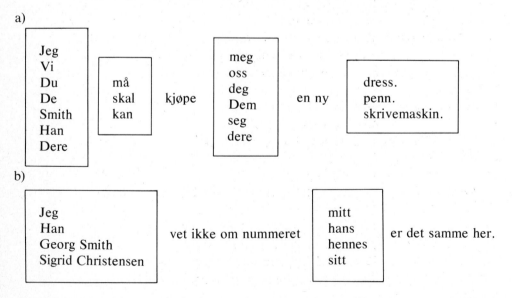

| Jeg
Vi
Du
De
Smith
Han
Dere | må
skal
kan | kjøpe | meg
oss
deg
Dem
seg
dere | en ny | dress.
penn.
skrivemaskin. |

b)

| Jeg
Han
Georg Smith
Sigrid Christensen | vet ikke om nummeret | mitt
hans
hennes
sitt | er det samme her. |

18	*Ekspeditøren:*	De bruker sannsynligvis nummer femti.
19		Her har vi en til tolv hundre og femti kroner.
20		Hva synes De om den?
21	*Georg:*	Ja, jeg synes den er meget pen.

△ SPØRSMÅL

1. Hva skal Smith kjøpe seg?
2. Hvorfor bør han gå til Sundts Magasin?
3. Hvorfor vil Christensen være med Smith?
4. Hva slags dress skulle Smith ha?
5. Hvilket nummer bruker Smith?
6. Er nummeret det samme i Norge?
7. Hvor mye koster dressen?
8. Hva synes Smith om dressen?
9. Har du noen gang kjøpt en dress i Norge?
10. Hvilket nummer bruker du?

SAMTALEØVELSE

1. You go into a department store. The clerk asks you what it will be today. You say you would like to buy a new suit. He asks you what color you had in mind and what size you take. You tell him. He brings out a suit and asks you what you think of it, etc. After discussing the price you decide whether or not to take it.

△ 2. You ask a friend if he would like to see your new suit. He says yes, and asks you when you bought it, etc. He says he also has to buy a new suit and asks you where you bought yours, if it's a good store, etc. He asks you how much a new suit costs, and you tell him how much yours cost. He says he thinks that is very expensive, but you say that it is a very good suit and that you think it was quite reasonable.

Grammar

○ **7.1 Cardinal Numbers**

Review all the numbers given so far (cf. the lists in Lessons 1 and 3). The remaining cardinal numbers are:

et hundre [hun`dre]	(plural: to hundre)
et tusen [tu′s^{e}n]	(plural: to tusen)
en million [millio′n]	(plural: to millioner)

Compound numbers are formed in either of two ways in Norwegian: with either the integer or the decimal first. E.g., 52 is either

to og femti [to′ å fem′ti] *or*
femtito [femtito′]

The former is the older system, but it is slowly being replaced by the latter, which is now the official form taught in the schools. The former is, however, still widely used, and both systems must be learned.

The word for 40 has two different forms:

førti, used with nouns
førr, used without nouns
Hvor mye koster det? Det koster to og **førti** kroner
Hvor mange kroner koster det? To og **førr.**

If the new counting system is used, the answer in both cases is **førtito** [førtito′]. The forms **syv, tyve** and **tredve** are used only in the older counting system:

tre og tyve, syv og tredve *but*
tjuetre, trettisju.

EXERCISES
1. Write the following numbers in numeral form: førtisju, seks og tyve, tjueni, nittifem, tre og åtti, åtte og femti, seksten, femtifire, to hundre og syttifem, fem hundre og fem og tyve, ni hundre og trettito, åttien, fire hundre og to, tjuesju.
2. Write out the following numbers in both systems: 24, 97, 64, 58, 77, 81, 45, 38, 375, 956, 444, 637, 725.

3. Do the following simple problems in addition: (a) Hvor mange er 7 og 2? 7 og 2 er _____ . (b) Hvor mange er 11 og 15? 11 og 15 er _____ . (c) Hvor mange er 33 og 5? 33 og 5 er _____ . (d) Make up and solve a few addition problems of your own.

Supplementary Vocabulary (Clothing):

en **behå** [be`/hå˙], **-er**—bra (short for **brystholder, b.h.**)

en **bluse, -r**—blouse

en **drakt, -er**—(woman's) suit

en **frakk, -er**—(man's) overcoat

en **hatt, -er**—hat

en **jeans** [dji′ns]—jeans

en **kjole, -r**—dress

en **kåpe, -r**—(woman's) coat

et **skjørt**—skirt

en **sko**—shoe

et **slips**—necktie

en **strømpe, -r**—stocking; sock

en **truse, -r**—pantie

en **underkjole, -r**—slip

ENGLISH EQUIVALENTS

22. Would you like to try it on?
23. Yes, thanks. The jacket fits very well,
24. but you have to make the pants a little shorter.
25. All right, we'll see to that. ('That shall be done').
26. When can I pick it up?
27. It will be ready on Tuesday.
28. Is there anything else today?
29. I'd like some shirts.
30. Here are some for 110 *kroner* a piece ('the piece').
31. These are very popular now.
32. And here are the best [ones] we have, at 180 *kroner*.
33. Why are the white [ones] so much more expensive than the others?
34. Because there is better material in them.
35. We sell a lot of these.
36. I'll take two of the white [ones], size thirty-eight, please.
37. Is that all?
38. Yes, thanks. That's all for ('I won't have any more') today.
39. That'll be 360 *kroner,* please.
40. Here you are.

LISTENING SCRIPT

22. [vill di prø`ve-denn]
23. [ja' takk'. jak`ken passer u'd/mær˙ket]
24. [menn di må jø`re bok`sene litt kår`tere]
25. [ja vell', de' ska bli jor't]
26. [nårr' kann jæ(i) hen`te-denn]
27. [denn bli(r) fær`di på ti'rsda]
28. [va'r de no a`ent i da'g]
29. [jæi' ska ha' noen sjor`ter]
30. [hæ'r har vi no`en till hun`dre å ti' kro`ner styk`ke]
31. [dis`se ær me`get populæ're nå']
32. [å hæ'r ær di bes`te vi ha'r, till hun`dre å åt'ti kro`ner]
33. [vorr'fårr ær di vi`te så my`e dy`rere enn di an`dre]
34. [fårdi' de ær be'dre ståff' i demm]
35. [vi sel'ler svæ'rt mang`e a disse]
36. [jæi' tar to' a di vi`te, nommer åt`te å træd`ve takk']
37. [var de' al't]
38. [ja' takk'. jæi' ska ik`ke ha' mer i da' g]
39. [de' bli(r) tre' hun`dre å sek'sti kro`ner, takk']
40. [vær' så go']

JEG MÅ KJØPE MEG EN NY DRESS

(fortsatt *continued*)

22	*Ekspeditøren:*	Vil De prøve den?
23	*Georg:*	Ja takk. Jakken passer utmerket,
24		men De må gjøre buksene litt kortere.
25	*Ekspeditøren:*	Ja vel, det skal bli gjort.
26	*Georg:*	Når kan jeg hente den?
27	*Ekspeditøren:*	Den blir ferdig på tirsdag.
28		Var det noe annet i dag?
29	*Christensen:*	Jeg skal ha noen skjorter.
30	*Ekspeditøren:*	Her har vi noen til hundre og ti kroner stykket.
31		Disse er meget populære nå.
32		Og her er de beste vi har, til hundre og åtti kroner.
33	*Christensen:*	Hvorfor er de hvite så mye dyrere enn de andre?
34	*Ekspeditøren:*	Fordi det er bedre stoff i dem.
35		Vi selger svært mange av disse.
36	*Christensen:*	Jeg tar to av de hvite, nummer åtte og tredve, takk.
37	*Ekspeditøren:*	Var det alt?
38	*Christensen:*	Ja takk. Jeg skal ikke ha mer i dag.
39	*Ekspeditøren:*	Det blir tre hundre og seksti kroner, takk.
40	*Christensen:*	Vær så god.

The days of the week
Sunday, Monday, Tuesday, Wednesday, Thursday, Friday, Saturday

[u`ke/da˙gene]
[søn'da, man'da, tir'sda, on'sda, tår'sda, fre'da, lø'rda]

△ **REPETISJON**
Combine the elements in each group to form different sentences (NB: correlate the possessive adjective and noun forms):

Smith Jeg Vi Du De 'they'	vil må skal	selge	bildet, bildene huset, husene pennen, pennene hunden, hundene	min, mitt, mine. hans. sin, sitt, sine. vår, vårt, våre. din, ditt, dine.

△ **SPØRSMÅL**
1. Hvordan passer jakken?
2. Passer buksene også?
3. Når kan Smith hente dressen?
4. Hva er det Christensen skal ha?
5. Hvor mye koster skjortene som er så populære nå?
6. Hva slags skjorter koster 180 kroner?
7. Hvorfor er de dyrere enn de andre?
8. Hva er det Christensen kjøper?

SAMTALEØVELSE
△ 1. You go into a store and tell the clerk that you would like some new shirts. The clerk asks you for your size, what color you would like, etc. You tell him, ask the prices of the different shirts he shows you, etc. You buy several and pay for them.
2. You meet a friend (usual greetings, etc.) You tell him that you've just bought a new suit. He says he'd like to see it and asks when you are going to pick it up. You tell him it will be ready on Friday and ask him if he doesn't want to come along and see it then. He thanks you and says he'd like to very much.
3. Your friend suggests that you go get something to eat. You say yes, you'd like to, and ask him where you should go. He says that there is a new restaurant down by the station and suggests that you try it. You ask if you should take a bus, but he says that the walk will only do you good, and you both set off.
4. You and your friend arrive at the restaurant, go in, order, etc. While eating you discuss what you think of the new restaurant, the food, etc.

Ukedagene
søndag, mandag, tirsdag, onsdag, torsdag, fredag, lørdag

Disse skjortene er meget populære nå.

△ 5. You are meeting a friend of your sister's at the airport. You spot her and ask her if she isn't American, etc. You ask about your sister, she asks about your mother and father, etc. You ask her what she does, etc., and if she has a place to stay in town. She says she is going to stay at (**bo på**) Hotell Norge and you say that's a good place to stay.

6. She says it was nice of you to meet her, but you say not at all, it was a pleasure, etc. You ask how the trip was, and she tells you about it (whether the plane was crowded, etc.). You ask her how long she is going to stay in Norway and what she is going to do. She tells you. You then ask her how long she intends to stay in town. She tells you and you tell her that you will show her the town. She thanks you, etc.

○ 7.2 Expressions of Price

We have had several examples of expressions of price:

1.39 Femti kroner esk**en**.	*Fifty kroner per box.*
4.29 Fire hundre kroner måned**en**.	*Four hundred kroner a month.*
7.30 110 kroner stykk**et**.	*110 kroner a piece.*

Notice that while English uses either *per* or *a* before the unit of quantity, Norwegian always uses the definite article.

EXERCISES
Write the following expressions of price in Norwegian:

1. Ten *kroner* a day.
2. Fifty *øre* per cup.
3. Two *kroner* a piece.
4. Forty *kroner* a week.
5. Twenty *kroner* per box.
6. (A) thousand *kroner* a year.

○ 7.3 The Definite Adjective

We have had several examples of adjectives used after the pronominal forms **den, det, de**:

4.23 **det** andre	the other (one)
7.3 **det** største	the largest (one)
7.32 de beste	the best (ones)
7.33 **de** hvite	the white (ones)
7.33 **de** andre	the other (ones)

Notice (1) that in such expressions **den, det, de** are translated 'the', and (2) that the adjective always ends in **-e**, whether it follows **den, det** or **de.**

Notice also that when we translate this type of construction into English, we sometimes have to add the word 'one(s)' to give better sense. In such expressions some noun is always understood. E.g., **de hvite, de andre** in the sentence in 7.33 refer to **skjortene.** If we supply the noun, these expressions become:

> **de** hvite skjortene
> **de** andre skjortene

If we look back at Lesson 4, we find that **det andre** refers to **vinduet,** i.e.,

> **det** andre vinduet

Similarly, **det største** (7.3) refers to **det største magasinet.** In 7.5 we had one such expression in which the noun is stated:

> **den** store bygningen

Notice: (1) In such expressions the adjective ending is **-e,** whether the noun is stated or not. (2) When the noun is stated it has the article attached. This means that in such expressions, 'the' is really expressed in two ways: by **den, det** or **de** in front of the adjective and by the article on the end of the noun. This "double definition" is the rule in spoken Norwegian (cf. also the use of the article on the noun after demonstrative pronouns: Grammar **5.4**). (3) **Den, det** or **de** must be used to translate 'the' when a noun is modified by an adjective, but not otherwise:

byen	the city	den store byen	the large city
kartet	the map	det nye kartet	the new map
skjortene	the shirts	de hvite skjortene	the white shirts

With a few adjectives, such as **først, hel,** idioms are formed in which it is not necessary to use **den, det** or **de** or (in some cases) an article with the noun. We have had the examples **i hele natt** 'all night,' **i første etasje** 'on the first floor,' **hele byen** 'the whole city.' In such idioms the meaning of the adjective implies definiteness, and it is not necessary to express it more explicitly.

EXERCISES

A. Write out 15 different sentences from the following combination table:

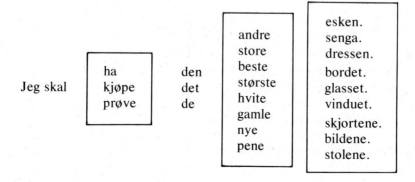

Jeg skal	ha kjøpe prøve	den det de	andre store beste største hvite gamle nye pene	esken. senga. dressen. bordet. glasset. vinduet. skjortene. bildene. stolene.

B. Translate into Norwegian:

1. This map of the city is the best (one) I have.
2. White shirts are not always the best (ones).
3. I think I'll buy the white shirt.
4. Have you been in the new restaurant?
5. Yes, but the old (one) is better.
6. Victoria is the largest hotel in the city.

△ **LA OSS LYTTE**

1. **Georg Smith går inn i en butikk.**

E: (En yngre mann) Skulle det være noe i dag?
S: Ja, jeg skulle ha noen skjorter.
E: Hvilket nummer?
S: Jeg vet ikke riktig. Jeg er amerikaner. Jeg bruker kanskje ikke samme nummer i Norge som i Amerika.
E: Hva er nummeret i Amerika?
S: Femten.
E: Og hvilken farge skal du ha?
S: Jeg skal ha et par blå skjorter.
E: Vær så god, her har jeg noen skjorter som jeg tror skal passe.
S: Nei, jeg liker ikke fargen.
E: Her er noen andre da. Hva synes du om dem?
S: Nei, jeg tror ikke de er store nok. Har du ikke noen bedre skjorter enn disse?
E: Nei, dessverre, det er de beste vi har.
S: Det var synd. Kan du kanskje anbefale et sted hvor jeg kan kjøpe noen bedre skjorter?
E: Ja, kjenner du det store magasinet like ved Fisketorvet?
S: Den store, hvite bygningen?
E: Ja, nettopp. Der kan du få alt du vil ha.
S: Takk skal du ha. Det var snilt av deg.
E: Ikke noe å takke for. Morn da.

2. **Georg går ut på gata og snakker til en mann:**

G: Unnskyld. Kan De si meg veien til Fisketorvet?
M: Ja, De går rett fram, og så til høyre når De kommer til havnen.
G: Er det langt dit? Må jeg ta en trikk?
M: Nei da. Det tar Dem bare fem minutter å gå dit. Jeg ser De er amerikaner. Dere vil alltid kjøre.
G: Å, ikke jeg. Jeg går helst, hvis det ikke er altfor langt.
M: Det var bra å høre. Det er mye bedre å gå enn å sitte i en bil og kjøre.

G: Ja, det synes jeg også. Men er det noe interessant å se på veien til Fisketorvet?

M: Ja. De ser den nye kirken like før De kommer til havnen. Og den gamle Tyskebryggen er like ved Fisketorvet.

G: Ja, jeg har hørt mye om Tyskebryggen. Jeg skal ikke glemme å se på den mens jeg er der nede.

M: Og så kan De ta en tur opp på Fløyen.

G: Kan jeg gå dit opp også?

M: Nei, dit slipper De å gå. Det er litt for langt. Fløybanen kjører rett opp.

G: Da skal jeg ta den. Takk skal De ha.

M: Vær så god. Morn da.

G: Morn da.

Vocabulary List (Lessons 1–7)

Nouns

En-nouns

aften 4.10	fornøyelse 5.8	maskin 6.19
amerikaner 2.1	forretningsmann 3.35	mat 3.1
avis (ei) 3.23	fru 2.18	melk 1.50
bil 4.9	frukt 1.33	middag 1.47
bok (ei) 3.25	gang 1.14	mor (ei) 2.15
bror 3.34	gate (ei) 4.6	morgen 5.1
bukser 7.24	gjest 4.5	måned 4.29
buss 5.29	havn (ei) 5.15	måte 2.23
butikk 7	herre 7.8	natt (ei) 4.38
by 2.34	hund 6.36	papirhandel 6.6
bygning 7.5	høst 6.23	park 5.20
dag 1.1	idé 6.9	penn 6.13
dame 4.11	jakke (ei) 7.23	pike 6.38
datter (ei) 2.21	journalist 3.22	pipe (ei) 3.6
del 1	kaffe 1.54	plass 2.30
doktor 3.30	kaptein 3.14	portier 4.2
dress 7.1	kirke 5.19	pris 4.7
dusj 4.27	klasse 6.22	restaurant 1.23
ekspeditør 6.25	konfekt 1.38	seng (ei) 4.18
eske 1.39	kopp 1.54	side (ei) 4.25
etasje 4.12	krone (ei) 1.39	sigar 3.5
far 2.7	kveld 1.4	skjorte (ei) 7.29
farge 7.12	lege 3.31	skrivemaskin 6.18
fetter 6.4	leie 4.10	sol (ei) 4.21
fjord 5.39	lekse (ei) 1	stasjon 1.28
flyger 3.18	lærer 3.34	stein 5.5

Nouns

En-nouns

stol 4.17
student 6.23
stue (ei) 3.3
stund (ei) 3.3
synd 2.28
sør 4.23
søster (ei) 3.36
takk 1.6
te 1.55
telefon 1.24
ting 7.7

tobakk 3.7
topp 5.35
trikk 5.29
tur 2.26
turist 4.3
uke (ei) 2.37
utsikt 5.38
vei 1.28
venn 2.7
venninne (ei) 6.39
vertinne (ei) 4.11

vin 1.53
øre 1.43
øst 4.22
øy (ei) 5.39
  Ukedagene 7
mandag
tirsdag 7.27
onsdag
torsdag
fredag
lørdag
søndag

Et-nouns

arbeid 3.20
bad 4.24
bilde 6.8
blått 7.13 (adj. used as noun)
bord 4.17
brev 6.3
eple 1.35
fjell 5.35
fly 2.27
glass 1.50
gymnasium 6.22

hjørne 5.30
hotell 1.22
hus 6.32
kart 5.10
kontor 6.20
land 3.26
magasin 7.2
minutt 5.27
museum 5.19
nummer 4.6
papir 6.7
par 1.48

rom 4.2
skrivepapir 6.1
smørbrød 1.48
sted 2.29
stoff 7.34
stykke 7.30
sykehus 3.31
universitet 6.23
vann 1.51
vindu 4.22
øl 1.52
øyeblikk 6.26
år 3.19

Plural—Both et- and en-nouns

søsken 3.33

slags 3.7

Names of Places

Amerika 2.2
Bergen 2.19
Fisketorvet 5.17

Fløyen 5.33
New York 3.16
Norge 2.8

Tyskebryggen 5.18
USA 2.2

Verbs

anbefale 2.32
arbeide 3.23
begynne 3.32
bli 1.42; 2.34
bo 2.29
bodde 2.31

bruke 6.5; 7.14
bør 7.2
burde 2.37
drikke 1.49
ekspedere 7.8
finne 1.22

fly 3.16
fløyet 3.19
flytte 4.34
forstå 1.12
fortelle 2.10
få 4.7; 6.2

Verbs

gjøre 3.21
gjort 7.25
glemme 5.20
gå 1.11
ha 1.5
hadde 7.12
hatt 2.26
hente 6.8
hete 2.3
hilse 2.13; 2.22
hjelpe 7.9
høre 5.6
kan 1.22
kunne 2.31
kjenne 2.15
kjøpe 4.20
kjøre 5.28
komme 2.2
koste 1.38
la 3.3
ligge 4.37

like 5.4
låne 6.2
miste 6.15
møte 2.24
må 1.11
passe 7.23
prate 3.3
prøve 3.9
reise 3.26
røke 3.6
se 4.14
selge 7.35
si 1.14; 1.28
sitte 3.3
skal 1.33
skulle 1.35
skrive 3.24
slippe 5.36
snakke 1.9
sove 4.40
sov 5.5
spise 1.46

stanse 5.30
stå 2.11
synes 3.11
ta 1.40
takke 1.32
tenke 3.25
trenge 7.7
tro 2.40
unnskylde 1.21
vekke 4.36
vende 4.22
vente 5.24
vil 1.14
ville 3.4
vise 2.38
vite (vet) 4.4
være 1.33
er 1.25
vær 1.31
var 1.18; 2.24
vært 2.25

Adjectives

alt 5.23
alle 4.2
amerikansk 3.8
annen 1; 4.13
annet 7.28
andre 4.23
bedre 7.34
best 7.32
billig 4.32
blå 7.13
bra 1.6
dyr 4.30
dårlig 4.18
eldre 4.11
eneste 3.36
ferdig 6.24
fin 6.16
fjerde 4
flere 5.19
flott 5.38

først 1
gammel 2.7
gift 3.37
god 1.1
hel 5.5
hvilken 7.12
hvilket 7.14
hvit 7.33
hyggelig 2.14
høyre 1.27
interessant 5.16
kald 4.26
kort 7.24
ledig 4.1
lik 2.23
lite 2.36
mange 1.30
mer 7.38
mild 3.12
morsom 5.17

mulig 4.37
møblert 4.11
neste 5.1
noen 1.35
noe 1.33
norsk 1.9
ny 4.19
opptatt 4.2
pen 4.11
populær 7.31
rimelig 4.7
samme 4.35
sant 5.37
snill 2.24
stappfull 2.27
stor 3.23
størst 7.3
varm 4.26
venstre 1.27
yngre 6.33

Possessives

⎡ min 2.15	⎡ din 2.7	sin 6.37
⎢ mitt 6.1	⎣ ditt 3.20	⎡ vår 2.21
⎣ mine 6.24	hans 6.36	⎣ vårt 6.32

Ordinals

første 1	tredje 3	femte 5
annen 1	fjerde 4	sjette 6
		sjuende (syvende) 7

Adverbs

akkurat 5.14	hjemme 2.30	nå 1.11
aldri 2.25	hvor 1.22; 1.36	når 4.34
alltid 6.18	hvordan 1.5	også 2.15
altfor 2.36	hvorfor 6.14	omkring 3.26
bare 1.6	iallfall 7.16	opp 4.15
borte 1.26	ikke 1.13	rett 1.29
bra 1.6	inn 4.34	riktig 2.39
da 1.20; 1.40	inne 4.21	sammen 5.23
der 1.26	jo 2.2; 2.25	sannsynligvis 7.18
dessverre 1.10	kanskje 4.4	selvfølgelig 4.27
dit 5.26	langt 5.26	siden 3.17
ellers 2.31	lenge 2.34	sikkert 4.32
endelig 5.20	like 4.25	slett 4.31
ennå 3.38	litt 1.10	svært 5.9
for 3.12	med 4.15	særlig 2.27
fram 1.29	meget 2.16	så 1.31; 3.29; 4.37
før 2.25	minst 2.37	tidlig 4.36
først 3.26	mye 1.42	til 1.14
ganske 3.10	ned 6.6	tilbake 3.29
gjerne 5.9	nede 5.16	ut 6.34
godt 2.16	nesten 4.19	utmerket 7.23
⎡ heller 5.25	nettopp 2.2	vel 3.2
⎣ helst 3.6	nok 6.11	visst 6.1
her 2.25	nokså 4.18	

Articles

en 1.23	et 1.22	den 7.5
		det 4.23

Conjunctions

både . . og 4.26	fordi 7.34 (subord.)	og 1.7 (coord.)
(coord.)	hvis 2.38 (subord.)	om 6.24 (subord.)
eller 4.24 (coord.)	men 2.5 (coord.)	som 3.34; 4.16
enn 6.33 (coord.)	mens 3.24 (subord.)	(subord.)

Infinitive Marker

å 1.32

Exclamations and Greetings

bare bra 1.16
⌈god aften 4.10
│god dag 1.1
│god kveld 1.4
⌊god natt 4.38
ha det 1.19
hei 1.3
hvordan har du det? 1.5
hvordan står det til? 2.11
i like måte 2.23
⌈ja 1.10
│ja da 3.15
│ja så 6.35
⌊ja vel 7.12
⌈jo 6.16
⌊jo da 2.2
⌈morn 1.2
│morn da 1.20
⌊morn morn 5.1

nei 1.10; 6.15
nå 5.3
sov godt 4.40
⌈takk 1.6; 1.40
│takk skal du ha 2.9
│mange takk 1.30
│takk for det 2.20
│takk for i dag 4.39
│takk for i går 5.2
│takk for maten 3.1
│ikke noe å takke for
│1.32
⌊selv takk 4.40
uff 6.1
unnskyld 1.21
vel bekomme 3.2
velkommen 2.8
vær så god 1.31; 1.41
å 2.27

Numerals

1-90 cf. 1B, 3B (Basic
Sentences)

(et) hundre 4.29
(et) tusen 7

(en) million 7

Prepositions

av 2.7
etter 6.26
for 1.32
foran 6.32
fra 2.2
gjennom 5.32

hos 2.31
i 2.17
imot 4.5
med 2.11
mot 4.22
nær 5.15

om 2.10
over 5.10
på 2.27
som 2.36
til 1.27
uten 4.24
ved 3.31

Pronouns

Personal Pronouns

jeg 1.11
meg 1.28
du 1.5
deg 2.10
han 2.12

ham 6.38
hun 2.17
den 3.9
det 1.5; 3.39
vi 2.30
oss 2.31

⌈De 4.4
⌊Dem 4.36
⌈de 4.5
⌊dem 7.34
dere 2.24
seg 6.37

Demonstrative Pronouns

den 4.18
det 3.40; 5.35
de (Grammar 5.4)

denne (Grammar 5.4)
dette 2.21
disse 6.25

Other Pronouns

hva 1.38
hvem 2.5
ikke noe 1.32

ingen 3.39
mye 2.10
noe 1.32

noen 7.30
selv 4.40
som 3.34

Idiomatic Expressions

alt sammen 5.23
der borte 1.26
det var synd 2.28
en del ting 7.7
en gang til 1.14
for . . . siden 3.17
her i byen 2.34
hos oss 2.31
hva slags . . .? 3.7
i dag 1.33
i første etasje 4.12
i går 5.2
i hele natt 5.5
i kveld 4.35
i morgen tidlig 4.36
i morges 6.15
i . . . år 3.19
ikke noe særlig 2.27
ikke sant 5.37
jeg liker meg 5.4
jeg røker helst 3.6
jeg skulle ha 1.35
like ved siden av 4.25

med det samme 4.35
noe annet 7.28
noen gang 3.14
rett fram 1.29
slett ikke 4.31
synes du det 6.35
så . . .som 4.37
så tar vi . . . 4.9
til høsten 6.23
til høyre 1.27
til. . . kroner 7.19
til leie 4.10
til en rimelig pris 4.7
til venstre 1.27
å bli med 4.15
å ha godt av 5.31
å se etter 6.26
å se på 4.14
å se ut 6.34
å skrive på maskin 6.19
å ta imot 4.5
å være med 5.7

HVOR SKAL DERE HEN I KVELD?

ENGLISH EQUIVALENTS

George is talking with Alf Heggen who lives in the room next to him:

1. I've invited Anne-Marie Christensen out with me this evening.
2. Is that so? She's a very sweet girl.
3. Yes, isn't she nice?
4. Where are you going to go?
5. We're going to eat supper at Fløyen,
6. and then we're going to the theater.
7. Why don't you go to the movies instead?
8. There's ('There goes') a good movie at Forum.
9. No, we've seen that film before,
10. and besides we prefer plays.
11. But now I have to take a bath,
12. and then I'm going to shave.
13. Do you have an electric razor?
14. No, I use a safety razor.
15. Tell me, where did you get your hair cut?
16. Does it really look so funny?

LISTENING SCRIPT

From now on this column will contain only the new words in each sentence. Transcriptions will appear only when they differ from the traditional spelling. Each noun is followed by its article and each verb by its past and participial forms. For other words only irregular forms are given.

åttende [åt′t^{e}ne]

1. be, bad [ba′], bedt [bett′]
2. veldig [vel`di]; søt
3.
4. hen [henn′]
5. aftens [af`t^{e}ns]
6. teater [tea′ter], et, def. teatret [tea′tre]
7. kino [kji′no], en
8.
9. film, en; se, så, sett
10. dessuten [dess′/u`t$^e$n]; foretrekke [få`re/trek`ke]; skuespill [sku`e/spill`], et
11.
12. barbere [barbe′re], -te, -t
13. elektrisk [elek′trisk]; barbermaskin [barbe′r/masji`n], en
14. barberhøvel [barbe′r/høv`el], en
15. få, fikk, fått; klippe, -et, -et; hår, et
16. rar

WHERE ARE YOU GOING THIS EVENING?

Georg snakker med Alf Heggen som bor på rommet ved siden av:

1 *Georg:*   Jeg har bedt Anne-Marie Christensen med meg ut i
             kveld.
2 *Heggen:* Ja så? Det er en veldig søt pike.
3 *Georg:*   Ja, er ikke hun grei?
4 *Heggen:* Hvor skal dere hen da?
5 *Georg:*   Vi skal spise aftens på Fløyen,
6   og siden skal vi i teatret.
7 *Heggen:* Hvorfor går dere ikke heller på kino?
8   Det går et godt stykke på Forum.
9 *Georg:*   Nei, den filmen har vi sett før,
10   og dessuten foretrekker vi skuespill.
11   Men nå må jeg ta et bad,
12   og så skal jeg barbere meg.
13 *Heggen:* Har du elektrisk barbermaskin?
14 *Georg:*   Nei, jeg bruker barberhøvel.
15 *Heggen:* Si meg, hvor fikk du klippet håret?
16 *Georg:*   Ser det så rart ut da?

17. Yes, it's terrible.
18. I'll tell you what happened.
19. I went into the big barbershop on the market place.
20. I suppose you had to wait quite a while there?
21. Yes, I must have sat there ('I sat there surely') for half an hour.

17. forferdelig [fårfær′d^{e}li]
18. hende [hen`ne], -te, -t
19. gå, gikk [jikk′], gått; inn i; barbersalong [barbe′r/salång˙], en; torv [tår′v], et
20. vel [vell] (modal)
21. sitte, satt, sittet; halv [hall′]; time, en

17 *Heggen:* Ja, det er forferdelig.
18 *Georg:* Jeg skal si deg hva som hendte.
19   Jeg gikk inn i den store barbersalongen på torvet.
20 *Heggen:* Der måtte du vel vente nokså lenge?
21 *Georg:* Ja, jeg satt der sikkert en halv time.

△ **REPETISJON**

Combine the elements in each group to form different grammatically correct and logical sentences:

a)

Georg Smith Du Vi Jeg Dere	må barbere	meg. dere. seg. deg. oss.

b)

Georg Smith Vi Jeg Anne-Marie	foretrekker å gå går helst	i teatret. på kino. til byen. på universitetet.

c)

Jeg Smith Vi	gikk inn i	en stor et den stort det store	restaurant(en). hotell(et). barbersalong(en). magasin(et).

△ **SPØRSMÅL**

1. Hva synes Alf Heggen om Anne-Marie?
2. Hvor skal Georg og Anne-Marie spise aftens?
3. Hvor skal de så hen?
4. Hvorfor vil de heller gå i teatret enn på kino?
5. Foretrekker du film eller skuespill?
6. Hva bruker Georg å barbere seg med?
7. Hvor fikk Georg klippet håret?
8. Hvor lenge måtte han vente?
9. Ser han pen ut på håret nå?
10. Hvor får du klippet håret?

SAMTALEØVELSE

△ 1. You are discussing with a friend what you are going to do this evening. He (or she) asks you who you have invited out with you. You tell him and ask if he knows your date, etc. He asks what you are going to do and you say you are going out for dinner and then you're going to the movies. He says there is a good play on now and why don't you rather go to the theater. You say you prefer to go to the movies, and that your date (use her name) does too, and besides it's too expensive to go to the theater. He says he'll lend you ten *kroner* if you'd rather go to the theater, but you assure him once more that you prefer to go to the movies.

2. A friend asks you where you got your hair cut. You ask him if it looks funny. He says no, it looks very good and that he would like to have his hair cut there too. You tell him where the barbershop is, etc. He then asks you how much it costs to get your hair cut there. You tell him, and he thinks that's a little expensive. You say you think it is quite reasonable because your hair looks so good.

Grammar

○ **8.1 Omission Of The Verb Of Motion**

Norwegian has no verb describing the general action of moving from one place to another, such as English 'go.' All Norwegian verbs of motion describe a specific type of motion. **Gå** means to walk, when referring to people; **reise** means to travel by some means of transportation; **kjøre** means to drive or ride in a vehicle, etc. When modal auxiliary verbs are used in phrases describing general motion, a verb describing the motion is usually not used and an adverb or adverbial phrase is used instead. E.g.,

3.29 Og så **skal** jeg **tilbake** til Amerika.
8.4 Hvor **skal** dere **hen** da?

○ **8.2 Adverbs Of Location And Motion**

Certain adverbs that indicate location and motion have two forms, one ending in **-e** (indicating location at a place), the other with no ending (indicating motion). We have had a number of examples of these adverbs:

1.26 (Hotellet er) der **borte**.
1.29 Stasjonen er rett **fram**.

2.30 Vi har dessverre ikke plass **hjemme.**
4.21 Er det sol her **inne?**
4.34 Når vil De flytte **inn?**
5.33 Så tar vi Fløybanen **opp** til Fløyen.
5.36 Det er bra vi slipper å gå dit **opp.**
5.16 Er det noe interessant å se der **nede?**
6.6   Men la oss gå **ned** til papirhandelen.
8.4   Hvor skal dere **hen** da?

All the forms of these adverbs and their meanings are:

MOTION		LOCATION	
ut	(going) out	ute	outside
inn	(going) in	inne	inside
opp	(going) up	oppe	up (on)
ned	(going) down	nede	down (at)
bort	(going) away	borte	away (at a place)
hjem	(going) home	hjemme	at home
fram	(going) forward	framme	at a destination
hen	(going) away	henne	away (at a place)

Hen, henne are used only in questions introduced by **hvor** and are best not translated into English. E.g.,

Hvor skal du **hen?**   Where are you going?
Hvor er han **henne?**   Where is he?

A possible answer to the first question might be **Jeg skal hjem.** But to the second question it would be **Han er hjemme.**

EXERCISES

A. Translate into English:
1. Jeg skal ut nå.
2. Jeg må til byen.
3. Hvor skulle han hen?
4. Når skal du hjem?
5. Er Christensen hjemme?
6. Nei, han er ute.

B. Translate into Norwegian, omitting all verbs of motion:
1. I have to go away.
2. He lives at home.
3. Where does he want to go?
4. Would you like to go up to Fløyen?
5. Where is your father?
6. He's inside.
7. Shall we go in now?
8. Are you going to go to Norway?
9. I want to get ahead (forward).
10. He's down by the church.
11. He had to go out a while ago.
12. He's up in (**på**) his room.

ENGLISH EQUIVALENTS

22. Finally the barber said that it was my turn.
23. Did he ask you how you wanted (to have) it cut?
24. Yes, and I thought he had understood me.
25. But he did exactly the opposite of what I had said.
26. He must have been thinking about something else.
27. Maybe so. But now I wonder where my clothes are.
28. Which clothes do you mean?
29. I sent my shirts to the laundry.
30. They were all dirty and had to be washed.
31. Don't you have any clean ones left ('Have you no . . .')?
32. No, and I haven't gotten my new suit, either.
33. But didn't you send the old one to the cleaner this morning?
34. Yes, it had to be cleaned and pressed.
35. Haven't you gotten it back?
36. No. They promised to deliver ('send') it before five o'clock,
37. and now it's already twenty after five.
38. I'll lend you a shirt and a pair of old pants.
39. Then you can put on a fancy tie,
40. and then she won't notice the rest.

LISTENING SCRIPT

22. si, sa, sagt [sak't]; barberer [barbe'rer], en; at [att']
23. spørre (pres. spør [spørr']), spurte [spu`rte], spurt [spu'rt]
24. forstå [fårstå'], forstod [fårsto'], forstått
25. gjøre [jø`re], gjorde [jo`re], gjort [jor't]; motsatt [mo't/satt˙]
26.
27. lure, -te, -t; klær
28. hvilke [vil'ke]; mene, -te, -t
29. sende [sen`ne], -te, -t; vaskeri [vaskeri'], et
30. alle sammen; skitten, pl skitne; vaske, -et, -et
31. ren; igjen [ijenn']
32. få, fikk, fått; heller [hel'ler]
33. renseri [renseri'], et
34. rense, -et, -et; presse, -et, -et
35.
36. love [lå`ve], -et, et; før; klokke, -a (or -en)
37. alt
38.
39. flott; slips, et
40. legge, la, lagt [lakt]; merke, et; legge merke til; rest, en

HVOR SKAL DERE HEN I KVELD?

(fortsatt *continued*)

22	*Georg:*	Endelig sa barbereren at det var min tur.
23	*Heggen:*	Spurte han deg hvordan du ville ha det klippet?
24	*Georg:*	Ja, og jeg trodde han hadde forstått meg.
25		Men han gjorde akkurat det motsatte av hva jeg hadde sagt.
26	*Heggen:*	Han tenkte vel på noe annet.
27	*Georg:*	Kanskje det. Men nå lurer jeg på hvor klærne mine er.
28	*Heggen:*	Hvilke klær mener du?
29	*Georg:*	Jeg sendte skjortene mine til vaskeriet.
30		De var skitne alle sammen og måtte vaskes.
31	*Heggen:*	Har du ingen rene igjen?
32	*Georg:*	Nei, og jeg har ikke fått den nye dressen min heller.
33	*Heggen:*	Men sendte du ikke den gamle på renseriet i morges?
34	*Georg:*	Jo, den måtte renses og presses.
35	*Heggen:*	Har du ikke fått den igjen da?
36	*Georg:*	Nei. De lovet å sende den før klokka fem,
37		og nå er den alt ti på halv seks.
38	*Heggen:*	Jeg skal låne deg en skjorte og et par gamle bukser.
39		Så kan du ta på deg et flott slips,
40		og da legger hun ikke merke til resten.

△ **REPETISJON**

Combine the elements in each group to form different grammatically correct and logical sentences:

a)

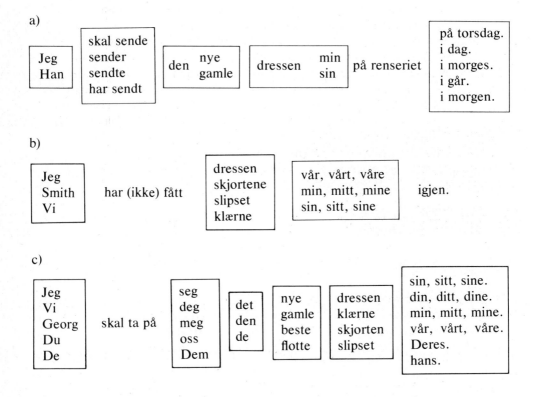

Jeg	skal sende						på torsdag.
Han	sender	den	nye	dressen	min	på renseriet	i dag.
	sendte		gamle		sin		i morges.
	har sendt						i går.
							i morgen.

b)

Jeg		dressen	vår, vårt, våre	
Smith	har (ikke) fått	skjortene	min, mitt, mine	igjen.
Vi		slipset	sin, sitt, sine	
		klærne		

c)

Jeg		seg		nye	dressen	sin, sitt, sine.
Vi		deg	det	gamle	klærne	din, ditt, dine.
Georg	skal ta på	meg	den	beste	skjorten	min, mitt, mine.
Du		oss	de	flotte	slipset	vår, vårt, våre.
De		Dem				Deres.
						hans.

△ **SPØRSMÅL**

1. Hva spurte barbereren Georg om?
2. Hva gjorde barbereren så?
3. Hvorfor gjorde han det?
4. Hva lurer Georg på nå?
5. Hvor sendte Georg skjortene sine hen?
6. Hvor er den gamle dressen hans?
7. Hvorfor sendte han den dit?
8. Hvorfor tar han ikke på seg den nye dressen sin?
9. Hvor skal han få klær fra?
10. Tror du at Anne-Marie legger merke til de gamle buksene?

SAMTALEØVELSE

1. The cleaners haven't sent your suit when they promised it and you have called them on the telephone. You ask them why they haven't sent your suit. The clerk at the cleaners says that, unfortunately,

it's not ready yet. You ask when it will be ready. He says he doesn't know exactly. You say that you have to have it this evening, because you are going to the theater. He says that they will try to send it before seven o'clock. You say that's not enough, they have to promise to send it before seven o'clock. He then promises to send it before seven. You thank him, etc.

△ 2. You go into a laundry and tell the clerk (after the usual greetings, etc.) that you have some shirts that must be washed. He says that they can wash them for you. You ask him how much it will cost, etc. You ask him when you can pick them up. He asks how many shirts you have that have to be washed, and you tell him. He says they will be ready on Wednesday. You thank him and tell him that will be fine.

3. You say that you also have a suit that has to be cleaned and ask him if he can recommend a good cleaner. He gives you directions to a cleaner and you thank him, etc.

Grammar

○ 8.3 The Passive

When a sentence is changed from active to passive, the object of the verb becomes the subject of the new sentence. E.g., 'George took the picture this spring' becomes 'The picture was taken by George this spring.' In Norwegian the passive can be formed in two different ways, either with the auxiliary **bli** or the suffix **-es.**

(1) The passive with **bli.** While the corresponding English passive uses the verb 'to be,' Norwegian uses **bli** 'to become,' combined with a past participle, as in this example:

7.25 Ja vel, det **skal bli gjort.**   . . . will be done . . .

This sentence in other tenses is as follows:

Det **ble gjort** i går.   *It* was done *yesterday.*
Det **blir gjort** i dag.   *It is* being done *today.*
Det **blir gjort** i morgen.   *It* will be done *tomorrow.*

This type of passive construction usually refers to the occurrence of a single event at one specific time.

(2) The passive ending in **-es.** When reference is being made to a more general or customary event, especially after a modal auxiliary, a different passive construction is used. This is formed by adding **-es** to the verb stem:

8.30 De var skitne alle sammen og   . . . to be washed . . .
   måtte **vaskes.**

8.34 Jo, den måtte **renses** og **presses.**   . . . to be cleaned and pressed . . .

Except after modal auxiliaries, this form is mostly limited to the written language. It is common, for example, in signs. A dry cleaner might advertise: KLÆR RENSES 'clothes cleaned.' But anyone speaking of a particular set of clothes would say, **klærne blir renset** 'the clothes are being cleaned.'

The form in **-es** is nearly always either an infinitive or a present, which have exactly the same form: **presses** 'is being pressed' or 'to be pressed.' The past and past participle are rarely used.

Verbs ending in **-es** are not always passive in meaning. They may be *active* ('deponent'), as in **synes** 'think,' or *reciprocal,* as in **møtes** 'meet (one another)' or **skilles** 'part (from one another).' Here the past forms are common: **syntes** 'thought,' **møttes** 'met,' **skiltes** 'parted.'

(3) Agent. In either form of the passive the agent, who is the subject when the verb is active, may be added after the verb by using the preposition **av** 'by':

Det skal bli gjort **av** oss.   *That will be done* by *us.*
Skjorten skal vaskes **av** min søster.   *The shirt will be washed* by *my*
                                           sister.

But these sentences are regarded as stylistically poor. Norwegians prefer to use the active form:

Vi skal gjøre det.
Min søster skal vaske skjorten.

EXERCISES

A. Fill in with forms of the verb **bli:**
   1. Han _____ ofte sett på denne restauranten. *(is)*
   2. Min søster _____ sendt til Norge som student. *(was)*
   3. Den senga _____ kjøpt i fjor. *(was)*
   4. Bildet _____ tatt foran huset mitt. *(was)*
   5. Den filmen _____ vist i kveld. *(will be)*

B. Fill in with passive forms in **-es:**
   1. Klær _____ på vaskeriet. *(are washed)*
   2. Dressen _____ først, og _____ så fra renseriet. *(is pressed) (is sent)*

3. Det _____ mye øl i Norge. *(is drunk)*
4. Det _____ norsk i mange land. *(is spoken)*

○ 8.4 The Definite Adjective with Possessives

When a noun is modified by a definite adjective and a possessive at the same time, there are two ways of combining them. The possessive can either precede or follow, just as it can when it occurs alone with a noun (cf. GRAMMAR **6.3**). Notice these examples:

3.36 Og **den eneste søsteren min** er lege.
8.32 Jeg har ikke fått **den nye dressen min** heller.

These could have been turned around: **min eneste søster, min nye dress.** But the forms given in the examples are more common in speech. The possessive *precedes* in reference to a member of the family in more formal speech or writing. The possessive *follows* in informal speech, and then **den** (**det, de**) must precede the adjective.

Notice that the adjective in this position has to have the definite ending **-e.** This is also true if it is preceded by a noun in the possessive form:

mors eneste søster	*mother's only sister*
fars nye dress	*father's new suit*

EXERCISES
Translate:
1. My new shirts were very expensive.
2. My best room is on the second floor.
3. Our largest hotel is near the harbor.
4. Father's only brother is a teacher.
5. My older brother lives in Norway.
6. He sent his old suit to the cleaners this morning.

△ **LA OSS LYTTE**

1. Smith spør Heggen hvor han kan få vasket og renset noen klær:

S: Vet du om noe godt vaskeri?
H: Ja, det er et stort vaskeri i Wergelandsveien. Hva er det du vil ha vasket?
S: Fire skjorter. Og den blå dressen min må renses.
H: Ja, den kan du ikke sende til vaskeriet.
S: Nei, jeg vet da det. Men hvor skal jeg sende den hen?
H: Skal den også presses?
S: Ja, selvfølgelig. Jeg kan ikke gjøre det selv, vet du.

H: Prøv renseriet i Olav Kyrres gate. Jeg vet ikke hvordan det er, jeg har aldri sendt noe dit, men jeg har hørt det er bra.

S: Takk, jeg skal gjøre som du sier.

2. To nordmenn, Arne Lie og Dag Bråten, skal ut med et par piker:

A: Hvor skal vi hen i kveld?

D: Jeg vil helst gå på kino.

A: Hva slags stykke er det som går?

D: Det er en riktig morsom amerikansk film på Forum.

A: Å ja, den vil jeg svært gjerne se. Men pikene vil sikkert heller gå i teatret.

D: Men det blir veldig dyrt, og slett ikke så morsomt.

A: Hva skal vi gjøre da?

D: La oss bare fortelle dem at vi har sett det stykket som går på teatret!

A: Ja, det kan vi gjøre. Da blir det ikke så dyrt. Men siden kan vi vel gå på en liten restaurant og ta et glass øl?

D: Ja da. Det må vi ikke glemme.

A: Men nå må vi vaske og barbere oss. Får jeg låne barbermaskinen din? Jeg har ikke fått min igjen ennå.

D: Ja, vær så god. Du kan bruke den først.

A: Takk skal du ha.

D: Jeg har ingen rene skjorter. Tror du hun legger merke til at denne skjorten er skitten?

A: Nei da, bare ta et flott slips, du. Da legger hun ikke merke til det. Jeg har bare én ren skjorte igjen selv, ellers ville jeg låne deg en.

D: Når skal vi hente dem?

A: Var det ikke klokken syv?

D: Jo, jeg tror det.

KELNER, KAN JEG FÅ REGNINGEN?

ENGLISH EQUIVALENTS

George and Anne-Marie enter Fløyen Restaurant.

1. Where shall we sit?
2. Let's take the little table by the window.
3. Good evening. Here is the menu and the wine list.
4. Would you like a sandwich list, too?
5. No, thanks, I don't believe so.
   To Anne-Marie:
6. You'll have dinner ('warm supper'), won't you?
7. Yes, thank you. I believe I'll have roast veal.
8. I'll take that too. I'm very hungry.
9. Would you like something to drink?
10. I'd like a glass of wine, thank you.
11. How about ('What do you say about') half a bottle of red wine?
12. Thank you, that would be very nice.
13. As soon as the waiter comes back, we can order.
    A little later:
14. How is ('tastes') the roast?
15. Both the meat and the vegetables are excellent.
16. Would you like more potatoes?

LISTENING SCRIPT

niende [ni'ene]

1.
2. lille, df. sg. of liten
3. kelner [kel'ner], en; meny [meny'], en; vinliste [vi`n/lis˙te], en
4. smørbrødliste [smør'brø/lis˙te], en
5.
6.
7. kalvestek [kal`ve/ste˙k], en
8. sulten, pl. and def. sultne
9. ha lyst på; lyst, en
10.
11. flaske, en; rødvin [rø'/vi˙n], en
12. deilig [dæi`li]
13. snart [sna'rt]; komme igjen; bestille [bestil'le], bestilte, bestilt
14. sen; smake, -te, -t; stek, en
15. kjøtt, et; grønnsaker [grønn`/sa˙ker]
16. mere *cf.* mer 7.38; potet [pote't] en

WAITER, MAY I HAVE THE CHECK?

Georg og Anne-Marie kommer inn på Fløyen Restaurant.

1	*Georg:*	Hvor skal vi sitte?
2	*Anne-Marie:*	La oss ta det lille bordet ved vinduet.
3	*Kelneren:*	God aften. Vær så god, her er menyen og vinlisten.
4		Vil De ha en smørbrødliste også?
5	*Georg:*	Nei takk, jeg tror ikke det.
		Til Anne-Marie:
6		Det skal være varm aftens, ikke sant?
7	*Anne-Marie:*	Jo takk. Jeg tror jeg skal ha kalvestek.
8	*Georg:*	Det tar jeg også. Jeg er svært sulten.
9		Har du lyst på noe å drikke?
10	*Anne-Marie:*	Jeg tar gjerne et glass vin, takk.
11	*Georg:*	Hva sier du om en halv flaske rødvin?
12	*Anne-Marie:*	Takk, det ville være deilig.
13	*Georg:*	Så snart kelneren kommer igjen, kan vi bestille.
		Litt senere:
14		Hvordan smaker steken?
15	*Anne-Marie:*	Både kjøttet og grønnsakene er utmerkede.
16	*Georg:*	Har du lyst på mere poteter?

17. No, thank you, I'm satisfied.
18. Would you like something for dessert?
19. We can have ('get') cake or fruit or ice cream.
20. I'd prefer a little ice cream.

17. forsynt [fårsy′nt]
18. dessert [desæ′r], en; til dessert
19. kake, en; is, en
20.

△ **REPETISJON**
Combine the elements in each group to form different sentences:

a)

Georg Smith Anne-Marie	vil gjerne ha tar gjerne	et glass	øl. vin.
		noe å	spise. drikke.
		en kopp	kaffe. te.

17 *Anne-Marie:* Nei takk. Jeg er forsynt.
18   *Georg:* Vil du ha noe til dessert?
19   Vi kan få kake eller frukt eller is.
20 *Anne-Marie:* Jeg tar helst litt is, takk.

b)

Jeg skal ha	litt	frukt. is.
Vi Du kan få	en kopp	kaffe. te.
	kalvestek og grønnsaker. noe til dessert nå.	

c)

Jeg Georg Min mor har lyst	på	noe	å	spise. drikke. til dessert.
		mere poteter.		
		en kopp		te. kaffe.
	til å	reise til Norge.		
		kjøpe		en ny dress. noen skjorter.
		spise middag nå.		

△ **SPØRSMÅL**

1. Hvor vil Anne-Marie sitte?
2. Hvorfor vil ikke Georg ha en smørbrødliste?
3. Har han tenkt å spise mye?
4. Hva tar Anne-Marie?
5. Har hun lyst på noe å drikke?
6. Når kan de bestille?
7. Hvordan er grønnsakene?
8. Har Anne-Marie lyst på mere poteter?
9. Skal hun ikke ha dessert?
10. Hva foretrekker du til dessert—frukt, kake eller is?

SAMTALEØVELSE

1. You go into a restaurant. The waiter asks if you are going to have dinner, or just some sandwiches. You say you'll have dinner and ask for a menu. He gives you one, you thank him. You ask him if he recommends the roast veal. He says that it is excellent today and asks if you want that. You say yes, you think you'll have that, then order some vegetables, dessert, something to drink, etc.

△ 2. You are telling a friend that you ate in a new restaurant yesterday. He asks you where it is, how the food is, if it is expensive, etc., and you answer all his questions. You say that you are going to eat there again today, and ask him to join you (come along). He asks you when you are going to eat, and you arrange to meet him at the restaurant at a given time.

Grammar

○ 9.1 What Time is It?

Hvor mange er klokka (klokken)?
Hva er klokka (klokken)?

Den er . . .	ti over åtte.	8:10	It is. . .	ten past eight.
	kvart over åtte.	8:15		quarter past eight.
	ti på halv ni.	8:20		twenty past eight.
				('ten to half nine')
	halv ni.	8:30		half past eight.
				('half nine')
	ti over halv ni.	8:40		twenty to nine.
				('ten past half nine')
	kvart på ni.	8:45		quarter to nine.
	ti på ni.	8:50		ten to nine.

(or, using the 24-hour system:)

Når går bussen?		When does the bus leave?
Klokken ett.	1:00 AM	(At) one o'clock.
Ett tredve.	1:30 AM	(At) one thirty.
Klokken fjorten.	2:00 PM	Two o'clock.
Fjorten tredve.	2:30 PM	Two thirty.

Telling time in Norwegian differs in certain respects from telling time in English. The principal differences are:

1. The half hours are reckoned before, not after, the hour: **halv seks** = 5:30, half past five;
2. Minutes (up to ten) are reckoned before and after the half hour intervals: **ti på halv syv** = 6:20; **fem over halv fire** = 3:35; **syv på ni** = 8:53;
3. The 24-hour clock is used to give all scheduled times such as train departures, movie times, radio program schedules, etc., and the minutes are then given after the hour: 7:45 PM **= nitten førtifem;** 3:20 PM = **femten tjue.**

NB: When using the 12-hour system, **femten minutter** can also be expressed as either **kvart** or **et kvarter.** E.g.,

6:15 can be either	**femten minutter over seks**
or	**kvart over seks**
or	**et kvarter over seks.**

EXERCISES
A. Write out the following times, using the 12-hour system: 7:30, 8:10, 10:23, 1:55, 2:15, 4:45, 6:08.

B. Write out the following times, using the 24-hour system: 1:15 PM, 3:30 PM, 6:50 PM, 9:40 PM, 11:20 PM.

○ 9.2 The Ordinal Numbers

We have had several of the ordinal numbers, both in the conversations themselves and in the titles of the lessons. All the ordinals from 1 to 1000 are:

første	first	femtende	fifteenth
annen (en-noun form)	second	sekstende [sæi`st^ene]	sixteenth
annet (et-noun form)		syttende [søt`t^ene]	seventeenth
tredje	third	attende	eighteenth
fjerde [fjæ`re]	fourth	nittende	nineteenth
femte	fifth	tjuende·[kju`ene] (tyvende)	twentieth
sjette	sixth	trettiende (tredevte	thirtieth
sjuende [sju′ene]	seventh	[træd`defte])	
syvende		førtiende	fortieth
åttende	eighth	femtiende	fiftieth
niende	ninth	sekstiende [sek`stiene]	sixtieth
tiende	tenth	syttiende [søt`tiene]	seventieth
ellevte [el`lefte]	eleventh	åttiende	eightieth
tolvte [tål`te]	twelfth	nittiende	ninetieth
trettende [tret`t^ene]	thirteenth	hundrede	hundredth
fjortende	fourteenth	tusende [tu`sene]	thousandth

The general rule for the formation of ordinal numbers from the cardinal numbers is: add **-ende** [-ene] to all numbers except 1–6, 11, 12, 30 (in the older counting system), and 100 and 1000.

As in the case of the cardinal numbers, the compound ordinals may be formed in either of two different ways. E.g., *twenty-first* can be either

tjueførste [kjuefør`ste] *or*
en og tyvende [e'n å ty`vene]

thirty-seventh can be either

trettisjuende [trettisju`ene] *or*
syv og tredevte [sy'v å træd`defte]

When written as numerals, the ordinals are usually written as the cardinals with a period after them, e.g., **1.** = 1st, **3.** = 3rd, etc. But they may also be abbreviated with letters as in English: **1st(e), 2nen (2net), 3dje, 4de, 5te, 6te, 7de**, etc., with all ordinals ending in **-ende** abbreviated with **-de** (e.g., **18de, 40de**) and all ending in **-te** with **-te** (in addition to **5te** and **6te**, only **11te, 12te** and **30te** in the older counting system).

EXERCISE
A. Write in numeral form the following ordinal numbers: førtisjuende, nittisjette, tre hundre og femtitredje, syv og syttiende, fem og åttiende, fem hundre og tjueåttende, seks hundre og nittende.

B. Write out (in both counting systems) the following ordinal numbers: 11. 35. 59. 137. 7. 17. 83. 497.

○ 9.3 Adjectives Ending In -et

Participial adjectives ending in **-et** in the **en**-noun (and **et**-noun) form change the **-t-** to **-d-** upon addition of the plural ending **-e**. E.g., 9.15 **utmerkede,** from **utmerket**. Other adjectives ending in **-et** do not change in this way, e.g., **fillet** 'ragged,' plural **fillete**.

○ 9.4 Word Compounding

Many compound words in English are written as two words, or hyphenated, whereas the corresponding words in Norwegian are written and pronounced as one word. They constitute only one word because they have only one primary stress which usually falls on the first part of the compound. The second part usually gets secondary stress. If the last part of the compound is an **en-, ei-** or **et**-noun, the entire compound belongs to the same group. We have had a number of examples:

skrive + papir (et) = skrivepapir (et)
fisk (en) + e + torv (et) = fisketorv (et)
rød + vin (en) = rødvin (en)
forretning (en) + s + mann (en) = forretningsmann (en)

Adjectives, nouns, and verbs may all enter into compounds. In some cases an **-e-** or **-s-** is inserted between the two parts.

EXERCISE
Pronounce and translate the following compound words:

et hotellrom	et vinglass	en kaffekopp
en fjelltopp	en universitetsbygning	en flykaptein
en sykebil	middagsmat	matpriser
et forretningsbrev		

ENGLISH EQUIVALENTS

21. Do you take ('use') cream in your coffee ('the coffee')?
22. No, thanks, but pass me the sugar, please.
23. Here you are. What do people usually eat for breakfast here in Norway?
24. Oh, many have oatmeal and milk,
25. but I prefer coffee and a slice of bread.
26. When does the next meal come?
27. We have a couple of sandwiches around eleven or twelve o'clock.
28. And then we have dinner around three or four o'clock.
29. What, in the middle of the afternoon?
30. Yes, but we often eat a little supper in the evening.
31. I have noticed that you hold your fork in your right hand.
32. Well, how do *you* hold it?
33. Here we always hold our fork in our left and our knife in our right hand.
34. *(to the waiter)* Waiter, may I have ('get') the check?
35. Yes, just a moment, then I'll bring ('come with') it.

LISTENING SCRIPT

21. fløte, en
22. sukker [sok'ker], et; sukkeret [sok're]; er du snill
23. pleie, -de, -d; folk, et; frokost [fro'/kås˙t], en; til frokost
24. havregrøt [hav`re/grø˙t], en
25. brødskive [brø`/sji˙ve], en
26. måltid [måll`/ti˙d], et
27. tid, en; ved elleve-tolv-tiden [el`ve tåll'/ti˙d^{e}n]
28.
29. midt [mitt]; ettermiddag [et`ter/mid˙da(g)], en
30. om kvelden
31. holde, holdt, holdt; gaffel [gaf'fel], en; hånd, en (ei), *pl.* hender; i høyre hånd.
32.
33. kniv, en
34. regning [ræi`ning], en
35. komme med

KELNER, KAN JEG FÅ REGNINGEN?

(fortsatt *continued*)

21	*Georg:*	Bruker du fløte i kaffen?
22	*Anne-Marie:*	Nei takk, men send meg sukkeret, er du snill.
23	*Georg:*	Vær så god. Hva pleier folk å spise til frokost her i Norge?
24	*Anne-Marie:*	Å, mange har havregrøt og melk,
25		men jeg tar helst kaffe og en brødskive.
26	*Georg:*	Når kommer det neste måltidet?
27	*Anne-Marie:*	Vi tar et par smørbrød ved elleve-tolv-tiden.
28		Og så har vi middag ved tre-fire-tiden.
29	*Georg:*	Hva, midt på ettermiddagen?
30	*Anne-Marie:*	Ja, men vi spiser ofte litt aftens om kvelden.
31		Jeg har lagt merke til at du holder gaffelen i høyre hånd.
32	*Georg:*	Hvordan holder *du* den da?
33	*Anne-Marie:*	Her holder vi alltid gaffelen i venstre og kniven i høyre hånd.
34	*Georg:*	(*til kelneren*) Kelner, kan jeg få regningen?
35	*Kelneren:*	Ja, et øyeblikk, så skal jeg komme med den.

36. (*to Anne-Marie*) How much does one usually leave as a tip here in Norway?
37. Usually it's included in the check, but you can always give a little extra, you know.
38. That's easy. Shall we leave ('go') now?
39. Yes, thank you for the dinner. It tasted absolutely wonderful.
40. You're welcome. It's nice that you could come.

36. legge igjen; drikkepenger
37. vanligvis [va`nli/vi˙s]; inkludere [inklude′re], -te, -t; gi, gav [ga′], gitt; ekstra [ek′stra].
38.
39. aldeles [alde′les]
40.

△ **REPETISJON**
Combine the elements in each group to form different *sensible* sentences:

a)

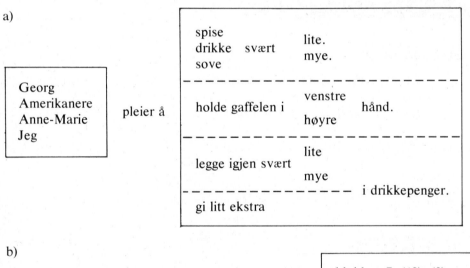

b)

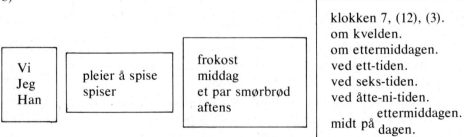

36   *Georg:*   (*til Anne-Marie*) Hvor mye pleier en å legge igjen i drikkepenger her i Norge?

37 *Anne-Marie:*   Vanligvis er det inkludert i regningen, men du kan jo alltid gi litt ekstra.

38   *Georg:*   Det var greit. Skal vi gå nå?

39 *Anne-Marie:*   Ja, takk for maten. Det smakte aldeles deilig.

40   *Georg:*   Vel bekomme. Det var hyggelig at du kunne komme.

△ SPØRSMÅL

1. Hva pleier Anne-Marie å ha i kaffen?
2. Hva tar du i kaffen?
3. Hva spiser folk i Norge til frokost?
4. Hva slags mat spiser de ved elleve-tolv-tiden?
5. Når pleier de å spise middag?
6. Hvordan holder Anne-Marie gaffelen og kniven?
7. Hvordan holder du gaffelen?
8. Hva skal kelneren komme med om et øyeblikk?
9. Må en legge igjen noe i drikkepenger i Norge?
10. Hvordan var maten på Fløyen Restaurant?

SAMTALEØVELSE

△ 1. You go into a restaurant and ask the waitress if you can have breakfast now. She says yes, you can have breakfast or sandwiches. You say you prefer to have breakfast. She asks what you would like and you say you'll have oatmeal and a cup of coffee. She brings it, etc.

2. A Norwegian friend is asking you about mealtimes in America. You tell him when Americans usually eat breakfast, dinner, etc. He also asks about how Americans hold their knife and fork. He thinks that's funny and says he prefers to hold his fork in his left hand. You say you think you'll try that.

Grammar

○ 9.5 Omission of the Possessives

The possessive adjective modifying a noun is usually omitted whenever it is perfectly clear from the context who is the possessor of the item described by the noun. The noun is then usually in the definite form:

9.21 Bruker du fløte i **kaffen?**   *Do you use cream in* your coffee?

9.31 Jeg har lagt merke til at du   *I have noticed that you hold* your
      holder **gaffelen** i høyre **hånd.**   fork *in* your *right* hand.

8.15 Hvor fikk du klippet **håret.**   *Where did you get* your hair *cut?*

The omission of the possessive is most common with nouns describing parts of the body and articles of clothing, but may occur in almost any contex.

△ 9.6 Verb Review

The following list of verbs includes all the verbs in the conversations through Lesson 9. They are grouped according to how they form their past tenses (cf. Grammar **5.2**):

A. **(-et, -et)**. Example: **snakke—snakket**—har **snakket**

arbeide 3.23	miste 6.15	stanse 5.30
flytte 4.34	passe 7.23	takke 1.32
hente 6.8	prate 3.3	vaske 8.30
klippe 8.15	presse 8.34	vekke 4.36
koste 1.38	rense 8.34	vente 5.24
love 8.36	snakke 1.9	

B. **(-te, -t)**. Example: **seile—seilte**—har **seilt**

anbefale 2.32	kjøpe 4.20	sende 8.29
barbere 8.12	kjøre 5.28	smake 9.14
bruke 6.5	like 5.4	spise 1.46
ekspedere 7.8	lure 8.27	synes (syntes) 3.11
hende 8.18	låne 6.2	tenke 3.25
hete 2.3	mene 8.28	trenge 7.7
hilse 2.13	møte 2.24	unnskylde 1.21
høre 5.6	reise 3.26	vende 4.22
inkludere 9.37	røke 3.6	vise 2.38

NB: irregular past tense:

holde—holdt—har holdt 9.31

NB: with simplified stem (loss of one **l**, **m** or **n**):

begynne—begynte—har begynt 3.32
bestille—bestilte—har bestilt 9.13
glemme—glemte—har glemt 5.20
kjenne—kjente—har kjent 2.15

NB: with vowel change:

fortelle—fortalte—har fortalt 2.10
selge—solgte—har solgt 7.35
spørre (pres. spør)—spurte—har spurt 8.23

NB: other irregularities:

> gjøre (pres. gjør)—gjorde—har gjort 3.21
> vite (pres. vet)—visste—har visst 4.4

C. (-dde, -dd). Example: **bo—bodde**—har **bodd**

> bo 2.29; tro 2.40 (verbs ending in a stressed vowel)

NB: With irregular participle: **ha—hadde**—har **hatt** 1.5

D. (-de, -d). Example: **prøve—prøvde**—har **prøvd**

> pleie 9.23; prøve 3.9 (verbs with stems ending in diphthongs, -v, -g etc.

E. (No ending in past, **-et** or **-tt** in participle). Grouped according to the vowel in the simple past form.

a
drikke—drakk—har drukket 1.49	be—bad—har bedt 8.1
finne—fant—har funnet 1.22	sitte—satt—har sittet 3.3
foretrekke—foretrakk—har foretrukket 8.10	gi—ga—har gitt 9.37
	være (pres. er)—var—har vært 1.18
hjelpe—hjalp—har hjulpet 7.9	legge—la—har lagt 8.40
slippe—slapp—har sloppet 5.36	si (pres. sier)—sa—har sagt 1.14

e
bli—ble—har blitt 1.42	skrive—skrev—har skrevet 3.24

i
få—fikk—har fått 4.7	gå—gikk—har gått 1.11

o
la—lot—har latt 3.3	stå—stod—har stått 2.11
ta—tok—har tatt 1.40	forstå—forstod—har forstått 1.12

å (o)
komme—kom—har kommet 2.2	se—så—har sett 4.14
ligge—lå—har ligget 4.37	sove—sov—har sovet 4.40

øy
> fly—fløy—har fløyet 3.16

F. Modal Verbs

bør—burde 2.37	skal—skulle 1.33
kan—kunne 1.22	vil—ville 1.14
må—måtte 1.11	

EXERCISES

Rewrite the following sentences in the past, the present perfect, and the past perfect tenses (and be prepared to translate them in all tenses):

1. Jeg legger merke til en pen pike.
2. Vi går ikke på kino.
3. Jeg sender skjortene mine til vaskeriet.
4. Den gamle dressen min blir renset.
5. Han låner meg et par gamle bukser.
6. Han sier at det er min tur.
7. Jeg bor i Bergen.
8. Vi lover å sende dem før kl. 8.
9. Han snakker mye med henne.
10. Jeg sover som en stein.
11. Jeg skriver til min gamle mor.
12. Jeg ber henne med meg ut.
13. Han får tjue kroner på fredag.
14 Han har svært mye å gjøre.
15. Han holder en bok i hånden.

△ **LA OSS LYTTE**

1. Smith og Heggen snakker sammen neste dagen.

H: Nå, hvordan gikk det i går kveld?

S: Takk, det gikk fint.

H: Dere spiste middag på Fløyen, ikke sant?

S: Jo, og maten var utmerket.

H: Måtte dere vente lenge?

S: Ja, vi gjorde kanskje det. Vi bestilte middag, og så satt vi og pratet en stund. Det var så hyggelig at jeg la ikke merke til om tiden gikk.

H: Hva snakket dere om som var så interessant da?

S: Å, jeg spurte Anne-Marie hva folk her i landet pleier å spise, og så fortalte hun meg det.

H: Men det var da ikke noe særlig interessant!

S: Å jo, jeg syntes det var meget interessant å få høre om alt dette.

H: Gikk dere i teatret da?

S: Ja, og det var et veldig morsomt stykke. Og så gikk vi hjem.

H: Tok dere ikke bussen da? Det var veldig langt å gå.

S: Ja, det var litt langt, men både Anne-Marie og jeg foretrekker å gå hvis det er mulig.

H: Da tror jeg ikke jeg skal be Anne-Marie med meg ut noen gang. Jeg tar helst bussen når jeg kan.

S: Det var bra! Jeg skal ta Anne-Marie med meg ut, og så kan du sitte hjemme.

2. Et par venner, Olav og Knut, snakker om stedene hvor de pleier å spise:

O: Hvor spiser du middag? På Hotell Norge?

K: Å nei, det er altfor dyrt for meg der. Jeg pleier å spise på en liten restaurant nær museet. Du kjenner den sikkert ikke.

O: Er det det lille, gamle huset?

K: Ja, det ser ikke så fint ut, men når en kommer inn, er det riktig pent og hyggelig. Maten er meget god, og slett ikke dyr.

O: Da skal jeg prøve den en gang. Kan en få gode smørbrød der også?

K: Ja da, de har fine smørbrød.

O. Men hvordan er kaffen? Jeg må ha god kaffe.

K: Det vet jeg ikke. Jeg drikker bare melk. Men kaffen er god, kan jeg tenke meg.

O: Ja, der hvor maten er god, pleier kaffen å være god også.

K: Bli med meg i morgen og spis middag på Museumsrestauranten. Jeg kan love deg den beste kalvesteken i hele byen.

O: Ja, det skal jeg gjøre. Så får vi se om du snakker sant.

HVILKEN ÅRSTID LIKER DU BEST?

ENGLISH EQUIVALENTS

George and Anne-Marie chat together on the way home from the theater:

1. Why did you take along that umbrella?
2. The sky is completely clear.
3. Here in Bergen it can rain any time at all.
4. We from Bergen always have an umbrella along.
5. But it's been fine weather since I came.
6. We have a very damp climate.
7. We usually have more rain than any other Norwegian city.
8. The climate at home is pretty dry.
9. But doesn't it get awfully hot in the summer?
10. Yes, August is our hottest month.
11. It can get uncomfortable then.
12. The summer here in Norway can be wonderful.
13. Then we have light nights,
14. and then we can go swimming and sailing around the clock.
15. But sometimes ('it also happens that') it rains a little too much.
16. Which season do you like best?

LISTENING SCRIPT

tiende [ti'ene]; hjem [jemm']

1. ta, tok, tatt; paraply [paraply'], en
2. himmel, en; helt [he'lt]; klar
3. regne [ræi`ne], -t, -t; når som helst
4. bergenser [bærgen'ser], en, pl -e; gå med paraply
5. vær, et; siden (conj); komme, kom [kåmm'], kommet
6. fuktig [fok`ti], [fuk`ti]; klima [kli`ma], et
7. regn [ræi'n], et; annen [a`en], neut annet, pl andre
8. tørr, tørt
9. fryktelig [fryk`teli]; het; sommer [såm`mer], en, pl somrer
10. august [æugus't], en
11. ubehagelig [ubeha'geli]
12. strålende [strå`lene]
13. lys; natt, en (ei), pl netter
14. bade, -et, -et; seile, -te, -t; døgn [døy'n], et; rundt [run't]
15. det hender
16. årstid [å'rs/ti˙(d)], en (ei)

WHICH SEASON DO YOU LIKE THE BEST?

Georg og Anne-Marie prater sammen på veien hjem fra teatret:

1	Georg:	Hvorfor tok du med den paraplyen?
2		Himmelen er jo helt klar.
3	Anne-Marie:	Her i Bergen kan det regne når som helst.
4		Vi bergensere går alltid med paraply.
5	Georg:	Men det har vært flott vær siden jeg kom.
6	Anne-Marie:	Vi har et svært fuktig klima.
7		Vi pleier å få mer regn enn noen annen norsk by.
8	Georg:	Vi har et nokså tørt klima hos oss.
9	Anne-Marie:	Men blir det ikke fryktelig hett om sommeren?
10	Georg:	Jo, august er vår varmeste måned.
11		Da kan det bli ubehagelig.
12	Anne-Marie:	Sommeren her i Norge kan være strålende.
13		Da har vi lyse netter,
14		og da kan vi bade og seile døgnet rundt.
15		Men det hender også at det regner litt for mye.
16	Georg:	Hvilken årstid liker du best?

17. Oh, I don't quite know.
18. It's always pretty in the spring.
19. And the fall can be beautiful.
20. But I think I like (the) winter best.

17.
18. vakker [vak'ker]; vår, en
19. skjønn, skjønt
20. vinter [vin'ter], en, pl vintrer

△ REPETISJON

Combine the elements in each group to form grammatically correct and logical sentences:

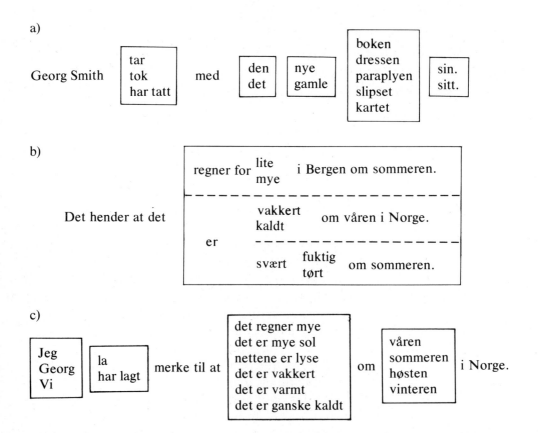

a)

| Georg Smith | tar
tok
har tatt | med | den
det | nye
gamle | boken
dressen
paraplyen
slipset
kartet | sin.
sitt. |

b)

Det hender at det

regner for	lite mye	i Bergen om sommeren.
er	vakkert kaldt	om våren i Norge.
	svært	fuktig tørt	om sommeren.

c)

| Jeg
Georg
Vi | la
har lagt | merke til at | det regner mye
det er mye sol
nettene er lyse
det er vakkert
det er varmt
det er ganske kaldt | om | våren
sommeren
høsten
vinteren | i Norge. |

17 *Anne-Marie:* Å, jeg vet ikke riktig.
18 Det er alltid vakkert om våren.
19 Og høsten kan være skjønn.
20 Men jeg tror jeg liker vinteren best.

△ SPØRSMÅL

1. Hvorfor er det best å ta med paraply i Bergen?
2. Har det regnet siden Georg kom?
3. Hvordan er klimaet i Bergen?
4. Blir det hett om sommeren i Norge?
5. Hvordan er sommeren i Norge?
6. Hvordan er nettene i Norge om sommeren?
7. Når er det vakkert i Norge?
8. Hvilken årstid liker du best?

SAMTALEØVELSE

1. You are talking to a friend who has just come back from Norway and are asking him about the climate and weather. You ask him how long he was in Norway, where he lived there (he says he lived both in Bergen and Oslo), if it was very cold, if it rained a lot, etc. You discuss all this a while and then he asks you if you have thought of going (traveling) to Norway and you reply that you are going to go to Norway next summer. He asks you what you are going to do there, etc.

△ 2. You stop a man on the street and ask him the way to Hotell Norge. He says it is quite far and that you ought to take a streetcar. He says it is going to start raining soon. You ask him how he knows that and he says that it rains every (**hver**) day here in Bergen. He says he notices that you have no umbrella. You say no, but perhaps you ought to buy one and ask him where you could. He gives you directions to a store that sells umbrellas (it's near the hotel). You ask him where the streetcar stops, he tells you, you thank him, etc.

Grammar

○ 10.1 Expressions of Time

Examples have occurred of most types of time expressions in Norwegian. It will be helpful to summarize them here and show how they can be varied.
(a) How long ago?

Model:

Jeg kjøpte den **for et år siden.**   *I bought it* a year ago.

Description:
To state the period of time since something has happened.

Variations:

for en time **siden**	*an hour* ago	**for** en uke **siden**	*a week* ago
for en måned **siden**	*a month* ago	**for** femti år **siden**	*fifty years* ago
for lenge **siden**	*long* ago		

(b) How long does (did, or will) it go on?

Model:
Jeg har fløyet i femten år.   *I have flown* for fifteen years.

Description:
To state the length or duration of an activity.

Variations:

i ti minutter	for *ten minutes*	**i** fem dager	for *five days*
i seks uker	for *six weeks*	**i** mange år	for *many years*

NB: When the statement is negative, i.e., when it describes something that did or has *not* gone on for a period of time, the preposition **på** is used. E.g.,

Jeg har ikke sett ham **på** to år.   *I haven't seen him* for *two years.*

(c) At what times?

Model:
Blir det ikke hett **om sommeren?**   *Doesn't it get hot* in (the) summer?

Description:
To state that something happens repeatedly or regularly within or during certain periods of time.

Variations:

om morgenen	in *the morning*	**om** våren	in (*the*) *spring*
om ettermiddagen	in *the afternoon*	**om** høsten	in (*the*) *fall*
om kvelden (aftenen)	in *the evening*	**om** vinteren	in (*the*) *winter*
om fredagen	on (*each*) *Friday*	**om** natten	at (*during the night*)

NB: **om dagen** can mean either 'during the day' or 'per day, a day,' depending on the context. The latter use refers to scheduled occurrences per day, such as departures of means of transportation (e.g., how many trains leave for Bergen per day) or newspaper editions (cf. Let's Listen 2, Lesson 5).

(d) Within what recent or coming period of time?

Model:
Jeg har bedt henne ut med meg **i kveld.**   *I've asked her out* this evening.

Description:
To refer to an event that happened (or will happen) within a specific period of time.

Variations:

i dag	*today*	i går	*yesterday*
i kveld (aften)	this *evening*	i går kveld	*yesterday evening*
i formiddag	this *forenoon*	i forgårs	*the day before*
i ettermiddag	this *afternoon*(= after		*yesterday*
	2–3 PM)	i morges	this *morning*
i år	this *year*	i morgen	*tomorrow*
		i overmorgen	*day after tomorrow*

NB: 'this morning' may also be expressed **i dag tidlig** 'today early'; 'tomorrow morning' is **i morgen tidlig.**
NB: **i natt** can mean either 'last night' or 'tonight' depending on the context.
NB: in connection with the names of the seasons the preposition **i** also points either forward or backward in time, referring usually to the closest point in time from the moment the statement is being made. E.g., **i sommer** means 'this summer' all the way from the spring before to the winter after the summer in question. Similarly, **i vinter** means 'this winter' from the early fall before to the summer after the winter in question. To express something happening in a season in the preceding calendar year the phrase **i fjor** 'last year' is employed. Thus:

i fjor sommer	last summer (of the previous year)
i fjor vinter	last winter (of the previous year)

(e) How soon? We have had no examples of this expression in the conversations yet, but the pattern is simple:

Model:

Jeg reiser **om en uke.**	*I am leaving* in a week.

Description:
To state how soon something will take place, reckoning from the present moment.

Variations:

om ti minutter	in *ten minutes*	**om** et år	in *a year*
om to timer	in *two hours*	**om** tre måneder	in *three months*

(f) At what time (hour, day, month, season)?

Models:

Vi tar et par smørbrød **ved elleve- tolv-tiden.**	*We have a couple of sandwiches* about eleven or twelve o'clock.
Den blir ferdig **(på) tirsdag.**	*It will be ready* (on) Tuesday.
Vi kom **i august.**	*We came* in August.

Vi kom **den syttende mai.**   *We came* on May seventeenth.
Til høsten skal jeg på universitetet.   In the fall *I'm going to the University.*

Description:
To state the hour, day, month or season of the occurrence of an event. The preposition **ved** is used for approximations to the hour, **på** can be used with days of the week, **i** is used with months, **til** is used with approaching seasons, and the article **den** (without a preposition) is used for days of the month.

Variations:

ved fem-tiden	about *5 o'clock*	**i** januar	in *January*
ved halv seks-tiden	about *5:30*	**den** niende april	the *9th of April*
(på) søndag	(on) *Sunday*	**den** fjerde juli	the *4th of July*
(på) mandag	(on) *Monday*	**til** sommeren	*next summer*

EXERCISES
Translate:

1. I began to write Norwegian two years ago.
2. I've been at the university for four years.
3. It's not so cold here in the winter.
4. What did you do yesterday evening?
5. I think I'll go home in half an hour.
6. I lost my best pen on Thursday.
7. I was in Norway for three weeks two years ago.
8. He usually goes swimming in the afternoon.
9. I didn't sleep well last night.
10. I'm going to go to the university in a couple of years.
11. He said he had to leave about three o'clock.
12. It has been very warm here this fall.

ENGLISH EQUIVALENTS

21. But doesn't it get very cold then?
22. No, not here by the sea.
23. Would you believe that it is warmer here than in Chicago?
24. We can thank the Gulf Stream for that.
25. Is there enough snow so [that] you can go skiing?
26. It snows less here than in East Norway,
27. but we go skiing and skating anyway.
28. Are you good at skiing?
29. I don't know. I've never tried (it).
30. Then you have to learn while you're here.
31. I have heard that all Norwegians ski.
32. Yes, we learn to ski as soon as we can stand on our feet.
33. And each Easter we go ('travel') to the mountains.
34. Well, tomorrow I have to leave, too.
35. Oh, are you really going to leave so soon?
36. Yes, unfortunately, I have to [go to] Oslo.
37. But maybe we'll meet again later.

LISTENING SCRIPT

21.
22. sjø, en
23.
24. Golfstrømmen [gål′f/strøm‧men]
25. nok [nåkk′]; snø, en; så (conj); ski, en, pl ski; gå på ski
26. snø, -dde, -dd; mindre [min′dre]; (på) Østlandet [øs‧t/lan‧ne]
27. skøyte [sjøy‧te], en; likevel [li‧ke vell′]; gå på skøyter
28. flink (til å)
29.
30. lære, -te, -t
31. nordmann [norr′/mann‧], en, pl -menn
32. ben, et, pl ben, pl def bena
33. hver [væ′r], hvert [vær′t]; påske [på‧ske], en; til fjells
34.
35. virkelig [vir‧keli]
36.
37. treffes

HVILKEN ÅRSTID LIKER DU BEST?

(fortsatt *continued*)

21	*Georg:*	Men blir det ikke svært kaldt da?
22	*Anne-Marie:*	Nei, ikke her ved sjøen.
23		Vil du tro at det er varmere her enn i Chicago?
24		Det kan vi takke Golfstrømmen for.
25	*Georg:*	Er det nok snø så du kan gå på ski da?
26	*Anne-Marie:*	Det snør mindre her enn på Østlandet,
27		men vi går på ski og skøyter likevel.
28		Er du flink til å gå på ski?
29	*Georg:*	Jeg vet ikke. Jeg har aldri prøvd det.
30	*Anne-Marie:*	Da må du lære det mens du er her.
31	*Georg:*	Jeg har hørt at alle nordmenn går på ski.
32	*Anne-Marie:*	Ja, vi lærer å gå på ski så snart vi kan stå på bena.
33		Og hver påske reiser vi til fjells.
34	*Georg:*	Ja, i morgen må jeg også reise.
35	*Anne-Marie:*	Nei, skal du virkelig reise så snart?
36	*Georg:*	Ja, dessverre, jeg må til Oslo.
37		Men kanskje vi treffes igjen senere.

38. Yes, I hope so.
39. Thanks for the company, and I'll be seeing you.
40. Same to you, and [have a] nice trip tomorrow!

38. håpe [also hå`be], -et, -et
39. samvær [samm`/væ˙r], et; på gjensyn [på jenn`/sy˙n], et
40. god tur

The Months:
January, February, March, April, May, June, July, August, September, October, November, December

[janua′r, februa′r, mar′s, apri′l, ma′i, ju′ni, ju′li, æugus′t, septem′ber, åktå′ber, novem′ber, desem′ber]

Vi lærer å gå på ski så snart vi kan stå på bena.

38 *Anne-Marie:* Ja, det håper jeg.
39   *Georg:* Takk for samværet, og på gjensyn!
40 *Anne-Marie:* I like måte, og god tur i morgen!

Månedene:

januar, februar, mars, april, mai, juni, juli, august, september, oktober, november, desember

△ **REPETISJON**

Combine the elements in each group to form *sensible* sentences:

a)

b)

c)

△ **SPØRSMÅL**

1. Er det kaldt i Norge om vinteren?
2. Er det mye snø i Bergen om vinteren?
3. Hvor er det mere snø?
4. Hvorfor går nesten alle nordmenn på ski?
5. Når lærer nordmenn å gå på ski?
6. Har du noen gang prøvd å gå på ski?
7. Synes du det er morsomt å gå på skøyter?
8. Hvor skal Georg Smith reise hen?

SAMTALEØVELSE

△ 1. You are talking to a friend who has spent a year in Norway. You ask him where he lived in Norway, and he says he lived in Bergen. You ask him if there is any snow there in the winter. He says it snowed a little, but not too much. You ask him if he could go skiing there. He says that he usually traveled to the mountains and went skiing. You ask him if it was very far to the mountains. He says no, it took only a couple of hours by bus and it was a lot of fun.

2. You ask your friend if there is anything to do in Norway in the summer. He says one can sail and go swimming. You ask him how the weather is in the summer and he says it rains a little too much, but there is often good weather, too. You say you think you'll go to Norway next summer. He wishes you a good trip.

△ 3. You stop a man on the street and ask him the way to the station. He gives you directions and then asks if you aren't an American. You say yes, that you've just come from America and have been in Norway only three days. He asks you how you like it in Norway and you say you like it very much. He asks you how long you plan to stay and you say you are going to stay the whole summer and travel around a lot. He says you ought to be here during the winter too. You say you would like very much to be here during the winter and go skiing.

4. A friend asks you if you're good at skiing. You say you're probably not as good as a Norwegian, but that you would like to learn more. You ask him if one can go skiing here in the city, but he says there is too little snow here and that people usually go to the mountains to ski. You say you think that should be fun and he says yes, you ought to try it sometime and hopes that you have fun in Norway. You thank him, etc.

Grammar

○ **10.2 Comparison of Adjectives and Adverbs**

(a) Regular comparison. We have had a number of examples of regular comparison:

Comparative Forms

7.24	De må gjøre buksene litt **kortere.**	(*shorter*)
7.33	Hvorfor er de hvite så mye **dyrere?**	(*more expensive*)
10.23	Det er **varmere** her enn i Chicago.	(*warmer*)

Superlative Forms
10.10 August er vår **varmeste** måned. (*warmest*)

The regular comparative ending is **-ere,** the superlative ending **-est.** Adverbs have the same ending in the comparative and superlative as adjectives. E.g.,

10.37 Men kanskje vi treffes igjen
senere. (*later*)

Bisyllabic adjectives with an unaccented **e** in the second syllable contract the second syllable before the comparative and superlative endings (cf. Grammar **3.3(d)** for a similar contraction before the adjective ending **-e**). E.g., **vakrere, vakrest** from **vakker.**

Adjectives ending in **-ig** contract the superlative ending to **-st.** Thus: **-igst** [ikst], as in **hyggeligst.**

(b) Irregular comparison. Some adjectives and adverbs change the stem vowel in the formation of the comparative and superlative forms:

6.33 Han er tre år **yngre** enn meg. (**yngre** *from* **ung** *young*)
6.34 Jeg synes han ser **eldre** ut. (**eldre** *from a stem* **ald-**)
7.3 Det er det **største** i byen. (**største** *from* **stor**)

Others have completely different comparative and superlative forms:

7.34 Fordi det er **bedre** stoff i dem. (**bedre**—*comparative to* **god**)

Here is a list of the most important irregular comparative and superlative forms (including a number which have not yet occurred in the conversations):

ADJECTIVES

POSITIVE		COMPARATIVE		SUPERLATIVE	
gammel	old	eldre	older	eldst	oldest
god	good	bedre	better	best	best
lang	long	lengre	longer	lengst	longest
liten	small	mindre	⎰ smaller	minst	⎰ smallest
litt	a little		⎱ less		⎱ least
mange	many	fler(e)	more (number)	flest	most (number)
meget, mye	much	mer(e)	more (quantity)	mest	most (quantity)
nær	near	nærmere	nearer	nærmest	nearest
(v)ond	bad	verre	worse	verst	worst
stor	large	større	larger	størst	largest
ung	young	yngre	younger	yngst	youngest

10B

ADVERBS

POSITIVE		COMPARATIVE		SUPERLATIVE	
ut	out	ytre	outer	ytterst	outermost
inn	in	indre	inner	innerst	innermost
opp	up	øvre	upper	øverst	uppermost
ned	down	nedre	lower	nederst	lowest
gjerne	gladly	heller	rather	helst	preferably
langt	far	lenger	farther	lengst	farthest
lenge	a long time	lenger	longer	lengst	longest

(c) Comparison with **mer** and **mest**. Adjectives which end in **-ende** (e.g., **strålende**) and adjectives which are formed from the past participles of verbs (usually ending in **-et** or **-t**, e.g., **utmerket**) do not add the regular comparative and superlative endings. In the case of these adjectives, as well as certain adjectives borrowed from other languages (e.g., **amerikansk**) and many compound adjectives, the comparative is formed by placing **mer** (or **mere**) before the adjective, and the superlative similarly with **mest**:

> Han er nesten **mer amerikansk** enn en amerikaner.
> Han var **mer sjøsyk** enn jeg var. (**sjøsyk** means 'seasick')
> (but NB: Han var **sykere** enn jeg var.) (**sykere** means 'sicker')

The adjective **interessant** can be compared in either way:

> Bergen er en **mer interessant** by enn Oslo. [int^{e}ressang'] *or*
> Bergen er en **interessantere** by enn Oslo. [int^{e}ressang'ere]

> Denne boka er den **mest interessante** jeg har lest. [int^{e}ressang'e] *or*
> Denne boka er den **interessanteste** jeg har lest. [int^{e}ressang'este]

EXERCISES

Translate:

1. Kjell is the youngest of my brothers-and-sisters, but he is also the largest.
2. This beer is much better than that tea you're drinking.
3. That was the worst film I've ever seen.
4. Bergen is a smaller city than Oslo, but it was larger before.
5. He has more brothers-and-sisters than I have.
6. I think Astrid is prettier than Sigrid.
7. This is the most expensive suit we have.
8. This room is larger, but the other is cheaper.
9. The winters in Norway are milder than you would think.
10. This tobacco is the strongest I've ever smoked.

△ LA OSS LYTTE

1. Georg møter Anne-Marie en dag det regner:

   G: Nå, hva synes du om været i dag? Er ikke dette fryktelig?
   A: Nei, det synes jeg slett ikke. Jeg synes dette regnet er aldeles deilig. Og om en halv time kommer solen fram. Og da skal du se hvor skjønt det blir.
   G: Ja, en kan godt høre at du er bergenser. Bare en bergenser kunne like dette været.
   A: Nå skal du være snill og ikke si noe mer. Jeg vet at du liker deg her i Bergen.
   G: Ja, det er sant. Men jeg ville gjerne se litt mindre regn og litt mere sol. Vet du hvilken måned det regner mest?
   A: Å, det regner mer om høsten enn om sommeren. Jeg tror oktober må være verst.
   G: Da er det godt at jeg slipper å bo her om høsten. Men om sommeren er det virkelig vakkert her, det må jeg si.
   A: Ja, ikke sant? Du skal se det er både vakrere og hyggeligere her enn i Oslo.

2. Georg og Heggen snakker om hva de skal gjøre i påsken:

   G: Jeg hører at du reiser til fjells i påsken. Er det sant?
   H: Ja, vi går på ski oppe på fjellet. Du kan tro det er morsomt.
   G: Men har ikke du arbeid som må gjøres da?
   H: Nei, vi slipper å arbeide i påsken. Alle som kan, reiser bort fra byene. Vi har så lite sol om vinteren, vet du. I påsken reiser vi opp på fjellet og går på ski i vårsola.
   G: Men er det ikke dyrt å reise til fjells?
   H: Nei da, det er ganske rimelig her i landet. Hvor lenge har du tenkt å bli i Norge?
   G: Det kan jeg ikke si akkurat ennå. Men kanskje blir jeg så lenge som til påske.
   H: Vil du ikke bli med meg på påsketur hvis du er her?
   G: Jo takk, det vil jeg svært gjerne.
   H: Fint! Jeg kommer til Oslo i vinter, og da kan vi snakke mere om det.

3. To venner, Torleiv og Odd, skal på påsketur sammen:

   T: Når skal vi reise i morgen?
   O: Å, ikke altfor tidlig.
   T: Nei, jeg vet at du liker å sove lenge om morgenen. Men det er ganske langt dit vi skal. Jeg synes vi burde ta ni-bussen.

O: Går det ikke noen senere buss?

T: Jo, det går en buss hver time, men . . .

O: La oss iallfall ikke reise tidligere enn klokken ti da. Jeg må hente klærne mine på vaskeriet først.

T: Kan du ikke gjøre det i kveld?

O: Nei, i kveld skal jeg på kino med Anne-Marie.

T: Ja, da tar vi bussen klokka ti. Jeg kommer og vekker deg klokka åtte, så du kan få litt frokost før vi reiser.

O: Klokka åtte! Det var da forferdelig tidlig.

T: Nei da, det er det slett ikke—og du har dessuten bare godt av å vekkes litt tidlig—du sover altfor mye.

O: Ja ja, siden det er påske, så skal jeg stå opp klokken åtte.

T: Du kan sove så lenge du vil, når vi bare kommer opp på fjellet.

O: Å, nei da, du. Da skal jeg gå på ski døgnet rundt. Jeg kan sove når jeg kommer tilbake til byen.

Vocabulary List (Lessons 8–10)

Nouns

En-nouns

aftens 8.5	kino 8.7	stek 9.14
barberer 8.22	klokke (ei) 8.36	tid (ei) 9.27
barberhøvel 8.14	kniv 9.33	time 8.21
barbermaskin 8.13	lyst 9.9	tur ('turn') 8.22
barbersalong 8.19	meny 9.3	vinliste 9.3
bergenser 10.4	natt (pl netter) (ei)	vinter 10.20
brødskive 9.25	10.13	vår 10.18
dessert 9.18	nordmann (pl -menn)	årstid (ei) 10.16
ettermiddag 9.29	10.31	Månedene
film 8.9	paraply 10.1	januar
flaske 9.11	potet 9.16	februar
fløte 9.21	påske 10.33	mars
frokost 9.23	regning 9.34	april
gaffel 9.31	rest 8.40	mai
havregrøt 9.24	rødvin 9.11	juni 10
himmel 10.2	sjø 10.22	juli
hånd (ei) 9.31	ski 10.25	august
is 9.19	skøyte 10.27	september
kake (ei) 9.19	smørbrødliste 9.4	oktober
kalvestek 9.7	snø 10.25	november
kelner 9.3	sommer 10.9	desember

Et-nouns

ben 10.32	merke 8.40	slips 8.39
døgn 10.14	måltid 9.26	sukker 9.22
folk 9.23	regn 10.7	teater 8.6
hår 8.15	renseri 8.33	torv 8.19
kjøtt 9.15	samvær 10.39	vaskeri 8.29
klima 10.6	skuespill 8.10	vær 10.5

Plural

drikkepenger 9.36	klær 8.27
grønnsaker 9.15	

Names of Places

Golfstrømmen 10.24	Østlandet 10.26

Verbs

bade 10.14	inkludere 9.37	rense 8.34
barbere 8.12	klippe 8.15	⎡ sa (si) 8.22
bedt (be) 8.1	kom (komme) 10.5	⎣ sagt 8.25
bestille 9.13	⎡ legge 8.40	satt (sitte) 8.21
⎡ fikk (få) 8.15	⎣ lagt 9.31	seile 10.14
⎣ fått 8.32	love 8.36	sende 8.29
foretrekke 8.10	lure 8.27	sett (se) 8.9
forstått (forstå) 8.24	lære 10.30	smake 9.14
gi 9.37	mene 8.28	snø 10.26
gikk (gå) 8.19	måtte (må) 8.20	spurte (spørre) 8.23
gjorde (gjøre) 8.25	pleie 9.23	tok (ta) 10.1
hende 8.18	presse 8.34	treffes 10.37
holde 9.31	regne 10.3	vaske 8.30
håpe 10.38		

Adjectives

annen 10.7 ('other')	hver 10.33	skitten 8.30
deilig 9.12	hvilke (hvilken) 8.28	skjønn 10.19
ekstra 9.37	klar 10.2	strålende 10.12
elektrisk 8.13	lille (liten) 9.2	sulten 9.8
flink 10.28	lys 10.13	søt 8.2
forferdelig 8.17	mere 9.16 (7.38)	tiende 10
forsynt 9.17	motsatt 8.25	tørr 10.8
fuktig 10.6	niende 9	ubehagelig 10.11
grei 8.3	nok 10.25	vakker 10.18
halv 8.21	rar 8.16	åttende 8
het 10.9	ren 8.31	

Adverbs

aldeles 9.39	hen 8.4	senere 9.14
alt 8.37	hjem 10	snart 9.13
dessuten 8.10	igjen 8.31	vanligvis 9.37
fryktelig 10.9	likevel 10.27	vel (modal) 8.20
heller 8.32 ('either')	midt 9.29	veldig 8.2
helt 10.2	mindre 10.26	virkelig 10.35

Conjunctions

at 8.22	siden 10.5	så 10.25

Exclamations and Greetings

god tur 10.40	på gjensyn 10.39	takk for samværet 10.39

Prepositions

før 8.36	inn i 8.19	rundt 10.14

Idiomatic Expressions

alle sammen 8.30	midt på 9.29	å gå på skøyter 10.27
kanskje det 8.27	når som helst 10.3	å ha lyst på 9.9
det hender 10.15	på Østlandet 10.26	å legge igjen 9.36
det håper jeg 10.38	til fjells 10.33	å legge merke til 8.40
er du snill 9.22	til frokost 9.23	å komme med 9.35
jeg tror ikke det 9.5	flink til å 10.28	å komme igjen 9.13
i høyre hånd 9.31	å gå med paraply 10.4	å lure på 8.27
i venstre hånd 9.33	å gå på ski 10.25	

HVA SYNES DU OM DE NORSKE STATSBANENE?

ENGLISH EQUIVALENTS

Smith enters a compartment in the train to Oslo. There sits Arne Solum, the journalist whom he met while he was in Bergen:

1. Excuse me, is seat number ten in this compartment?
2. Yes, please sit down.
3. But isn't it ('this') George Smith?
4. You haven't forgotten me, have you?
5. No, not at all.
6. How do you do, and thanks for [the] last [time].
7. So nice to meet you again.
8. Yes, same to you.
9. Are you going to Oslo too?
10. No, I'm getting off at Finse.
11. Well, what do you think about the Norwegian State Railways?
12. Everything's so different here, you know.
13. *We* don't divide up the cars into compartments.
14. And we have no corridor along the side.
15. Did you know that we have two classes on our trains?
16. Yes, but I didn't remember that I was supposed to reserve ('order') a seat ('seat ticket').

LISTENING SCRIPT

kupé [kupe'], en; tog [tå'g], et

1. sitteplass [sit`te/plass˙], en
2. sette, satte, satt; sette seg
3.
4.
5.
6. sist; takk for sist
7. treffe, traff, truffet
8.
9.
10. av (adv)
11. statsbane [sta'ts/ba˙ne], en
12. annerledes [ann`ner/le˙des]
13. dele, -te, -t; vogn [vång'n], en
14. korridor [korrido'r], en; langs
15. klasse, en
16. huske, -et; plassbillett [plass'/billett˙], en

WHAT DO YOU THINK OF THE NORWEGIAN STATE RAILWAYS?

Smith kommer inn i en kupé på toget til Oslo. Der sitter Arne Solum, journalisten som han traff mens han var i Bergen:

1	*Smith:*	Unnskyld, er sitteplass nr. (nummer) ti i denne kupéen?
2	*Solum:*	Ja, vær så god sett Dem.
3		Men er ikke dette Georg Smith?
4		Du har vel ikke glemt meg?
5	*Smith:*	Nei, slett ikke.
6		God dag, og takk for sist.
7		Så morsomt å treffe deg igjen.
8	*Solum:*	Ja, i like måte.
9		Skal du også til Oslo?
10	*Smith:*	Nei, jeg skal av på Finse.
11	*Solum:*	Nå, hva synes du om de norske statsbanene?
12	*Smith:*	Alt sammen er jo så annerledes her.
13		*Vi* deler ikke opp vognene i kupéer.
14		Og vi har ingen korridor langs siden.
15	*Solum:*	Visste du at vi har to klasser på togene våre?
16	*Smith:*	Ja, men jeg husket ikke at jeg skulle bestille plassbillett.

17. So when I got ('came') to the ticket window, there was only one window seat left.
18. Did you buy a round trip ticket ('trip return'), or just one way ('trip')?
19. Just one way, since I'm not going back to Bergen.

17. da (conj); billettluke [billett'/lu˚ke], en; vindusplass [vin`dus/plass˙], en
18. retur [retu'r], en; tur retur
19. for (conj) [fårr]

△ **REPETISJON**
Combine the elements in each group to form different grammatically correct and logical sentences:

a)

Hvor skal	jeg han vi Smith Anne-Marie de dere du De	sette	deg? meg? seg? Dem? oss? dere?

b)

Toget går	klokken	8:40. 11:25. 14:15. 21:18.
	ved	6-tiden. 11-tiden. 3-tiden.
	om	20 minutter. 3 timer.

17   Så da jeg kom til billettluken, var det bare én vindus-
        plass igjen.
18 *Solum:* Kjøpte du tur retur, eller bare en vei?
19 *Smith:* Bare en vei, for jeg skal ikke tilbake til Bergen.

c)

| Smith Solum Vi | skal (ikke) | til tilbake til | Oslo Bergen Finse Amerika | i morgen. i dag. om en uke. på fredag. i juli. |

△ SPØRSMÅL

1. Hvem treffer Georg Smith på toget?
2. Hvor skal Georg av?
3. Skal Solum også av på Finse?
4. Hvordan er togvognene annerledes i Norge?
5. Hvor mange klasser er det på norske tog?
6. Hva glemte Smith å bestille?
7. Fikk han vindusplass likevel?
8. Hvorfor er vindusplass å foretrekke?
9. Hvorfor kjøpte ikke Smith tur retur?
10. Har du noen gang reist med tog i Norge?

SAMTALEØVELSE

1. You step up to the ticket window in a railroad station in Norway and ask for a ticket to Oslo. The ticket agent asks what class, whether you want a round trip, etc. You also ask for a window seat, etc. Don't forget to ask how much it costs and to pay for it and get your change, etc.
2. You are talking to a Norwegian friend about trains in Norway (you haven't as yet been on one). You ask him if the trains in Norway are different from those in America, if there is more than one class, if you have to reserve a seat, and anything else you can think of. He tells you and asks if you are going to take a train trip (**reise med tog**), etc.

ENGLISH EQUIVALENTS

20. Are we allowed ('Do we have permission') to smoke here?
21. Surely, this is a smoker's compartment.
22. May I offer you a cigarette?
23. Thanks, but I prefer to smoke my own.
24. What's that you're reading?
25. *Route Book for Norway*—all the time tables are ('stand') in it.
26. May I look at it?
27. Yes, here you are.
28. It's a very useful book.
29. What does this little picture of a bed mean?
30. It means that that train has [a] sleeper.
31. I really must get hold of this book.
32. Do you know what—I almost missed ('came too late for') the train.
33. How come?
34. Well, I thought I had plenty of time,
35. so I didn't hurry at all.
36. I was walking on the platform and looking around.

LISTENING SCRIPT

20. lov [lå′v]; ha lov til
21. røkekupé [rø`ke/kupe˙], en
22. by, bød, budt; sigarett [sigarett′], en
23. egen, eget, pl egne
24. lese, -te, -t
25. rutebok, en; togtabell [tå`g/tabell˙], en; stå i (en bok, avis)
26.
27.
28. nyttig [nyt`ti]
29. bety [bety′], -dde, -dd
30. sovevogn [så`ve/vång˙n], en
31. absolutt [apsolutt′]; tak, et; få tak i
32. sent; komme for sent til
33.
34. ha god tid
35. skynde [sjyn`ne], -te, -t; skynde seg
36. perrong [pærång′], en; se, så, sett; om (adv); se seg om

HVA SYNES DU OM DE NORSKE STATSBANENE?

(fortsatt *continued*)

20	*Smith:*	Har vi lov til å røke her?
21	*Solum:*	Ja da, dette er røkekupé.
22		Får jeg by deg en sigarett?
23	*Smith:*	Takk, men jeg røker helst mine egne.
24		Hva er det du leser?
25	*Solum:*	*Rutebok for Norge*—alle togtabellene står i den.
26	*Smith:*	Får jeg se på den?
27	*Solum:*	Ja, vær så god.
28		Det er en svært nyttig bok.
29	*Smith:*	Hva betyr dette lille bildet av en seng?
30	*Solum:*	Det betyr at det toget har sovevogn.
31	*Smith:*	Jeg må absolutt få tak i denne boka.
32		Vet du hva, jeg kom nesten for sent til toget.
33	*Solum:*	Hvordan det da?
34	*Smith:*	Jo, jeg trodde jeg hadde god tid,
35		så jeg skyndte meg slett ikke.
36		Jeg gikk på perrongen og så meg om.

37. Didn't you hear when the train began to move ('go')?
38. Yes, and at the same time the conductor shouted, "All aboard!"
39. I ran as fast as I could,
40. and I barely made ('reached') the train at [the] last moment.

37.
38. rope, -te, -t; konduktør [konduktø′r], en; ta plass
39. springe, sprang, sprunget; fort
40. nå, -dde, -dd; så vidt

△ **REPETISJON**

Combine the elements in each group to form different grammatically correct and logical sentences:

a)

Smith Vi	har (ikke) lov til å	røke spise i denne kupéen. snakke her. sove
		arbeide i dag. fortelle deg om det. reise til Norge.

b)

Hvor kan	jeg vi Smith	få tak i	et kart over Norge? byen?
			denne boka? Rutebok for Norge?
			noe å spise? å drikke?
			en paraply? en amerikansk avis? et glass øl?

37 *Solum:* Hørte du ikke da toget begynte å gå?
38 *Smith:* Jo, og med det samme ropte konduktøren, "Ta plass!"
39 Jeg sprang så fort jeg kunne,
40 og jeg nådde så vidt toget i siste øyeblikk.

c)

| Jeg Vi Han | springer sprang spiser spiste snakker snakket kommer kom går gikk | så | fort snart godt langt lenge mye ofte | jeg vi han | kan. kunne. |

Alt sammen er jo så annerledes her.

△ SPØRSMÅL

1. Har en lov til å røke hvor som helst på norske tog?
2. Hvorfor tar ikke Smith en av Solums sigaretter?
3. Hva leser Arne Solum?
4. Hvorfor er det en nyttig bok?
5. Hva skulle et lite bilde av en gaffel og en kniv bety?
6. Hvorfor skyndte ikke Smith seg?
7. Hva gjorde han?
8. Hva gjorde han da han hørte at toget begynte å gå?
9. Kom han for sent til toget?
10. Foretrekker du å reise med tog eller buss?

SAMTALEØVELSE

1. You are talking to a friend about a trip you are going to take together. You ask him if he has bought the train tickets. He says he has. You ask if he was able to get window seats in a smoking compartment, but he says there were no seats left in the smoking compartments. You tell him you have to smoke and ask what you're going to do. He says you'll just have to wait until you get to Oslo to smoke. You tell him that's not possible and you'd rather stay home.
2. Discuss with a friend a train trip you are going to take.

Det betyr at det toget har sovevogn.

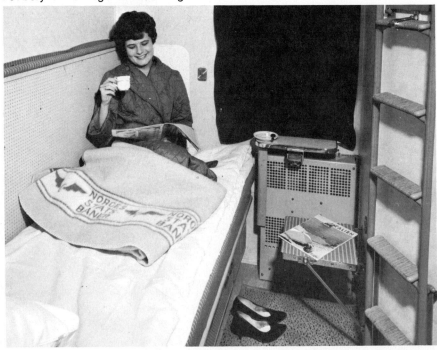

Grammar

○ **11.1 Adjectives Ending in -en**

(a) *Regular.* Most adjectives in **-en** are like those in **-el** and **-er** (cf. Grammar **3.3d**). They add **-t** in the et-form, but when they add the **-e** of the plural or the definite, they lose the preceding **-e-** (and the second of two identical consonants):

gammel	gammelt	gamle
vakker	vakkert	vakre
åpen 'open'	åpent	åpne

(b) *Pronominal.* A number of adjectives in **-en** are also pronouns. These have quite irregular forms, each of which has to be learned by itself. We have had these examples:

7.12 Hvilk**en** farge hadde De tenkt Dem?	(hvilk**en**—**en**-noun form)
7.14 Og hvilk**et** nummer bruker De?	(hvilk**et**—**et**-noun form)
8.28 Hvilk**e** klær mener du?	(hvilk**e**—plural form)
10.7 Vi pleier å få mer regn enn no**en** ann**en** norsk by.	(no**en** ann**en**—**en**-noun form)
7.28 Var det noe ann**et** i dag?	(noe ann**et**—**et**-noun form)
1.35 Jeg skulle ha no**en** epler.	(no**en**—plural form)
4.23 —og det and**re** mot sør.	(and**re**—definite singular)
7.33 Hvorfor er de hvite så mye dyre**re** enn de and**re**?	(and**re**—definite plural)
8.31 Har du ing**en** rene igjen?	(ing**en**—plural form)
1.32 Ikke noe å takke for.	(ikke noe—**et**-noun form)
11.23 Takk, men jeg røker helst mine eg**ne**.	(eg**ne**—plural form)

As the examples show, these adjectives do not add **-t** to make the **et**-noun form, nor **-e** to make the plural. Their complete forms are:

EN-NOUN FORM	ET-NOUN FORM	PLURAL FORM	
annen	annet	andre	other, second
egen	eget	egne	own
hvilken	hvilket	hvilke	which, what
ingen	ikke noe	ingen	no, none, no one, nothing
noen	noe	noen	any, some

One other adjective is irregular in a similar manner:

liten	lite	små	little, small

NB: **liten** has the special definite singular form **lille**. The definite plural form is, as usual, identical with the indefinite plural form: **små**. All possible forms of this adjective are, therefore:

	INDEFINITE	DEFINITE
et-noun singular	et **lite** bord	det **lille** bordet (cf. 9.2)
et-noun plural	**små** bord	de **små** bordene
en-noun singular	en **liten** kniv	den **lille** kniven
en-noun plural	**små** kniver	de **små** knivene

NB: **den annen, det annet** mean 'the second'
den andre, det andre mean 'the other'
en annen, et annet mean 'another'

egen has no special definite form: **min egen, mitt eget, mine egne.**

EXERCISE
Fill in the blanks as indicated:

1. _____ hus bor han i? *(which)*
2. Jeg har _____ søsken. *(no)*
3. Han har _____ bilde av venninnen sin. *(no)*
4. La oss ta det _____ bordet. *(other)*
5. Jeg skal komme en _____ gang. *(other)*
6. Jeg kjenner ikke _____ bror. *(my own)*
7. De _____ kakene er de beste. *(little)*
8. Jeg kommer om en _____ stund. *(little)*
9. Den _____ piken er min søster. *(little)*
10. Har du _____ rene skjorter? *(any)*

○ **11.2 Meet and Mean**

Meet: The English word 'meet' translates two Norwegian words: **møte** and **treffe.** E.g.,

2.24 Det var snilt av dere å **møte** meg.
11.7 Så morsomt å **treffe** deg igjen.

Rule: **møte** means to meet by agreement or plan; **treffe** means to meet accidentally or casually. If you run across a friend, it's **treffe;** if you make a date it's **møte.**
NB: the passive forms, **møtes** and **treffes,** when used with the pronoun **vi,** have reciprocal meaning. E.g.,

10.37 Men kanskje vi **treffes** igjen senere.

Mean: The English word 'mean' translates two Norwegian words: **mene** and **bety.** E.g.,

    8.28 Hvilke klær **mener** du?
    11.29 Hva **betyr** dette lille bildet av en seng?

Rule: When you can substitute English 'signify,' use **bety.**

EXERCISE
Translate the sentences:
1. I'm going to meet my brother at two o'clock.
2. Do you think we'll meet any of our friends there?
3. Do you mean me?
4. What does 'møte' mean?

△ **LA OSS LYTTE**

1. Georg treffer Anne-Marie på stasjonen.

G: Nei, god dag! Så hyggelig at du kom! Jeg trodde ikke du hadde tid.
A: Jeg skyndte meg ned før skolen begynte. Jeg må snart tilbake igjen.
G: Jeg har ikke kjøpt billett ennå. Hvor selger de billettene her?
A: I billettluken der borte. Skal jeg bli med og hjelpe deg med å kjøpe billett?
G: Ja takk, det var svært snilt av deg. Jeg vet så lite om de norske statsbanene.
A: Har du bestilt plassbillett?
G: Plassbillett? Hva er det for noe?
A: Hvis du ikke har plassbillett, får du ikke noen god sitteplass. Spør etter vindusplass, kanskje han ennå har noen igjen.
G: Hvilken klasse billett skal jeg kjøpe?
A: Å, kjøp annen klasse. Det er bra nok, og ikke så dyrt.
G: En billett til Finse, annen klasse, takk. Og vindusplass.
B: Vi har dessverre ingen vindusplasser igjen. Vil du ha røkekupé?
G: Ja, takk.
B: Vær så god, det blir hundre og tre og førti kroner. Jeg har gitt deg vogn nr. ni og femti, sitteplass nr. ti.
G: Når går toget?
B: Det går kl. åtte.
G: Og når er vi framme?
B: Hvis toget er i rute, er du på Finse kl. ett fjorten.
G: Takk skal du ha.

2. Anne-Marie og Georg prater sammen mens de går bortover mot toget.

A: Hva skal du gjøre på toget? Har du tatt med noe å lese?

G: Ja, jeg har en bok som jeg ikke har lest ferdig. Og så har jeg skrive-maskinen med.

A: Å, skal du skrive på toget også?

G: Ja, jeg har tenkt å skrive et par brev, og så skal jeg kanskje begynne på boka mi om Norge.

A: Skal du skrive om Bergen da?

G: Ja, jeg har jo ikke noe annet å skrive om ennå.

A: Å, men det får du snart. Skriv noe pent om Bergen da!

G: Ja, jeg har bare godt å si om Bergen. Det har vært svært hyggelig her.

A: Takk, det var snilt av deg å si det. Men nå skal toget gå. Du må skynde deg så du ikke kommer for sent.

G: Ja, takk for alt da.

A: I like måte—og god tur. Og send meg et brev en gang, er du snill.

G: Ja, det skal jeg gjøre. Adjø.

A: Adjø da.

NÅR KOMMER VI OPP PÅ HØYFJELLET?

ENGLISH EQUIVALENTS
Smith and Solum are looking ('sit and look') out of the train window:

1. This railroad is very impressive.
2. Yes, we are very proud of it.
3. It runs ('goes') through some of Norway's wildest terrain.
4. It must have been difficult to build all these tunnels.
5. Yes, it certainly wasn't easy.
6. Many of them are very long.
7. You haven't seen the longest [one] yet.
8. The Gravhals-tunnel is almost four miles ('six kilometers') long.
9. How many are there in all?
10. I think there are almost two hundred tunnels on the Bergen railroad.
11. Do you know if there is a diner on the train?
12. Yes, but it's a little early to eat yet.
13. Dinner isn't served until ('is first served') two o'clock.
14. Don't we get anything to eat before then?
15. Yes, we can get off at Myrdal station and buy coffee and sandwiches.
16. When do we get up in ('on') the mountains?
17. As soon as we leave Myrdal.
18. Is Myrdal so high up?
19. Yes, the station is 2844 feet ('867 meters') above sea level.

LISTENING SCRIPT
togvindu [tå`g/vin˙du], et

1. jernbane [jæ`rn/ba˙ne], en; imponerende [impone'rene]
2. stolt
3. vill, vilt, ville; terreng [tæreng'], et
4. vanskelig [van`skeli]; bygge, -et, -et (or -de, -d); tunnell [tunell'], en
5. lett
6. lang
7. lengst
8. Gravhalstunnellen [gra`vhals/tunel˙len]; kilometer [kji'lo/me˙ter], en
9. i alt
10. Bergensbanen [bær'gensba˙n^en]
11. spisevogn [spi`se/vång˙n], en (ei)
12.
13. servere [særve're], -te, -t; først (adv)
14.
15. Myrdal [my`r/da˙l]
16. høyfjell [høy`/fjell˙], et
17.
18. høyt
19. hav, et; meter, en; meter over havet

WHEN DO WE GET UP IN THE MOUNTAINS?

Smith og Solum sitter og ser ut av togvinduet:

1 *Smith:* Denne jernbanen er meget imponerende.
2 *Solum:* Ja, vi er svært stolte av den.
3 Den går gjennom noe av Norges villeste terreng.
4 *Smith:* Det må ha vært vanskelig å bygge alle disse tunnellene.
5 *Solum:* Ja, det var sikkert ikke lett.
6 *Smith:* Mange av dem er svært lange.
7 *Solum:* Du har ikke sett den lengste ennå.
8 Gravhalstunnellen er nesten seks kilometer lang.
9 *Smith:* Hvor mange er det i alt?
10 *Solum:* Jeg tror det er nesten to hundre tunneller på Bergens-banen.
11 *Smith:* Vet du om det er spisevogn på toget?
12 *Solum:* Ja, men det er litt tidlig å spise ennå.
13 Middagen serveres først klokken to.
14 *Smith:* Får vi ikke noe å spise før da?
15 *Solum:* Jo, vi kan gå av på Myrdal stasjon og kjøpe kaffe og smørbrød.
16 *Smith:* Når kommer vi opp på høyfjellet?
17 *Solum:* Så snart vi reiser fra Myrdal.
18 *Smith:* Ligger Myrdal så høyt da?
19 *Solum:* Ja, stasjonen ligger 867 meter over havet (m.o.h.).

△ **REPETISJON**
Combine the elements in each group to form different grammatically correct
and logical sentences:

a) Form sentences referring to each of the words listed in brackets:

Du De Georg Vi Han	har ikke sett	den det de	lengste største beste vakreste	ennå	[tunnell, -er fjell by, -er tog land]

b)

Middagen
Frokosten   serveres
Aftens
- - - - - - - - -
Vi kommer til   Oslo
    reiser fra   Finse
                Bergen
                Myrdal
	først klokka	8.
		12.
		2.
		6.
		15.
		19.
		22.

c)

Finse
Stasjonen
Hotellet
Teatret
Bergen
Tunnellen
Sundts Magasin
	ligger	1000
		100 m. o. h.
		10
		- - - - - - - - -
		            havnen.
		(like) ved sjøen.
		            stasjonen
		            Fisketorvet.
		- - - - - - - - -
		        Bergen.
		i Oslo.

△ **SPØRSMÅL**

1. Hvor går Bergensbanen?
2. Hva synes Smith om den?
3. Hvorfor var den så vanskelig å bygge?
4. Hvordan er terrenget langs banen?
5. Hvor lang er Gravhalstunnellen?
6. Hvorfor skal Smith og Solum gå av på Myrdal stasjon?
7. Kan de ikke få noe å spise på toget?
8. Når serveres middagen?
9. Skal de ikke snart komme opp på høyfjellet?
10. Hvor høyt ligger Myrdal?

SAMTALEØVELSE

1. You are talking with a friend about a trip you took by rail from Bergen to Oslo. You tell him about the terrain, the tunnels, etc. He asks how much it cost, what the train was like, if there were any long tunnels, etc.
2. You go to the dining car to have dinner. Ask the waiter if dinner is being served yet (he then gives you a menu), you take a table, order, chat with him about the scenery, etc.

Vet du om det er spisevogn på toget?

ENGLISH EQUIVALENTS

20. Is that above the timber line?
21. Yes, the timber line is quite low here in West Norway.
22. There's quite a bit of forest here still.
23. What kind of trees do we see ('is it we see') over there?
24. They're mostly spruce and pine.
25. But soon we won't see anything but ('other than') birch and heather,
26. with wild flowers in between.
27. It's wonderful up here on the Hardanger Plateau!
28. Yes, I sure would like to take ('I should indeed have desire for') a trip across the plateau.
29. Couldn't you get off at Finse and come with me?
30. First we'll take a hike in the mountains (sing.) to Geilo,
31. and then we'll drive down through Numedal.
32. That's really a good idea!
33. But where can we spend the night?
34. The Tourist Association has many cabins on the plateau,
35. where hikers can get food and lodgings.
36. And at Geilo there are many hotels.

LISTENING SCRIPT

20. ovenfor [å`ven/fårr˙]; tregrense [tre`/gren˙se], en
21. lav; (på) Vestlandet [ves`t/lan˙ne] -
22. skog, en
23. tre, et, pl trær
24. mest (adj); for det meste; gran (ei), en; furu (ei), en
25. ikke annet enn; bjørk (ei), en; lyng, et/en
26. blomst, en; iblant.
27. her oppe; Hardangervidda [hardang'er/vid˙da]
28. jamen [jam`men]; vidde, ei
29. Finse
30. fottur [fo`t/tu˙r], en; gå fottur; i fjellet; Geilo [jæi`lo]
31. bile, -te, -t; Numedal
32.
33. overnatte [å`ver/nat˙te], -et, -et
34. Turistforeningen [turis't/fåre˙ningen]; hytte, ei
35. fotturist [fo`t/turis˙t], en; losji [losji'], et
36.

NÅR KOMMER VI OPP PÅ HØYFJELLET?

(fortsatt *continued*)

20	*Smith:*	Er det ovenfor tregrensen?
21	*Solum:*	Ja, tregrensen går ganske lavt her på Vestlandet.
22	*Smith:*	Det er nokså mye skog her ennå.
23		Hva slags trær er det vi ser der borte?
24	*Solum:*	For det meste er det gran og furu.
25		Men snart ser vi ikke annet enn bjørk og lyng,
26		med ville blomster iblant.

* * *

27	*Smith:*	Det er flott her oppe på Hardangervidda!
28	*Solum:*	Ja, jeg skulle jamen ha lyst på en tur over vidda.
29	*Smith:*	Kunne du ikke gå av på Finse og bli med meg?
30		Først går vi fottur i fjellet til Geilo,
31		og så biler vi ned gjennom Numedal.
32	*Solum:*	Det var virkelig en god idé!
33	*Smith:*	Men hvor kan vi overnatte?
34	*Solum:*	Turistforeningen har mange hytter på vidda,
35		hvor fotturister kan få mat og losji.
36		Og på Geilo er det mange hoteller.

37. That will certainly be a fine vacation for both of us.
38. But listen now, how about calling each other by our first names,
39. now that we're ('now when we're') going to take this trip together.
40. Yes, let's, Arne. That would be nice.

37. ferie [fe′rie], en; begge
38. være på fornavn
39.
40.

△ **REPETISJON**
Combine the elements in each group to form different grammatically correct and logical sentences:

a)

Snart			bjørk.
Nå	ser vi	ikke annet enn	lyng.
‒ ‒ ‒ ‒ ‒ ‒ ‒		‒ ‒ ‒ ‒ ‒ ‒ ‒	ville blomster.
Her er det		bare	fjell.
			gran og furu.

b)

Jeg vil gjerne			i fjellet	(.)
La oss	ta en	tur	over vidda	(?)
Skal vi	gå	fottur	ned gjennom Numedal	
			fra Finse til Geilo	

37	Smith:	Det blir sikkert en flott ferie for oss begge.
38	Solum:	Men hør her, skal vi ikke være på fornavn,
39		nå når vi skal ta denne turen sammen?
40	Smith:	Jo, la oss det, Arne. Det ville være hyggelig.

c)

Vet du	om	det er	spisevogn / sovevogn	på toget?
		middagen / aftens		serveres ennå?
		Smith skal	til Oslo? / tilbake til Bergen?
		tregrensen går	lavt / høyt	her på	Vestlandet? / Østlandet?
		det er mange hoteller	på Geilo? / i Oslo?
	når	vi / Georg	kommer	til	opp på høyfjellet? / Finse? / Oslo?
		middagen / aftens		serveres?
	hvor	vi / fotturister	kan overnatte?
		hotellet / stasjonen	ligger?

△ SPØRSMÅL

1. Går tregrensen høyt på Vestlandet?
2. Er det gran og furu oppe på høyfjellet?
3. Hva har Solum lyst på?
4. Skal han ikke til Oslo da?
5. Hvordan kommer Smith og Solum fra Finse til Geilo?
6. Hvorfor har Turistforeningen hytter på vidda?
7. Hvor skal Smith og Solum overnatte på Geilo?
8. Hva skal de så gjøre?
9. Synes du det ville være en flott ferie å gå fottur i fjellet i Norge?
10. Hva betyr det å være "på fornavn" med noen?

SAMTALEØVELSE
1. You are telling a friend about a hiking trip you took in the mountains in Norway. Tell him where you left from, how you got there, etc. He asks you where you stayed overnight, what it's like up on the plateau, etc.

Grammar

○ 12.1 Adverb-Conjunctions

In Norwegian a number of words can function as either adverbs or conjunctions.
(a) **hvor.**

Adverb	{ 1.25 **Hvor** er hotellet? 5.13 **Hvor** er vi nå?
Conjunction	{ 8.27 Men nå lurer jeg på **hvor** klærne mine er. 12.35 (hytter), **hvor** fotturister kan få mat og losji.

Note that when **hvor** is used as a conjunction, it introduces a dependent clause and is followed by normal (not inverted) word order.
(b) **når.**

Adverb	{ 4.34 **Når** vil De flytte inn? 12.16 **Når** kommer vi opp på høyfjellet?
Conjunction	12.39 Skal vi ikke være på fornavn nå **når** vi skal ta denne turen sammen?

For other instances of **når** used as a conjunction see *La oss lytte* in Lessons 6 and 9:

Men **når** jeg skriver til far og mor, da bruker jeg pennen.
Når jeg skriver til deg, skal jeg alltid bruke pennen.
Ja, det ser ikke så fint ut, men **når** en kommer inn, er det riktig pent og hyggelig.

(c) **da.**

Adverb	{ 7.2 **Da** bør du gå til Sundts Magasin. 10.13 **Da** har vi lyse netter.
Conjunction	{ 11.17 **Da** jeg kom til billettluken . . 11.37 Hørte du ikke **da** toget begynte å gå?

Note that when **da** is used as a conjunction, it means 'when,' but when it is used as an adverb it means 'then.' Note also that both **når** and **da,** when used as conjunctions, mean 'when.' The difference is that **da** is used only when referring to one single event in the past, **når** is used when referring to events in the present or future or to repeated events in the past (and can then be translated 'whenever').

(d) **så.**

Adverb	{ 3.29 **Så** skal jeg tilbake til Amerika. 8.12 **Så** skal jeg barbere meg.
Conjunction	{ 11.35 Jeg trodde jeg hadde god tid, **så** jeg skyndte meg slett ikke. 10.25 Er det nok snø **så** du kan gå på ski da?

Note that when **så** is used as an adverb, it means 'then,' but when it is used as a conjunction, it means 'so (that).'

(e) **siden.**

Adverb	8.6 Og **siden** skal vi i teatret.
Conjunction	10.5 Det har vært flott vær **siden** jeg kom.

Note that when **siden** is used as an adverb, it means 'then,' but when it is used as a conjunction, it means 'since.'
Note that whenever one of these words is used as a conjunction, it introduces a dependent clause and is followed by normal word order, but when it is used as an adverb, it is followed by inverted word order (see the discussion of inverted word order in Grammar **4.2**). This is your clue to how these words are being used in any given sentence. There are many other adverb-conjunctions in Norwegian, some of which (e.g., **før**, see 2.25; 12.14) we have so far seen used only as adverbs.

EXERCISE

Translate:
1. When we have light nights we can swim and sail around the clock.
2. Then the train began to go.
3. What'll we do when we get (come) up on the mountain plateau?
4. When shall we take a trip together?
5. Then I didn't hurry at all.
6. I'm going out this evening, so I have to shave.
7. Can you tell me where the hotel is?
8. Where are my clothes?
9. I have to shave since I'm going to the theater this evening.
10. And then we got (came) up on the mountain plateau.

○ **12.2 Both**

There are two words in Norwegian corresponding to English 'both':

> 4.26 Er det **både** varmt og kaldt vann?
> 9.15 **Både** kjøttet og grønnsakene er utmerkede.
> 12.37 Det blir en flott ferie for oss **begge**.

Begge is a pronoun or adjective and is used alone or modifying a noun or pronoun.

Både is used only in the phrase **både . . . og . .** 'both (one thing) and (another thing).'

EXERCISE

Translate:

1. Both Smith and Solum are going to take a hike in the mountains (sing.) to Geilo.
2. It will be a fine trip for them both.
3. George has been both in Bergen and in Oslo.
4. He's been both places.

○ **12.3 Word Compounding**

In the last few lessons we have had a number of examples of how words are compounded. Here are some of them, grouped according to their combining elements:

Adjective + Noun:
høyfjell, Østlandet. What would these mean: Sørlandet, lavland?

Verb + Noun:
røkekupé, sitteplass, sovevogn, spisevogn. What would these mean: sovekupé, ståplass, røkevogn?

Noun + Noun:
plassbillett, billettluke, rutebok, togtabell, jernbane, tregrense, fottur, fotturist. What would these mean: teaterbillett, kinobillett, billettkontor, billettpris, togbillett, jernbanekart, jernbanerestaurant, jernbanetunnell, skoggrense, granskog, furuskog, snøgrense, fjelltur, bilturist?

Noun + s + Noun:
Bergensbanen, statsbaner, vindusplass. What would these mean: Sørlandsbanen, vindusglass, statskirke, statskontor?

Preposition + Verb:
overnatte. There is only one other word like it: overvintre. What must it mean?

△ LA OSS LYTTE

1. Toget kjører gjennom Gravhalstunnellen.

G: Dette er da en svært lang tunnell! Vi har vært inne i fjellet i flere minutter alt.

A: Ja dette er Gravhalstunnellen som jeg fortalte deg om.

G: Å, da er vi snart på Myrdal.

A: Ja, nå kan du få deg litt mat.

G: Må vi gå av toget da?

A: Ja, det er en restaurant på stasjonen hvor vi kan få oss kaffe og smørbrød og kaker.

G: Toget kjører ikke fra oss da?

A: Nei da. Det står her i ti-femten minutter, så folk kan få seg litt å spise.

G: Det var rart, synes jeg. Ville det ikke være bedre å selge mat på toget?

A: Nei, jeg synes dette er greit, jeg. Så kan folk se seg om litt med det samme.

G: Er det restauranter på alle stasjonene?

A: Nei, bare på de største. Mellom Bergen og Oslo er det fire—Voss, Myrdal, Ål og Hønefoss. Mens vi er på høyfjellet, spiser vi middag i spisevogna.

G: Ja, det var en bra idé.

A: Nå stanser toget—og der borte er restauranten. Kom, la oss skynde oss, så vi kan se litt på utsikten før toget går igjen.

Vi kan gå av på Myrdal stasjon og kjøpe kaffe og smørbrød.

2. En nordmann, Alf Mjøen, og en amerikaner, Bob Scott, sitter og snakker sammen på toget mellom Oslo og Bergen.

M: Hva synes De om terrenget her langs Bergensbanen?

S: Det er noe av det villeste jeg har sett. Vet De hvor høyt banen går?

M: Det høyeste stedet er ved Taugevann, ett tusen tre hundre og en m. o. h.

S: Er det en stasjon der?

M: Nei, den høyeste stasjonen er Finse, tolv hundre og tjueto m. o. h. Der kan De se snø midt på sommeren.

S: Går folk på ski der om sommeren da?

M: Å nei, snøen er ikke så bra om sommeren. Folk flest går fottur i fjellet om sommeren og venter med å gå på ski til det blir vinter.

S: Ja, jeg kan tenke meg at det er best.

M: De kan tro det er morsomt å gå tur i fjellet—både om sommeren og om vinteren.

S: Er det noe sted å bo her oppe på fjellet?

M: Ja da. Turistforeningen har mange hytter her oppe, og der er det rimelig å bo året rundt.

S: Det ville sikkert være en flott ferie å gå tur i fjellet.

M: Ja, det er det. De må absolutt prøve det en gang.

S: Ja, det skal jeg jamen gjøre.

DET ER MORSOMT Å GÅ TUR I FJELLET

ENGLISH EQUIVALENTS

George and Arne are standing at Finse station:

1. First we have to send the baggage to Geilo.
2. Where do we do that?
3. The baggage room is at the other end of the platform.
4. Let me take one of your suitcases, you can't manage [them] all yourself.
5. Thanks, that's very nice of you.
6. What do you have in this suitcase?
7. It's heavy as lead.
8. It's full of books.
9. *(to the baggage clerk)* We'd like to get these suitcases sent to Geilo.
10. All right, that's 80 kilos (176 lb) [all] together.
11. That'll be sixteen *kroner* and fifty *øre*.
12. *(to Solum)* That sure wasn't cheap.
13. It was all your books that did it.
14. Well, then I'll pay the largest share.
15. Here is a ten-*kroner* bill.
16. No, let me pay more than that.
17. Here's a *krone* back.

LISTENING SCRIPT

1. bagasje [baga'sje], en
2.
3. ekspedisjon [ekspedisjo'n], en; ende [en`ne], en
4. koffert [kof'fert], en; klare, -te, -t
5.
6.
7. tung [tong']; bly, et
8. full; bøker [bø'ker], pl of bok
9.
10. kilo [kji'lo], en/et, pl kilo; til sammen
11.
12. neimen
13.
14. betale, -te, -t; størsteparten
15. tier [ti'er], en
16.
17.

IT'S FUN TO HIKE IN THE MOUNTAINS

Georg og Arne står på Finse stasjon:

1	*Arne:*	Først må vi sende bagasjen til Geilo.
2	*Georg:*	Hvor gjør vi det da?
3	*Arne:*	Ekspedisjonen er ved den andre enden av perrongen.
4		La meg ta en av koffertene dine, du klarer ikke alle selv.
5	*Georg:*	Ja takk, det var veldig snilt av deg.
6	*Arne:*	Hva har du i denne kofferten?
7		Den er tung som bly.
8	*Georg:*	Den er full av bøker.
9	*Arne:*	(*til ekspeditøren*) Vi vil gjerne få sendt disse koffertene til Geilo.
10	*Ekspeditøren:*	Ja vel, det er 80 kilo til sammen.
11		Det blir 16 kroner og 50 øre.
12	*Georg:*	(*til Solum*) Det var neimen ikke billig.
13	*Arne:*	Det var alle bøkene dine som gjorde det.
14	*Georg:*	Ja, da skal jeg betale størsteparten.
15		Her er en tier.
16	*Arne:*	Nei, la meg betale mer enn det.
17		Her har du en krone igjen.

18. Shall we leave right away?
19. No, let's first get a little food here at the hotel,
20. and then we can set out.

18. dra, dro, dradd; dra av sted; med en gang
19.
20. legge i vei

△ **REPETISJON**

Combine the elements in each group to form different grammatically correct and logical sentences:

a)

		koffertene	mine	
begge		leksene	sine	selv.
alle		bøkene	våre	
			hans	

Jeg
Vi   klarer ikke
Georg

| | mer | poteter. |
| | | mat. |

	drikke		mye.
	spise	så	fort.
	springe		ofte.
å	gå		

| | lese | så lenge. |
| | sove | |

b)

Det

	10	kroner
blir	20	
er	40	kilo
	80	kilometer

til sammen.

c)

Når

| skal |
| vil |
| må |
| kan |

| Georg |
| vi |

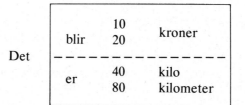

dra av sted?
legge i vei?

reise   (fra   Finse?
                 Bergen?)

18	*Georg:*	Skal vi dra av sted med en gang?
19	*Arne:*	Nei, la oss først få litt mat her på hotellet,
20		og så kan vi legge i vei.

△ SPØRSMÅL

1. Hva må Georg og Arne gjøre først?
2. Hvorfor sender de bagasjen dit?
3. Hvor er ekspedisjonen?
4. Hvorfor tar Arne en av Georgs kofferter?
5. Hvorfor er kofferten så tung?
6. Hvorfor koster det så mye å sende bagasjen?
7. Hvorfor skal Georg betale størsteparten?
8. Hvorfor gir Arne Georg en krone igjen?
9. Hvor mye betaler Arne da?
10. Hva skal de gjøre før de drar av sted?

SAMTALEØVELSE

1. You enter a railroad station in Norway, ask a passerby where the baggage room is, go there and send your trunks to Oslo. You then ask the baggage clerk where the ticket window is, if there is a restaurant at the station where you can get a sandwich before you leave, etc.
2. You go into the hotel at Finse and order coffee and sandwiches. You ask the waiter how far it is to Geilo through the mountains and how many days it will take to walk there. He tells you. You ask where you can stay overnight on the way and he tells you about the cabins of the Tourist Association.

ENGLISH EQUIVALENTS

Later:

21. Let's go south towards Krækkja.
22. There's a cabin there where we can spend the night.
23. Isn't that a little far?
24. It's the nearest cabin.
25. We'll make ('manage') it if we keep at it ('hang in').
26. It's a good thing I have these good boots.
27. It's pretty stony here.
28. Yes, it's a little strenuous ('heavy') to walk in the mountains,
29. but it's both healthy and lots of fun.
30. Doesn't the snow ever melt on those mountains?
31. No, it's perpetual snow, so you could go skiing there [all] year round.
32. What does this large red 'T' on this stone mean?
33. That's the Tourist Association's mark.
34. They mark (up) the paths between the cabins.
35. There must be a lot of fish in these lakes.
36. Yes, it's too bad that my fishing rod is back in Bergen.
37. But perhaps we'll get fresh trout when we arrive.

LISTENING SCRIPT

21. sørover [sø′r/å˙ver]; Krækkja [krekkj`a]
22.
23.
24. nærmeste [nær`meste]
25. henge, hang, hengt; henge i
26. støvel [støv`vel], en, pl støvler
27. steinete
28. tungt (å gå)
29. sunn, sunt, sunne
30. smelte, -et, -et; de [di′]
31. evig [e`vi]
32. rød [rø′]
33.
34. merke, -et, -et; merke opp; sti, en
35. massevis; fisk, en; vann, et (lake)
36. fiskestang, en; stå igjen
37. fersk; ørret, en; komme fram

DET ER MORSOMT Å GÅ TUR I FJELLET

(fortsatt *continued*)

Senere

21	*Arne:*	La oss gå sørover mot Krækkja.
22		Der er det ei hytte hvor vi kan overnatte.
23	*Georg:*	Er ikke det litt langt?
24	*Arne:*	Det er den nærmeste hytta.
25		Vi klarer det hvis vi henger i.
26	*Georg:*	Det er bra jeg har disse gode støvlene.
27		Det er nokså steinete her.
28	*Arne:*	Ja, det er litt tungt å gå i fjellet,
29		men det er både sunt og morsomt.
30	*Georg:*	Smelter aldri snøen på de fjellene?
31	*Arne:*	Nei, der er det evig snø, så der kunne du gå på ski året rundt.
32	*Georg:*	Hva betyr denne store røde T'en på steinen her?
33	*Arne:*	Det er Turistforeningens merke.
34		De merker opp stiene mellom hyttene.
35	*Georg:*	Det må være massevis av fisk i disse vannene.
36	*Arne:*	Ja, det er synd at fiskestangen min står igjen i Bergen.
37		Men kanskje vi får fersk ørret når vi kommer fram.

38. It's remarkable how many kinds of flowers there are up here,
39. and how bright ('strong') and pure the colors are.
40. Yes, many beautiful flowers and plants grow on the mountain plateau.

38. merkelig [mær`keli]
39. sterk [stær′k]
40. vokse [våk`se], -te, -t; plante, en

△ **REPETISJON**
Combine the elements in each group to form different grammatically correct and logical sentences:

a)

Georg Jeg Arne Alle nordmenn	synes det er svært	tungt morsomt sunt	å gå	fottur. i fjellet. på vidda. på ski.

b)

| Jeg
Vi
Nordmenn | pleier å
kan
vil gjerne | gå på ski
sove
spise
bade og seile | | døgnet
året | rundt. |

dagen.
uken.
hele måneden.
vinteren.
sommeren.

c)

| Det er | synd
bra
godt | at | fiskestangen
koffertene
skrivemaskinen | står igjen | i | Bergen.
Oslo. |

på Finse.
Geilo

38 *Georg:* Det er merkelig hvor mange slags blomster det er her oppe,

39   og hvor sterke og rene fargene er.

40 *Arne:* Ja, det vokser mange vakre blomster og planter på høyfjellet.

△ **SPØRSMÅL**

1. Hvorfor går Arne og Georg mot Krækkja?
2. Hvorfor går de ikke til en annen hytte?
3. Klarer de å nå Krækkja samme dagen?
4. Er det lett å gå i fjellet?
5. Hvorfor er det bra at Georg har gode støvler?
6. Hvorfor smelter aldri snøen på noen av fjellene på Hardangervidda?

7. Synes du det ville være morsomt å gå på ski året rundt?
8. Hvorfor merker Turistforeningen opp stiene mellom hyttene?
9. Hvorfor synes Arne det er synd at fiskestangen hans står igjen i Bergen?
10. Hvorfor synes Georg det er så merkelig at det vokser så mange blomster på høyfjellet?

1. You are telling a friend about the vegetation on the Hardanger Plateau (he can start the conversation by asking you what kind of trees there are up there). Be sure to tell him about the tree line and the wild flowers, etc.
2. You and a friend are discussing a hiking trip you want to take in the mountains in Norway. You have hiked there before (be sure to tell him when) and are explaining things to him. He asks about places to stay, if there is any snow to go skiing on during the summer, if he should bring his fishing pole, how you will get up to the mountains, etc.
3. You arrive at one of the Tourist Association's cabins. You ask when dinner is served and if there is room for you to spend the night. You are told that dinner will be ready soon, that there is plenty of (**god**) room, and that you can also get breakfast in the morning. You ask how much it costs, then how far it is to the next cabin, how many days it will take you to get to Finse, etc.

Grammar

○ 13.1 Irregular Noun Plurals

Not all nouns form the plural according to the rules given in Lesson 3. In Lessons 10, 12, and 13 we have had three irregular noun plurals: **netter, bøker** (definite form: **bøkene**), and **trær.**

Most irregular nouns form the plural like **bok** and **natt,** i.e., by changing the stem vowel and adding **-er** to form the indefinite plural, and by changing the stem vowel and adding **-ene** to form the definite plural. We have had, or will soon have, several other such nouns in addition to **natt** and **bok:**

	INDEFINITE PLURAL	DEFINITE PLURAL
en bok	bøker	bøkene
en bonde *farmer*	bønder	bøndene
en natt	netter	nettene
en hånd	hender	hendene

The singular of **trær** is **tre** (definite singular: **treet**). Another word which forms the plural in the same way is **kne** 'knee'—**knær.** Similar is the

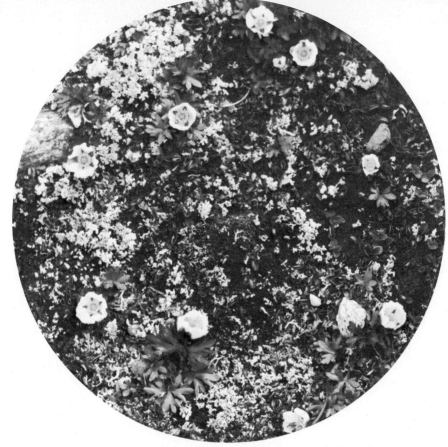

Ja, det vokser mange vakre blomster og planter på høyfjellet.

plural form **klær** (cf. 8.27). The definite plural of these nouns is formed by adding **-ne** to the indefinite plural:

et tre	**tr**ær	**trær**ne
et kne	**kn**ær	**knær**ne
– – –	**kl**ær	**klær**ne

The noun **mann** forms the indefinite plural by only changing the stem vowel (cf. English *man, men*):

en mann	menn	men**nene**

The five nouns describing members of the immediate family belong in a group by themselves. They all change the stem vowel to form the plural (except **søster**), some add extra consonants, and they all end in **-re** in the indefinite plural. The definite plurals all end in **-rene**:

en far	fe**dre**	fe**drene**
en mor	mø**dre**	mø**drene**
en bror	brø**dre**	brø**drene**
en datter	dø**tre**	dø**trene**
en søster	sø**stre**	sø**strene**

All agent nouns (formed in the singular by adding **-er** to the stem of a verb describing the action performed by the agent) have a special plural formation. We have had one example of an agent noun in the singular: **lærer** (from the verb **å lære** 'to teach'). The plural forms are:

en lærer	lærere	lærerne

Names of nationalities which end in **-er** in the singular also form the plural in this way:

en amerikaner	amerikanere	amerikanerne

EXERCISES
Translate:

1. I have two sisters and four brothers.
2. I'm going to write many books about Norway.
3. Many Americans are teachers.
4. The teachers in Norway are very good.
5. Many mothers don't understand their daughters.
6. The Americans who have been in Norway like it very well there.

○ **13.2 If**

Two words in Norwegian correspond to the one English word 'if': **hvis** and **om:**

2.38 **Hvis** du vil, skal vi vise deg byen.
13.25 Vi klarer det **hvis** vi henger i.

7.17 Jeg vet ikke **om** det er det samme her.
12.11 Vet du **om** det er spisevogn på toget?

Rule: When you can substitute English 'whether' for 'if,' use **om;** otherwise either **hvis** or **om** (the first two could be **om du vil, om vi henger i).**

EXERCISE
Supply **hvis** or **om** as necessary:

1. Jeg vet ikke _____ han bor her i byen.
2. Jeg skal til Oslo i morgen _____ det er godt vær.
3. Spurte han deg _____ du ville ha håret klippet?
4. _____ toget går klokken fem, er vi på Finse klokken elleve.
5. Jeg må til Bergen i dag _____ det er godt vær eller ikke.

○ 13.3 Igjen

We have had the word **igjen** in four different meanings: 'back,' 'left,' 'behind,' and 'again.' While these are related, they are different enough so that we should look more closely at them:
(a) 'Back':

> 8.35 Har du ikke fått den **igjen?**
> 9.13 Så snart kelneren kommer **igjen** . . .
> 13.17 Her har du en krone **igjen.**

This meaning of **igjen** is usually found with verbs like **få, ha, komme.** In other contexts 'back' is expressed by **tilbake,** e.g.

> 3.29 Og så skal jeg **tilbake** til Amerika.

(b) 'Left, remaining':

> 8.31 Har du ingen rene (skjorter) **igjen?**
> 11.17 Det var bare én vindusplass **igjen.**

This meaning of **igjen** is usually found with verbs like **ha, være.**
(c) '(Left) behind':

> 9.36 Hvor mye pleier en å legge **igjen** i drikkepenger . . .?
> 13.36 Det er synd at fiskestangen min står **igjen** i Bergen.

This meaning of **igjen** is usually found with verbs like **bli, legge, ligge, sitte, stå.**
(d) 'Again':

> 10.37 Men kanskje vi treffes **igjen** senere.
> 11.7 Så morsomt å treffe deg **igjen.**

Another expression with similar meaning that can often be used in place of **igjen** in this sense is **en gang til:**

> 1.14 Vil du si det **en gang til?** (Vil du si det **igjen?**)

En gang til is used when the action is repeated only once.

EXERCISE
Translate:
1. I have only three days left in Norway. Then I have to go back to America.
2. Did you meet him again? Yes, I met him only once more.
3. Here is my typewriter. I got it back yesterday.

△ LA OSS LYTTE

1. Alf Mjøen og Bob Scott kommer inn i spisevogna:

M: (*til kelneren*) Har De begynt å servere ennå?
K: Vi begynner å servere klokken to. Det blir ikke lenge å vente. Vil De ikke sitte ved dette bordet? Så har De god utsikt over vidda.
M: Jo takk, det var bra.
K: Vil De se vinlisten?
M: Jeg tror jeg tar et glass øl mens vi venter. Og De?
S: Jeg tar også et glass.
K: Ja takk.
S: Hva heter det fjellet der borte?
M: Det er Hallingskarvet, ett av de høyeste fjellene på Hardangervidda.
S: Smelter ikke snøen der om sommeren?
M: Ikke helt. Der kan De finne evig snø hvis De går høyt nok. Liker De å fiske?
S: Ja da, jeg har fisket mye i min tid.
M: De kan få den fineste ørret i hele verden i vannene ved foten av det fjellet.
S: Ja så! Hvis jeg bare hadde litt bedre tid, skulle jeg jamen gå av toget på neste stasjon og prøve meg.
M: Ja, og hvis jeg ikke måtte til Oslo i dag, skulle jeg bli med Dem. Det ville vært en flott tur, men det får vente til en annen gang.

2. Henrik Rabben treffer sin venn Olav Hoel på restauranten og forteller om en tur til Finse:

H: God dag, god dag, hvordan går det?
O: Takk bra, men hvor har du vært de siste ukene?
H: Jeg har vært på Finse. Kari og jeg reiste dit på ferie.
O: Ja så. La oss sitte ved det lille bordet der borte, så kan du fortelle meg om det over en halv øl.
H: Det var en god idé.
O: Hvordan reiste dere?
H: Vi tok toget. Det er jo det letteste.
O: Overnattet dere på hotellet der oppe?
H: Ja, første natten, men resten av uken bodde vi i ei hytte. Det var en flott ferie.
O: Og mens dere hadde det morsomt på fjellet, satt jeg på kontoret her i Oslo.
H: Får du ikke ferie i år da?
O: Jo, om et par måneder. Men da er det for kaldt å reise til fjells.

PASS DEG FOR DEN SVINGEN!

ENGLISH EQUIVALENTS

George and Arne are at a hotel at Geilo after the hike. They have rented a car and are going to drive to Oslo:

1. The car's (standing) outside waiting for us.
2. Are you ready?
3. Yes, right away, I just have to finish packing my suitcase.
4. We'll have to get ('fill') gas, won't we?
5. Yes, the tank is almost empty.
6. We have to stop at ('must in at') a gas station before we leave.
7. Which of us will drive?
8. It doesn't make any difference.
9. Of course, I don't know the roads,
10. and besides they're so narrow and steep.
11. Well, *I* can drive then.
12. I'm used to them.
13. I haven't seen many American cars here in Norway.
14. No, they're a little too large for our roads,
15. and then they use so much gas.
16. Is (the) gas so expensive here?

LISTENING SCRIPT

Etter

1. ute; vente på
2.
3. straks; pakke, -et, -et; ferdig [fæ`ri, fær`di]
4. fylle, fylte, fylt; bensin [bensi′n], en
5. tank, en; tom [tomm′, tåmm′], tomt, tomme
6. bensinstasjon [bensi′n/stasjo˙n], en; før (conj); innom
7.
8. spille, spilte, spilt; rolle, en; spille ingen rolle
9.
10. smal; bratt
11.
12. vant (til)
13. her i landet
14.
15.
16.

LOOK OUT FOR THAT CURVE!

Georg og Arne er på et hotell på Geilo etter fotturen. De har leid en bil og skal kjøre til Oslo:

1	*Arne:*	Bilen står ute og venter på oss.
2		Er du ferdig?
3	*Georg:*	Ja, straks, jeg må bare pakke ferdig kofferten.
4		Vi må vel fylle bensin?
5	*Arne:*	Ja, tanken er nesten tom.
6		Vi må innom en bensinstasjon før vi drar.
7	*Georg:*	Hvem av oss skal kjøre?
8	*Arne:*	Det spiller ingen rolle.
9	*Georg:*	Jeg kjenner jo ikke veiene,
10		og dessuten er de så smale og bratte.
11	*Arne:*	Ja, da kan *jeg* kjøre.
12		Jeg er vant til dem.
13	*Georg:*	Jeg har ikke sett mange amerikanske biler her i landet.
14	*Arne:*	Nei, de er litt for store for våre veier,
15		og så bruker de så mye bensin.
16	*Georg:*	Er bensinen så dyr her da?

17. Yes, it's about two times as expensive as in America.
18. Is that so? I didn't know that.
19. But I have seen quite a few English cars here.
20. Yes, and we import many German and some Swedish [ones] too.

17. omtrent [åmtren't]
18. vite, (*pres.* vet), visste, visst
19. engelsk [eng'elsk]
20. importere [importe're], -te, -t; tysk; svensk

△ **REPETISJON**
Combine the elements in each group to form different grammatically correct and logical sentences:

a)

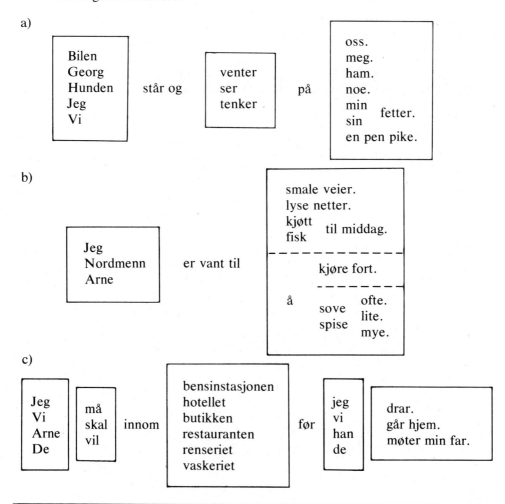

b)

c)

17   *Arne:*   Ja, den er omtrent to ganger så dyr som i Amerika.

18 *Georg:* Ja så, det visste jeg ikke.

19   Men jeg har sett ganske mange engelske biler her.

20   *Arne:*   Ja, og vi importerer mange tyske og en del svenske også.

△ SPØRSMÅL

1. Hvorfor er ikke Georg ferdig ennå?
2. Hvor står bilen?
3. Er bensintanken full?
4. Hvor kan de få fylt den?
5. Hvorfor vil ikke Georg kjøre?
6. Hvordan er de norske veiene?
7. Hvorfor er det så vanskelig å kjøre amerikanske biler på dem?
8. Hvorfor er det så dyrt å kjøre bil i Norge?
9. Hva slags biler brukes mest i Norge?
10. Hva slags bil har du?

SAMTALEØVELSE

1. You drive into a gas station to get gas. You tell the attendant the tank is almost empty and ask him to fill it. You ask him if he has a map. He gets a map for you, asks you where you are going, explains how to get there, etc.
2. You are talking to a Norwegian friend about cars in Norway. He tells you that all cars in Norway are imported, what kinds are used, etc. You tell him about your car.

Oslo: Karl Johans gate.

ENGLISH EQUIVALENTS
21. Hey! Look out for that curve.
22. It looks dangerous.
23. Take it easy! The car has good brakes,
24. and I've never been in a single automobile accident.
25. Well, you should drive a little slower anyway.
26. Oh, you remind me a little of my wife.
27. "Drive carefully now," she says.
28. Well, she's undoubtedly right.
29. Does she drive a car herself?
30. No. I've tried to teach her,
31. but you know, a wife can seldom learn anything from her husband.
32. Do you have [your] own car?
33. Yes, I have a little French car that I take care of myself.
34. I didn't know that you were an automobile mechanic.
35. No, I'm not really either.
36. But I'm interested in machinery.
37. Oh! What was that sound?
38. I guess there is ('There is certainly') something wrong with the car.
39. Best to stop here and check.
40. Well, now you'd better show what you can [do].

LISTENING SCRIPT
21. passe, -et, -et; passe seg; sving, en
22. farlig
23. ro, en; ta det med ro; bremse, en
24. bilulykke [bi`l/ulyk`ke], en
25. allikevel [ali`ke/vell`]; langsommere [lang`/såm`mere]
26. minne, minte, mint; kone, en (ei); minne om
27. forsiktig [fårsik'ti]
28. rett, en; ha rett
29.
30. hun, hennes, henne
31. sjelden; mann, en (husband)
32.
33. fransk; stelle, stelte, stelt
34. bilmekaniker [bi`l/meka`niker], en
35.
36. interessert [int^erese'rt]; maskineri, et
37. au; lyd, en
38. visst; noe i veien
39. etter (adv)
40.

PASS DEG FOR DEN SVINGEN!

(fortsatt *continued*)

21	*Georg:*	Hei! Pass deg for den svingen.
22		Den ser farlig ut.
23	*Arne:*	Ta det med ro! Bilen har gode bremser,
24		og jeg har aldri vært i en eneste bilulykke.
25	*Georg:*	Ja, men du må allikevel kjøre litt langsommere.
26	*Arne:*	Du minner meg litt om kona mi.
27		"Kjør forsiktig nå," sier hun.
28	*Georg:*	Ja, hun har sikkert rett.
29		Kjører hun bil selv?
30	*Arne:*	Nei. Jeg har prøvd å lære henne det,
31		men du vet, en kone kan sjelden lære noe av sin mann.
32	*Georg:*	Har du egen bil?
33	*Arne:*	Ja, jeg har en liten fransk bil som jeg steller med selv.
34	*Georg:*	Jeg visste ikke at du var bilmekaniker.
35	*Arne:*	Nei, det er jeg jo heller ikke.
36		Men jeg er interessert i maskineri.
37	*Georg:*	Au! Hva var den lyden?
38	*Arne:*	Det er visst noe i veien med bilen.
39		Best å stanse her og se etter.
40	*Georg:*	Ja, nå får du vise hva du kan.

Geilo

△ **REPETISJON**

Combine the elements in each group to form different grammatically correct and logical sentences:

a)

Du Han Georg minner meg om Arne Deres kone	kona mi. en gammel venn av min far. hunden min. Arne. en venn i Amerika.

b)

Jeg   skal
Vi   kan
Georg   vil   (ikke) lære
Faren min   må
Han

kona mi ham henne meg Dem deg	det. noe. ------ å kjøre bil. snakke norsk. ------ norsk. engelsk.

tysk.
svensk.
norsk.
engelsk.
fransk.
- - - - - - - -
å   kjøre bil.
   snakke norsk.

244

c)

Jeg Georg Vi Nordmenn Amerikanere	er interessert i

maskineri.
biler.
bøker.
piker.

lese   gode
norske   bøker.

å   reise omkring i Norge.

se   lite
betale   så   mye   som mulig.

△ **SPØRSMÅL**

1. Hvorfor sa Georg at Arne skulle passe seg for svingen?
2. Var Arne flink til å kjøre?
3. Hva var det som minnet Arne om hans kone?
4. Har du noen gang lært å kjøre bil?
5. Hvorfor kunne ikke Arne lære kona si å kjøre bil?
6. Har du egen bil?
7. Steller du med den selv?
8. Hvorfor måtte Arne vise hva han kunne?

SAMTALEØVELSE

1. You are telling a friend about an automobile trip you took in Norway. Be sure to mention how narrow and steep the roads were, and that the curves were dangerous, etc. He asks you where you went, etc.
2. You and a friend are planning an automobile trip in Norway. You discuss where you want to go, what kind of car you'll buy, where you'll stop overnight, etc.

Grammar

○ **14.1 Continuing Action**

As discussed in Grammar **2.1,** Norwegian does not have a separate form of the verb corresponding to English verb forms ending in *-ing*. E.g., 'I wait' and 'I'm waiting' are both **jeg venter** in Norwegian.

Smalere veg

Gangfelt

Barn

Annen fare

Vegkryss

Ujevn veg

Farlig sving

Vegarbeid

However, the fact that an action continues over a period of time can be expressed in Norwegian by stating that the actor is sitting, standing, walking, or lying down while performing it. We have had several examples of this:

12.0	Smith og Solum **sitter og ser** ut av togvinduet.
La Oss Lytte 12, No. 2	(Mjøen og Scott) **sitter og snakker** sammen—
14.1	Bilen **står** ute **og venter** på oss.

This construction is also very common in the past and perfect tenses. E.g., if a person has been waiting for a friend to come, he may say

Jeg har **sittet og ventet** på deg.	(if he is seated in a chair)
Jeg har **ligget og ventet** på deg.	(if he is a patient in a hospital)
Jeg har **gått og ventet** på deg.	(if he has been pacing back and forth)
Jeg har **stått og ventet** på deg.	(if he has been standing on a street corner)

All of these sentences should be translated 'I've been waiting for you.' Note that the 'action verb' used is determined by the specific situation, and does not affect the basic meaning of the sentence, but merely imparts the idea that the waiting has been going on continuously over a period of time.

Each of these 'continuing' verbs is in the same tense as the main verb that follows it:

Jeg **sitter** og **ser** på deg.	I'm (sitting and) looking at you.
Jeg **satt** og **så** på deg.	I was (sitting and) looking at you.
Jeg **har sittet** og **sett** på deg.	I have been (sitting and) looking at you.

Using the 'continuing' verbs with **bli** 'remain' adds emphasis to the duration of the action, but then the main verb must be in the *infinitive* form while the 'continuing' verb is a *present participle* (see Grammar **21.1**):

Jeg **ble sittende** og **se** på deg.	I kept (sitting and) looking at you.
Vi **ble stående** og **snakke**.	We kept (standing and) talking.
Barnet **ble liggende** og **skrike**.	The child kept (lying and) screaming.
Hun **ble gående** og **mumle**.	She kept (walking and) mumbling.

There is also a special phrase used to express continuing action: **å holde på å** (followed by an infinitive) or **å holde på med** (followed by a direct object). E.g.,

Jeg **holder på å** skrive til ham.	I'm (in the act of) writing to him.
Hva **holder** du **på med?**	What are you (in the act of) doing?

EXERCISE

Translate into natural English:

1. Hva sitter du og tenker på?
2. Georg står og ser på en pen pike.
3. Har du gått og ventet lenge?
4. Georg holder på å pakke kofferten.
5. Jeg holder på med en god bok. (NB: the verb å lese is omitted)

○ 14.2 Know

The English word *know* translates two words in Norwegian: **kjenne** and **vite:**

> 2.15 **Kjenner** du moren min også?
> 14.9 Jeg **kjenner** jo ikke veiene.
> 5.22 Jeg **vet** ikke riktig.
> 12.11 **Vet** du om det er spisevogn på toget?
> 14.31 . . . men du **vet,** en kone kan sjelden lære noe av sin mann.
> 14.34 Jeg **visste** ikke at du var bilmekaniker.

Rule: **kjenne** means to be acquainted with or familiar with someone or something.

vite means to know a fact, or that something is true.

The phrase **å kjenne igjen** means 'to recognize':

> Jeg **kjente** ham ikke **igjen** med en gang. (I didn't recognize him right away.)

EXERCISE

Translate:

1. Do you know who I am?
2. Do you know him well?
3. I knew he was in Bergen when I was there, but I didn't meet him.
4. I knew her when she was a little girl.

○ 14.3 Omission of the Article

In the last few lessons we have had a number of sentences in which an indefinite article has been omitted:

> 11.21 Ja da, dette er røkekupé.
> 11.30 Det betyr at det toget har sovevogn.
> 12.11 Vet du om det er spisevogn på toget?
> 14.29 Kjører hun bil selv?
> 14.34 Jeg visste ikke at du var bilmekaniker.

In all of these sentences the indefinite article would be used in English, but it is omitted in Norwegian. The last sentence is obviously of the type that was described in Grammar **3.5** as omitting the article before the name of a person's trade or profession. But the others are different. In these the nouns leave it undetermined whether you are talking about one or many; you're not asking whether there is one or many dining cars on the train; you only want to know whether there is *any* dining car. You don't want to know whether the woman drives one particular car, but whether she drives *any* car at all. **Han kjører bil** means 'he knows how (or is able) to drive a (i.e., any) car,' while **han kjører en bil** means 'he's driving a particular car.'

○ **14.4 Ones**

When an adjective refers to a noun previously mentioned, the word 'one' or 'ones' is usually inserted after the adjective in English, but the adjective stands alone in Norwegian:

7.32 Her er **de beste** vi har. *(the best ones)*
7.33 Hvorfor er **de hvite** så mye dyrere enn **de andre?**
      (the white ones)   *(the other ones)*
7.36 Jeg tar to av **de hvite,** takk. *(the white ones)*
8.31 Har du ingen **rene** igjen? *(clean ones)*
8.33 Men sendte du ikke **den gamle** på renseriet? *(the old one)*
14.20 Vi importerer mange **tyske** og en del **svenske** også.
      (German ones)   *(Swedish ones)*

In some set phrases 'ones' is omitted in English also, e.g. *the rich and the poor, the just and the unjust, the quick and the dead.*

EXERCISE
Translate:

1. This mountain is higher than the other one.
2. I saw many English cars in Norway, but not many American ones.
3. I like the expensive shirts better than the cheap ones.
4. This shirt is dirty. Take the other one.

△ **LA OSS LYTTE**

1. Georg og Arne kjører på veien mellom Geilo og Numedal.

  G: Er den dalen der nede Numedal?
  A: Nei, det er Skurdalen. Det er den første vi skal gjennom. Vi må over minst et par fjell til før vi kommer til Numedal.
  G: Svært så mange fjell det er her i landet!
  A: Å ja, jeg tror det må være flere fjell enn folk her i Norge.
  G: Jeg begynner å forstå hvorfor det ikke er flere og bedre veier. Det må være et veldig arbeid å bygge veier i dette terrenget.

A: Ja, det er sikkert. Og dyrt blir det også.

G: Er det noe sted langs veien her hvor vi kan spise?

A: Begynner du å bli sulten alt?

G: Ja, det er nokså lenge nå siden vi spiste frokost, vet du.

A: Da kan vi få oss en kopp kaffe på Dagali. Men jeg har tenkt vi skulle innom Flatabø når vi kommer ned i Numedal. Der bor det en venn av meg, og hvis alt går bra, kommer vi fram rett ved middagstid. Tormod ber oss sikkert inn til middag.

G: Det skal bli fint.

A: Ja, og billig også.

2. Georg og Arne kjører ned til Numedal.

A: Hva sitter du og tenker på?

G: Jeg tenker på den første bilen min.

A: Hva slags bil var det?

G: Å, det var en gammel, dårlig bil, men jeg likte den veldig godt allikevel.

A: Hvorfor det?

G: Jo, jeg hadde betalt for den selv, forstår du. Jeg arbeidet i tre måneder for å kunne kjøpe den. Jeg tror ikke jeg betalte mer enn hundre dollar for den.

A: Men var det ikke farlig å kjøre en så gammel bil?

G: Jo, for det første var det bare så vidt jeg kunne få den til å gå, og så måtte jeg være svært forsiktig når jeg kjørte hvor det var mange svinger. Bremsene var ikke gode. Men så kjøpte jeg nye bremser, og da gikk det bra.

A: Jeg vil helst ikke kjøre bil selv.

G: Hvorfor ikke det?

A: Jeg var i en forferdelig bilulykke en gang, forstår du, og jeg har vanskelig for å glemme det.

G: Var det din egen bil?

A: Nei, det var fars. Og det gjorde det ikke bedre. Jeg kjørte rett på en annen bil. Siden fikk jeg ikke lov til å kjøre bilen hans mere.

G: Ja, det kan jeg godt forstå.

VI SPISER GAMMELDAGS MAT HER PÅ GÅRDEN

ENGLISH EQUIVALENTS

George and Arne drive in at a farm in Numedal where Arne knows the farmer, Tormod Flatabø. They are hungry after the long trip from Geilo.

1. Hello, Tormod, it's [been] a long time since the last time.
2. Yes, it's been a while.
3. Who's that fellow there?
4. This is my friend, George Smith.
5. He's from America, but he was born of Norwegian parents.
6. We've driven from Geilo today.
7. Then you're a little bit hungry, I can imagine.
8. We're going to eat dinner soon,
9. if you don't have anything against a little every-day food.
10. Oh, thanks a lot, Tormod.
11. Now you'll get a taste ('to taste') of genuine Norwegian food, George.
12. Yes, we eat old-fashioned food on this farm. ('here on the farm')
13. Do you have 'flatbread' and 'lefse?'
14. Yes indeed, and we make our own cheese—both goat cheese and 'old' cheese.
15. Maybe we could go down to the store house,
16. and find a little dried mutton for you, too.

LISTENING SCRIPT

gård [gå′r], en; bonde [bon`ne], en, pl bønder [bøn′ner]

1. siden (prep); siden sist
2.
3. kar, en
4.
5. født; foreldre [fårel′dre]
6.
7.
8.
9. imot [imo′t]; hverdagsmat [væ`rdaks/ma˙t]
10.
11. ekte
12. gammeldags [gam`mel/dak˙s]; her på gården
13. flatbrød [flat′/brø˙], -et; lefse, en
14. lage, -et, -et (or -de, -d); ost, en; geitost [jæi`t/os˙t], en; gammelost, en
15. stabbur, et
16. spekekjøtt [spe`ke/kjøtt˙], et; òg (adv)

WE EAT OLD-FASHIONED FOOD ON THIS FARM

Georg og Arne kjører inn på en gård i Numedal hvor Arne kjenner bonden, Tormod Flatabø. De er sultne etter den lange turen fra Geilo:

1	*Arne:*	God dag, Tormod, det er lenge siden sist.
2	*Flatabø:*	Ja, det har vært en stund.
3		Hvem er den karen der?
4	*Arne:*	Dette er min venn, Georg Smith.
5		Han er fra Amerika, men han er født av norske foreldre.
6		Vi har kjørt fra Geilo i dag.
7	*Flatabø:*	Da er dere litt sultne, kan jeg tenke meg.
8		Vi skal snart spise middag,
9		hvis dere ikke har noe imot litt hverdagsmat.
10	*Arne:*	Ja, takk for det, Tormod.
11		Nå skal du få smake ekte norsk mat, Georg.
12	*Flatabø:*	Ja, vi spiser gammeldags mat her på gården.
13	*Georg:*	Har dere flatbrød og lefse?
14	*Flatabø:*	Ja da, og vi lager vår egen ost—både geitost og gammelost.
15		Kanskje vi kunne gå ned i stabburet
16		og finne litt spekekjøtt til dere òg.

17. I see you're busy building now.
18. Yes, there's our new barn.
19. We have fifteen cows and ten pigs now, you know.
20. Are the cows at the summer farm now?
21. Yes, and up there we have 50 or 60 sheep, too.

17. holde på å
18. fjøs, et
19. ku, ei, pl kyr or kuer; gris, en
20. seter [se′ter], ei, def setra [se′tra], pl setrer [se`trer]
21. sau, en

△ **REPETISJON**
Combine the elements in each group to form different grammatically correct and logical sentences:

a)

	Min	datter			norske	
		venn		av	amerikanske	foreldre.
		far			engelske	
	Georg		er født		Norge.	
	Jeg				Oslo.	
	Vi				Amerika.	
	Han			i	Bergen.	
					1940	
					1958	
					1960	

b)

		litt hverdagsmat.
Jeg		et glass øl.
Georg og Arne	har ikke noe imot	amerikanere.
Tormod Flatabø		kjøre på smale veier. denne bilen.
		å spise litt nå. sove
		reise til Norge. Amerika.

17 *Arne:* Jeg ser du holder på å bygge nå.
18 *Flatabø:* Ja, der står det nye fjøset vårt.
19   Vi har femten kuer og ti griser nå, vet du.
20 *Arne:* Er kuene på setra nå?
21 *Flatabø:* Ja, og der oppe har vi en 50—60 sauer også.

c)

| Jeg
Vi
Tormod | skal finne | litt   mat
     spekekjøtt
     øl
———————
noe å   spise
     drikke | til | deg.
ham.
min mor.
Georg.
oss. |

△ SPØRSMÅL

1. Hvorfor kjørte Arne og Georg inn på gården Flatabø?
2. Hvor er Georg født?
3. Når er du født?
4. Hvorfor var Georg og Arne sultne?
5. Kom de til Flatabø i rett tid?
6. Hva slags mat er "gammeldags" norsk mat?
7. Hvorfor skal de ned til stabburet?
8. Hvorfor måtte Tormod bygge nytt fjøs?
9. Når er kuene på setra?
10. Har du noen gang vært på en norsk seter?

SAMTALEØVELSE

1. A Norwegian farmer is showing you around his farm. You ask him how many of the different kinds of farm animals he has, etc. He asks you where you were born in America and you tell him you were born on a farm in one of the states, etc. Be sure to ask him if he has a summer farm, too, and where it is, etc.

Er kuene på setra nå?

ENGLISH EQUIVALENTS

22. I see the grain is doing ('standing') well in the field.
23. Oh, if we get enough rain, we won't complain.
24. Do you grow wheat here?
25. No, wheat doesn't grow well here.
26. We sow mostly barley and oats, and also a little rye.
27. And we get a lot of hay, which we have in the hay barn over there.
28. But now the food should be ready.

At the dinner table:

29. This porridge is some of the best [food] I've [ever] tasted.
30. But I can't manage very much of it.
31. No, cream porridge is filling ('powerful').
32. *(to Solum)* Phew, where is that awful smell coming from?
33. Shh, that's the 'old' cheese, of course.
34. Well thanks, I won't have any of that.
35. Oh, it doesn't taste as bad as it smells.
36. Well, I don't suppose I'll die from it.
37. No, just close your eyes and swallow.
38. That wasn't bad at all!
39. Thank you for the food.
40. That was a meal I'll never forget.

LISTENING SCRIPT

22. korn [ko'rn], et; åker [å'ker], en; på åkeren [å'kern]
23. klage, -et, -et (or -de, -d)
24. dyrke, -et, -et; hvete [ve`te], en
25. gro, -dde, -dd
26. så, -dde, -dd; mest (adv); bygg, en (et); havre, en; rug, en
27. høy, et; låve, en
28.
29. grøt, en; middagsbord, et
30.
31. rømmegraut, en; mektig [mek`ti]
32. fy; stygg, stygt [styk't], stygge; lukt [lok't], en
33. hysj da; naturligvis [natu'rli/vi˙s]
34.
35. vond [vonn']; lukte [lok`te], -et, -et
36. nå (interj); dø, døde, dødd
37. nei da; lukke [lok`ke], -et, -et; øye, et, pl øyne; svelge, -et, -et
38. verst [vær'st]; ikke verst
39.
40. komme til å

VI SPISER GAMMELDAGS MAT HER PÅ GÅRDEN

(fortsatt *continued*)

22	*Arne:*	Jeg ser kornet står bra på åkeren.
23	*Flatabø:*	Å ja, hvis vi får regn nok, så skal vi ikke klage.
24	*Georg:*	Dyrker dere hvete her?
25	*Flatabø:*	Nei, hveten gror ikke bra her.
26		Vi sår mest bygg og havre, og så litt rug.
27		Og vi får mye høy, som vi har i låven der borte.
28		Men nå skulle maten være ferdig.

Ved middagsbordet:

29	*Georg:*	Denne grøten er noe av det beste jeg har smakt.
30		Men jeg klarer ikke mye av den.
31	*Flatabø:*	Nei, rømmegrauten er mektig, den.
32	*Georg:*	*(til Solum)* Fy, hvor kommer den stygge lukten fra?
33	*Arne:*	Hysj da, det er gammelosten naturligvis.
34	*Georg:*	Ja takk, den skal ikke jeg ha noe av.
35	*Flatabø:*	Å, den smaker ikke så vondt som den lukter.
36	*Georg:*	Nå, jeg dør vel ikke av den?
37	*Arne:*	Nei da, bare lukk øynene og svelg!
38	*Georg:*	Den var slett ikke verst!
39		Takk for maten.
40		Det var et måltid jeg aldri kommer til å glemme.

△ **REPETISJON**
Combine the elements in each group to form different grammatically correct
and logical sentences:

a)

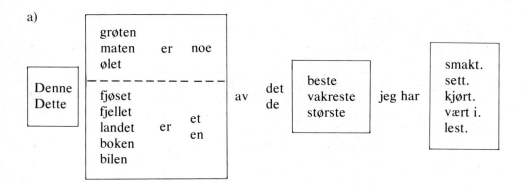

Denne / Dette	grøten / maten / ølet	er	noe		av	det / de	beste / vakreste / største	jeg har	smakt. / sett. / kjørt. / vært i. / lest.
	fjøset / fjellet / landet / boken / bilen	er	et / en						

b)

Jeg / Georg Smith / Vi	kommer (ikke) (aldri) til å	glemme	Anne-Marie. / maten hos Flatabø. / terrenget langs Bergensbanen.
		skrive	en bok / mye pent om Norge. / brev igjen.
		reise	til Norge. / tilbake til mye i Norge. / Bergen. / Amerika.

△ **SPØRSMÅL**

1. Hva slags korn dyrker de i Norge?
2. Hvorfor kommer ikke Tormod til å klage hvis det regner litt?
3. Hvorfor gror ikke hveten bra i Norge?
4. Hva slags korn lager vi brød av?
5. Hvor har bonden høyet sitt?
6. Liker Georg rømmegrauten?
7. Hvorfor klarer han ikke mye av den?
8. Hvorfor ville han ikke ha noe gammelost?
9. Hvordan klarte han endelig å få ned litt av den?
10. Hva sa Smith til Flatabø da han takket for maten?

SAMTALEØVELSE
1. You are telling a friend about a visit you made to a Norwegian farm. Be sure to tell where the farm was, the name of the farmer, and how you got there. Your friend asks about what kinds of grain are raised in Norway, how many cows there are on Norwegian farms, etc. Be sure to tell him about the 'seter.'
2. You stop in at a farm during an automobile (or bicycle) trip in Norway to ask for directions (let's say you're asking about the road to Geilo). You ask the farmer you meet for directions and then ask him what the different buildings you see are. After he tells you, you thank him and continue on your trip.
3. You tell a friend about a trip you took in Norway, where you went by train, where you went by car, what you saw, any farms or restaurants you stopped at, any villages you came to, etc. He asks you questions about it all.

Grammar

○ **15.1 The Future**

In Grammar **4.3** the formation of the future with the present tense, with **skal,** and with **vil** was discussed. We have had many examples of these constructions since then. A few of them are:

(Present)
- 12.25 Snart **ser** vi ikke annet enn bjørk og lyng.
- 12.30 Først **går** vi fottur i fjellet,
- 12.31 og så **biler** vi ned gjennom Numedal.

(skal)
- 15.8 Vi **skal** snart spise middag.
- 14.7 Hvem av oss **skal** kjøre?
- 11.19 Jeg **skal** ikke tilbake til Bergen.

(vil)
- 9.18 **Vil** du ha noe dessert?
- 5.7 **Vil** du være med og se litt på byen i dag?

In Lesson 15 a new way of expressing the future appeared, the phrase **kommer til å:**

15.40 Det var et måltid jeg aldri **kommer til å** glemme.

There is a hint of compulsion or necessity, due to circumstances, contained in this phrase. It is a statement of what will, or will not, come to pass.

EXERCISE
Translate ten sentences from Repetisjon b, page 258.

○ 15.2 Adverbs in Dependent Clauses

As stated in Grammar **4.2 (c)**, the negative adverb **ikke** comes immediately after the verb. This rule applies only to *independent* clauses. In *dependent* clauses **ikke** comes immediately *before* the verb:

<blockquote>

15.9 . . . hvis dere **ikke** har noe imot litt
hverdagsmat.

La Oss Lytte 14, No.1 Jeg begynner å forstå hvorfor det
ikke er flere veier.

</blockquote>

The same rule applies to other negative adverbs, like **aldri,** as well as to a limited group of adverbs of time and degree, including **alltid, bare, gjerne, nettopp, ofte.** Note these examples:

<blockquote>

15.40 Det var et måltid jeg **aldri** kommer til
å glemme.

La Oss Lytte 13, No.1 Hvis jeg **bare** hadde litt bedre tid . . .

</blockquote>

EXERCISE
Translate:

1. He said he couldn't come.
2. I believe he always eats dinner at home.
3. It's too bad that we have never seen that movie.
4. If you only want a couple of sandwiches, I'll make them.
5. They said that they would gladly come tomorrow evening.
6. Don't you know that I often eat breakfast at a restaurant?
7. I think that he has just arrived from America.
8. When I didn't see him at the office, I went home.

○ 15.3 Word Compounding

In the last three lessons a number of new compounds have appeared:

Noun + Noun:
geitost, rømmegraut, bensinstasjon, bilmekaniker, bilulykke, Turistforeningen. What would these mean: havregrøt, hvetebrød, rugbrød, bygg-graut, bensintank, bilvei, veisving, togulykke, bussulykke, bilforening?

Noun + s + Noun:
hverdagsmat, middagsbord. What would these mean: hverdagsklær, søndagsklær, middagsmat, middagstid, aftensmat (note that **aftens** is an abbreviation of this word)?

Noun + e + Noun:
fiskestang. What would these mean: fiskemat, Fisketorvet, fiskeben (NB: **ben** means 'bone' here), fiskebrygge, fiskekone, fiskemiddag, fiskested, fisketur, fiskevær?

Verb + Noun:

spekekjøtt. What would these mean: spekesild (**sild** = herring), spekemat?

Adjective + Noun:

flatbrød, gammelost. What would these mean: flatland, flatseng (actually, one made up on the floor), gammelnorsk, gammelkar?

Adverb + Verb:

We have earlier had the word **velkommen,** where **-kommen** is an old-fashioned past participle of the verb **å komme.** What would these mean: velfødt, velbygget, velkjent, veldyrket, velgjort, vellaget, velment, velskrevet?

Adverb + Noun:

What would this word mean: vellyd?

○ 15.4 General Rules for Compounding

The following general rules will help you to analyze new compound words as they appear:

1. The first part of a compound is usually in its 'dictionary entry' form, i.e., the form you will find given first in a word list or dictionary. For verbs this means that they appear with the **-e** of the infinitive: **spekekjøtt, sovevogn.** For adjectives it means that they appear without either the ending **-e** or the ending **-t: høyfjell** (though it would be **et høyt fjell** 'a high mountain'), **flatbrød** (but **et flatt brød** 'a flat loaf of bread'). For nouns it means that they most frequently appear without any ending: **fottur, geitost, tregrense.**

2. Some nouns (and a very few adjectives) may, however, appear with the endings **-e** and **-s** when they form compounds:

-e-: Some nouns always use this combining form. E.g., **fiske-** (cf. the examples above). Others use it in all but a few compounds. E.g., **barne-** (from **barn** 'child'): **barnebarn** 'grandchild,' **barneseng** 'crib,' **barnepike** 'nursemaid,' but **barnsben** (cf. 24.32); **jule-** (from **jul** 'Christmas'): **juletre, julemat, juledag, julekake, julekveld** 'Christmas Eve,' **julemorgen,** but **julaften** 'Christmas Eve.'

The combining form **-e-** is especially common with words of one syllable.

-s-: Some words always use this combining form. E.g., **stats-: statsbane, statskirke, statskontor; middags-** (cf. the examples above); **høyfjells-: høyfjellshotell, høyfjellsvei, høyfjellsklima, høyfjellsterreng.** Some words use it only when they themselves form the last part of a compound, e.g. **høyfjells-** (cf. **høyfjellshotell,** etc.), **frilufts-** 'out-door' (**friluftsrestaurant** 'out-door restaurant'), but not when they constitute the first part of a compound alone: **fjelltur, fjellvei, luftsyk** 'airsick.' As in the case of **-e-,** some words use **-s-** in some compounds but not in others. Some words, like **mann** and **land** compound in all three ways: **landarbeider** 'rural worker,' **landevei** 'rural road,' **landsby** 'rural town'; **mannfolk** 'men-folk,' **manneben** 'human bones,' **mannsnavn** 'man's name.'

3. The last part of a compound determines its endings and grammatical use. E.g., **tre** is an **et**-noun, **grense** is an **en**-noun, and the compound **tregrense** is an **en**-noun. Its plural ends in **-r,** as that of **grense** alone. **Gammelost** in the definite is **gammelosten,** in the plural **gammeloster** (not **'gamleoster'**). Remember that the first part determines its stress and tone (Pronunciation 3.3).

△ LA OSS LYTTE

1. En norsk-amerikaner, Erik Hovde, snakker med en venn, Halvdan Lund.

    H: Foreldrene mine har fortalt om all den gammeldagse norske maten de likte så godt. Fikk du smake noe av den da du var i Norge i sommer?

    L: Nei, jeg kan ikke si at jeg så svært mye til det. Jeg var for det meste i Oslo. Vi fikk jo geitost til frokost og aftens, men jeg så ikke spekekjøtt eller rømmegraut på en eneste restaurant.

    H: Fikk du ikke gammelost heller?

    L: Nei, fy da, hvem vil spise noe som lukter så vondt!

    H: Å, den er god nok, synes jeg. Lukten er fryktelig, men smaken er bra. En må jo lære å like den. Far skrev til Norge etter den da jeg var liten og jeg lærte tidlig å spise den. Han sa at en riktig god gammelost måtte være sterk nok til å kunne gå av seg selv.

    L: Nei, jeg foretrekker en mild ost, som gouda eller geitost.

    H: Ja ja, hver sin smak, som mannen sa.

2. Alf Heggen prater med en bonde, Sigurd Tveit.

    H: Har du mange kuer her på gården?

    T: Å ja, vi har en del kuer, men vi dyrker helst korn her. Vil du bli med ut, så skal du få se hva vi har.

    H: Får dere mye melk da?

    T: Ja, vi har nok til folkene på gården, men vi selger ikke noe. Men vi har ganske mange sauer, og vi selger mye sauekjøtt om høsten.

    H: Jeg synes det måtte være flott å bo på en gård. Dere har melk, smør, egg, kjøtt og grønnsaker. Dere har alltid nok å spise og et godt hus å bo i. Og allikevel klager dere bønder nesten hele tiden.

    T: Det er sant. Men har du tenkt på hvor mye og hvor lenge vi må arbeide? Vi må opp tidlig om morgenen, før sola står opp. Hele dagen har vi tungt arbeid. Hvis det regner for lite, eller hvis det regner for mye, da får vi ikke noe igjen for arbeidet vårt. Hvis snøen ligger for lenge om våren, eller kommer for tidlig om høsten, da går det ofte dårlig med kornet og høyet. Nei, dere i byen har det godt!

H: Hvorfor flytter ikke du til byen da?

T: Å nei, det kommer jeg aldri til å gjøre. Her bodde far og fars far, og her vil jeg også bo til jeg dør.

3. Arne og Georg kjører fra Flatabø.

A: Han Tormod er veldig hyggelig, synes du ikke?

G: Jo da. Og kona lager svært god mat. Det var en meget god idé du hadde, at vi skulle stanse der. Og så var det interessant å se en norsk bondegård.

A: Ja, jeg kjører alltid innom når jeg er på vei gjennom Numedal. Men hva er det i veien med deg? Du ser ikke bra ut.

G: Nei, jeg tror jeg er blitt syk. Det var så kaldt på fjellet.

A: Å, du er ikke vant til å gå i fjellet. Det er best du går til legen så snart vi kommer til byen.

G: Ja, det skal jeg gjøre.

Vocabulary List (Lessons 11–15)

Nouns

En-nouns

bagasje 13.1	furu (ei) 12.24	kone (ei) 14.26
bensin 14.4	gammelost 15.14	korridor 11.14
bensinstasjon 14.6	geitost 15.14	ku (ei) 15.19
billettluke 11.17	gran (ei) 12.24	kupé 11
bilmekaniker 14.34	gris 15.19	lefse 15.13
bilulykke 14.24	grøt 15.29	lov 11.20
bjørk (ei) 12.25	gård 15	lukt 15.32
blomst 12.26	havre 15.26	lyd 14.37
bonde (pl. bønder) 15	hverdagsmat 15.9	lyng (also et) 12.25
bremse 14.23	hvete 15.24	låve 15.27
bygg (also et) 15.26	hytte (ei) 12.34	mann 14.31
ekspedisjon 13.3	jernbane 12.1	meter 12.19
ende 13.3	kar 15.3	ost 15.14
ferie 12.37	kilo (also et) 13.10	perrong 11.36
fisk 13.35	kilometer 12.8	plante 13.40
fiskestang 13.36	klasse 11.15	plassbillett 11.16
fottur 12.30	koffert 13.4	rett 14.28
fotturist 12.35	konduktør 11.38	retur 11.18

En-nouns (cont.)

ro 14.23
rolle 14.8
rug 15.26
rutebok (ei) 11.25
røkekupé 11.21
rømmegraut 15.31
sau 15.21
seter (ei) 15.20
sigarett 11.22
sitteplass 11.1

skog 12.22
sovevogn (ei) 11.30
spisevogn (ei) 12.11
statsbane 11.11
sti 13.34
størsteparten 13.14
støvel 13.26
sving 14.21
tank 14.5
tier 13.15

togtabell 11.25
tregrense 12.20
tunnell 12.4
Turistforening 12.34
vidde (ei) 12.28
vindusplass 11.17
vogn (ei) 11.13
ørret 13.37
åker 15.22

Et-nouns

bly 13.7
bygg (also en) 15.26
fjøs 15.18
flatbrød 15.13
hav 12.19
høy 15.27
høyfjell 12.16

kilo (also en) 13.10
korn 15.22
losji 12.35
lyng (also en) 12.25
maskineri 14.36
middagsborde 15.29
spekekjøtt 15.16

stabbur 15.15
tak 11.31
terreng 12.3
tog 11
togvindu 12
tre (trær) 12.23
vann 13.35
øye (øyne) 15.37

Plural

foreldre 15.5

Names of Places

Bergensbanen 12.10
Finse 12.29
Geilo 12.30

Gravhalstunnellen 12.8
Hardangervidda 12.27
Krækkja 13.21

Myrdal 12.15
Numedal 12.31
Vestlandet 12.21

Verbs

betale 13.14
bety 11.29
bile 12.31
by 11.22
bygge 12.4
dele 11.13
dra 13.18
dyrke 15.24
dø 15.36
fylle 14.4
gro 15.25
henge 13.25
huske 11.16

importere 14.20
klage 15.23
klare 13.4
lage 15.14
lese 11.24
lukke 15.37
lukte 15.35
merke opp 13.34
minne 14.26
nå 11.40
overnatte 12.33
pakke 14.3
passe (seg) 14.21

rope 11.38
servere 12.13
sette (seg) 11.2
skynde (seg) 11.35
smelte 13.30
spille 14.8
springe 11.39
stelle 14.33
svelge 15.37
så (se) 11.36 (4.14)
så 15.26
treffe 11.7
visste (vite) 14.18
vokse 13.40

Adjectives

annerledes 11.12
bratt 14.10
egen 11.23
ekte 15.11
engelsk 14.19
evig 13.31
farlig 14.22
fersk 13.37
fransk 14.33
full 13.8
født 15.5
gammeldags 15.12
imponerende 12.1
interessert 14.36

⌈ lang 12.6
⌊ lengst 12.7
lav 12.21
lett 12.5
mektig 15.31
merkelig 13.38
mest 12.24
nyttig 11.28
nærmest 13.24
rød 13.32
sist 11.6
smal 14.10
steinete 13.27
sterk 13.39

stolt 12.2
stygg 15.32
sunn 13.29
svensk 14.20
tom 14.5
tung 13.7
tysk 14.20
vanskelig 12.4
vant 14.12
verst 15.38
vill 12.3
vond 15.35

Adverbs

absolutt 11.31
allikevel 14.25
av 11.10
ferdig 14.3
forsiktig 14.27
fort 11.39
først 12.13
høyt 12.18

jamen 12.28
langsommere 14.25
massevis 13.35
mest 15.26
naturligvis 15.33
neimen 13.12
òg 15.16
om 11.36

omtrent 14.17
oppe 12.27
sent 11.32
sjelden 14.31
straks 14.3
sørover 13.21
ute 14.1
visst 14.38

Conjunctions

da 11.17

for 11.19

før 14.6

Exclamations and Greetings

au 14.37
fy 15.32

hysj 15.33
hysj da 15.33

nei da 15.37
nå 15.36

Demonstratives

de 13.30

Prepositions

etter 14
iblant 12.26

imot 15.9
innom 14.6

langs 11.14
ovenfor 12.20
siden 15.1

Pronouns

Personal   *Other*

henne 14.30   begge 12.37

Idiomatic Expressions

det er noe i veien 14.38
det spiller ingen rolle
   14.8
for det meste 12.24
her i landet 14.13
her oppe 12.27
her på gården 15.12
i alt 12.9
ikke annet enn 12.25
ikke verst 15.38
med en gang 13.18
meter over havet
   (m.o.h.) 12.19

på åkeren 15.22
siden sist 15.1
så. vidt 11.40
takk for sist 11.6
til sammen 13.10
tungt å gå 13.28
tur retur 11.18
å dra av sted 13.18
å få tak i 11.31
å gå fottur 12.30
å gå i fjellet 12.30
å ha god tid 11.34
å ha lov til 11.20

å ha rett 14.28
å henge i 13.25
å holde på å 15.17
å komme for sent 11.32
å komme fram 13.37
å komme til å 15.40
å legge i vei 13.20
å ninne om 14.26
å se etter 14.39
å se seg om 11.36
å stå i 11.25
å stå igjen 13.36
å ta det med ro 14.23
å ta plass 11.38
å være på fornavn 12.38

ER DOKTOREN TIL STEDE?

ENGLISH EQUIVALENTS

George Smith enters the doctor's waiting room.

1. (to the nurse) Excuse me, is the doctor in ('present')?
2. Yes, he is. Do you have an appointment?
3. No. I felt a little bad, so I came in right away.
4. Can I just wait? (. . . in the meantime?)
5. Just a moment. I'll see if the doctor is busy.
   Goes out and comes back right away.
6. The doctor will be free in 15 to 20 minutes, if you have time to wait.
7. Thank you very much. I'll wait then.
   After a few minutes:
8. You can come in now.
9. Thank you. Can I hang up my coat here?
10. Yes, of course. Follow me, please.
    In the doctor's office:
11. Well, what's the matter?
12. I caught a little cold during a hiking trip on the Hardanger Plateau.
13. I don't think it's anything serious, but I can't get rid of the cold.
14. What kind of symptoms do you have?
15. I cough a lot down in my chest.
16. Do you have any pain in your chest or any other place in your body?
17. No, not especially—except when I cough.

LISTENING SCRIPT

venteværelse, et

1. sykesøster, en; til stede
2. bestille time
3. føle seg, -te -t; dårlig [då`rli] ('ill')
4. så lenge
5.
6.
7.
8.
9. frakk, en; henge, -te -t; fra seg
10. følge [føl`le], fulgte [ful`te], fulgt [ful't]; legekontor, et
11.
12. forkjølet [fårkjø'let]; bli forkjølet; under (during)
13. alvorlig [alvå'rli]; kvitt; bli kvitt; forkjølelse [fårkjø'l^else], en
14. symptom [symto'm], et
15. hoste, -et, -et; bryst, et
16. vond [vonn']; ha vondt; kropp [kråpp'], en
17. unntatt [unn'tatt]

IS THE DOCTOR IN?

Georg Smith kommer inn på legens venteværelse.

1	*Georg:*	(*til sykesøsteren*) Unnskyld, er doktoren til stede?
2	*Søsteren:*	Ja, det er han. Har De bestilt time?
3	*Georg:*	Nei. Jeg følte meg litt dårlig, så jeg kom innom med det samme.
4		Kan jeg bare vente så lenge?
5	*Søsteren:*	Et øyeblikk. Jeg skal se om doktoren er opptatt. *Går ut og kommer tilbake med en gang.*
6		Doktoren blir ledig om 15-20 minutter, hvis De har tid til å vente.
7	*Georg:*	Mange takk. Da venter jeg. *Etter noen minutter:*
8	*Søsteren:*	Vær så god. De kan komme inn nå.
9	*Georg:*	Takk. Kan jeg henge fra meg frakken her?
10	*Søsteren:*	Ja, selvfølgelig. Følg meg, er De snill. *På legekontoret:*
11	*Legen:*	Nå, hva er det som er i veien?
12	*Georg:*	Jeg ble litt forkjølet under en fottur på Hardangervidda.
13		Jeg tror ikke det er noe alvorlig, men jeg blir ikke kvitt forkjølelsen.
14	*Legen:*	Hva slags symptomer har du?
15	*Georg:*	Jeg hoster svært mye nede i brystet.
16	*Legen:*	Har du vondt i brystet eller andre steder i kroppen?
17	*Georg:*	Nei, ikke noe særlig—unntatt når jeg hoster.

18. I think it would be best if I examined you.
19. Would you take off your shirt and sit in this chair?
20. Then we'll see what's wrong with you.

18. undersøke [un`ner/sø˙ke], -te, -t
19. ta av seg
20. feile, -te, -t

REPETISJON
Combine the elements in each group to form different grammatically correct and logical sentences:

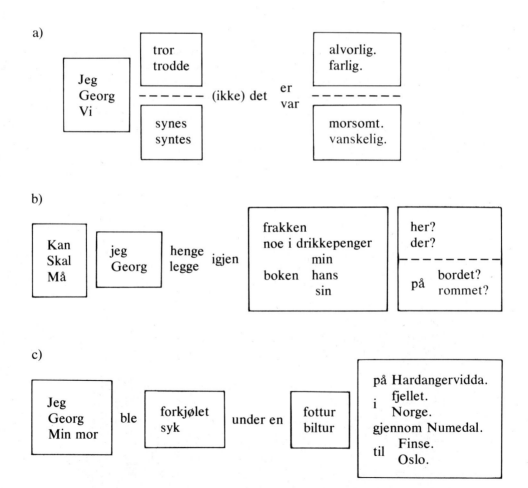

a)

| Jeg
Georg
Vi | tror
trodde
– – – – –
synes
syntes | (ikke) det | er
var | alvorlig.
farlig.
– – – – – – –
morsomt.
vanskelig. |

b)

| Kan
Skal
Må | jeg
Georg | henge
legge | igjen | frakken
noe i drikkepenger
min
boken   hans
sin | her?
der?
– – – – – – –
på   bordet?
rommet? |

c)

| Jeg
Georg
Min mor | ble | forkjølet
syk | under en | fottur
biltur | på Hardangervidda.
i   fjellet.
Norge.
gjennom Numedal.
til   Finse.
Oslo. |

18   *Legen:*   Jeg tror det er best jeg undersøker deg.
19   Vil du ta av deg skjorten og sette deg på denne stolen?
20   Så skal vi se hva som feiler deg.

SPØRSMÅL

1. Hvorfor gikk Georg til legen?
2. Hadde han bestilt time?
3. Var doktoren opptatt?
4. Måtte Georg komme igjen senere?
5. Hva gjorde Georg med frakken sin?
6. Hvordan ble Georg forkjølet?
7. Var det noe alvorlig?
8. Har han vondt noe sted?
9. Hva måtte han ta av seg?
10. Blir du ofte forkjølet?

SAMTALEØVELSE

1. You meet a friend (usual greetings, etc.) and he says that you don't look so good. You tell him you don't feel so good either. He asks you what's the matter and you say you think you caught a cold during a hiking trip. He asks you where you hiked, who was with you, etc. After a little discussion about the trip he says he thinks you ought to go to a doctor. You ask if he can recommend a good doctor. He does, and gives you directions to his office, etc.
2. You arrive at the doctor's office and ask the nurse (after the usual greetings) if the doctor is in. She says he is, but that he is very busy. She asks if you have an appointment, but you don't. You tell her you feel terrible and then tell her who recommended the doctor to you. You ask if it is possible to make an appointment. She finds a time later in the day and tells you to come back then.
3. You are complaining to a friend about how bad you feel. You tell him where you hurt, how much you cough, etc. He says you must have caught a cold.

Rikshospitalet, Oslo

16B

ENGLISH EQUIVALENTS

21. Do I have a temperature ('fever')?
22. Yes, you have a little temperature—somewhat over 100 (= 38° C.). Your throat is red, too.
23. Do your ears hurt?
24. No. My throat was very sore to begin with, but now it doesn't hurt especially any longer.
25. Let's listen to your lungs a little—breathe deeply.
26. I have sharp pains in my chest when I breathe ('draw my breath') so deeply.
27. Yes, I'm afraid you have bronchitis.
28. Lie down here and I'll take your pulse and blood pressure.
29. Which diseases have you had before?
30. Just the usual children's diseases—measles, mumps, and chicken pox.
31. Have you ever been operated [on]?
32. I had my tonsils out when I was a boy—otherwise nothing.
33. Thank you, you can get dressed again now.
34. Will it be necessary for me to stay in bed?
35. No, I think a shot will take care of it.
36. But you'll have to take it easy a few days—no strenuous trips or anything like that.
37. All right ('No indeed'), I'll promise [to do] that. Do you need my Health Plan number?

LISTENING SCRIPT

21. feber [fe'ber], en
22. hals, en
23. øre, et
24. sår; til å begynne med; gjøre vondt
25. litegrann [lit`te/grann`]; lunge [long`e], en; puste, -et, -et; dypt (dyp)
26. stikke, stakk, stukket [stok`ket]; trekke, trakk, trukket [trok`ket]; pust, en
27. redd; redd for; bronkitt [brongkitt'], en
28. puls, en; blodtrykk [blo`/trykk`], et
29. sykdom, en (pl -mer)
30. vanlig [va`nli]; barnesykdom, en; meslinger; kusma [kus'ma]; vann-kopper
31. operere [åpere're], -te, -t
32. mandel [man'd^{e}l], en, pl mandler; gutt, en; ingenting
33. kle, -dde, -dd; kle på seg
34. nødvendig [nødven'di]; holde senga
35. greie seg; sprøyte, en
36. holde seg i ro; anstrengende [an'/streng`ene]; slik, slikt, slike
37. nei vel [neivell']; trygdekassenummer [tryg`dekasse/nom`mer], et

ER DOKTOREN TIL STEDE?

(fortsatt *continued*)

21	*Georg:*	Har jeg feber?
22	*Legen:*	Ja, du har litt feber—noe over 38. Halsen er rød også.
23		Har du vondt i ørene?
24	*Georg:*	Nei. Halsen var svært sår til å begynne med, men nå gjør det ikke noe særlig vondt lenger.
25	*Legen:*	La oss lytte litegrann på lungene—pust dypt.
26	*Georg:*	Det stikker i brystet når jeg trekker pusten så dypt.
27	*Legen:*	Ja, jeg er redd for at du har bronkitt.
28		Legg deg ned her, så skal jeg ta pulsen og blodtrykket.
29		Hvilke sykdommer har du hatt før?
30	*Georg:*	Bare de vanlige barnesykdommene—meslinger, kusma og vannkopper.
31	*Legen:*	Er du noen gang blitt operert?
32	*Georg:*	Jeg tok mandlene da jeg var gutt—ellers ingenting.
33	*Legen:*	Takk, nå kan du kle på deg igjen.
34	*Georg:*	Blir det nødvendig for meg å holde senga?
35	*Legen:*	Nei, jeg tror det greier seg med en sprøyte.
36		Men du må holde deg i ro noen dager—ingen anstrengende turer eller slikt.
37	*Georg:*	Nei vel, jeg skal love det. Skal du ha trygdekassenummeret mitt?

38. Yes, thank you. Here's a prescription for a medicine which you can pick up at the pharmacy right around the corner.
39. Take these pills three times a day after meals, then you'll soon be healthy again.
40. Thank you very much. I'll follow your advice as well as I can.

38. resept [resep't], en; medisin [medisi'n], en; apotek [apote'k], et
39. pille, en; frisk
40. råd [rå'd], et

REPETISJON
Combine the elements in each group to form different grammatically correct and logical sentences:

a)

b)

38 *Legen:* Ja takk. Her har du resept på en medisin som du kan
hente på apoteket like rundt hjørnet.

39 Ta disse pillene tre ganger om dagen etter måltidene, så
blir du snart frisk igjen.

40 *Georg:* Mange takk. Jeg skal følge ditt råd så godt jeg kan.

c)

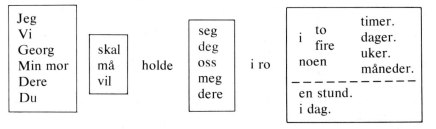

Jeg			seg			timer.
Vi			deg		i — to	dager.
Georg	skal		deg		i — fire	uker.
Min mor	må	holde	oss	i ro	noen	måneder.
Dere	vil		meg			
Du			dere		en stund.	
					i dag.	

SPØRSMÅL

1. Har Georg høy feber?
2. Hvordan står det til med halsen hans?
3. Er det noe i veien med lungene?
4. Hvorfor må Georg legge seg ned?
5. Hvilke barnesykdommer har du hatt?
6. Har du noen gang hatt en operasjon?
7. Er Georg svært syk?
8. Må han holde senga?
9. Får han gå anstrengende turer?
10. Hva må han hente på apoteket?
11. Hvor ofte må han ta pillene?
12. Hvorfor vil han følge doktorens råd?

SAMTALEØVELSE

1. You are at the doctor's being examined. Tell the doctor where you hurt, how you have been sleeping lately, how well you've been eating, etc. You ask him how your pulse and blood pressure are. He says he thinks you look pretty healthy.
2. You and a friend are talking about being ill. In the course of the conversation it develops that you are both very healthy, but have had a few childhood diseases.

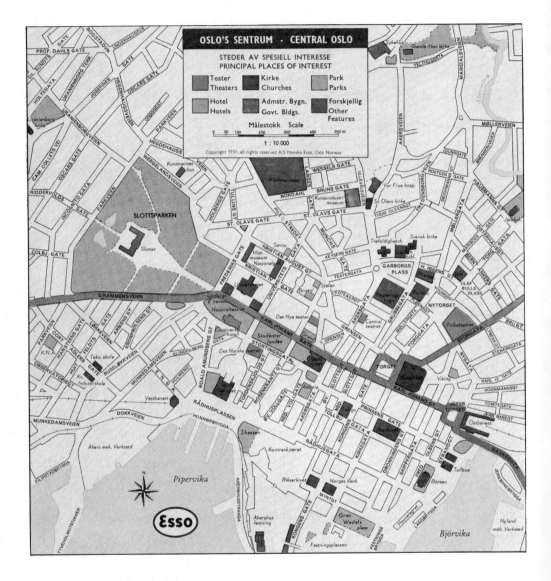

Grammar

○ 16.1 The Cleft Sentence

In Norwegian the phrase **det er (det var)** is frequently used to emphasize the central idea in a sentence by splitting the sentence up:

11.24 Hva **er det** du leser?
12.23 Hva slags trær **er det** vi ser der borte?

13.13 **Det var** alle bøkene dine som gjorde det.
16.11 Nå, hva **er det** som er i veien?

In all of these sentences, the phrase **det er** (**det var**) would appear to be superfluous from the standpoint of English. The effect of using it in Norwegian is to emphasize one part of the sentence. E.g., **Hva leser du?** is a general question, in which more interest is shown in the action of reading than in what is being read; in **Hva er det du leser?** the emphasis is on **hva,** the thing being read. Similarly, more interest is being shown in the kind of trees than in seeing them; in the books than in what they did, etc.

EXERCISES

A. Rewrite the above example sentences without the expanding **det er** (**det var**).

B. Translate into Norwegian in two different ways (one with, and one without, the expanding phrase **det er** or **det var**):
1. I'm reading a book.
2. I have an American car.
3. I ordered roast veal.
4. We got off at Myrdal station.
5. I caught cold during a hiking trip in the mountains.

○ 16.2 Well

Several words are used in Norwegian at the beginning of a sentence to express hesitation or uncertainty, corresponding to English 'Well . . .' The most common of these are the adverbs **ja, jo,** and **nå:**

13.14 Ja, da skal jeg betale størsteparten.
14.40 Ja, nå får du vise hva du kan.
 6.16 Jo, du er en fin journalist!
11.34 Jo, jeg trodde jeg hadde god tid.
 5.3 Nå, hva synes du om rommet?
11.11 Nå, hva synes du om de norske statsbanene?
15.36 Nå, jeg dør vel ikke av den?

Note that the adverb **vel** is *not* used to translate English 'well' in this sense.

○ 16.3 Så

The word **så** is used in a number of different ways: 1. As a conjunction meaning 'so (that).' See Grammar **12.1** for examples. 2. As an adverb corresponding to English 'so' in such phrases as:

11.12 Alt sammen er jo så annerledes her.
14.10 (Veiene) er så smale og bratte.
14.16 Er bensinen så dyr her da?

3. As an adverb corresponding to English 'as' in the phrase **så . . . (som). .:**

> 4.37 Nei takk, jeg vil ligge så lenge som mulig.
> 9.13 Så snart kelneren kommer igjen, kan vi bestille.
> 11.39 Jeg sprang så fort jeg kunne.
> 14.17 Ja, den er omtrent to ganger så dyr som i Amerika.
> 16.40 Jeg skal følge ditt råd så godt jeg kan.

Note that when the phrase **så . . (som) . .** is followed by a clause, the **som** is usually omitted (although it often can be expressed), but it can never be omitted when the phrase is followed by an adjective or adverb. In both cases the phrase is to be translated 'as . . as . . .''

4. As an adverb meaning 'then':

> 5.40 Og så spiser vi middag på restauranten.
> 12.30 Først går vi fottur i fjellet til Geilo,
> 12.31 og så biler vi ned gjennom Numedal.
> 13.19 La oss først få litt mat her på hotellet,
> 13.20 og så kan vi legge i vei.
> 16.28 Legg deg ned her, så skal jeg ta pulsen og blodtrykket.

Note that **så,** when it means 'then,' is used to connect events that occur in temporal sequence, in contrast to **da** which (in the meaning 'then') refers to one single event not necessarily directly following another in time:

> 10.13 Da har vi lyse netter.   (i.e., *in the summertime*)
> 14.11 Da kan jeg kjøre.   (i.e., *because George doesn't want to*)

EXERCISES
Translate:
1. First I'm going to Oslo, and then to America.
2. I want to eat as much as possible.
3. He drove as fast as he could.
4. The dinner was so expensive.
5. Do you have enough food so (that) I can eat here too?

△ **LA OSS LYTTE**

Georg skriver brev.

1.   Oslo, den 25. juli
    Kjære Anne-Marie!
        Takk for sist! Det var veldig hyggelig å se Bergen sammen med deg, og jeg håper at det ikke blir altfor lenge før vi treffes igjen.

Oslo: Slottet

Du kan tro jeg hadde en flott tur fra Bergen til Oslo. Det første som hendte var at jeg traff Arne Solum, den journalisten jeg fortalte deg om. Vi pratet en stund og hadde det riktig hyggelig, og så fikk han en lys idé—at vi skulle gå fottur over Hardangervidda sammen og så bile ned gjennom Numedal til Oslo.

Vi gikk av på Finse sammen, sendte bagasjen til Geilo og la i vei. Første dagen gikk vi til Krækkja. Det var litt langt for meg som ikke er vant til å gå i fjellet, men da vi kom fram, fikk vi deilig fersk ørret til middag. Den natta sov jeg som en stein, kan du tro. Neste dag tok vi det litt mere med ro, så vi kom ikke ned til Geilo før tredje dagen. Det var en av de morsomste turene jeg noen gang har vært med på. Det var jo litt kaldt på fjellet, og jeg ble forkjølet. Men jeg er nesten helt bra igjen nå.

Vi overnattet på Geilo, leide en bil neste dag og kjørte over fjellet til Numedal. Der var vi innom en gård som heter Flatabø. Arne kjenner bonden på gården, og han viste oss omkring. Vi spiste middag hos ham og fikk all slags rar gammeldags mat, men det smakte veldig godt.

Det får meg til å tenke på at jeg ikke har spist middag ennå, så jeg må ut i byen nå. Hils din far og mor så mye fra meg—og skriv når du får tid og fortell meg hva du holder på med.

Hilsen,
Georg

2.

Oslo, den 26. juli

Kjære mor!

Takk for brevet som jeg fikk i dag. Det var morsomt å høre om ferien deres. Dere har sikkert hatt det hyggelig.

Siden jeg skrev til deg fra Geilo, har jeg kommet til Oslo. Som jeg fortalte i det siste brevet mitt, var det ganske kaldt på fjellet. På veien til Oslo begynte jeg å føle meg litt dårlig, og Arne mente jeg burde gå til legen så snart som mulig. Jeg var hos legen i dag og ble undersøkt. Han lyttet på lungene mine og tok pulsen og blodtrykket og alt slikt. Han sa at jeg hadde litt bronkitt, men at det ikke var noe farlig. Jeg var redd for at jeg måtte holde senga, men jeg fikk en sprøyte og må bare holde meg i ro noen dager. Jeg må også ta noen piller, og de er så store at det nesten ikke er mulig å svelge dem. Men jeg begynner alt å føle meg bedre, og om et par dager er jeg sikkert helt frisk igjen.

Jeg må ut nå og kjøpe mere skrivepapir. Håper du og far har det bra.

Hilsen,
Georg

HVOR LIGGER BANKEN HENNE?

ENGLISH EQUIVALENTS

George meets Arne on the corner outside the pharmacy:

1. Well, how did things go at the doctor's?
2. Oh, it wasn't so serious. ('dangerous')
3. I just have to take it easy for a few days.
4. That's good. Do you want to go to the bank while I hand in these films?
5. Yes, that's a good idea. Where is the bank?
6. We can walk down Universitetsgata, and just beyond Studenterlunden ('The Students' Grove') there's a bank.
7. Isn't Studenterlunden the little park in the middle of the city?
8. Yes, it's close to the University between Stortingsgata and Karl Johan.
9. Where shall we meet afterwards?
10. By the National Theater. It stands at the end of Studenterlunden.
    George goes into the bank and over to the cashier's window:
11. Excuse me, but could you cash ('change') this American traveler's check for me?
12. Yes, we can. Do you have [any] identification?
13. Here is my passport. Do I need anything else?
14. No, that'll do.
15. Do you want it ('the amount') in large or small bills?
16. Hundred-*kroner* bills will be fine, thanks.

LISTENING SCRIPT

utenfor [u`t^en/fårr´]; bort; kasse, ei

1. hvordan gikk det
2. det er ikke så farlig
3.
4. bank, en; levere [leve´re], -te, -t
5. henne
6. nedover [nedd´/å˙ver]; Universitetsgata [univærsite´ts/ga˙ta]; forbi [fårbi´]; Studenterlunden [studen´ter/lun˙n^en]
7. midt i
8. Stortingsgata; Karl Johan [ka´rl johann´]
9. etterpå; møtes
10. Nationaltheatret [nasjona´l/tea˙tre]
11. veksle, -et; reisesjekk, en
12. legitimasjon [legitimasjo´n], en
13. pass, et
14.
15. beløp [beló´p], et; seddel, en, pl sedler [sed´ler]
16. hundrekroneseddel, en

WHERE IS THE BANK?

Georg treffer Arne på hjørnet utenfor apoteket:

1	*Arne:*	Nå, hvordan gikk det hos legen?
2	*Georg:*	Jo da, det var ikke så farlig.
3		Jeg må bare ta det med ro i noen dager.
4	*Arne:*	Det var bra. Vil du gå i banken mens jeg leverer inn disse filmene?
5	*Georg:*	Ja, det var en god idé. Hvor ligger banken henne?
6	*Arne:*	Vi kan gå nedover Universitetsgata, og like forbi Studenterlunden er det en bank.
7	*Georg:*	Er ikke Studenterlunden den lille parken midt i byen?
8	*Arne:*	Jo, den ligger like ved Universitetet mellom Stortingsgata og Karl Johan.
9	*Georg:*	Hvor skal vi møtes etterpå?
10	*Arne:*	Ved Nationaltheatret. Det ligger ved enden av Studenterlunden.
		Georg går inn i banken og bort til kassa.
11	*Georg:*	Unnskyld, men kan De veksle denne amerikanske reisesjekken for meg?
12	*Kassereren:*	Ja, det kan vi. Har De legitimasjon?
13	*Georg:*	Her er passet mitt. Trenger jeg noe mer?
14	*Kassereren:*	Nei, det greier seg.
15		Vil De ha beløpet i store eller små sedler?
16	*Georg:*	Hundrekronesedler er bra, takk.

17. Here you are. That'll be 356 *kroner*.
18. Thank you. Could you give me some change for the fifty-*kroner* bill, too?
19. Yes, of course. Here you are.
20. Thank you very much. Good bye.

17.
18. småpenger; femtikroneseddel, en
19.
20.

REPETISJON

Combine the elements in each group to form different grammatically correct and logical sentences:

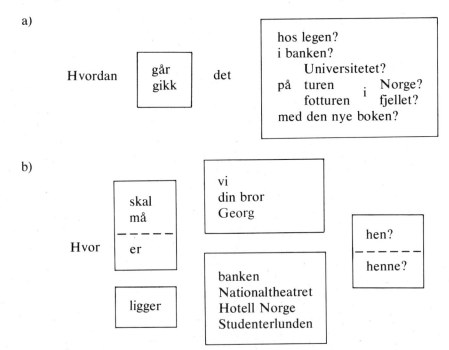

a)

Hvordan | går / gikk | det | hos legen? / i banken? / Universitetet? / på turen / fotturen — i — Norge? / fjellet? / med den nye boken?

b)

Hvor | skal / må / — / er / ligger | vi / din bror / Georg | banken / Nationaltheatret / Hotell Norge / Studenterlunden | hen? / henne?

17 *Kassereren:* Vær så god. Det blir 356 kroner.
18   *Georg:* Takk. Kunne De gi meg noen småpenger for fem-
tikroneseddelen?
19 *Kassereren:* Ja selvfølgelig. Vær så god.
20   *Georg:* Takk skal De ha. Morn da.

c)

Kan De	veksle	denne	amerikanske	reisesjekken(e)	
Vil De være så snill å		disse	franske engelske tyske	sjekken(e)	for meg?

amerikanske
franske   reisesjekken(e)
engelske   sjekken(e)
tyske

Kan De
————————— veksle denne ————————————— for meg?
Vil De være så snill å   disse

femtikrone-   seddelen
hundrekrone-
store
lille   sedlene
små

SPØRSMÅL
1. Hvorfor må Georg i banken?
2. Hva skal Arne gjøre så lenge?
3. Hvor ligger banken henne?
4. Hva er Studenterlunden?
5. Hvor ligger Nationaltheatret?
6. Hva slags sjekk vil Georg ha vekslet?
7. Hva trenger kassereren før han gir Georg pengene?
8. Hva viser Georg ham?
9. Får Georg beløpet i store eller små sedler?
10. Hva får han for femtikroneseddelen?

SAMTALEØVELSE
1. You go into a bank to cash a check. You have to show identification, etc.
2. You stop a man on the street and tell him you're a stranger in town and ask him if he can tell you where you can find a bank. He asks why you have to go to a bank. You tell him you have to cash a traveler's check. He says that the best bank to cash traveler's checks in is situated near the University on Karl Johan. You tell him you've seen that bank and thank him, etc.

ENGLISH EQUIVALENTS

George comes out of the bank, crosses the street and waits in front of Nationaltheatret for Arne who comes after a few minutes.

21. Well, did you get your money?
22. Oh yes, no trouble there.
23. Do you have more things to take care of?
24. Yes, I have to go to the post office and buy stamps.
25. That's fine. I have to mail this package.
26. Come, let's go down to Vika Post Office—it's not far away.
    At the post office:
27. *(to the clerk)* Could you tell me what the air mail rate to America is?
28. Are you going to send a letter or a card?
29. Both (parts).
30. Letters are two *kroner* and fifty *øre* pr. five grams, cards and aerograms are one *krone* and eighty *øre*.
31. Then I'll take nine fifty-*øre* stamps and five aerograms, please.
32. Here you are. That will be thirteen *kroner* and fifty *øre* all together.
33. Here you are. Weren't you going to get something, Arne?
34. Yes. *(to the clerk)* May I have a *følgebrev?*
35. Here you are. Come back with the package when you have filled it out.

LISTENING SCRIPT

21. penger
22.
23. ordne [år`dne], -et, -et
24. postkontor [pås't/konto˙r], et; frimerke [fri'/mær˙ke], et, pl -r; for å
25. det passer bra; pakke, en
26. Vika [vi'ka]; unna
27. porto [por'to], en; flypost [fly'/pås˙t], en; ekspeditrise [-tri`se], en
28. kort [kår't], et
29. begge deler
30. pr. [pærr'], abbrev. of per; gram [gramm'], et; aerogram [aerogramm'], et, pl -mer
31. femtiøres
32.
33.
34. følgebrev [føl`le/bre˙v], et
35. fylle ut

HVOR LIGGER BANKEN HENNE?

(fortsatt *continued*)

Georg kommer ut av banken, går over gata og venter foran National-
theatret på Arne som kommer etter et par minutter.

21	*Arne:*	Nå, har du fått pengene dine?
22	*Georg:*	Ja da, det gikk bra.
23	*Arne:*	Er det flere ting du må ordne?
24	*Georg:*	Ja, jeg må på postkontoret for å kjøpe frimerker.
25	*Arne:*	Det passer bra. Jeg må sende denne pakken her.
26		Kom, så går vi ned til Vika Postkontor, det er ikke langt unna.

På postkontoret:

27	*Georg:*	*(til ekspeditrisen)* Kunne De si meg hva portoen på flypost til Amerika er?
28	*Ekspeditrisen:*	Skal De sende brev eller kort?
29	*Georg:*	Begge deler.
30	*Ekspeditrisen:*	Brev er to kroner og 50 øre pr. 5 gram, kort og aerogrammer er en krone og åtti øre.
31	*Georg:*	Da kan jeg få ni femtiøres frimerker og fem aero-grammer, takk.
32	*Ekspeditrisen:*	Vær så god. Det blir 13 kroner og 50 øre til sammen.
33	*Georg:*	Vær så god. Skulle ikke du ha noe, Arne?
34	*Arne:*	Jo. *(til ekspeditrisen)* Kan jeg få et følgebrev av Dem?
35	*Ekspeditrisen:*	Vær så god. Kom tilbake med pakken når De har fylt det ut.

36. What's a *følgebrev?*
37. It's an address card that has to accompany ('follow with') the package.
38. Oh, I see. In America we only need ('use') such with packages to foreign countries.
39. Here all packages must have ('be supplied with') *følgebrev*.
40. There. Now it's ready to be sent.

36. hva for noe
37. adresselapp [adres′se/lapp˙], en
38. utland [uˋt/lann˙], et; til utlandet
39. forsyne [fårsy′ne], -te, -t
40. klar til å

Vær så god. Det blir 13 kroner og 50 øre til sammen.

36	*Georg:*	Hva er et følgebrev for noe?
37	*Arne:*	Det er en adresselapp som må følge med pakken.
38	*Georg:*	Ja så. I Amerika bruker vi slikt bare med pakker til utlandet.
39	*Arne:*	Her må alle pakker forsynes med følgebrev.
40		Så. Nå er den klar til å sendes.

REPETISJON

Combine the elements in each group to form different grammatically correct
and logical sentences:

a)

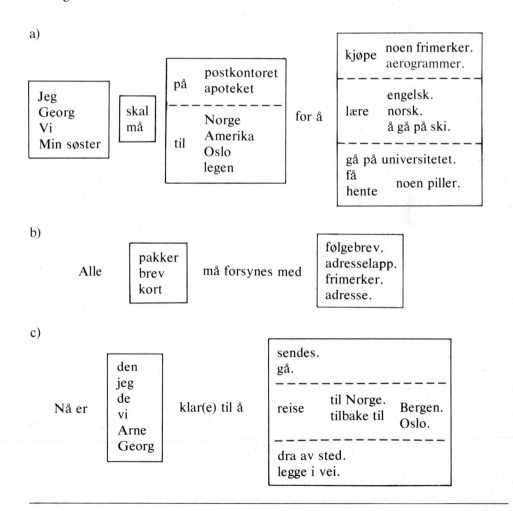

289

SPØRSMÅL

1. Hvorfor må Georg på postkontoret?
2. Skal Arne være med?
3. Hva skal *han* gjøre der?
4. Har de langt å gå?
5. Hvor mye koster det å sende brev med flypost fra Norge til Amerika?
6. Hvor mye koster et aerogram?
7. Synes du det er dyrt å sende flypost fra Norge?
8. Hva får Arne av ekspeditrisen?
9. Hva må han gjøre med det?
10. Hva slags pakker forsynes med følgebrev i Norge? (—i Amerika?)

SAMTALEØVELSE

1. You go into a post office to buy stamps. Ask the clerk how much it costs to send letters, cards, etc. and buy what you need.
2. You meet a friend on the street. You greet him, etc. You notice that he's carrying a big package and ask him what it is. He says it's something he's bought for *(til)* his mother. He asks you if you know where a post office is where he can send the package. You give him directions. Before you part, you decide to go to the movies together tomorrow and make plans to meet.
3. You enter the post office and send the package. Don't forget to fill in the *følgebrev*.

Grammar

○ **17.1 få**

The verb **få** has a number of different meanings:

(a) 'Get.' The basic meaning of **få** is 'get' in the sense 'to obtain, acquire':

    4.7   Der kan De **få** et godt rom til en rimelig pris.
    8.15 Si meg, hvor **fikk** du klippet håret?
    8.32 Jeg har ikke **fått** den nye dressen min ennå.
   11.31 Jeg må absolutt **få** tak i denne boka.
   13.19 La oss først **få** litt mat her på hotellet.
   17.21 Nå, har du **fått** pengene dine?
   17.34 Kan jeg **få** et følgebrev av Dem?

Sometimes **få** used in this sense may be translated with 'have' in English:

    9.19 Vi kan **få** kake eller frukt eller is.
    9.34 Kelner, kan jeg **få** regningen?

When used in conjunction with other verbs, **få** can often be omitted in translation:

La Oss Lytte 9, No.1   Jeg syntes det var meget interessant
                        å **få** høre om alt dette.
       13.9   Vi vil gjerne **få** sendt disse
                 koffertene.
      15.11   Nå skal du **få** smake ekte norsk mat.

(Notice that the accompanying verb may either be an infinitive or a past participle.)

This usage of **få** (in conjunction with other verbs) often involves a suggestion of permission, or gratitude at being allowed something (as in the first example above, at being allowed to hear about it). The use of **få** with the past participle is often a very polite expression of a request for a service (as in the second example above).

This usage borders on the direct use of **få** to express permission, or a request for permission, which is one of four additional meanings of **få**.

   (b) Permission:

    4.14 **Får** jeg se på det?
    6.2   **Får** jeg låne . . . . . .?
   11.22 **Får** jeg by deg en sigarett?
   11.26 **Får** jeg se på den?

In this meaning, **få** is best translated with English 'may.'

   (c) Futurity: **Få** is also used to express the future:

La Oss Lytte 9, No.2   Så **får** vi se om du snakker sant.
                        'Then we'll see if what you say is true.'

This use of **få** usually indicates doubt or indecision on the part of the speaker, as if he weren't so sure that it was true. It can also imply a veiled threat: It had better be true, or else.

   (d) Compulsion:

   14.40 Nå **får** du vise hva du kan.

is best translated: Now you'll have to (you'd better) show what you can do.

Using **få** in this sense is a bit more polite than using **må** 'must,' but notice that in this case, too, a slight threat is involved (you'd better . .).

   (e) Resignation: When one is resigned to a situation, **få** is the best verb to use to express one's feelings:

La Oss Lytte 13, No.1 Hvis jeg ikke måtte til Oslo i dag, skulle jeg bli med
                         Dem. Det ville vært en flott tur, men det **får** vente til
                         en annen gang. (. . it'll have to wait until another
                         time.)

Studenterlunden

The borderlines between these five groups of meanings of the verb **få** are not sharp and clear, as can be seen from the examples given above: meaning (e) shades into meaning (d), as meaning (d) does into meaning (c), etc. This overlapping of the different general areas of meaning of **få** makes it difficult to learn to use the word properly, but this can be done by carefully observing how it is used.

EXERCISES

A. Translate into English:
1. Jeg har mye å gjøre i kveld, så jeg får gå hjem nå.
2. Hvis hun ikke kommer hjem snart, får jeg lage middag selv.
3. Får jeg reise til Norge til sommeren, far? Vi får se.
4. Veiene er bratte, så du får kjøre forsiktig, Arne.
5. Har du fått brev fra broren din ennå?

B. Translate into Norwegian, using **få**:
1. You'd better eat your food now.
2. May I see a picture of your sister?
3. If you don't find your pen, you'll have to buy a new one.
4. If you can't go to the movies this evening, we'll have to wait until another time.

○ 17.2 The Reciprocal Use of the Verb Ending in -es

The verb ending in **-es** has reciprocal meaning when used with certain verbs of meeting, seeing, etc.:

10.37 Men kanskje vi treffes igjen senere.
17.9 Hvor skal vi møtes etterpå?

Note that in both these examples the meaning imparted by the **-es** is 'each other,' although it is not necessary to include these words in an English translation. The **-es** has reciprocal meaning with only a small number of verbs, and only in contexts where reciprocal action by a plural subject is possible.

EXERCISE
Translate:

1. Jeg må gå nå, men vi sees snart igjen.
2. Vi møttes i byen ved femtiden, spiste middag sammen og gikk i teatret etterpå.
3. Maten må spises mens den er varm.
4. Fjelltoppene kan sees gjennom togvinduet.
5. Hver dag klokken to møtes de utenfor banken.

△ **LA OSS LYTTE**

1. Georg skriver et forretningsbrev.

Oslo, den 30. juli

R. Olsen Bokhandel
Parkveien 5
Bergen

Mens jeg var i Bergen, så jeg i Deres butikk en bok med meget fine bilder fra byen. Hvis jeg husker riktig, hette den 'Bergen i bilder.' Jeg vil gjerne sende denne boka til mine foreldre i Amerika og skulle være Dem meget takknemlig* om De kunne få sendt den med flypost.

Adressen er

Mr. Walter H. Smith
2215 Vanderbilt Ave.
Chicago 15, Illinois

Jeg sender Dem en sjekk for beløpet så snart jeg hører fra Dem.

Med hilsen,
Georg Smith

Bygata 19
Oslo

* takknemlig adj. grateful

2. Georg går inn på et postkontor.

G: Jeg skal sende denne pakken til Amerika, takk.

E: Har De fylt ut et følgebrev?

G: Nei, hvor får jeg det?

E: Her har De ett. De kan fylle det ut der borte.

G: (etter at han har fylt ut følgebrevet) Vær så god. Hvor mye blir det?

E: Pakken er meget tung, så det blir sannsynligvis ganske dyrt å sende den. Ja—det blir 92 kroner.

G: Ja, det er litt for dyrt. Kanskje jeg skulle sende bøkene i en pakke for seg.

E: Ja, da blir det billigere. Portoen på bøker er mye lavere. Kunne De ikke dele pakken i to?

G: Jo, jeg skal gjøre det. Mens jeg er her, kunne jeg få noen frimerker til dette brevet?

E: Skal det sendes med flypost?

G: Ja, det må fram så fort som mulig.

E: Vær så god.

G: Takk. Da kommer jeg igjen med pakkene senere.

HVOR KAN VI GJØRE INNKJØP?

ENGLISH EQUIVALENTS

George and Arne are going to take a trip together in Nordmarka. They are talking about what they will need:

1. Don't we have to take [any] equipment if we are going on a trip in Nordmarka tomorrow?
2. That depends on what kind of a trip it's going to be.
3. If we stay over at the Skiing Association's cabins, (then) we won't need to take anything along.
4. Oh, are there tourist cabins in Nordmarka, too?
5. Oh yes, at least four or five (pieces).
6. But I think it would be more fun to sleep out.
7. Will we have to take ('have') a tent along then?
8. No, that'll be too much to carry.
9. Let's take just sleeping bags and hope that it doesn't rain.
10. If it does ('In so case'), we can always spend the night in a cabin.
11. But we'll have to take ('have') along food, won't we?
12. Yes indeed, the idea was that we would prepare food on a camping stove.
13. That's more fun than just about anything.
14. Is there any place in the neighborhood where one can shop ('make purchases')?

LISTENING SCRIPT

Nordmarka [no`r/mar˙ka]

1. utstyr [u`t/sty˙r], et
2. komme an på
3. ligge over på; Skiforeningen [sji'/fåre˙ningen]
4. turisthytte [turis't/hyt˙te], ei; det finnes
5. ja visst; stykke (unit)
6. ligge ute
7. ha med seg; telt, et
8. bære, bar, båret; bære på
9. sovepose [så`ve/po˙se], en; håpe på
10. fall, et; i så fall
11.
12. mening, en; primus [pri'mus], en
13. noe av det morsomste jeg vet
14. nabolag [na`bo/la˙g], et; innkjøp, et; gjøre innkjøp

WHERE CAN WE SHOP?

Georg og Arne skal gå tur sammen i Nordmarka. De snakker om hva de kommer til å trenge:

1 *Georg:* Må vi ikke ta med oss utstyr hvis vi skal på tur i Nordmarka i morgen?

2 *Arne:* Det kommer an på hva slags tur det blir.

3 Ligger vi over på hyttene til Skiforeningen, så trenger vi ikke å ta med noe.

4 *Georg:* Ja så, finnes det turisthytter i Nordmarka også?

5 *Arne:* Ja visst, det er fire-fem stykker minst.

6 Men jeg synes det ville være morsommere å ligge ute.

7 *Georg:* Må vi ha med oss telt da?

8 *Arne:* Nei, det blir for mye å bære på.

9 Vi tar bare soveposer og håper på at det ikke regner.

10 I så fall kan vi jo alltid overnatte på en hytte.

11 *Georg:* Men da må vi ha med oss mat, ikke sant?

12 *Arne:* Jo da, det var meningen at vi skulle lage mat på primusen.

13 Det er noe av det morsomste jeg vet.

14 *Georg:* Er det noe sted i nabolaget hvor vi kan gjøre innkjøp?

15. Yes, there is a shopping center a little way down the street.
16. We can get hold of everything we need ('have use for') there.
17. Do you have any kitchen equipment for camping (use)?
18. Yes, I have a couple of pots and an old frying pan.
19. We can buy paper plates and take along some knives, forks, and spoons, so we'll certainly not starve to death.

15. butikksenter [butikk′/sen ˙ter], et, pl -sentrer
16. bruk, en; ha bruk for
17. kjøkkenutstyr [kjøk′ken/u ˙tstyr], et; campingbruk [kæm′ping/bru ˙k], en
18. kjele, en; stekepanne, en (ei)
19. papptallerken [papp′/talær ˙ken], en; bestikk [bestikk′], et
20. sulte, -et, -et; i hjel [i je′l]

REPETISJON
Combine the elements in each group to form different grammatically correct and logical sentences:

a)

Det kommer an på

	tur / vær	det blir.
hva slags	— — — — — — — — — —
	bil	du / de	har.
— — — — — — — — — — — —
hvor mange	penger / bøker	du	har. / trenger.
— — — — — — — — — — — —
været. / mange ting.		

b)

Vi / Arne og Georg / Jeg	må / skal / vil	innom	en bensinstasjon / en bank / butikken / hotellet	før	vi / de / jeg	drar.
				— — — — — —
				hvis	vi / de / jeg	har tid.

15 *Arne:* Ja, det er et butikksenter et lite stykke nede i gata.
16 Der kan vi få tak i alt vi har bruk for.
17 *Georg:* Har du noe kjøkkenutstyr til campingbruk?
18 *Arne:* Ja, jeg har et par kjeler og en gammel stekepanne.
19 Vi kan kjøpe papptallerkener og ta med bestikk,
20 så vi kommer visst ikke til å sulte i hjel.

c)

| Det
Å reise med tog
Å gå i fjellet
Å lage mat i skogen
Å snakke norsk | er noe av det | morsomste
vanskeligste
hyggeligste | jeg
Georg
vi
han | vet. |

SPØRSMÅL

1. Hvor skal Georg og Arne hen på tur?
2. Skal de ta med utstyr?
3. Hvorfor blir det lettere hvis de ligger over på en av Skiforeningens hytter?
4. Hvorfor vil de ligge ute?
5. Må de ha med telt?
6. Hva skal de gjøre om det regner?
7. Hvorfor vil de ha med mat?
8. Liker Arne å lage mat ute i skogen?
9. Skal de ta med kjøkkenutstyr?
10. Hvor kan de gjøre innkjøp?
11. Liker du å overnatte ute i skogen?
12. Er du flink til å lage mat på primus?

SAMTALEØVELSE

1. You and a friend are planning a hike in Nordmarka. Discuss what to take along, where you'll sleep, etc.
2. You are telling a friend about a hiking trip in the mountains. You discuss where you hiked, where you slept, whether or not you had a tent or sleeping bags along, where you got food, if you prepared it yourself, etc.

ENGLISH EQUIVALENTS

On the way to the store:

21. I guess it would be best ('It's perhaps best') to begin with the grocery store.
22. We can buy most [of what we need] there.
23. On the way back we can go to the bakery and the meat market.
24. Do we have to go to so many different stores [in order] to buy food (stuff)?
25. I think that's very inconvenient.
26. How would you arrange it then?
27. It would be easier to have ('with') one large store where you could buy everything at once.
28. Maybe, but there aren't so many like that in this country yet.
29. Actually, I think the smaller stores are much more pleasant!
30. But here is the grocery store. Please, go ahead!
    In the store:
31. I see that this is a self-service store.
32. Yes, most grocery stores are nowadays.
33. I guess it's a convenient and practical way to run a business.
34. Here are eggs and butter and cheese.

LISTENING SCRIPT

på vei

21. kolonialhandel [kolonia'l/han˙del], en
22. det meste
23. tilbakeveien [tilba`ke/væi˙en]; bakeri [bakeri'], et; kjøttforretning [kjøtt`/fåret˙ning], en
24. forskjellig [fårsjel'li]; matvare [ma`t/va˙re], en
25. tungvint [tong`/vin˙t]
26.
27. forretning [fåret'ning], en; på en gang [på e'n gang']
28.
29. forresten [fåres't^{e}n]
30. kolonial [kolonia'l], en; stige, steg, steget; stige på
31. selvbetjeningsbutikk [sell`betje˙nings/butikk˙], en
32. kolonialbutikk, en; nå for tida [ti'a]; de fleste
33. nok (modal); praktisk; drive, drev, drevet
34. egg, et; smør [smørr'], et

HVOR KAN VI GJØRE INNKJØP?

(fortsatt *continued*)
På vei til butikken:

21	*Arne:*	Det er kanskje best å begynne med kolonialhandelen.
22		Der kan vi få kjøpt det meste.
23		På tilbakeveien kan vi gå innom bakeriet og kjøttforretningen.
24	*Georg:*	Må en gå i så mange forskjellige butikker for å kjøpe matvarer da?
25		Det synes jeg er veldig tungvint.
26	*Arne:*	Hvordan ville du ordne det da?
27	*Georg:*	Det ville være lettere med én stor forretning hvor en kunne kjøpe alt på én gang.
28	*Arne:*	Kanskje det, men det er ikke så mange slike her i landet ennå.
29		Jeg synes forresten at de mindre butikkene er mye hyggeligere.
30		Men her er kolonialen. Vær så god, stig på!
		Inne i butikken:
31	*Georg:*	Jeg ser at dette er en selvbetjeningsbutikk.
32	*Arne:*	Ja, de fleste kolonialbutikker er det nå for tida.
33		Det er nok en praktisk og grei måte å drive forretning på.
34		Her har vi egg og smør og ost.

35. We must be sure not to forget to buy coffee.
36. No, there it is on that shelf.
37. I guess half a kilo will be enough.
38. And then all that's left to take is some canned goods—fish balls, meat balls ('patties'), etc.
39. Don't take too much now—it'll be so heavy to carry.
40. No no, but I get so hungry when I'm on a long hike in the woods.

35.
36. hylle, en (ei)
37.
38. hermetikk [hærmetikk′], en; fiskebolle [fis`ke/bål˙le], en; kjøttkake, en; videre; og så videre
39.
40. langtur, en

REPETISJON
Combine the elements in each group to form different grammatically correct and logical sentences:

a)

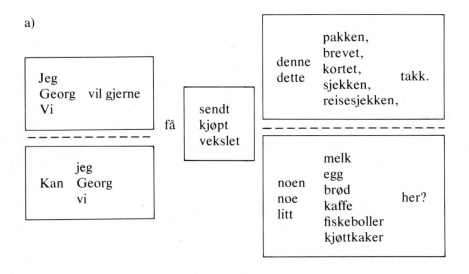

35 *Georg:* Vi må endelig ikke glemme å kjøpe kaffe.
36 *Arne:* Nei, der er den på den hyllen.
37 Det greier seg vel med en halv kilo.
38 Og så er det bare å ta med noe hermetikk—fiskeboller, kjøttkaker og så videre.
39 *Georg:* Ikke ta for mye da—det blir så tungt å bære på.
40 *Arne:* Nei da, men jeg blir så sulten når jeg er på langtur i skogen.

b)

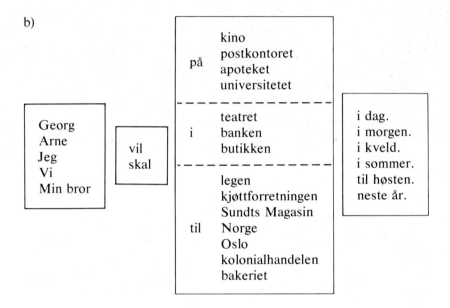

Georg Arne Jeg Vi Min bror	vil skal	på	kino postkontoret apoteket universitetet	i dag. i morgen. i kveld. i sommer. til høsten. neste år.
		i	teatret banken butikken	
		til	legen kjøttforretningen Sundts Magasin Norge Oslo kolonialhandelen bakeriet	

c)

Det greier seg med	en halv kilo	sukker. kaffe. smør.
	et par	dager på sykehuset. piller.
		passet. denne legitimasjonen.

Jeg ser at dette er en selvbetjeningsbutikk.

SPØRSMÅL

1. Hvor skal de hen først?
2. Hva får en kjøpt der?
3. Hvor kjøper en brød og kaker? (. . . kjøtt?)
4. Hvorfor må en gå i så mange butikker for å kjøpe matvarer i Norge?
5. Hva er en selvbetjeningsbutikk for noe?
6. Hvorfor er det en praktisk måte å drive forretning på?
7. Foretrekker Arne store forretninger?
8. Trenger Arne og Georg mye kaffe?
9. Vil Georg ta med mye hermetikk?
10. Hvorfor er det best å ta med mye mat når en går langtur i skogen?

SAMTALEØVELSE

1. You and a friend are discussing buying food. You decide what to buy and discuss where to buy it.
2. You are in a self-service store, but can't find what you want. You ask a clerk where the different types of food you want are and he tells you where to find them.

Grammar

○ 18.1 The Omission of 'If'

The conjunctions **hvis** and **om** may be omitted at the beginning of a sentence if a conclusion to the condition stated in the *if*-clause is either implied, or expressed in a following clause:

> 18.3 Ligger vi over på hyttene til Skiforeningen, så trenger vi ikke ta med noe.

This type of construction is quite rare in English (cf. sentences of the type—Had I known he was coming—), but is very common in Norwegian. Notice that when 'if' is omitted, the sentence is begun with the verb. Direct questions also are introduced by a verb (cf. Grammar **4.2b**), but no confusion between these two types of sentences is possible, since a question will be followed by a question mark while a sentence in which 'if' has been omitted will be followed by either an implied or expressed conclusion. The conclusion is often, but not always, introduced by **så** 'then.'

EXERCISES
A. Translate into English:
1. Kommer han i dag?
2. Kommer han i dag, skal vi reise til Bergen i morgen.
3. Skal du reise til Norge i sommer?
4. Skal du reise til Norge i sommer, så må du ha mange penger.
5. Hadde jeg ikke kjent ham så godt, ville jeg ikke ha lånt ham pengene.

B. Translate into Norwegian in two ways (1. using, 2. omitting 'if'):
1. If you eat your dinner, I'll give you a piece of cake.
2. If she isn't married yet, she'd better hurry.
3. If you want to go to the movies, we can meet at six o'clock.

○ 18.2 Modal Adverbs

When the adverbs **da, jo, nok, nå,** and **vel** occur unstressed in a sentence, they have special meanings which have no exact equivalents in English. When used in this way, these adverbs express the speaker's conviction concerning the truth of his statement, and also his emotional attitude toward it or toward the listener. We have had a number of examples of such usage:

da
- 4.39 God natt da!
- 7.4 Hvor ligger det da?
- 8.4 Hvor skal dere hen da?

jo
- 2.25 Jeg har jo aldri vært her før.
- 10.2 Himmelen er jo helt klar.
- 14.9 Jeg kjenner jo ikke veiene.
- 18.10 I så fall kan vi jo alltid overnatte på en hytte.

vel
- 8.20 Der måtte du vel vente nokså lenge?
- 8.26 Han tenkte vel på noe annet.
- 11.4 Du har vel ikke glemt meg?
- 15.36 Nå, jeg dør vel ikke av den?

nok
- 18.33 Det er nok en praktisk og grei måte å drive forretning på.

These are regularly found in one of two positions: at the end of the sentence, or immediately following the verb (or an associated pronoun, cf. 8.20, 18.10).

When used in this way **da** intensifies the statement, suggesting sometimes that the speaker is sympathetic, sometimes that he is impatient. It must usually be omitted in translating into English, though often it can be translated 'certainly, surely,' or in questions (as above) 'anyway.' **Jo** means: the speaker knows that you already know what he is saying—it's a matter of course. It may be translated 'you know' or 'of course,' etc. **Vel** means that the speaker is quite uncertain and is really asking you whether you agree; in English we repeat part of the question or say 'I suppose.' **Nok** means that the speaker isn't quite sure, but believes what he's saying to be true; in English we say 'I guess' or 'all right.' **Nå** when used as a modal adverb expresses that the speaker is quite positive about what he is saying. It is used frequently when contradicting, or objecting to, another statement; it can often be translated 'after all.'

Tryvannsstua i Nordmarka

EXERCISE

Pick the correct modal adverb to fit each of the attitudes expressed by (a), (b), etc.

       jo   (a) isn't he
1. Han er nok svært stolt av sin kone.   (b) I guess
       vel   (c) as we all know

       da   (a) isn't there
       jo   (b) after all
2. Det må nok være massevis av fisk i disse vannene. (c) certainly, surely
       vel   (d) I guess, all right
       nå   (e) of course, you know

○ 18.3 The Possession of Nouns Expressed with Prepositions

In Grammar **6.4** the addition of **-s** to produce the possessive form of nouns was discussed. The possession of nouns is also expressed by the use of prepositional phrases:

18.3 Ligger vi over på hyttene til Skiforeningen . . .

The same meaning could have been expressed by using the construction:

Ligger vi over på Skiforeningens hytter . . .

The use of a prepositional phrase produces a stylistically better sentence in this case. A similar difference in style in English can be seen in the phrase 'the last rose of summer,' which sounds better than 'summer's last rose.'

Although **til** is the most common preposition used in Norwegian to express possession, several other prepositions are also used. E.g.,

                12.3 . . . noe av Norges villeste terreng.
could also be   . . . noe av det villeste terreng i Norge.

Note that in such a phrase the preposition **i** is used, not **til,** since the terrain is something that is *in* Norway, not strictly speaking something possessed by Norway.

The phrase 'the color of the house' is best translated by the prepositional phrase **fargen på huset.**

Note that the preposition used is **på,** not **til.** This makes more sense since the color is something that is *on* the house, not strictly speaking something that is possessed by the house.

18B

EXERCISES

Translate into Norwegian in two different ways: (a) using the possessive in **-s,** (b) using the possessive with **til:**

1. Do you know George's mother?
2. We're going to live in my brother's house.

3. My cousin's sister was standing outside waiting for us.

○ **18.4 Stykke**

The Norwegian word **stykke** has a number of meanings:

> 7.30 Her har vi noen til hundre og ti kroner stykket.
> 8.8 Det går et godt stykke på Forum kino.
> 18.5 Ja da, det er fire-fem stykker minst.
> 18.15 Det er et butikksenter et lite stykke nede i gata.

The basic meaning of the word **stykke** is 'piece,' but it is used to refer to units, i.e., pieces, of just about anything: articles for sale, plays, movies, distances, etc. It is often used in place of a noun which has already been mentioned and the number of which is being given, as in 18.5 (where it refers to the **hytter** mentioned in 18.3, 4).

EXERCISE
Translate:

1. I'd like a piece of cake, please.
2. They cost ten *kroner* apiece.
3. Shall we walk a little ways now?

4. How many stores are there in this neighborhood? There are five.

△ **LA OSS LYTTE**

1. To venner, Per og Dag, snakker om en tur de skal ta sammen.

P: Vi må ha med oss mye utstyr hvis vi skal være på fjellet i to uker.
D: Ja, her er primusen og stekepanna.
P: Vi må ha et par kjeler også.
D: Jeg har en hjemme—og kan ikke du ta med den gamle kaffekjelen til broren din?
P: Jo, han får ikke bruk for den i sommer—han skal jo til utlandet.
D: Kunne ikke vi låne det store teltet hans også? Det er så god plass i det.
P: Nei, det er da så dårlig at det regner gjennom det. Husker du ikke i fjor sommer?
D: Jo, det er sant. Klærne mine ble ikke tørre på en uke.
P: Vi tar heller det lille teltet som jeg kjøpte i vår. Hvis vi tar soveposene med, blir det fint.

D: Det blir mye å bære på.

P: Ja, men vi greier det nok.

D: Kanskje vi heller skulle overnatte på hyttene til Turistforeningen?

P: Nei, det har jeg ikke penger til, og dessuten er det mye morsommere å ligge i telt.

2. *Georg må gjøre innkjøp og spør vertinnen hvor butikkene er.*

G: Kanskje De kunne si meg hvor jeg kan kjøpe noe mat.

V: Hva har De tenkt å kjøpe?

G: Jeg trenger litt brød og smør og kaffe, og forskjellig annet.

V: Brødet og smøret kan De kjøpe i melkeforretningen nede i gata, men De må til kolonialen for å kjøpe kaffe.

G: Kan jeg ikke kjøpe brød og smør i kolonialen også, så jeg slipper å gå i så mange butikker?

V: Jo, De får nok kjøpt smør der, men ikke brød. De kan forresten få riktig godt brød i bakeriet, men det er litt lenger å gå.

G: Jeg synes det ville være mye bedre om en kunne kjøpe alle matvarer i én butikk. Det er veldig tungvint å måtte springe omkring fra den ene til den andre.

V: Nå, hvis De vil gå i en slik selvbetjeningsbutikk, så kan De nok finne noen her og der i byen. Men jeg foretrekker de mindre butikkene. Det er mye hyggeligere der, og en vet at det en kjøper er godt.

G: Kanskje det, men jeg er ikke vant til slike butikker.

V: Nei, jeg vet at i Amerika skal alt gå så mye fortere. Men her i landet tar vi det litt mere med ro.

NORDMARKA

ENGLISH EQUIVALENTS

George and Arne are sitting in the electric trolley to Holmenkollen early in the morning on their way up to Frognerseteren.

1. What a wonderful view there is here!
2. What's that valley down there called?
3. That's Sørkedalen, which goes ('leads') far into Nordmarka.
4. We could have taken the bus a ways up the valley and walked in from there,
5. but I prefer to use Frognerseteren as starting ('exit') point.
6. It's farther into the woods, isn't it?
7. Yes, and it lies much higher, so we don't have to climb so much ('we get out of the long climb').
8. It's wonderful that this line goes all the way up from [the] center [of the city].
9. When we got on ('climbed on') the subway at the National Theater, I didn't know that we were going to ride *this* ('so') far.
10. Yes, people in Oslo are lucky to be able to get out into the country ('the nature') so quickly and conveniently.
11. What was that station called where we came out of the tunnel?
12. That was Majorstuà. A lot of people always get on there.
13. You should see this line in the winter time!

LISTENING SCRIPT

Holmenkollbanen; oppover [åpp'/å`ver]; Frognerseteren [frång`ner/se`tern]

1. for en; praktfull
2. dal, en
3. Sørkedalen; føre, -te, -t; innover [inn'/å`ver]
4. derfra [dær'fra]
5. utgangspunkt [u`tgangs/pong`t], et
6.
7. sti`gning, en
8. sentrum [sen'trum], et, pl sentrer; bane, en
9. stige på (get on); undergrunnsbane [un`nergruns/ba`ne], en
10. Oslofolk (pl); heldig [hel`di]; natur [natu'r], en
11. het (*from* hete)
12. Majorstua [majo'r/stua]; komme på; masse, en
13.

NORDMARKA

Georg og Arne sitter tidlig om morgenen på Holmenkollbanen på vei oppover til Frognerseteren.

1 *Georg:* For en praktfull utsikt det er her!

2 Hva heter den dalen der nede?

3 *Arne:* Det er Sørkedalen, som fører langt innover i Nordmarka.

4 Vi kunne tatt bussen et stykke oppover dalen og gått innover derfra,

5 men jeg foretrekker å bruke Frognerseteren som utgangspunkt.

6 *Georg:* Det er lenger innover i skogen, ikke sant?

7 *Arne:* Jo, og det ligger mye høyere, så vi slipper den lange stigningen.

8 *Georg:* Det er flott at denne banen går helt opp fra sentrum.

9 Da vi steg på undergrunnsbanen ved National-theatret, visste jeg ikke at vi skulle kjøre *så* langt.

10 *Arne:* Ja, Oslofolk er heldige, de, som kan komme ut i naturen så fort og greit.

11 *Georg:* Hva het den stasjonen hvor vi kom ut av tunnellen?

12 *Arne:* Det var Majorstua. Der pleier det alltid å komme på en masse folk.

13 Du skulle se denne banen om vinteren, du!

14. What's different about it then?
15. Then there are racks on the cars where people put their skis,
16. and almost the whole city goes up [to Nordmarka] when the weather is good and skiing conditions are fine.
17. It must be a little crowded then.
18. Yes, it happens ('it is not free for') that your toes get trampled on ('that one is trampled on the toes') in the crush.
19. Look how beautiful the forest is here along the tracks.
20. Well, we're almost all the way up now, so we better get our knapsacks on.

14.
15. stativ [stati′v], et
16. føre, et
17. trang; trangt om
18. fri, fritt, frie; fritt for; tråkke, -et, -et; tå, ei, pl tær; trengsel [treng′sel], en
19.
20. ryggsekk, en

Om vinteren er det stativer på vognene hvor folk setter skiene sine.

14 *Georg:* Hva er det som er annerledes da?

15 *Arne:* Da er det stativer på vognene hvor folk setter skiene sine,

16 og nesten hele byen reiser oppover når det er pent vær og fint føre.

17 *Georg:* Det må være trangt om plassen da.

18 *Arne:* Ja, det er ikke fritt for at en blir tråkket på tærne i trengselen.

19 *Georg:* Se hvor vakker skogen er her langs banen!

20 *Arne:* Ja, nå er vi nesten helt oppe, så det er best vi tar på oss ryggsekkene.

REPETISJON

Combine the elements in each group to form different grammatically correct and logical sentences:

a)

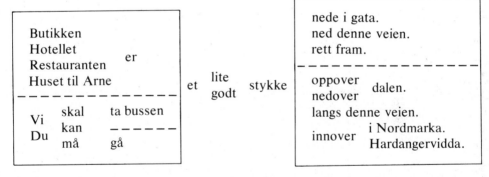

Butikken		nede i gata.
Hotellet	er	ned denne veien.
Restauranten		rett fram.
Huset til Arne		

b)

Tryvannsstua

c)

	tråkket på	tærne på Holmenkollbanen. foten i kjøttforretningen.
Det er ikke fritt for at en blir	forkjølet sulten på	fottur i Nordmarka. langtur fjellet. på Hardangervidda.

SPØRSMÅL

1. Hva synes Georg om utsikten fra Holmenkollbanen?
2. Hvor fører Sørkedalen hen?
3. Måtte de ta Holmenkollbanen til Frognerseteren for å komme inn i Nordmarka?
4. Hvorfor er det lettere å bruke Frognerseteren som utgangspunkt?
5. Hvor steg Arne og Georg på Holmenkollbanen?
6 Hvorfor er Oslofolk heldige?

7. Hvor kommer banen ut av tunnellen?
8. Hva gjør folk med skiene sine om vinteren?
9. Hvorfor tar folk skiene med til Nordmarka?
10. Er det god plass i vognene når det er godt vær om vinteren?
11. Hvorfor er det best at Georg og Arne tar på seg ryggsekkene?
12. Tror du det er lett å gå på ski på stier gjennom skogen?

SAMTALEØVELSE

1. Tell a friend about the Holmenkollen Line. Tell him where it runs, etc. He asks you how much it costs to ride to Frognerseteren, etc.
2. You and a friend are planning to go skiing in Nordmarka. This is your first time, so you ask him how you can get there, what you will do with your skis, etc. He explains everything to you.

På Tryvannsstua kan vi få oss en kopp kaffe før vi drar videre.

ENGLISH EQUIVALENTS

George and Arne are walking up from the station.

21. What is this little pond here called?
22. It's Øvreseter Pond. There are hundreds of such ponds and lakes here in Nordmarka.
23. How far have you planned to hike today?
24. Oh, we should be able to reach Bjørnsjøen ('Bear Lake') today, I think.
25. Kikutstua is on the north side of the lake—in case it rains tonight.
26. That's good. But what are those huge masts over there?
27. Those are the broadcasting antennas of the State Radio and TV.
28. Oh, and what's that high tower right ahead of us?
29. That's Tryvannstårnet. There is a fine view from the top there.
30. I think the view is wonderful ('completely fine') here.
31. There's nothing but woods and mountains wherever I look.
32. Which trail are we going to take now?
33. First we'll take this trail that goes down the hill here.
34. Then we'll soon branch off ('take off') onto a path that leads into [the forest].
35. Why, it looks like there is a ski lift here!
36. That's right. We're standing at the top of Tryvannskleiva, which is an extremely good ski hill in the winter.

LISTENING SCRIPT

21. tjern [kjæ′rn], et
22. Øvresetertjern [ø`vrese·ter/kjæ′rn]; hundrevis [hun`dre/vi·s]
23.
24. rekke, rakk, rukket; Bjørnsjøen
25. Kikutstua [kjikk`ut/stu·a]; nordsiden [no`r/si·d^{e}n]; tilfelle [till`/fel·le], et; i tilfelle
26. svær; mast, en
27. senderantenne [sen`ner/anten·ne], en; kringkasting, en; Kringkastingen; Fjernsynet [fjæ̀rnsyne] (TV) [tevė]
28. tårn [tå′rn], et; framfor; høy
29. Tryvannstårnet [try′vans/tå·rne]
30.
31. hvor. . . enn
32.
33. bakke, en
34. ta av
35. nei (my, well); skiheis [sji′/heis], en; det ser ut til å
36. Tryvannskleiva [try′vanns/klei·va]; skibakke [sji′/bak·ke], en

NORDMARKA

(fortsatt *continued*)

Georg og Arne går oppover fra stasjonen.

21 *Georg:* Hva heter dette lille tjernet her?

22 *Arne:* Det er Øvresetertjern. Det er hundrevis av slike tjern og vann her i Nordmarka.

23 *Georg:* Hvor langt har du tenkt vi skal gå i dag?

24 *Arne:* Å, vi skulle rekke Bjørnsjøen i dag, tror jeg.

25 Kikutstua ligger på nordsiden av vannet—i tilfelle det regner i natt.

26 *Georg:* Det var bra. Men hva er de svære mastene der borte?

27 *Arne:* Det er senderantennene til Kringkastingen og Fjernsynet (TV).

28 *Georg:* Ja så, og hva er det høye tårnet rett framfor oss?

29 *Arne:* Det der er Tryvannstårnet. Det er bra utsikt fra toppen der.

30 *Georg:* Jeg synes utsikten er helt flott her, jeg.

31 Det er bare skog og fjell hvor jeg enn ser.

32 Hvilken vei skal vi ta nå?

33 *Arne:* Først tar vi denne veien som går nedover bakken her.

34 Så tar vi snart av på en sti som fører innover.

35 *Georg:* Nei, men her ser det ut til å være skiheis!

36 *Arne:* Nettopp. Vi står på toppen av Tryvannskleiva, som er en veldig fin skibakke om vinteren.

37. The lake down there is called Tryvann, and beside it is Tryvannsstua.
38. We can get a cup of coffee there before we go on.
39. Now I'm beginning to understand why everyone is so enthusiastic about Nordmarka.
40. I've never (in my life) seen the likes of [such a] recreation area.

37. Tryvann; Tryvannsstua
38.
39. begeistret [begei'stret]
40. liv, et; make, en; maken til; friluftsområde [fri'lufts/åmrå˚de], et

REPETISJON
Combine the elements in each group to form different grammatically correct
and logical sentences:

a)

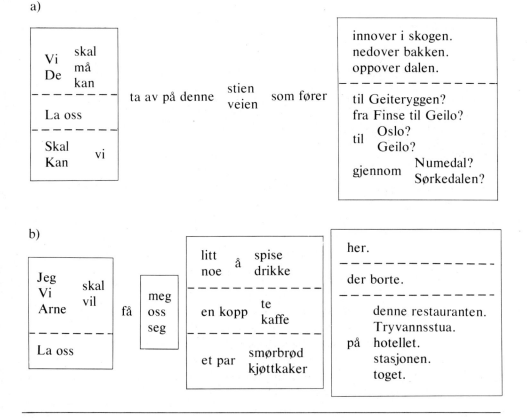

			innover i skogen.
Vi	skal		nedover bakken.
De	må		oppover dalen.
	kan	ta av på denne	til Geiteryggen?
La oss		stien / veien som fører	fra Finse til Geilo?
Skal / Kan	vi		til Oslo? / Geilo?
			gjennom Numedal? / Sørkedalen?

b)

Jeg / Vi / Arne	skal / vil	få	meg / oss / seg	litt / noe	å	spise / drikke	her.
La oss				en kopp		te / kaffe	der borte.
				et par		smørbrød / kjøttkaker	på denne restauranten. / Tryvannsstua. / hotellet. / stasjonen. / toget.

37   Vannet der nede heter Tryvann, og ved siden av ligger
      Tryvannsstua.
38   Der kan vi få oss en kopp kaffe før vi drar videre.
39 *Georg:* Nå begynner jeg å forstå hvorfor alle er så begeistret
      for Nordmarka.
40   Jeg har aldri i mitt liv sett maken til friluftsområde.

c)

Jeg Vi Georg	har aldri	(i	mitt sitt vårt hans	liv) sett maken til

friluftsområde.	
vakker(t)	pike. land.
gode dårlige	restauranter. hoteller. veier.

SPØRSMÅL

1. Er det mange tjern og vann i Nordmarka?
2. Hvor langt skal Arne og Georg prøve å gå i dag?
3. Er det noen hytte der i tilfelle det regner?
4. Hvorfor tror du det er lett å se senderantennene til Kringkastingen?
5. Har Georg lyst til å se utsikten fra toppen av Tryvannstårnet?
6. Hva slags terreng er det i Nordmarka?
7. Hvordan skal Arne og Georg komme innover i skogen?
8. Hva er Tryvannskleiva for noe?
9. Hvorfor vil Arne og Georg innom Tryvannsstua?
10. Hva synes Georg om Nordmarka?

SAMTALEØVELSE

1. You are telling a friend about a trip in Nordmarka. He asks you what Nordmarka is (he's never been in Oslo) and you start by telling him that. Then you tell him where you hiked, what you saw, etc. He asks where you spent the night, where you ate, etc.
2. You are skiing at Tryvannskleiva and decide to ski down to Tryvannsstua and get something to eat: You get your friend(s) to come along, enter Tryvannsstua, order, etc.

Grammar

○ **19.1 Modal Auxiliaries with Perfect Participles**

We have had a number of examples of the use of the modal auxiliaries **ville, burde, skulle,** and **kunne** followed by an infinitive:

3.4; 12.40	Takk, det **ville være** hyggelig.
18.6	Jeg synes det **ville være** morsommere å ligge ute.
18.26	Hvordan **ville** du **ordne** det da?
18.27	Det **ville være** lettere med én stor forretning—
2.37	Du **burde bli** her minst et par uker.
1.35,46; 7.11	Jeg **skulle ha**—
12.28	**Jeg skulle** jamen **ha** lyst på en tur over vidda.
12.29	**Kunne** du ikke **gå** av på Finse og **bli** med meg?
13.31	Der **kunne** du gå på ski året rundt.

So far we have had only one example of the use of a *modal auxiliary followed by a perfect participle:*

19.4 Vi **kunne tatt** bussen et stykke oppover dalen og **gått** innover derfra.

In English this construction is not possible, since we have to supply the auxiliary 'have' between the infinitive and the participle:

We could have taken. . . *and (we* could have) walked. . .

Norwegian can also use this fuller form: Vi **kunne ha tatt** bussen. . .But the shorter form is usually preferred. Therefore the sentences given in the present above would usually be as follows when turned into the past:

Takk, det **ville vært** hyggelig.	. . . that would have been nice.
Jeg synes det **ville vært** morsommere. . .	it would have been more fun
Hvordan **ville** du **ordnet** det da?	. . . would you have arranged. . .
De **burde blitt** her minst et par uker.	You should have stayed. . .
Jeg **skulle** jamen **hatt** lyst på. . .	I would certainly have enjoyed. . .
Kunne du ikke **gått** av på Finse. . .	Couldn't you have gotten off. . .
Der **kunne** du **gått** på ski året rundt.	There you could have skied. . .

EXERCISES

A. Translate:
1. Det ville vært morsomt å se ham en gang til.
2. Vi kunne kjøpt noe å spise hvis vi hadde hatt bedre tid.
3. Du skulle sett Arne ta den svingen!
4. Han ville kommet hvis han ikke hadde hatt så mye å gjøre.
5. Hvis jeg hadde hatt ti kroner i går, ville jeg ha reist til Oslo.

B. Translate in two ways:
1. I would have seen him if he had been there.
2. He could have eaten his dinner before he left.
3. I should have bought a new shirt in Bergen.
4. I would have sent my suitcases to Geilo if I had known it was so cheap.

○ 19.2 Adverbial Compounds and Phrases

(a) **her (der)** + adverbs of location: We have had a number of examples of adverbial phrases of the type **her** or **der** + an adverb of location ending in **-e** (cf. Grammar 8.2):

der borte, her inne, der nede, her oppe

Note that such expressions are written in two separate words, and that the order of the words is the opposite of what it is in English. How would you say: in there, out here, up there, over here, out there?

(b) Adverbs of motion + **-over:** The Norwegian suffix **-over** indicates motion in the direction specified by the adverb to which it is suffixed. A number of examples of such compound adverbs have occurred: **oppover, innover, nedover** (all in Lesson 19), **sørover** (lesson 13).

Vannet der nede heter Tryvann, og ved siden av ligger Tryvannsstua.

Note that there is no literal meaning, 'over,' attached to the suffix **-over.** This suffix corresponds most closely to the English suffix *-wards* (*inwards,* etc.). These compounds can also be employed as prepositions (**oppover dalen, nedover bakken,** etc.) in which case the **-over** is best left untranslated (**oppover dalen** = up the valley, etc.). What would these mean:

hjemover, utover, framover, østover, hitover

(c) Adverbs of motion + **-om:** A few adverbs of motion can form compound adverbs (prepositions) with the suffix **-om:** We have so far seen only one such: **innom:**

14.6   Vi må **innom** en bensinstasjon før vi drar.
16.3   Jeg følte meg litt dårlig, så jeg kom **innom** med det samme.
18.23 På tilbakeveien kan vi gå **innom** bakeriet og kjøttforretningen.

The use of the **-om** suffix always implies that the action described is temporary or spontaneous. **Innom** in all the above examples is best translated 'drop in' or 'stop in.' Other compounds of this type are **nedom** and **oppom.** They have the same meaning as **innom,** but specify the direction of the motion involved (e.g., if the dropping in is done by going up or down a street or a hill or stairs, etc.)

○ **19.3 Appended Pronouns**

It is a common feature of spoken Norwegian to repeat a personal pronoun or add one referring to the subject at the end of a sentence for emphasis or to give a jovial flavor:

15.31 Rømmegrauten er mektig, **den.**
19.10 Oslofolk er heldige, **de,** . . .
19.13 Du skulle se denne banen om vinteren, **du!**
19.30 Jeg synes utsikten er helt flott her, **jeg.**

△ LA OSS LYTTE

1. En amerikansk turist, Sonja Petersen, går ned i undergrunnsbanen ved Nationaltheatret. Hun går bort til en mann som står og venter der og sier:

   S: Unnskyld, men kunne De si meg når trikken til Frognerseteren går?
   M: Ja, bare se på den store klokka der borte, den med alle fargene på. Blått viser når trikken til Frognerseteren går.
   S: Å, da går det en om tre minutter. Hva betyr de andre fargene?
   M: De viser når de andre trikkene går. Det er fire baner som kjører herfra.
   S: Det er veldig greit, synes jeg. Takk skal De ha.
   M: Ingen årsak. Her kommer trikken til Frognerseteren.

   I vognen:
   S: Jeg skal til Frognerseteren, takk.

Nedgangen til Holmenkollbanen

K: (*tar pengene og gir henne billetten*) Vær så god.

S: Hvor lang tid tar det?

K: Det tar en halv time. Det er den siste stasjonen, så De trenger ikke å være redd for å kjøre for langt.

S: Takk skal De ha.

K: Ingenting å takke for.

2. En amerikansk student, Bob, forteller vennen sin, Tom, hvordan det er å gå på ski i Nordmarka.

B: Ja, det var virkelig flott å gå på ski der i Oslo.

T: Kunne du gå på ski i byen da?

B: Nei, ikke midt i byen, men like utenfor, i en del av Oslo som heter Nordmarka. Der er det bare skog og vann.

T: Hvordan kommer en dit?

B: Vi tok en trikk som kjørte rett fra sentrum.

T: Hva gjorde du med skiene? Du kunne vel ikke ta dem med på trikken?

B: Det var stativer på vognen, forstår du, og der satte vi skiene våre.

T: Ja så. Kostet det noe å ta med skiene?

B: Nei da, vi satte dem i stativet selv, og det gikk fort og greit. Da vi kom fram, tok vi bare skiene ut av stativet og satte dem på bena.

T: Er det noen skibakker der?

B: Ja, vi stod ned Tryvannskleiva et par ganger, men så gikk vi tur gjennom skogen til Bjørnsjøen.

T: Var det langt dit?

B: Å, det var vel en åtte-ti kilometer, tenker jeg. Vi tok oss en kopp kaffe og et par smørbrød på Kikutstua, som ligger ved vannet, og så gikk vi tilbake og ned til byen.

T: Kunne du gå på ski helt til byen?

B: Ja, en kan gå fra Nordmarka rett inn i byen.

T: Ja, nå begynner jeg å forstå hvorfor du er så begeistret for Nordmarka. Dit må jeg jamen reise.

TJUENDE (TYVENDE) **20** LEKSE

BYGDØY

Oslo Rådhus

20A

ENGLISH EQUIVALENTS

Sigrid Falk, Arne Solum's cousin, and George Smith are on their way across Fridtjof Nansen's Square. They are walking towards the harbor.

1. That big building there is the City Hall, isn't it?
2. Yes. The large murals I told you about are in there.
3. But we don't have time to look at them now.
4. We have to hurry if we're going to make ('reach') the boat to Bygdøy.
   They are now in front of the City Hall and are walking across the City Hall Square.
5. Where does the boat leave from?
6. It leaves from the pier over there.
7. Well, look at all those wonderful statues there!
8. They're really impressive.
9. Yes, aren't they? I like that one with the playing children best.
10. But the boat is ringing for departure!
    On board the boat.
11. I didn't know there were so many islands in the Oslo Fjord.
12. Which of them is Bygdøy?
13. Bygdøy is the large one to the right there.
14. But it actually isn't an island—just a peninsula.

LISTENING SCRIPT

kusine [kusi`ne], en; Fridtjof Nansens plass; Rådhusplassen; ombord [åmbo′r]

1. rådhus, et
2. veggmaleri [vegg`/maleri˙], et; fortelle [fårtel′le], fortalte [fårta′lte], fortalt [fårta′lt]
3.
4. båt, en; Bygdøy (older: Bygdø)
5.
6. brygge, ei
7. skulptur [skulptu′r], en
8.
9. leke, lekte, lekt; barn, et, pl barn, -a
10. ringe, -te, -t; avgang [a`v/gang˙], en
11. Oslofjorden
12.
13.
14. halvøy [hall`/øy˙]; egentlig

Veggmalerier i Rådhuset

BYGDØY

Sigrid Falk, Arne Solums kusine, og Georg Smith er på vei over Fridtjof Nansens plass. De går mot havnen.

1	*Georg:*	Den svære bygningen der er Rådhuset, ikke sant?
2	*Sigrid:*	Jo. Der inne er de store veggmaleriene jeg fortalte deg om.
3		Men vi har ikke tid til å se på dem nå.
4		Vi må skynde oss hvis vi skal nå båten til Bygdøy.
		De er nå foran Rådhuset og går over Rådhusplassen.
5	*Georg:*	Hvor går båten fra da?
6	*Sigrid:*	Den går fra brygga der borte.
7	*Georg:*	Nei, men se på alle de flotte skulpturene, du!
8		De var da veldig imponerende.
9	*Sigrid:*	Ja, ikke sant? Jeg liker den med de lekende barna best.
10		Men der ringer båten for avgang!
		Ombord på båten.
11	*Georg:*	Jeg visste ikke det var så mange øyer i Oslofjorden.
12		Hvilken av dem er Bygdøy?
13	*Sigrid:*	Bygdøy er den store til høyre der.
14		Men egentlig er det ikke en øy—bare en halvøy.

15. Oh? It's strange that it's called an island then.
16. But what's that strange, pointed building right in front of us?
17. That's Framhuset. That's where we're going first.
18. In there is the ship "Fram," which Fridtjof Nansen and Roald Amundsen used on their polar expeditions.
19. Oh, I want very much to see that.
20. And after that we can see the Viking ships and the Folk Museum.

15. pussig [pus`si]; kalle, kalte, kalt
16. spiss
17. Framhuset [framm'/hu˙se]
18. skip[sji'p], et; Fram; Fridtjof [frit'jåf] Nansen; Roald Amundsen [ro`al am`muns^en]; polferd [po`l/fær˙d]
19. ha lyst til å
20. vikingskip, et; Folkemuseet [fål`ke/muse˙e]

REPETISJON

Combine the elements in each group to make different grammatically correct and logical sentences:

a)

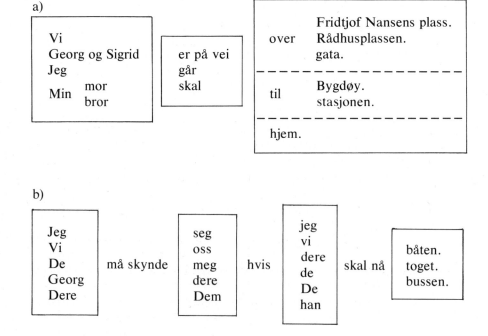

Vi		
Georg og Sigrid	er på vei	over
Jeg	går	
Min mor	skal	til
Min bror		

| Fridtjof Nansens plass. |
| Rådhusplassen. |
| gata. |
| Bygdøy. |
| stasjonen. |
| hjem. |

b)

Jeg				jeg		
Vi		seg		vi		båten.
De	må skynde	oss	hvis	dere	skal nå	toget.
Georg		meg		de		bussen.
Dere		dere		De		
		Dem		han		

15 *Georg:* Ja så. Det var da pussig at den kalles en øy.
16 Men hva er dette rare, spisse huset rett foran oss?
17 *Sigrid:* Det er Framhuset. Det er dit vi skal først.
18 Der inne er skipet "Fram," som Fridtjof Nansen og Roald Amundsen brukte på polferdene sine.
19 *Georg:* Ja, det har jeg veldig lyst til å se.
20 *Sigrid:* Og siden kan vi se på vikingskipene og Folkemuseet.

c)

Hvilken Hvilket Hvilke	av disse	øyene hotellene husene	er	Bygdøy? en halvøy? Rådhuset? Hotell Victoria? Viking?

SPØRSMÅL

1. Er det noe å se i Rådhuset?
2. Skal Sigrid og Georg dit inn nå?
3. Hvor skal de hen nå da?
4. Hvordan skal de komme dit?
5. Hvorfor må de skynde seg?
6. Er det noe å se på Rådhusplassen?
7. Hvilken liker Sigrid best?
8. Er Bygdøy en av øyene i Oslofjorden?
9. Er det noe å se på Bygdøy?
10. Hvor skal Sigrid og Georg hen først?
11. Har du noen gang hørt om Fridtjof Nansen?
12. Hvorfor tror du at han kalte skipet sitt "Fram?"

SAMTALEØVELSE

1. You stop a man on the street and ask him if he can tell you the way to the Oslo City Hall. He gives you directions. You ask if it's near the harbor, etc., and if there is anything to see there (you're a tourist). He tells you.
2. You and a friend are trying to decide what to do today. You ask him if he's ever been to Bygdøy, and if he'd like to go there. He asks you what there is to see there, and you tell him.
3. After your return from Norway you are telling a friend about sightseeing in Oslo. He asks you if there was much to see, what you saw, etc. Don't forget to mention Bygdøy, the City Hall, Frognerseteren, Nordmarka, etc. He asks how much it costs to live there (how much for hotel, food, etc.) and says he would like to go to Oslo some time too.

ENGLISH EQUIVALENTS

George and Sigrid are on their way to the Folk Museum after having visited the Viking Ship Building.

21. It's hard to imagine that those Viking ships are a thousand years old.
22. They're so well preserved.
23. Yes, they lay buried for over 900 years.
24. Some of our ancestors were buried in them.
25. Just imagine that the Vikings sailed all the way to America in such ships!
26. Oh, but those ships were certainly larger and stronger.
27. But here's the entrance to the Folk Museum.
28. *(to the ticket seller)* Two tickets, please.
29. Here you are. Don't you want a map of the museum?
30. No, that's not necessary ('It's not needed'). I've been here many times before.
31. First I'd like to see the old stave church.
32. Then we better take this path here.
33. Look, there's a little theater here.
34. Yes, that's the open air theater.
35. They give concerts with folk music and folk dancing there.
36. And look over there—all those old farm buildings!
37. This is really an interesting place.

LISTENING SCRIPT

21. Vikingskiphuset
22. bevart [beva'rt]
23. nedgravd [ne'/grav˙d]
24. forfedre [fårrˋ/fe˙dre]; begrave [begra've], -de, -d
25. viking, en
26. større [stør're]; kraftig [krafˋ ti]
27. inngang, en
28. billettselger [bilett'/sel˙ger], en; billett [bilett'], en
29.
30. det trengs
31. stavkirke, en
32.
33.
34. Friluftsteatret [fri'lufts/tea˙tre]
35. konsert [konsær't], en; folkemusikk [fålˋ ke/musikk˙], en; folkedans, en
36. bondestue [bon'ne/stu˙e], en (ei)
37.

BYGDØY

(fortsatt *continued*)
Georg og Sigrid er på vei til Folkemuseet etter å ha vært innom Viking-skiphuset.

21	*Georg:*	Det er vanskelig å tenke seg at de viking-skipene er tusen år gamle.
22		De er så godt bevart.
23	*Sigrid:*	Ja, de lå jo nedgravd i over 900 år.
24		Noen av forfedrene våre ble begravd i dem.
25	*Georg:*	Tenk at vikingene seilte helt til Amerika i slike skip!
26	*Sigrid:*	Å ja, men de skipene var visst større og kraftigere.
27		Men her er inngangen til Folkemuseet.
28	*Georg:*	*(til billettselgeren)* To billetter, takk.
29	*Billettselgeren:*	Vær så god. Skal De ikke ha kart over museet?
30	*Sigrid:*	Nei, det trengs ikke. Jeg har vært her mange ganger før.
31	*Georg:*	Først vil jeg gjerne se den gamle stavkirken.
32	*Sigrid:*	Da er det best å ta denne stien her.
33	*Georg:*	Men se her, her er det et lite teater.
34	*Sigrid:*	Ja, det er Friluftsteatret.
35		Der holder de konserter med folkemusikk og folkedans.
36	*Georg:*	Og se der borte—alle de gamle bondestuene!
37		Dette er da virkelig et morsomt sted.

38. Yes, we'll be busy ('get it busy') if we're going to see everything at one time.
39. Let's begin with the church and get in as much as we can.
40. And if we get hungry, there's a restaurant close by.

38. travel [tra′vel]; få det travelt
39. få med
40. like ved

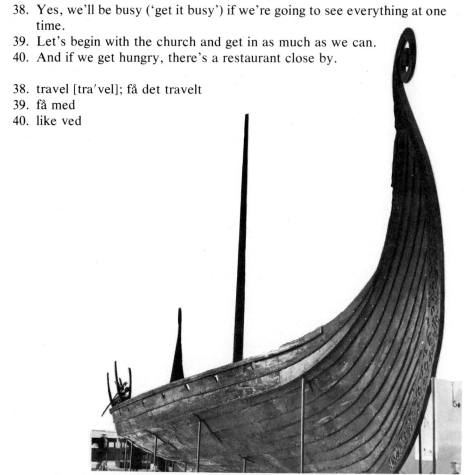

REPETISJON

Combine the elements in each group to form different grammatically correct and logical sentences:

a)

Det er vanskelig å			vikingskipene		gammel.
		at	det huset	er tusen år	gammelt.
Jeg	seg		båten		gamle.
Vi kan vanskelig	tenke oss				
Georg	meg		morsomt		Norge.
		hvor	dyrt	det er å bo i	Oslo.
			rimelig		Amerika.
			fryktelig		

38	*Sigrid:* Ja, vi kommer til å få det travelt hvis vi skal se alt på én gang.
39	La oss begynne med kirken her og få med så mye vi kan.
40	Og blir vi sultne, så er det en restaurant like ved.

b)

Der

| holder de |
| - - - - - - - |
| holdes det |

| konserter. |
| dans. |
| friluftskonserter. |

c)

| Vi |
| Georg |
| Jeg |
| Min søster |

| kommer til å få |
| har |
| hadde |

det travelt

| i dag. |
| i morgen. |
| i kveld. |
| i går. |
| i sommer. |
| denne uken. |
| neste uke. |
| i fjor. |

SPØRSMÅL

1. Hvor gamle er vikingskipene?
2. Hvorfor er det vanskelig å tenke seg det?
3. Hva ble disse skipene på Bygdøy brukt til?
4. Seilte vikingene til Amerika i slike skip?
5. Hvorfor slipper Georg å kjøpe kart over Folkemuseet?
6. Hva er det å se på Folkemuseet?
7. Hva vil Georg se først?
8. Hvordan kommer de dit?
9. Hva slags teater ligger det ved stien?
10. Tar det mye tid å se alt på Folkemuseet?
11. Er det noe sted å spise på Folkemuseet?

SAMTALEØVELSE

1. You are visiting the Viking Ship House on Bygdøy. You ask a Norwegian there who the Vikings were. He tells you they were Norwegians who sailed to many countries. You say that you have heard that they sailed to America too, and he tells you that that

was in the year 1000. You ask him what the ships there on Bygdøy were used for, etc.

2. You and a friend are walking around in the Folk Museum, looking at the old farm buildings. You ask him if such buildings are still used on Norwegian farms. He says not usually, but on many farms there are still old 'stabbur.' He asks you if you have ever been on a Norwegian farm, and you tell him about your visit to Flatabø.

Grammar

○ **20.1 Word Formation: Suffixes and Prefixes**

Suffixes: One common way of making a new word is to add an ending to some other word. This ending may have a more or less definite meaning, but it cannot be spoken by itself. A good many of these have occurred in the conversations, and a few of them will here be presented in survey. You can't expect to take these endings and add them to words yourself, for they are somewhat capricious in their use. But by knowing the suffixes, you will be able to recognize them in new words and guess what these new words mean. For more examples of each suffix see the exercise at the end.

A. Making verbs:

-e: This can be added to many nouns: **arbeide** 'work,' **bade** 'bathe,' **barbere** 'shave,' **bile** 'drive a car,' **dele** 'divide,' **overnatte** 'spend the night,' **røke** 'smoke.'

-ere: This ending is taken from French by way of German, and has the general meaning of 'make, do': **praktisere** 'practice (a profession),' **ekspedere** 'check, send, wait on,' **presentere** 'present, introduce,' **interessere** 'interest.'

B. Making adjectives:

-ig: This ending is added to various forms to make an adjective (or adverb): **ferdig** 'ready,' **forsiktig** 'careful,' **nyttig** 'useful.' It corresponds historically to the English -y.

-lig: This is usually added to nouns, but in some cases the stem no longer exists in the language; it corresponds to several different English adjective endings: **endelig** 'final,' **hyggelig** 'pleasant,' **rimelig** 'reasonable,' **selvfølgelig** 'of course,' **virkelig** 'real,' **tidlig** 'early,' **farlig** 'dangerous,' **fryktelig** 'awful,' **forferdelig** 'terrible.' Cf. English -ly. Note the meaning -'able', as in **ønskelig** 'desirable.'

-sk: This is the usual ending for nationalities, and for some other things; it corresponds to English -ish: **engelsk** 'English,' **norsk** 'Norwegian,' **svensk** 'Swedish,' **dansk** 'Danish,' **amerikansk** 'American,'

Først vil jeg gjerne se den gamle stavkirken.

fransk 'French,' **tysk** 'German,' **russisk** 'Russian,' **elektrisk** 'electric.'
    -som: This is like English *-some* in 'winsome,' 'handsome': **langsom** 'slow,' **morsom** 'amusing.'

C. Making nouns:
    -dom (en): This is like English *-dom* in 'kingdom' or 'Christendom,' but is not used in the same words (e.g., **kristendom** in Norwegian means 'Christianity'): **sykdom** 'disease,' **barndom** 'childhood,' **ungdom** 'youth.'
    -else (en): An important suffix for making nouns of action out of verbs, like English *-ing, -tion*, etc.: **fornøyelse** 'pleasure,' **rettelse** 'correction' (from **å rette** 'to correct'), **lettelse** 'relief' (from **å lette** 'to relieve'); (et) **værelse** 'room, i.e., place to be' (from **å være** 'to be').

-er (en): Like English *-er* in 'baker,' 'singer.' It designates a person who belongs to a certain group of people: **amerikaner** 'American.' Usually it names the group of people who perform the action described by the verb to which it is added: **lærer** 'teacher,' **arbeider** 'worker,' **fører** 'leader,' **begynner** 'beginner,' etc.

-eri (et): Taken from French by way of German, this ending corresponds generally to English *-ry:* **vaskeri** 'laundry,' **maskineri** 'machinery,' **renseri** 'dry cleaners,' **maleri** 'painting' (i.e. the object).

-skap (en/et): A common ending for abstract nouns: **vitenskap** 'science,' from **viten** 'knowledge,' from **å vite.**

-het (en): A common ending for abstract nouns, like English *-ity, -ment, -ness:* **sannhet** 'truth,' **frihet** 'freedom,' **helhet** 'entirety,' **enhet** 'unit, unity.'

-ing (en): Similar to English *-ing* in verbal nouns: **selvbetjening** 'selfservice' (from **å betjene** 'to serve'), **barbering** 'shaving,' **drikking** 'drinking,' **flytting** 'moving.'

-ning (en): This ending is similar to *-ing,* and often competes with it: **bygning** 'building,' **forretning** 'business, store,' **skrivning** 'writing' (but also **skriving**), **røkning** 'smoking' (but also **røking**), **stigning** 'ascent.'

-inne (en): This ending designates the female gender, like English *-ess:* **venninne** 'girl friend,' **vertinne** 'landlady, hostess' (cf. **vert** 'host').

Prefixes: Most of the prefixes of Norwegian have been borrowed from German and have no independent meaning in Norwegian (like some of the Latin and French prefixes in English, **con-, ab-, dis-**). Words beginning with such *unstressed* prefixes as **be-** (**betale** 'pay') or **er-** (**erfare** 'experience') or **for-** (**forretning** 'business, store') cannot be analyzed in terms of Norwegian. But there are some *stressed* prefixes that should be mentioned: 1. All the adverbs of motion (**ut, inn,** etc.), e.g., **innkjøp** 'purchases,' **opptatt** 'busy, **utmerket** 'excellent' (cf. also Grammar **22.3**). 2. The following which do not occur as separate words:

for-; Meaning 'before': **formiddag** 'forenoon,' **forfedre** 'forefathers, ancestors.'

mis-: Like English *mis-*: **misforstå** 'misunderstand,' **misbruke** 'misuse.'

sam-: Meaning 'together with': **samvær** 'company, being together,' **samtale** 'conversation,' **samarbeide** 'cooperate,' **samtidig** 'contemporary, at the same time.'

gjen-: Meaning 'back, left, again' (cf. the meanings of **igjen**, Grammar **13.3**): **gjenkalle** 'recall, call back,' **gjenstå** 'remain, be left,' **gjengi, gjenta** 'repeat.'

u-: Like English **un-, in-** meaning 'not': **uforsiktig** 'careless,' **uhyggelig** 'unpleasant,' **uheldig** 'unfortunate,' **ufarlig** 'harmless,' **uendelig** 'endless,' **umulig** 'impossible,' **ukjent** 'unknown,' **uventet** 'unexpected,' **uhørt** 'unheard of.'

EXERCISE
What do the following new words mean?

-e:	filme, lyse, melke, svinge, varme.
-ere:	fotografere, nummerere.
-lig:	daglig, drikkelig, hjemlig, huslig, hørlig, høstlig, kirkelig, kvinnelig, leselig, mannlig, månedlig, sommerlig, spiselig, tenkelig, ungdommelig, vestlig, vinterlig, vårlig, østlig, øyeblikkelig, årlig. (NB: barnlig 'childlike,' barnslig 'childish.')
-sk:	himmelsk, journalistisk.
-som:	arbeidsom, glemsom, hjelpsom.
-dom:	lærdom, manndom.
-er:	baker, finner, kjøper, selger.
-else:	begynnelse, forståelse, følelse, utmerkelse, størrelse.
-het:	ekthet, evighet, forsiktighet, fuktighet, godhet, norskhet, nyhet, renhet, rimelighet, sikkerhet, skjønnhet, storhet, vanskelighet, virkelighet.
-ing:	anbefaling, bestilling, fortelling, mening, ordning, seiling, servering.
-inne:	amerikanerinne, lærerinne (now replaced by 'lærer').
for-:	formann, forside, forarbeid.
mis-:	misforståelse, mistro.
sam-:	samarbeid, samliv, samtid.
u-:	uamerikansk, ugift, ugjort, unorsk, usett, usikkert, uspiselig, uvirkelig.

△ **LA OSS LYTTE**

1. Georg forteller Arne om turen til Bygdøy.

A: Hvordan gikk det med dere to i dag?

G: Jo, takk. Det gikk strålende. Takk for at du gjorde meg kjent med din kusine. Hun er veldig grei.

A: Ja, det er alltid hyggelig å være sammen med Sigrid. Var dere på Bygdøy?

G: Ja, vi tok båten fra Rådhusplassen. Det var morsomt å se Oslo fra fjorden.

A: Gikk dere på Folkemuseet?

G: Ja, men først var vi innom Framhuset. Der var det virkelig mye interessant å se.

A: Hadde du hørt om Nansen og Amundsen før?

G: Ja visst. Jeg er meget interessert i polferder, så jeg har lest en god del om dem. Det var interessant å se dette skipet som både har vært lenger nord og lenger sør enn noe annet skip.

A: Ja, nordmenn har alltid vært flinke til å seile.

G: Det er jamen sant. Tenk å seile helt til Amerika i de vikingskipene for tusen år siden.

A: Ja, det er ganske imponerende.

G: Jeg tror ikke jeg ville ha lyst på en slik tur i dag—ikke med de skipene.

A: Å, de var visst kraftige nok, men det var sikkert meget farlig allikevel. Men nå må jeg pakke kofferten ferdig.

G: Når går toget?

A: Det går om en time, og jeg må få meg litt å spise før jeg drar.

G: Det er synd at du må tilbake til Bergen så snart. Vi kunne hatt det morsomt sammen her i Oslo.

A: Å, jeg kommer nok hit en tur til vinteren igjen. Og det blir sikkert hyggelig nok her, nå som du kjenner Sigrid.

G: Ja, kanskje det—

2. En nordmann, Sverre Nergård, viser en amerikansk turist, John Simenson, rundt på Folkemuseet. De kommer ut av stavkirken.

S: Finnes det mange stavkirker her i landet?

N: Å, det er vel en 20–30 stykker, kan jeg tenke meg. De er for det meste en 6–7 hundre år gamle.

S: Er de alle så godt bevart?

N: Nei, denne er særlig godt bygget. Her er noen av de gamle bondestuene jeg fortalte Dem om.

S: Har disse husene vært i bruk på norske gårder?

N: Ja, det har de. Det er ekte norske bondestuer. De ble kjøpt og flyttet hit til museet akkurat som de stod på gårdene.

S: Men slike hus brukes vel ikke nå lenger?

N: Jo, på mange steder er de ennå i full bruk. Men nye hus bygges ikke slik.

S: Jeg håper at sola snart kommer fram så jeg kan ta noen bilder her. Det ville være morsomt å vise dette til folk hjemme.

Vocabulary List (Lessons 16–20)

Nouns

En-nouns

adresselapp 17.37
avgang 20.10
bakke 19.33
bane 19.8
bank 17.4
barnesykdom 16.30
billett 20.28
billettselger 20.28
bondestue (ei) 20.36
bronkitt 16.27
bruk 18.16
brygge (ei) 20.6
båt 20.4
campingbruk 18.17
dal 19.2
ekspeditrise 17.27
feber 16.21
femtikroneseddel 17.18
fiskebolle 18.38
flypost 17.27
folkedans 20.35
folkemusikk 20.35
forkjølelse 16.13
forretning 18.27
frakk 16.9
gutt 16.32
hals 16.22
halvøy (ei) 20.14
hermetikk 18.38

hundrekroneseddel 17.16
hylle (ei) 18.36
inngang 20.27
kasse (ei) 17
kjele 18.18
kjøttforretning 18.23
kjøttkake 18.38
kolonial 18.30
kolonialbutikk 18.32
kolonialhandel 18.21
konsert 20.35
kropp 16.16
kusine 20
kusma 16.30
langtur 18.40
legitimasjon 17.12
lunge 16.25
make 19.40
mandel 16.32
masse 19.12
mast 19.26
matvare 18.24
medisin 16.38
mening 18.12
natur 19.10
nordside (ei) 19.25
pakke 17.25
papptallerken 18.19
pille 16.39

polferd 20.18
porto 17.27
primus 18.12
puls 16.28
pust 16.26
reisesjekk 17.11
resept 16.38
ryggsekk 19.20
seddel 17.15
selvbetjeningsbutikk
    18.31
senderantenne 19.27
skibakke 19.36
skiheis 19.35
skulptur 20.7
sovepose 18.9
sprøyte 16.35
stavkirke 20.31
stekepanne (ei) 18.18
stigning 19.7
sykdom 16.29
sykesøster (ei) 16.1
tilbakeveien 18.23
trengsel 19.18
turisthytte (ei) 18.4
TV 19.27
tå (tærne) (ei) 19.18
undergrunnsbane 19.9
viking 20.25

Et-nouns

aerogram 17.30
apotek 16.38
bakeri 18.23
barn 20.9
beløp 17.15
bestikk 18.19
blodtrykk 16.28
bryst 16.15
butikksenter 18.15
egg 18.34
fall 18.10

friluftsområde 19.40
frimerke 17.24
følgebrev 17.34
føre 19.16
gram 17.30
innkjøp 18.14
kjøkkenutstyr 18.17
kort 17.28
legekontor 16.11
liv 19.40
nabolag 18.14

Oslofolk 19.10
pass 17.13
postkontor 17.24
råd 16.40
sentrum 19.8
smør 18.34
stativ 19.15
stykke (unit) 18.5
symptom 16.14
telt 18.7
tilfelle 19.25

tjern 19.21
trygdekassenummer
   16.37
tårn 19.28

Plural

forfedre 20.24
meslinger 16.30

Names of Places

Bjørnsjøen 19.24
Bygdøy 20.4
Folkemuseet 20.20
Framhuset 20.17
Fridtjof Nansens plass
   20
Friluftsteatret 20.34
Frognerseteren 19
Holmenkollbanen 19
Karl Johan 17.8

Other Names

Fjernsynet 19.27
Fram 20.18

utgangspunkt 19.5
utland 17.38
utstyr 18.1
veggmaleri 20.2

penger 17.21
småpenger 17.18

Kikutstua 19.25
Majorstua 19.12
Nationaltheatret 17.10
Nordmarka 18
Oslofjorden 20.11
Rådhuset 20.1
Rådhusplassen 20
Stortingsgata 17.8
Studenterlunden 17.6
Sørkedalen 19.3

Fridtjof Nansen 20.18
Kringkastingen 19.27

venteværelse 16
vikingskip 20.20
øre 16.23

vannkopper 16.30

Tryvann 19.37
Tryvannskleiva 19.36
Tryvannsstua 19.37
Tryvannstårnet 19.29
Universitetsgata 17.6
Vika 17.26
Vikingskiphuset 20
Øvresetertjern 19.22

Roald Amundsen 20.18
Skiforeningen 18.3

Verbs

begrave 20.24
bevare 20.22
bære 18.8
drive 18.33
feile 16.20
forkjøle 16.12
forsyne 17.39
fortalte (fortelle) 20.2
føle (seg) 16.3
følge 16.10
føre 19.3

greie (seg) 16.35
henge 16.9
het (hete) 19.11
hoste 16.15
kalle 20.15
kle (på seg) 16.33
leke 20.9
levere 17.4
møtes 17.9
operere 16.31
ordne 17.23

puste 16.25
rekke 19.24
ringe 20.10
⌈stige 18.30
⌊steg 19.9
stikke 16.26
sulte 18.20
trekke 16.26
tråkke 19.18
undersøke 16.18
veksle 17.11

Adjectives

alvorlig 16.13
anstrengende 16.36
begeistret (for) 19.39
dårlig (ill) 16.3
femtiøres 17.31

flest 18.32
forskjellig 18.24
frisk 16.39
fritt (fri) 19.18
heldig 19.10

høy 19.28
klar (ready) 17.40
kraftig 20.26
kvitt 16.13

Adjectives (cont.)

nedgravd 20.23	slik 16.36	travel 20.38
nødvendig 16.34	spiss 20.16	tungvint 18.25
praktfull 19.1	større (stor) 20.26	vanlig 16.30
praktisk 18.33	svær 19.26	videre 18.38
pussig 20.15	sår 16.24	vondt (vond) 16.16
redd 16.27	trang 19.17	

Adverbs

an 18.2	etterpå 17.9	innover 19.3
bort 17	forresten 18.29	litegrann 16.25
derfra 19.4	henne 17.5	nok (modal) 18.33
dypt 16.25	hundrevis 19.22	ombord 20
egentlig 20.14	i hjel 18.20	unna 17.26

Fra Folkemuseet på Bygdøy, Oslo.

Conjunctions

for å 17.24

Idiomatic Expressions

begge deler 17.29
de fleste 18.32
det er ikke fritt for 19.18
det er ikke så farlig 17.2
det finnes 18.4
det gjør vondt 16.24
det greier seg 16.35
det kommer an på 18.2
det meste 18.22
det passer bra 17.25
det ser ut til 19.35
det stikker 16.26
det trengs 20.30
for en (et) 19.1
hva er . . . for noe 17.36
hvor jeg enn ser 19.31
hvordan går (gikk) det 17.1
i så fall 18.10

i tilfelle 19.25
like ved 20.40
maken til 19.40
midt i 17.7
noe av det morsomste jeg vet 18.13
nå for tida 18.32
og så videre (osv) 18.38
på en gang 18.27
på en måte 18.33
på vei 18
så lenge 16.4
til stede 16.1
til utlandet 17.38
til å begynne med 16.24
trangt om plassen 19.17
å bestille time 16.2
å bli forkjølet 16.12
å bli kvitt 16.13
å bære på 18.8
å fylle ut 17.35

å få det travelt 20.38
å få med 20.39
å gjøre innkjøp 18.14
å ha bruk for 18.16
å ha lyst til å 20.19
å ha med seg 18.7
å ha vondt 16.16
å henge fra seg 16.9
å holde seg i ro 16.36
å holde senga 16.34
å håpe på 18.9
å kle på seg 16.33
å komme på 19.12
å ligge over 18.3
å ligge ute 18.6
å stige på 18.30; 19.9
å sulte i hjel 18.20
å ta av 19.34
å ta av seg 16.19
å være klar til 17.40
å være redd for 16.27

Interjections

ja visst 18.5

nei (my, well) 19.35

nei vel 16.37

Prepositions

forbi 17.6
framfor 19.28
nedover 17.6
oppover 19

pr. (per) 17.30
under (during) 16.12
unntatt 16.17
utenfor 17

Pronouns

ingenting 16.32

slikt 16.36

FROGNER-PARKEN

ENGLISH EQUIVALENTS

George Smith and Sigrid Falk get off the streetcar at Frogner Park.

1. Are we going to go through those huge gates there?
2. Yes, we are. The statues are a little ways into the park.
3. Where does one get tickets?
4. Admission is free here. Come on, let's go.

On the bridge inside the park.

5. Well, this beats everything! ('I've never seen the like of it.')
6. This is really tremendous.
7. Yes, Gustav Vigeland was a very great artist.
8. You're not trying to make me believe that all this is one man's work?
9. Yes, and still more which you can see in the museum at Nobel's street.
10. But what's all this really supposed to represent?
11. I guess he only wanted to show us life (such) as he saw it.
12. Here there are statues of children and very old people, of people in sorrow and happiness.
13. I understand that I'll have to come back here many times.
14. Yes, one can't just look fleetingly at such art.
15. I never get tired of coming here.
16. There are so many strange figures here on the bridge,
17. but I suppose he had a definite purpose with them.

LISTENING SCRIPT

Frognerparken [frång`ner/par˙ken]; bru, ei

1. port [por't], en
2.
3.
4. gratis [gra'tis]; adgang [a`d/gang˙], en
5. jeg har aldri sett på maken
6. storslagen [sto`r/sla˙gen], -ent, -ne
7. kunstner, en, pl -e; Gustav Vigeland
8. innbille [inn'/bil˙le], -te, -t; verk, et
9. enda; Nobels gate [nobel's/ga˙te]
10. forestille [få`re/stil˙le], -te, -t
11. slik (adv)
12. olding [ål`ding], en; sorg, en; glede, en
13. skjønne, -te, -t; hit
14. flyktig [flyk`ti]; kunst, en
15. lei ('bored with, tired of')
16. underlig [un`derli]; figur [figu'r], en
17. bestemt [bestem't]

FROGNERPARK

Georg Smith og Sigrid Falk går av trikken ved Frognerparken.

1	*Georg:*	Skal vi inn gjennom de svære portene der?
2	*Sigrid:*	Ja, det skal vi. Skulpturene er et lite stykke innover i parken.
3	*Georg:*	Hvor får en billetter?
4	*Sigrid:*	Det er gratis adgang her. Kom, så går vi.
		På brua inne i parken.
5	*Georg:*	Nei, nå har jeg aldri sett på maken!
6		Dette var da virkelig storslagent.
7	*Sigrid:*	Ja, Gustav Vigeland var en meget stor kunstner.
8	*Georg:*	Du vil da ikke prøve å innbille meg at alt dette er én manns verk?
9	*Sigrid:*	Jo, dette og enda mer som du kan se på museet i Nobels gate.
10	*Georg:*	Men hva skal alt dette egentlig forestille?
11	*Sigrid:*	Han ville vel bare vise oss livet slik som han så det.
12		Her er det skulpturer av barn og oldinger, av folk i sorg og glede.
13	*Georg:*	Jeg skjønner at hit må jeg komme mange ganger.
14	*Sigrid:*	Ja, en kan ikke bare se flyktig på slik kunst.
15		Jeg blir aldri lei av å komme hit.
16	*Georg:*	Det er så mange underlige figurer her på brua,
17		men han hadde vel en bestemt mening med dem.

18. Yes, I'm sure he did.
19. And over there you see the Monolith—towering up above the whole [thing].
20. It symbolizes man's struggle to attain a higher goal.

18.
19. Monolitt [monolitt'], en; rage, -et, -et
20. symbolisere [-e're], -te, -t; menneske, et; kamp, en; mål, et

Og der borte ser du Monolitten—ragende opp over det hele.

REPETISJON
Combine the elements in each group to form different grammatically correct and logical sentences:

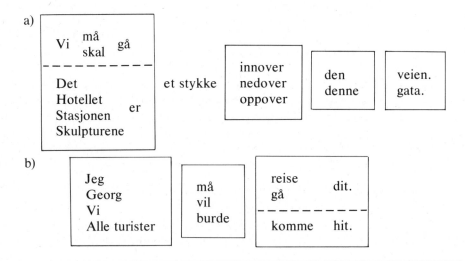

a)

| Vi | må / skal | gå | | | | |

Det / Hotellet / Stasjonen / Skulpturene — er — et stykke — innover / nedover / oppover — den / denne — veien. / gata.

b)

Jeg / Georg / Vi / Alle turister — må / vil / burde — reise / gå — dit. / komme — hit.

18   *Sigrid:*   Ja, det hadde han sikkert.

19   Og der borte ser du Monolitten—ragende opp over det hele.

20   Den symboliserer menneskets kamp for å nå et høyere mål.

c)

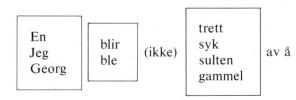

SPØRSMÅL

1. Hvorfor skal Georg og Sigrid inn i Frognerparken?
2. Hvorfor slipper Georg å kjøpe billetter?
3. Står skulpturene like ved portene?
4. Hva synes Georg om skulpturene på brua?
5. Hvorfor er det så vanskelig for Georg å tro at skulpturene i Frognerparken er én manns verk?
6. Hva slags skulpturer er det der?
7. Er alle skulpturene til Gustav Vigeland i Frognerparken?
8. Hvorfor vil Georg komme tilbake til Frognerparken flere ganger?
9. Liker Sigrid å gå i Frognerparken?
10. Hva var Vigelands mening med Monolitten?

SAMTALEØVELSE

1. You are asking a friend who has been in Oslo what there is to see there, and where you ought to go when you are there. He tells you about Bygdøy, Nordmarka, Rådhuset, Frognerparken, etc. You ask what each is and what there is to see there. You also ask about hotels, restaurants, prices, etc.
2. You are visiting Frognerparken with a friend. As you enter, you ask where the statues are, then discuss what you see around you. You say that you've heard that there are still more statues in a museum and ask your friend where that is. He tells you it is on Nobel's Street close by the park. You go there after you have seen all the statues in Frognerparken.

ENGLISH EQUIVALENTS

21. How many statues are there altogether here in Frogner Park?
22. Oh, I don't have the faintest idea. I have never counted them.
23. Couldn't we stop and look at this fountain a while?
24. Yes, and then we can sit down on that bench over there.
25. Yes, let's. I'm a little tired, and it will be good to rest a little.
26. I see that there are a lot of other things in this park besides the statues.
27. Yes, there you see the big swimming pool.
28. Out by Kirkeveien there are tennis courts in the summer,
29. and in the winter there are skating rinks there and other places in the park.
30. I see there are many who are sunning themselves here on the grass [lawns].
31. It must be a fine place for children to play.
32. Yes, it is. Besides, there are several "park aunts" in the park.
33. "Park aunts," what are they?
34. They're women who take care of small children in the city's parks.
35. For example, there you see one over by the trees.
36. Don't you see the sand box and all the children?
37. Yes, of course. Is it common to send the children to "a park aunt?"

LISTENING SCRIPT

21.
22. ane, -te, -t; telle, talte, talt [tal't] or tellet, tellet
23. fontene [fånte`ne], en
24. benk, en
25. trett; hvile, -te, -t
26. mye annet enn
27. svømmebasseng [svøm`me/baseng˙], et
28. Kirkeveien [kjir`ke/vei˙en]; tennisbane [ten'nis/ba˙ne], en
29. skøytebane [sjøy`te/ba˙ne], en
30. sole seg, -te, -t; gressplen, en
31.
32. parktante [par'k/tan˙te], en
33.
34. dame, en; småbarn, et
35. eksempel [eksem'pel], et; for eksempel (f. eks.)
36. sandkasse, en; unge [ong˙e], en
37. alminnelig [almin' (d)eli]; jo visst

FROGNERPARKEN

(fortsatt *continued*)

21 *Georg:* Hvor mange figurer er det i alt her i Frognerparken?
22 *Sigrid:* Nei, det aner jeg ikke. Jeg har aldri talt dem.
23 *Georg:* Kunne vi ikke stanse og se på denne fontenen en stund?
24 *Sigrid:* Jo, og så kan vi sette oss på den benken der borte.
25 *Georg:* Ja, la oss det. Jeg er litt trett, og det skal bli godt å hvile seg.
26 Jeg ser det er mye annet her i parken enn skulpturene.
27 *Sigrid:* Ja, der ser du det store svømmebassenget.
28 Ute ved Kirkeveien er det tennisbaner om sommeren,
29 og det er skøytebaner der og andre steder i parken om vinteren.
30 *Georg:* Jeg ser det er mange som ligger og soler seg her på gressplenene.
31 Det må være et flott sted for barn å leke.
32 *Sigrid:* Ja, det er det. Dessuten er det flere parktanter i parken.
33 *Georg:* ''Parktanter,'' hva er det for noe?
34 *Sigrid:* Det er damer som passer småbarn i byens parker.
35 For eksempel, der ser du en borte ved trærne.
36 Ser du ikke sandkassen og alle ungene?
37 *Georg:* Jo visst. Er det alminnelig å sende barna til parktante?

38. Yes, most Norwegian children spend three to four hours a day with "park aunts."
39. In this way they play outside both summer and winter from [the time] they're two years [old] or so.
40. You don't say! Then it's no wonder that Norwegians are so strong and healthy.

38.
39. sånn (adv)
40. du sier ikke det

De fleste norske unger er hos parktanter 3–4 timer hver dag.

38 *Sigrid:* Ja, de fleste norske unger er hos parktanter 3–4 timer
hver dag.

39 Sånn leker de ute både sommer og vinter helt fra de er
to år eller så.

40 *Georg:* Du sier ikke det! Da er det ikke rart at nordmenn er så
friske og sterke.

REPETISJON

Combine the elements in each group to form different grammatically correct
and logical sentences:

a)

Det er ikke mye								
– – – – – – – – – –	annet	i	denne dette	parken byen landet	enn	skulpturer gressplener parker hoteller fjell	?
Er det (ikke) noe								

b)

Måltidene serveres	
Barna passes på	hver dag.
Togene går til Bergen	

c)

Barna i Norge	leker ute går på ski		de er		to tre fem	år	gammel. gamle.
		fra					
Jeg Georg Sigrid	har bodd i Norge gått på ski		jeg han hun	var			

Der ser du det store svømmebassenget.

SPØRSMÅL

1. Vet Sigrid hvor mange skulpturer det er i Frognerparken?
2. Hvorfor vil Georg sitte på benken litt?
3. Er det noe annet i Frognerparken enn skulpturene?
4. Hva er det ute ved Kirkeveien?
5. Har barna lov til å leke i Frognerparken?
6. Hva er en parktante for noe?
7. Hvorfor har parktantene en sandkasse?
8. Hvor lenge er barna hos parktanten hver dag?
9. Hvor gamle er barna når de først kommer til parktanten?
10. Hvorfor er nordmenn så friske og sterke?

SAMTALEØVELSE

1. You are talking to a *parktante* in one of Oslo's parks. You ask her how many children come to her each day, how much it costs per child (in *kroner* per month), how long she's been a *parktante,* etc. You ask her what sort of equipment she has, and she says just the sand box and a table where the children eat their food. You ask her if she brings food for them, but she says that each child brings his or her own. You ask if it isn't too cold for the children in the wintertime, but she says they have warm clothes on and that Norwegian children are used to being out of doors the whole year.
2. A friend is telling you what a wonderful place Frognerparken is. He tells you about the statues and shows you some pictures of

them. You ask what the big tall (high) one is. He tells you about the swimming pool, tennis courts, etc., and about the children who go to the *parktante* every day. You ask what that is and he explains.

Grammar

○ 21.1 Norwegian Equivalents of English *-ing*

The ending *-ing* is added to verb stems to form three different types of words in English: (a) present participles (e.g., I am *eating*), (b) verbal adjectives (a *playing* child), (c) verbal nouns (*Skiing* is fun). Each of these is treated in a different way in Norwegian:

(a) Present participles: The use of the present participle in continuative constructions in English (*I am eating, I was eating,* etc.) is not paralleled in Norwegian, which uses simple verb forms instead (**jeg spiser, jeg spiste**—cf. Grammar **2.1(d)** and Grammar **14.1**).

(b) Verbal adjectives: These are formed by adding **-ende** to the verb stem:

20.8   De var da veldig imponer**ende**. (**imponerende:** 'impressive,' literally 'impressing' from **å imponere** 'to impress')

20.9   Jeg liker den med de lek**ende** barna best.

21.19 Og der borte ser du Monolitten—rag**ende** opp over det hele.

In all of these examples the verbal adjective modifies a noun which either immediately follows or to which it refers: the statues are impressing, i.e., they are statues that impress, etc. In each case a *quality* or *property* of the noun is being described. If a corresponding *activity* on the part of the noun were to be described, simple verb forms would be used in Norwegian:

skulpturene imponerer	the statues impress
barna leker	the children are playing (if the continuity of the action needed to be expressed: **barna holder på å leke)**
Monolitten rager opp over det hele	the Monolith towers up above everything else

As in the case of other adjectives, verbal adjectives may also be used adverbially, especially with the verbs *bli* and *komme*. The form remains unchanged:

Han ble sitt**ende**.	*He remained sitt*ing. (See Grammar 14.1).
Han kom gå**ende**.	*He came walk*ing (i.e., on foot).

(c) Verbal nouns: These are formed by adding the ending **-(n)ing** to verb stems (for examples cf. Grammar **20.1**). They are not used in clauses governed by a preposition, an infinitive clause being substituted instead:

10.28 Er du flink til å gå på ski?   *Are you good at* skiing?
21.15 Jeg blir aldri trett av **å komme**
      hit.   *I never get tired of* coming *here*.

EXERCISES
A. Translate:

1. I am waiting for my friend.
2. The children are sleeping now.
3. The parents were looking at their sleeping children.
4. He is a very promising young doctor.
5. Tormod's wife is very good at making goat cheese.
6. I'm tired of eating fish every day.

B. Translate the words in parentheses into Norwegian and then translate the sentences into English:

1. Du har bare godt av (*eating*) fisk.
2. En kan ikke riktig lære å snakke norsk uten (*living*) i Norge en stund.
3. En mann bør ikke bli (*sitting*) når en dame kommer inn i rommet.
4. En ung mann (*was taking*) et bilde av de (*playing*) barna.

○ **21.2 The Position of Adverbs**

In Grammar **4.2** the effect on word order of placing an adverb at the beginning of an independent clause was discussed, and in Grammar **15.2** the position of adverbs of time and degree in dependent clauses was discussed. It remains to be pointed out that in independent clauses in which normal word order is observed (i.e., the clause is introduced by the subject), adverbs normally *follow* the verb. In this respect Norwegian differs from English, in which many adverbs of time and degree precede the verb in independent clauses. Note the differences in word order in the sentences:

V Adv	Adv V
11.32 Jeg **kom nesten** for sent til toget.	*I* almost came—

V Adv	Adv V
11.40 (Jeg) **nådde så vidt** toget i siste øyeblikk.	*I* just barely reached—

V Adv	Adv V
21.15 Jeg **blir aldri** lei av å komme hit.	*I* never get *tired*—

EXERCISE

Translate:

1. I almost forgot to buy chocolates.
2. I never read books.
3. He always misses the train.

4. I just met an old friend of my father.
5. One never gets tired of looking at good art.

○ 21.3 Et-Noun Definite Plurals in -a

In Grammar **3.1(b)** the definite plural ending for **et**-nouns was given as **-ene** (which is also the definite plural ending for **en**-nouns). However, two **et**-nouns have occurred in the definite plural with the ending **-a**:

> 10.32 bena 'the legs'
> 20.9; 21.37 barna 'the children'

Many other **et**-nouns, especially nouns describing native Norwegian things or having special Norwegian form, frequently take **-a** for the definite plural ending: **husa, folka, fjella.** In all such cases the style of the context determines which definite plural ending is used. E.g., both **benene** and **bena** are correct forms, but **bena** is best in 10.32, a sentence in which skiing is being discussed.

As a rule, use **-ene** except in contexts where you have learned **-a.** NB: The one word **barn** *must always take* **-a. Barna** is the only correct form.

Frognerseteren restaurant

△ LA OSS LYTTE

1. En norsk pike, Turid, og en amerikansk venninne, Ellen, ser seg om i Frognerparken:

E: Er svømmebassenget der borte en del av parken også?

T: Ja, det hele er én stor park som eies av byen. Her kan en spille tennis, svømme i bassenget og se på skulpturene etterpå.

E: Er det en friluftsrestaurant der borte ved brua?

T: Ja. Hvis du er sulten, kan vi få oss et par smørbrød og en kopp kaffe.

E: Jeg vil helst se litt på skulpturene først. Hva slags båt er det på vannet der nede? Kan vi ta en tur i den også?

T: Ja, det er alltid morsomt. La oss se på skulpturene på brua og så gå dit ned.

E: Ja, det er en god idé. Jeg må si at mange av disse skulpturene er underlige.

T: Men se på denne lille piken her. Er ikke hun søt?

E: Jo, det er sikkert.

T: Og det er flere morsomme barnefigurer nede ved vannet. Vi kan se på dem når vi går ned og tar båten.

E: Det er så mye å se her at jeg tror jeg må komme igjen minst et par ganger til.

T: Ja, det er det beste ved Frognerparken—en kan komme hit mange ganger uten å bli lei av det.

2. Georg og Sigrid snakker videre om parktantene:

G: Mener du virkelig at du lekte ute om vinteren hos en slik parktante da du bare var to år?

S: Ja, selvfølgelig. Hvorfor ikke?

G: Men var ikke det for kaldt?

S: Nei da, jeg hadde massevis av klær på. En gang skal jeg vise deg noen bilder av meg fra den tiden.

G: Men ble du ikke forkjølet da?

S: Nei, jeg hadde bare godt av det. Du vet, det er mye sunnere for småbarn å leke ute om vinteren enn å sitte inne og se på TV.

G: Ja, det er vel derfor dere nordmenn er så flinke til å gå på ski.

S: Å, vi er kanskje ikke så flinke alle sammen, men vi synes det er morsomt å gå tur i skogen og i fjellet. Men jeg tror vi må gå nå. Vi skulle jo møte min bror klokken fem og spise middag sammen.

G: Ja, jeg skal komme tilbake og se på resten av parken en annen gang.

TJUEANNEN (TO OG TYVENDE) **22** LEKSE

UNIVERSITETET

ENGLISH EQUIVALENTS

Ragnar Falk, Sigrid's brother, is going to show George Smith around at the University of Oslo. They are just coming up from the subway at the National Theater and are crossing the street to the University.

1. Have you stopped in at the University yet?
2. No, I have just glanced at it a little.
3. It looks very solemn.
4. Yes, these buildings downtown are from the middle of the last century.
5. But the University consists of more buildings than these.
6. Where are the rest?
7. Oh, they are scattered around the whole city, but most of them are now gathered at Blindern.
8. The plan is to move still more of the University there.
9. But isn't that quite far away?
10. No, it only takes 10-12 minutes by the Sognsvann line from the National Theater.
11. But isn't it inconvenient for the students to travel back and forth like that?
12. Yes, but most of the students have lectures at just one place,
13. and if they have to travel between downtown and Blindern, they get a discount on the train.
14. There is supposed to be a concert hall in one of these buildings.

LISTENING SCRIPT

1.
2. kikke, -et, -et; kikke på
3. høytidelig [høyti′d^eli]
4. midten [mit′ten]; forrige [får`rie]; århundre [å′r/hun˙dre], et; i sentrum
5. bestå [bestå′], bestod, bestått; bestå av
6.
7. spre, -dde, -dd; samle, -et, -et; Blindern [blin`nern]
8. enda
9.
10. Sognsvannsbanen [sång′svans/ba˙n^en]
11. fram og tilbake
12. forelesning [få`re/le˙sning], en; på ett sted
13. moderasjon [moderasjo′n], en
14. konsertsal [konsær′t/sa˙l], en

THE UNIVERSITY

Ragnar Falk, bror til Sigrid, skal vise Georg Smith omkring på Universitetet i Oslo. De kommer nettopp opp fra undergrunnsbanen ved Nationaltheatret og går over gata mot Universitetet.

1 *Ragnar:* Har du vært innom Universitetet ennå?
2 *Georg:* Nei, jeg har bare kikket litt på det.
3   Det ser svært høytidelig ut.
4 *Ragnar:* Ja, disse bygningene i sentrum er fra midten av det forrige århundre.
5   Men Universitetet består jo av flere bygninger enn disse.
6 *Georg:* Hvor ligger resten da?
7 *Ragnar:* Å, de er spredd over hele byen, men størsteparten er nå samlet på Blindern.
8   Det er meningen å flytte enda mer av Universitetet dit.
9 *Georg:* Men er ikke det ganske langt unna?
10 *Ragnar:* Nei, det tar bare en 10–12 minutter med Sognsvannsbanen fra Nationaltheatret.
11 *Georg:* Men er det ikke tungvint for studentene å reise slik fram og tilbake?
12 *Ragnar:* Jo, men de fleste studentene har forelesninger bare på ett sted,
13   og hvis de må reise mellom sentrum og Blindern, får de moderasjon på banen.
14 *Georg:* Det skal være en konsertsal i en av disse bygningene her.

15. Yes, the University Auditorium is in the middle building.
16. There are some famous murals by Edvard Munch in there.
17. Is one of these buildings [a] library?
18. No, UB—the University Library—is a little ways out Drammensveien.
19. Shall we go in and look around a little?
20. Yes, I'd like to.

15. aula [æu'la], en; midtbygningen
16. berømt [berøm't]; Edvard Munch [ed'vard mong'k]
17. bibliotek [bibliote'k], et
18. Universitetsbiblioteket [univærsite'ts/bibliote·ke]; utover [u't/å·ver]; Drammensveien [dram'mens/væi·en]
19.
20.

REPETISJON
Combine the elements in each group to form different grammatically correct and logical sentences:

a)

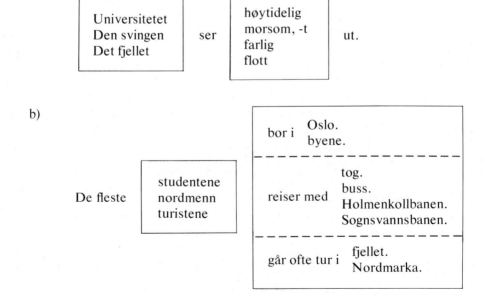

b)

15 *Ragnar:* Ja, Universitetets Aula er i midtbygningen.
16 Der inne er det noen berømte veggmalerier av Edvard Munch.
17 *Georg:* Er en av disse bygningene bibliotek?
18 *Ragnar:* Nei, UB—Universitetsbiblioteket—ligger et stykke utover Drammensveien.
19 Skal vi gå inn og se oss litt om?
20 *Georg:* Ja, det vil jeg gjerne.

c)

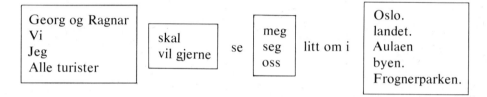

| Georg og Ragnar
Vi
Jeg
Alle turister | skal
vil gjerne | se | meg
seg
oss | litt om i | Oslo.
landet.
Aulaen
byen.
Frognerparken. |

SPØRSMÅL

1. Hvem er Ragnar Falk?
2. Hvor skal han og Georg hen?
3. Hvor gamle er Universitetsbygningene i sentrum?
4. Er det de eneste bygningene Universitetet består av?
5. Hvor er størsteparten av Universitetet?
6. Er det langt fra Universitetet i sentrum til Blindern?
7. Er det mange studenter som har forelesninger på begge steder?
8. Hva betyr det å få moderasjon på banen?
9. Hva er Aulaen?
10. Er det noe interessant å se der inne?
11. Hva betyr UB?
12. Hvor ligger det henne?

SAMTALEØVELSE

1. You are talking to a student at the University of Oslo. You ask him what he is studying, how long he's been studying, etc. You tell him you've seen the University buildings downtown and ask him if he has lectures there. He tells you about the buildings at Blindern, etc.,
2. You are telling a Norwegian student about your university. He asks where it is located, how many students there are, what you are studying, how long you have been there, etc. You tell him about the library, how different the universities in America are, how you would like to study at a Norwegian university, etc.

ENGLISH EQUIVALENTS

Ragnar and George are now sitting on the trolley on their way to Blindern.

21. Where do the students live while they study at the University?
22. Either in a room in the city or in "The Student City" at Sogn.
23. It's located a short distance above Blindern.
24. It's very nice to live there, but unfortunately there isn't room for everybody yet.
25. What do most of the students study?
26. All sorts of things—languages and chemistry and law and philosophy—
27. The University is divided up into different colleges ('faculties').
28. Is each college gathered in one place?
29. Yes, for the most part. For example, the law college is downtown,
30. while the historical-philosophical college and mathematical-natural science college are at Blindern.
31. I read in the paper about something that's called "The Student Association."
32. What's that?
33. That's the students' own association.
34. It operates, for example, the Student City at Sogn and the Student Union ('The Welfare Building') at Blindern.
35. "Samskipnad"—that's a *nynorsk* ('New Norwegian') word, isn't it?

LISTENING SCRIPT

21. studere [stude're], -te, -t (=attend a university)
22. enten; bo på (hybel); hybel [hy'bel], en, pl hybler [hy'bler]; Studentbyen [student'/by·en]; Sogn [sång'n]
23.
24. plass til
25. lese (here = study a subject)
26. språk, et; kjemi [kjemi'], en; jus [juss'], en; filosofi [filosofi'], en; alt mulig
27. fakultet [fakulte't], et
28.
29. stort sett; juridisk [juri'disk]; Det juridiske fakultet
30. historisk [histo'risk]; filosofisk [filoso'fisk]; matematisk [matema'tisk]; naturvitenskapelig [natu'r/vid^{e}nska·peli]
31. Studentsamskipnaden [studen't/samsjip·naden]
32.
33. forening [fåre'ning], en
34. Velferdshuset [vel`færds/hu·se]
35. samskipnad [sam`/sjip·na]; nynorsk; ord [o'r], et

UNIVERSITETET

(fortsatt *continued*)
Ragnar og Georg sitter nå på trikken på vei til Blindern.

21	*Georg:*	Hvor bor studentene mens de studerer ved Universitetet?
22	*Ragnar:*	Enten på hybel i byen eller i Studentbyen på Sogn.
23		Den ligger et stykke ovenfor Blindern.
24		Der er det bra å bo, men dessverre er det ikke plass til alle ennå.
25	*Georg:*	Hva leser de fleste studentene?
26	*Ragnar:*	Alt mulig—språk og kjemi og jus og filosofi—
27		Universitetet er delt opp i forskjellige fakulteter.
28	*Georg:*	Er hvert fakultet samlet på ett sted?
29	*Ragnar:*	Ja, stort sett. For eksempel, Det juridiske fakultet er i sentrum,
30		mens Det historisk-filosofiske fakultet og Det matematisk-naturvitenskapelige fakultet er på Blindern.
31	*Georg:*	Jeg leste i avisen om noe som heter Studentsamskipnaden.
32		Hva er det for noe?
33	*Ragnar:*	Det er studentenes egen forening.
34		Den driver f. eks. Studentbyen på Sogn og Velferdshuset på Blindern.
35	*Georg:*	''Samskipnad''—det er et nynorsk ord, ikke sant?

36. Yes, I guess it was originally, but now it's used in *bokmål* ('book language') also.
37. Are lectures at the University given in *nynorsk* or *bokmål?*
38. Both (parts)—it depends on the individual professor ('the professor himself').
39. That must be complicated for the students.
40. Oh yes, but they're so used to hearing both (the) languages.

36. opprinnelig [åpprin′n^{e}li]; bokmål [bo`k/må ′l], et
37. ved universitetet
38. professor [profes′sor], en, pl -er [professo′rer]
39. innviklet [inn′/vik ′let]
40.

REPETISJON
Combine the elements in each group to form different grammatically correct and logical sentences:

a)

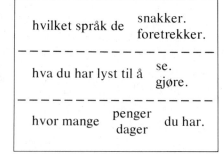

b)

36 *Ragnar:* Jo, opprinnelig var det vel det, men nå brukes det i bokmål også.

37 *Georg:* Blir forelesningene ved Universitetet holdt på bokmål eller på nynorsk?

38 *Ragnar:* Begge deler—det kommer an på professoren selv.

39 *Georg:* Det må da bli innviklet for studentene.

40 *Ragnar:* Å ja, men de er så vant til å høre begge språkene.

c)

	høre	begge språkene. mange språk.
Jeg Vi Nordmenn Georg Amerikanere	er (ikke) vant til å	gå på ski være ute — om vinteren.
		reise med — tog. Sognsvannsbanen.
		spise — lite. mye.

SPØRSMÅL

1. Hvorfor tar Georg og Ragnar Sognsvannsbanen?
2. Hvor ligger Studentbyen?
3. Hvorfor bor ikke alle studentene der?
4. Hvordan er Universitetet delt opp?
5. Er alle fakultetene på samme sted?
6. Har studentene sin egen forening?
7. Hva gjør den?
8. Hva slags ord er 'samskipnad?'
9. Hva heter de to forskjellige slags norsk?
10. Synes studentene det er vanskelig å høre forelesninger på to språk?

SAMTALEØVELSE

1. You and a Norwegian student are making weekend plans. He suggests that you take a ski trip to Nordmarka together. You think that's a fine idea, and ask if he has thought about coming back the same day or if there's any place where you could stay overnight.

Grammar

○ **22.1 Norwegian Dialects**

Norway is a country of many and greatly differing dialects. This has not been taken into consideration in this book (except for Tormod's use of **graut** for **grøt** in 15.31), but some of the most important features of the dialects should be mentioned in order to provide a background for an understanding of the linguistic situation in Norway:

(a) Diphthongs for simple vowels:

ei for **e** (**ein** for **en**, **bein** for **ben**, **eit** for **et**, **veit** for **vet**)
au for **ø** (**graut** for **grøt**, **aust** for **øst**, **auga** for **øye**)
øy for **ø** (å **høyre** for å **høre**, å **døy** for å **dø**, å **røyke** for å **røke**)

(b) Greater variety of vowels in the endings:

-a for **-en** (**gata** for **gaten**, **sola** for **solen**, etc.)
-a for **-ene** (**husa** for **husene**, **skipa** for **skipene**, etc.)
-ar, -ur, -ir for **-er** (**hestar** for **hester**, **konur** for **koner**, **tidir** for **tider**).
-a for **-et** in the past of verbs (**snakka, har snakka** for **snakket, har snakket**).
-a for **-e** in infinitives (å **bruka** for å **bruke**, å **lesa** for å **lese**)
-are, -ast for **-ere, -est** in comparison of adjectives and adverbs.
-leg, -ug for **-lig, -ig**, in some adjectival and adverbial endings.
-å for **-e** in inf. (**vår(r)å** for **være**) or nouns (**håg(g)å** for **hage**).

(c) Pronunciation differences: In Eastern Norway all **l**'s after certain consonants and vowels sound somewhat like American *r* (in such words as **folk, bli, sol**). This is generally called "thick" **l**.

In the cities of southern and southwestern Norway (including Bergen) and along the southern coast, the **r** is pronounced in the throat instead of with the tip of the tongue, as in Danish, French and German.

Ordinary people in Eastern Norway tend to accent the first syllable of foreign words such as **restaurant, hotell, stasjon.**

In Southeastern Norway the word **ikke** is usually **inte** or **itte,** while in central and western Norway it is usually **ikkje** (sometimes **inkje**).

(d) Differences in the pronouns:

eg, æg, e, æ, je for **jeg**
han for **ham** (in rapid speech **an, n**)
hu or **ho** for **hun** and **henne** (in rapid speech **a, o, u**)
me for **vi**
dokk, dykk, dokke, dokker, dikke for **dere**
dom, dem (Eastern and Northern Norway), **dei, dai** (Southern and Western Norway) for both **de** and **dem**

(e) Words beginning with **hv**: In slangy, popular Oslo speech, even among educated people, it is quite common to hear the **hv** dropped and the words changed as follows:

å for **hva** and **hvor** (**å er det, å ska du hen?**)
åssen for **hvordan** (**åssen står det til, åssen går det?**)
åffer for **hvorfor** (**åffer det?**)
åkken for **hvem** (**åkken er han?**)

In the rest of the country the **hv** appears as **k** or **kv**, rarely **gv**

ka, kva for **hva; kor** for **hvor; kem, kvem, kven** for **hvem; kvifor** for **hvorfor.**

(f) Loss of final consonants and vowels:

-r (hesta for **hestar, jentå** for **jentor, kosta** for **kostar)**
-d (ti for **tid, ste** for **sted, rå** for **råd)**
-e/-a (kast for **kaste, vent** for **vente, kok** for **koke)** (Trøndelag and Nordland)

Tormod Flatabø (if he lives in upper Numedal) would probably speak something like this:

15.3 Håkken æ den karen der?
15.8 Me ska snart eta middag.
15.9 Om de inkje ha noko i mot litt gvanndagsmat.
15.19 Me ha femten kjy og ti grisi no, veit du.
15.23 Å ja, om me få regn nok, so ska me kje klaga.
15.35 Å, han smaka kje so vondt som han lufta.

○ 22.2 The Nynorsk (New Norwegian) Language

During the more than four centuries that Norway was united with Denmark under one king (cf. Lesson 25), Danish was imposed as the written language. After gaining their independence from Denmark in 1814, many Norwegians were interested in replacing Danish with a language that would reflect more closely the actual speech of Norwegians in city and country. Under the combined influence of growing democracy and national pride, this movement gained strength and led to the rise of the "language question," which is still an important issue in Norwegian cultural and political life. Since the 1850's there has been constant controversy between those who wanted to keep the language as it was and those who wanted to replace it. Two courses were open: (1) to Norwegianize the Danish written language step by step, or (2) to synthesize a new Norwegian language on the basis of the native dialects and the Old Norwegian from before the Danish union.

Action along the lines of the first alternative was undertaken by the poet Henrik Wergeland (1808–1845; cf. Lesson 25), continued by P. Chr. Asbjørnsen and Jørgen Moe in their collections of Norwegian folktales, by

Bjørnstjerne Bjørnson, Henrik Ibsen, and many other authors. The result-ant language has variously been called **norsk-dansk, dansk-norsk, riksmål,** and today (officially) **bokmål** or "Book Language." Changes are still going on, and this is the reason for such fluctuations in form as **sengen/senga, benene/bena, grøt/graut,** etc. This "Dano-Norwegian" is the language you have been learning. It is the one used in the overwhelming majority of all printed and written material in Norway, so that we may justifiably call it "Standard Norwegian." It is the medium of communication used by the majority of educated urban speakers, and in its spoken form it does not sound at all like Danish.

Since 1885, however, another and more purely Norwegian language has been accepted as legally equal to **bokmål.** This language, variously known as **landsmål, norsk-norsk,** and today (officially) as **nynorsk** or "New Norwegian," was created by one man, Ivar Aasen (1813–1896), a brilliant self-educated linguist who was the first scholar to study the Norwegian dialects. Since he published his first samples of the new language in 1853, it has been used and developed by many first-rate writers, such as Vinje, Garborg, Duun, and Vesaas. Aasen based his language primarily on the dialects which had best preserved the features of Old Norwegian, which turned out to be those of western and central Norway, in the fjord and mountain country. In these areas most of the schools teach New Norwegian as the first language; in all, about one-sixth of the school children of Norway receive their first instruction in this language. But all children are required to learn to read both languages. Even its opponents grant that New Nor-wegian is a language of great poetic beauty.

The inconveniences of having two ways of writing what is essentially one language have made many Norwegians in the present century try to find a way out of the language dilemma. Both languages have been officially regulated by government committees in such a way as to bring them closer together, either by unifying the spelling of obviously identical words or by introducing words and grammatical forms from the one into the other. It is hoped that by creating a favorable atmosphere for mutual influence, the two languages will grow together into a **samnorsk** or "United Norwegian" which will fully and adequately correspond to the needs of the nation.

The dialect sentences attributed to Tormod Flatabø in the preceding section could be as follows in New Norwegian:

15.3 Kven er den karen der?
15.8 Vi skal snart eta middag.
15.9 Om de ikkje har noko i mot litt kvardagsmat.
15.19 Vi har femten kyr og ti griser no, veit du.
15.23 Å ja, om vi får regn nok, so skal vi ikkje klaga.
15.35 Å, han smakar ikkje so vondt som han luktar.

○ 22.3 Nouns and Adjectives Formed from Verb + Adverb Phrases

We have had a number of verb + adverb phrases in the conversations: **å se ut** 'to appear,' **å gå av** 'to get off,' **å stige på** 'to get on,' etc.

In some cases the adverb can be prefixed to the verb without altering the meaning: **å skrive ned** 'to write down'—**å nedskrive** (with a slightly more formal connotation), but in most cases the meaning changes, usually in the direction of generalization.

å ta **av**	to take off	—	å **av**ta	to decrease
å se **inn**	to look in	—	å **inn**se	to understand
å se **over**	to look over	—	å **over**se	to overlook

Note that these same types of constructions are also present in English.

Many adjectives and nouns are formed on the basis of such compound verbs:

opptatt	(lit. 'taken up,' i.e., busy)
utmerket	(lit. 'marked out,' i.e., distinguished, excellent)
inngang	'entrance' (from å gå **inn**)
utgang	'exit, starting point' (from å gå **ut**)
avgang	'departure' (from å avgå)
innkjøp	(pl.) 'purchases' (from å kjøpe **inn**)
nedgravd	'buried' (from å grave **ned** 'to bury')

There are thousands of such compound verbs and verb + adverb phrases along with adjectives and nouns formed from them in Norwegian. What would these mean: utseende, påstigning, oppgang, nedgang, nedsatte priser?

△ LA OSS LYTTE

1. To amerikanske studenter, John og Tom, snakker sammen.

J: Hvor lenge studerte du ved Universitetet i Oslo?

T: Jeg var der et helt år. Jeg kom til Oslo i juli, og reiste igjen for bare fire uker siden.

J: Måtte du lese svært mye mens du var der?

T: Å ja, du vet det ble litt mye, særlig til å begynne med. Jeg kunne ikke språket godt nok, men etter en tid gikk det riktig bra.

J: Var alle forelesningene på norsk da?

T: Ja, alle som jeg var interessert i var på norsk. De på nynorsk var litt vanskelige, fordi jeg hadde lært bokmål.

J: Er det to forskjellige slags norsk da?

T: Ja, men flere av de studentene jeg var sammen med, snakket nynorsk, så jeg ble fort vant til det også.

2. Georg snakker med Torgeir Silju, en student ved Universitetet i Oslo som bruker nynorsk.

G: Hva er det du leser ved Universitetet?

T: Eg les språk—engelsk og fransk.

G: Går du på forelesninger nede i byen?

T: Nei, dei fleste forelesningane mine er på Blindern.

G: Hvor bor du henne?

T: Eg har nett flytta til Sogn, men i fjor budde eg på hybel i byen.

G: Er det billigere på Sogn?

T: Nei, det er ikkje noko serleg billegare—hybelen min i byen var svært rimeleg. Men hyblane på Sogn er større og flottare, så eg får meire ro og kan lesa mykje betre der oppe.

G: Bor de fleste studentene på Sogn?

T: Nei, det er ikkje plass til det, men det er vel eit par tusen som bur der oppe.

G: Da blir det jo en hel liten by av det.

T: Ja, det er butikkar der og alt mogleg—og så heiter det Studentbyen, veit du.

G: Bor studentene der om sommeren også?

T: Nei, ikkje mange. Da er Studentbyen eit stort hotell, og det bur turistar der frå mange land.

G: Det var en svært god idé. Da blir det sikkert billigere for studentene å bo der om vinteren også.

T: Ja, du veit det. Kom innom ein gong og sjå korleis vi har det.

G: Ja takk, det skal jeg gjøre.

I TEATRET

ENGLISH EQUIVALENTS

George has invited Sigrid [to go] to the theater with [him] one evening.

1. What would you like to see this evening?
2. Oh, I don't really know—what's playing ('are they playing') this week?
3. Let's look at the advertisements in the paper.
4. Yes, here they are.
5. At Chat Noir a revue is playing, as usual.
6. Yes, that's really an entertaining revue, but unfortunately I've seen it.
7. At the Norwegian Theater there's a play by Chekhov,
8. and at Oslo New Theater there's a comedy.
9. What's playing at the National Theater?
10. There there's a play by Ibsen that I've never heard of.
11. It's called "When We Dead Awaken."
12. Oh yes, that was the last play he wrote.
13. We studied it when I was taking literature at the university.
14. I'd like to see it very much, if you also want to.
15. Yes, I'd like very much to see Ibsen performed on a Norwegian stage.
16. So you've seen something by Ibsen before then?
17. Yes, I've seen "A Doll's House" and "The Wild Duck" in America.
18. But unfortunately I haven't managed ('reached') to read all his other plays.

LISTENING SCRIPT

be med

1.
2.
3. annonse [anång′se], en
4.
5. Chat Noir [sjanoa′r]; revy [revy′], en
6.
7. Det Norske Teatret; Oslo Nye Teater
8. lystspill [lys′t/spill˙], et
9.
10. Ibsenstykke [ip′s^en/styk˙ke], et; høre om
11. død [dø′, dø′d], dødt [døtt′], døde; våkne [våk`ne, vång`ne], -et, -et.
12.
13. litteratur [literatu′r], en
14.
15. scene [se`ne], en; mer enn gjerne
16. altså [al′tså]
17. dukkehjem [duk`ke/jemm˙], et; villand [vill`/ann˙], en, pl -ender
18. rekke, rakk, rukket [rok`ket]

AT THE THEATER

Georg har bedt Sigrid med i teatret en kveld.

1 *Georg:*   Hva har du lyst til å se i kveld?
2 *Sigrid:*   Ja, jeg vet ikke riktig—hva spiller de denne uken?
3 *Georg:*   La oss se på annonsene i avisen.
4 *Sigrid:*   Ja, her har vi dem.
5 *Georg:*   På Chat Noir spiller de revy som vanlig.
6 *Sigrid:*   Ja, det er virkelig en morsom revy, men jeg har dessverre sett den.
7 *Georg:*   På Det Norske Teatret er det et stykke av Tsjek-
8   hov, og på Oslo Nye Teater er det et lystspill.
9 *Sigrid:*   Hva spiller de på Nationaltheatret?
10 *Georg:*   De spiller et Ibsenstykke der som jeg aldri har hørt om.
11   Det heter "Når vi døde våkner."
12 *Sigrid:*   Å ja, det var det siste skuespillet han skrev.
13   Vi studerte det da jeg leste litteratur ved Universitetet.
14   Jeg vil svært gjerne se det, hvis du også har lyst.
15 *Georg:*   Ja, jeg vil mer enn gjerne se Ibsen spilt på en norsk scene.
16 *Sigrid:*   Du har altså sett noe av Ibsen før da?
17 *Georg:*   Ja, jeg har sett "Et dukkehjem" og "Villanden" i Amerika.
18   Men jeg har dessverre ikke rukket å lese alle de andre skuespillene hans.

19. No, very few people ('the fewest') do, I think.
20. But now we'll have to hurry if we're going to get [there] before the performance begins.

19. færreste (from få)
20. til (conj); forestilling [få`re/stil˙ling], en

REPETISJON

Combine the elements in each group to form different grammatically correct and logical sentences:

a)

| På | Chat Noir
Oslo Nye Teater
Nationaltheatret
Det Norske Teatret | er det
spiller de
spilles det | et lystspill.
---
et stykke av Ibsen.
Chekhov.
---
revy. |

b)

| Jeg
Georg
Sigrid | har | ikke
aldri | lest
sett
---
hørt om | et teaterstykke.
Ibsenstykke.
---
den revyen.
det skuespillet.
det stykket. |

"Et Dukkehjem" på Nationaltheatret

19 *Sigrid:* Nei, det er nok de færreste som gjør det, tror jeg.
20   Men nå må vi skynde oss hvis vi skal komme til fore-
        stillingen begynner.

c)

Jeg
Georg   vil (mer enn) gjerne
Vi

	det stykket. Et dukkehjem.
se	Villanden.
	en god	revy. film.
reise til	Norge. Oslo.
bo i	Bergen. denne byen.

SPØRSMÅL

1. Hva har Georg og Sigrid tenkt å gjøre i kveld?
2. Hvordan kan de finne ut hva som blir spilt?
3. Hvor spiller de revy?
4. Hva slags stykke går det på Det Norske Teatret? (. . Oslo Nye Teater?)
5. Har Georg hørt om alle Ibsens skuespill?
6. Har Sigrid hørt om "Når vi døde våkner?"
7. Har hun lyst til å se det stykket?
8. Har Georg lest noen av Ibsens skuespill?
9. Er det mange som har lest alle Ibsens skuespill?
10. Har du noen gang lest eller sett et skuespill av Ibsen?

SAMTALEØVELSE

1. You and a friend (or girl friend) are discussing what to do this evening. Discuss the possibility of going to the movies or to the theater, and look in the paper to find out what's playing. Decide if you are also going to a restaurant before or after.
2. You and a Norwegian student (who is studying literature at the University) are discussing literature. You say that you have heard of Henrik Ibsen, but that you've never read any of his plays. He says that's too bad, because they are very good, and that you ought to read some as soon as possible. You ask him the names of some of them, and he recommends some for you to read. You ask if Ibsen's plays are ever played on the stage in Norway. He says yes, of course, and invites you to come with him to see one this evening. You ask if it's very expensive, but he says that students get a discount at the theaters.

ENGLISH EQUIVALENTS

George in front of the ticket window at the National Theater.

21. Two tickets in the (rear part of the) orchestra, please.
22. I'm sorry, we only have balcony [seats] left.
23. How far forward are they?
24. I can give you two in the middle of the third row. Is that suitable?
25. That's fine, thanks. Here you are.
26. (*to Sigrid*) I couldn't get anything but balcony [seats], but they're in the middle.
27. Oh, I'm sure that'll be excellent.
28. We go up the stairs on the left side here.
29. Is there any place where we can leave ('deliver from us') our wraps ('outer clothes')?
30. Yes, in the cloak room just up the stairs. We can also buy a program there.
31. But there goes the bell ('it rings') for the second time.
      After the first act.
32. Well, what do you think of the performance?
33. I think it's wonderful.
34. You have a lot of good ('capable') actors here.
35. The woman ('she') who played Maja was especially good.

LISTENING SCRIPT

akt, en

21. parkett [parkett'], en (et)
22. balkong [balkång'], en
23. framme (fremme)
24. rad [ra'd], en
25.
26.
27.
28. trapp, en (ei)
29. levere fra seg; yttertøy [yt`ter/tøy`], et
30. garderobe [gardero`be], en; program [programm'], et
31.
32.
33. glimrende [glim`rene]
34. dyktig [dyk`ti]; skuespiller [sku`e/spil`ler], en, pl -e
35.

I TEATRET

(fortsatt *continued*)
Georg foran billettluken i Nationaltheatret.

21	*Georg:*	To billetter i parkett, takk.
22	*Damen:*	Vi har dessverre bare balkong igjen.
23	*Georg:*	Hvor langt framme er de?
24	*Damen:*	Jeg kan gi Dem to midt i tredje rad. Passer det?
25	*Georg:*	Takk, det er fint. Vær så god.
26		(*til Sigrid*) Jeg kunne ikke få annet enn balkong, men det er i midten.
27	*Sigrid:*	Ja, det er sikkert utmerket.
28		Vi går opp trappene på venstre side her.
29	*Georg:*	Er det noe sted hvor vi kan levere fra oss yttertøyet?
30	*Sigrid:*	Ja, i garderoben like opp trappen. Der kan vi også få kjøpt program.
31		Men nå ringer det for annen gang.
		Etter første akt.
32	*Sigrid:*	Nå, hva synes du om forestillingen?
33	*Georg:*	Jeg synes den er glimrende.
34		Dere har mange dyktige skuespillere her.
35		Hun som spilte Maja var særlig flink.

36. Yes, she's an excellent actress.
37. But *I* was most impressed by the man ('him') who played Rubek.
38. Yes, I agree with you about that.
39. But isn't there a place here where we can get some refreshments?
40. Yes, they serve food ('there is serving') out in the lobby.

36. skuespillerinne [sku·espillerin`ne], en
37. imponert [impone′rt] (over)
38. enig [e`ni] (med)
39. forfriskning [fårfris′kning], en
40. foyer [foaje′], en; servering [særve′ring], en

REPETISJON

Combine the elements in each group to form different grammatically correct and logical sentences:

a)

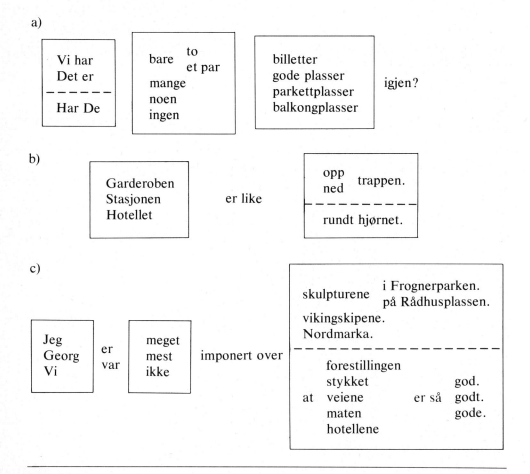

b)

c)

36	*Sigrid:*	Ja, hun er en strålende skuespillerinne.
37		Men *jeg* var mest imponert over ham som spilte Rubek.
38	*Georg:*	Ja, jeg er enig med deg i det.
39		Men du, er det ikke noe sted her hvor vi kan få forfriskninger?
40	*Sigrid:*	Jo, ute i foyeren er det servering.

Ute i foyeren er det servering.

SPØRSMÅL

1. Hvorfor må Sigrid og Georg sitte i balkong?
2. Er det gode plasser?
3. Hvordan kommer de opp i balkong?
4. Hvor skal de levere fra seg yttertøyet?
5. Hvorfor må de skynde seg?
6. Hva synes Georg om forestillingen?
7. Hva synes han om henne som spilte Maja?
8. Hvem er Sigrid mest imponert over?
9. Hvorfor går Sigrid og Georg ut i foyeren mellom aktene?
10. Går du ofte i teatret?

SAMTALEØVELSE

1. You step up to the ticket window at a theater and ask for some tickets for this evening's performance. The ticket seller asks you where you would like to sit, etc. (Or the ticket seller tells you there are no seats left for this evening's performance, in which case you have to find out when the next performance is, if there are tickets left for it, etc.) Buy the tickets you want, ask if they are good seats, when the performance starts, etc., etc.
2. You are telling a friend about a performance of one of Ibsen's plays that you saw in Norway. He asks which play it was, etc. He asks you if it was well played. You tell him that the actresses were better than the actors. You mention a pretty young actress who impressed you the most. You recommend that he see a play when he's in Norway next year. He says he thinks he will.

Grammar

○ 23.1 Norwegian Names (norske navn)

(a) *Given names* (**fornavn**). Many Norwegians have names of international origin, though they may often be disguised by the changes that have taken place in the language. Such biblical and religious names as Jon (also John, Johan, Johannes, Jan, Hans), Per (Peder, Peter, Petter), Mikkel (Mikkjel), Marie (Mari, Marja), Kjersti (Kirsti, Kirsten, Kristine), Kari (Karen, Katrine), Marit (Margrete) have been used in Norway for so long that they feel like native names. In early modern times such foreign names as Alfred, Berta, Edvard, Fredrik, Gustav, Henrik, Herman, Ludvig, and Vilhelm were adopted and won wide popularity.

But around 1850 agitation was raised against the use of foreign names, and Norwegians were encouraged to adopt more widely the old, native names that were known from the ancient sagas and still were in use in the rural areas. From that time on it has become increasingly popular to use names that remind one of the viking gods and hero kings of ancient Norway. This custom was followed by the royal house of Norway in 1905 when the Danish Prince Carl, newly elected king of Norway (cf. Lesson 25), changed his name to Haakon VII and his son's name to Olav. Today many Norwegian men bear such names as Torbjørn, Torfinn, Tormod, Dagfinn, Halvdan, Harald, Sigurd, Bjørn, Roar, Ragnar, Einar, Stein, Knut, Arnfinn, Gunnar, Leiv, Ulv, and women such names as Sigrid, Solveig, Hallfrid, Halldis, Vigdis, Gunnhild, Gunnbjørg, Bjørg, Bergljot, Dagny, Dagfrid, Åse, Helga, Ingeborg, and Liv. Typical are the names of the children of the present king, Olav V: Ragnhild, Astrid, and Harald.

(b) *Surnames* (**etternavn**). The surnames used in modern Norway are of three main types: (1) names of foreign origin, chiefly German and Danish; (2) names ending in **-sen** or **-son;** (3) farm names. Since foreign families were the first to bring the custom of using family names to Norway, and since many of them were members of the upper class, there are many non-Norwegian names among the distinguished families of Norway. There are German names like Keilhau, Obstfelder, Welhaven, Mowinckel, Kinck, Fritzner; Danish names like Sinding, Sverdrup, Kofoed, Kierulf, Ibsen, Visted; English and Scottish names like Bennett, Smith, Fearnley, Christie, Grieg; Dutch names like Geelmuyden, Munthe, Jahn, Worm; Swedish names like Gustafson, Cederstrøm, Hedin; French names like Michelet, Aubert, Coucheron; and Slavic names like Bergwitz, Lexow, Gleditsch. Many of these names show their foreign origin by using such letter as **c, q, w, x, z,** silent **e**'s and **h**'s, or other non-Norwegian spellings. This foreign spelling practice was at one time so fashionable that even native Norwegian families inserted such letters to make their native names look more elegant. For this reason a native name like Wergeland begins with **w.**

In ancient times it was the custom for a man to take his father's name and add **-son** to it as a surname, and for a woman to add **-datter.** Thus Olav the son of Harald was called Olav Haraldson and *his* son Trygve would be Trygve Olavson; their daughters might be Ragnhild Haraldsdatter or Ingeborg Olavsdatter. There were no true family names. Around 1700 city people started using these **son**-names as family names, no longer changing them from generation to generation. The usual form for these names in modern Norway is **-sen,** though some people have adopted the Old Norwegian **-son** (**-son** is also Swedish and English, while **-sen** is Danish). But after a while there got to be so many Hansens and Olsens, Nilsens and Andersens that practical difficulties arose in distinguishing people. The names were so common that they lost their social prestige as well, some people going so far as to write Ohlsen or Olzén, etc., just to be different. So the custom arose of adopting for one's family name the name of the farm on which one was born, or had lived. At the same time names in **-datter** gave way to family surnames.

Since every Norwegian farm has a name, this gave ample opportunity for distinctive naming. Another advantage was that the farm names were thoroughly native in their connotations, for they had developed in the local communities as an expression of Norwegian nature and history. Many of the farm names go back thousands of years and are unmistakably native. Such names as Berg 'mountain,' Vik 'bay,' Li 'mountain slope,' Fjell 'mountain,' Ås 'mountain ridge,' Nes 'headland,' Dal 'valley,' Strand 'shore' and their compounds reflect the mountains and waters of the country. Names ending in **-land** (Bygland, Birkeland), in **-um** or **-eim**, from **-heim** 'home' (Solum, Sørum, Bjerkreim), in **-stad** 'dwelling place' (Gaustad, Onstad, Aulestad), **-set** 'mountain farm' (Undset, Bjørset), **-rud** 'clearing' (Brandrud, Jonsrud) and **-hof** 'temple' (Torshof) reflect various phases in the history of Norwegian settlement and civilization. In the 19th century it became part of the movement for cultural independence to encourage the use of these names and give them their proper Norwegian spelling. The change can be measured by studying the names in the king's cabinet: in 1814 it was dominated by such names as Rosenkrantz, Collett, and Hegermann, but in 1962 by such names as Bøe, Bratteli, Haugland, Bjerkholt, and Bruvik. Some of the latter names may seem harder to an English speaker, but they are easier and more natural to a Norwegian.

○ 23.2 Kinship Terms

Norwegian has more terms of family relationship than English, probably because Norwegians have been more interested in family relations than Englishmen and Americans. We have seen this already in the words for the immediate family, where Norwegian has **søsken** for our 'brothers and sisters' (the lack of this term has compelled scientists to invent the word 'sibling' in English). The word for 'cousin' is **søskenbarn,** but this can be divided by sex into **fetter** 'male cousin' and **kusine** 'female cousin.' There is a word for 'second cousin,' **tremenning,** which is either male or female. For the blood relations in the upward or downward line there are two sets of terms. One is like English in not distinguishing the father's from the mother's side: **onkel** 'uncle,' **tante** 'aunt,' **bestefar** 'grandfather,' **bestemor** 'grandmother,' **nevø** [nevø'] 'nephew,' **niese** [nie`se] 'niece,' **barnebarn** 'grandchild.' The other, which is somewhat restricted in usage, compounds the simpler terms to make one set for each side of the family: **onkel** is divided into **farbror** 'father's brother' and **morbror** 'mother's brother,' **tante** into **faster** 'father's sister,' and **moster** 'mother's sister'. The whole system is presented in the chart below. The more remote ancestors are **oldefar** 'greatgrandfather' and

23B

oldemor 'greatgrandmother,' to which one **tipp-** is prefixed for each additional generation. In-laws of one's own generation are **svoger** 'brother-in-law' and **svigerinne** 'sister-in-law,' but the rest are based on the term **sviger-,** as in **svigerdatter, svigersønn, svigerfar, svigermor.**

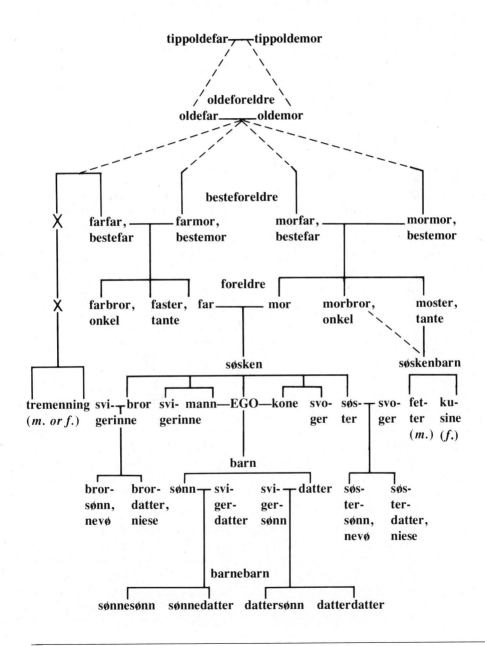

○ 23.3 Getting Places

Norwegian **komme** includes a meaning 'to arrive' which is absent in the English word *come*. The common English word for this meaning is *get:* I got home, I got to New York, I can't get out, etc. You have had these examples:

11.17 Da jeg kom til billettluken. . .
12.16 Når kommer vi opp på høyfjellet?
19.10 Oslofolk er heldige, de, som kan komme ut i naturen så fort og greit.
23.20 Men nå må vi skynde oss hvis vi skal komme til forestillingen begynner.

As these examples show, whenever *get* means 'arrive' or 'reach a place,' the Norwegian word is **komme,** often reinforced by **fram,** and it can be translated 'get there.'

Oslo airport, interior

△ **LA OSS LYTTE**

1. Georg bestiller kinobilletter i telefonen.

Damen i telefonen: Saga kino.
G: Jeg vil gjerne bestille to billetter til i kveld, klokken syv, takk.
D: Hvor vil De sitte?
G: I første balkong, hvis det er noen plasser igjen der.
D: Jeg kan gi Dem to billetter i femte rad. Passer det?
G: Ja, det er utmerket. Når kan jeg hente dem?
D: De må ikke hentes senere enn 15 minutter før filmen begynner.
G: Takk for det.
　　(*Til Sigrid*) Jeg har fått billetter til syvforestillingen.
S: Vi får dra i god tid da, for her i Norge kommer en jo ikke inn etter filmen har begynt.
G: Ja, takk for at du minte meg på det.

2. Sigrid og Georg snakker sammen ute i foyeren.

G: Jeg vil svært gjerne se flere skuespill av Ibsen mens jeg er her i landet. Skal de spille mer Ibsen i år?
S: Jeg vet ikke riktig. Vanligvis spiller de ikke mer enn ett hver vinter her på Nationaltheatret. Men det kan jo hende at noen av de andre teatrene kommer til å ta opp et Ibsenstykke.
G: Jeg skal holde øye med annonsene i avisene.
S: Ja, gjør det. Men du kunne jo lese noe av Ibsen.
G: Nei, jeg liker ikke noe særlig å lese skuespill. Jeg vil heller se dem på scenen.
S: Jeg vet ikke jeg. Jeg foretrekker nesten å lese skuespill. Da kan jeg bedre tenke meg hvordan det skal være. Det hender ofte at skuespillerne ikke får med alt som er i stykket.
G: Ja, da er det bedre å lese det. Men du kan ikke klage over forestillingen i kveld.
S: Nei, det gjør jeg heller ikke.
G: Kjenner du ham som står der borte?
S: Nei, hvem er det?
G: Det er en student jeg traff for noen dager siden. Han er veldig hyggelig. Kom, så går vi bort og snakker litt med ham. Morn, Torgeir, takk for sist.
T: Sjølv takk. Hyggeleg å sjå deg att.
G: Dere er visst ikke kjente. Sigrid Falk—Torgeir Silju.
S: God dag.
T: God dag.

G: Du går i teatret, du også.
T: Ja, eg går gjerne eit par-tre gonger i månaden.
G: Men blir ikke det litt dyrt for en student?
T: Nei, vi får moderasjon, og da blir det ganske rimeleg.
G: Det var veldig greit.

VINTER I NORGE

ENGLISH EQUIVALENTS

George, Sigrid, and Arne are out walking in Nordmarka a Sunday in the late fall.

1. What fine weather we have today—not a cloud in the sky, and the sun is warming nicely.
2. Yes, we won't freeze today, but I'm afraid there'll be an end to this weather pretty soon.
3. How soon can we expect the snow and the cold?
4. Oh, it varies—here in Oslo it may come in November.
5. But do you remember last year? Then we didn't get snow until after Christmas.
6. No, it came quite late, between Christmas and New Year's.
7. We had to go all the way up to Norefjell to be able to ski.
8. The winter gets so long and boring here when one can't go skiing.
9. Oh, I don't think so—we have Christmas to look forward to.
10. How do you celebrate Christmas here?
11. We bake a lot of cakes and cookies, and then we have a Christmas tree.
12. And on Christmas Eve we go around the Christmas tree and sing Christmas carols.
13. The song I like best is called "I am so glad each Christmas Eve."
14. Most Americans only celebrate Christmas Day.
15. Here many go to church on Christmas Day ('first Christmas Day').
16. But the gifts are distributed on Christmas Eve.

LISTENING SCRIPT

utpå høsten

1. sky, en; ute og går; varme, -et, -et; på himmelen
2. fryse, frøs, frosset; slutt, en; bli slutt på
3. vente, -et, -et; kulde [kul`le], ei
4.
5. jul, en; ikke før
6. temmelig; nyttår, et
7. Norefjell
8. kjedelig [kje`d^{e}li]
9. glede seg til
10. feire, -et, -et
11. bake, -te, -t; kake, en (ei); juletre, et
12. julaften, en; synge, sang, sunget [song`et]; julesang, en
13. glad; julekveld, en; sang, en
14. juledag, en
15. gå i kirken
16. gave, en; dele ut, -te, -t

WINTER IN NORWAY

Georg, Sigrid og Arne er ute og går i Nordmarka en søndag utpå høsten.

1 *Georg:* For et flott vær vi har i dag—ikke en sky på himmelen, og sola varmer godt.

2 *Arne:* Ja, vi fryser ikke i dag, men det blir nok snart slutt på dette været.

3 *Georg:* Hvor snart kan vi vente snøen og kulda da?

4 *Arne:* Å, det er litt forskjellig—her i Oslo kan den komme i november.

5 *Sigrid:* Men husker du i fjor? Da fikk vi ikke snø før etter jul.

6 *Arne:* Nei, den kom temmelig sent, mellom jul og nyttår.

7 *Sigrid:* Vi måtte dra helt opp til Norefjell for å kunne gå på ski.

8 *Arne:* Vinteren blir så lang og kjedelig her når en ikke kan gå på ski.

9 *Sigrid:* Å, jeg synes ikke det—vi har da julen å glede oss til.

10 *Georg:* Hvordan feirer dere julen her da?

11 *Sigrid:* Vi baker en masse kaker, og så har vi juletre.

12 Og på julaften går vi rundt treet og synger julesanger.

13 Den sangen jeg liker best, heter "Jeg er så glad hver julekveld."

14 *Georg:* De fleste amerikanere feirer bare juledagen.

15 *Sigrid:* Hos oss er det mange som går i kirken første juledag.

16 Men gavene blir delt ut på julekvelden.

17. Christmas lasts for many days here, at least until New Year's.
18. And then we have a big New Year's Eve party with lots of fun.
19. I realize that Christmas is a great festival here.
20. I'm glad that I can stay here and celebrate it with you.

17. vare -te -t; vare i
18. nyttårsselskap, et; moro [mor`ro], en
19. høytid [høy`/ti˙d], en
20. glad for

REPETISJON

Combine the elements in each group to form different grammatically correct and logical sentences:

a)

Arne Georg Jeg Vi	venter	ham Sigrid meg dem	i morgen. snart. kl. 5.
		på ham Sigrid meg dem	hjemme. ved Nationaltheatret. nede i byen.

b)

Jeg Sigrid Min bror Vi	gleder	meg seg oss	til	jul. påske. i morgen.
				han snøen kommer.
				å reise til Norge. tilbake til Amerika.
				gå på ski feire jul i Norge.

17 *Arne:* Julen varer i mange dager her, minst til nyttår.
18   Og da har vi stort nyttårsselskap med mye moro.
19 *Georg:* Jeg forstår at julen er en stor høytid her.
20   Jeg er glad for at jeg kan bli her og feire den med dere.

c)

Julen		en hel uke.
Påsken	i Norge varer i	bare to måneder.
Sommeren		dager.
Vinteren		mange måneder.

SPØRSMÅL

1. Hva blir det snart slutt på?
2. Når kan snøen ventes i Oslo?
3. Når kom snøen i fjor?
4. Hva måtte folk i Oslo gjøre for å gå på ski da?
5. Synes Arne det er morsomt om vinteren når han ikke kan gå på ski?
6. Synes Sigrid det er kjedelig om høsten når det ikke er snø?

7. Hvordan feirer nordmenn jul?
8. Hva gjør de på julekvelden?
9. Hvilken julesang liker Sigrid best?
10. Hvordan er julen annerledes i Norge enn i Amerika?
11. Blir julen feiret bare én dag i Norge?
12. Pleier du å gå i nyttårsselskap?

SAMTALEØVELSE

1. You and a friend are discussing weather in Norway (review Lesson 10 at this point). He asks you about the weather in the summer (be sure to mention the light nights), when the snow comes, when you first go skiing in the fall (or winter), if the winter is long and cold, etc.

2. You are telling a friend about Christmas in Norway. He asks if Norwegians have Christmas trees, what sort of songs they sing, when they open their presents, etc.

24B

ENGLISH EQUIVALENTS

They go down to the Holmenkollen Hill and the Besserud Pond.

21. That's an enormous ski hill—it looks dangerous.
22. Yes, here's where the Holmenkollen Meet is held the first Sunday in March.
23. At that time some 70–80,000 people come here.
24. It's a great event, something of a national festival.
25. We dress in heavy sweaters and windbreakers to keep ourselves warm.
26. And then we buy bouillon and hot dogs.
27. It's a big international sporting event.
28. You see many excellent jumps here, both by foreigners and Norwegians.
29. You know it's not just a question of jumping as far as you can.
30. No, I understand that the jumpers also get points for form.
31. But I'm afraid it would turn out badly if I should try jumping.
32. Yes, you should preferably have (the) practice from childhood on.
33. But you can stick to cross-country skiing and slalom, you know.
34. Have you been very active in sports?
35. Yes, I played soccer and swam some when I studied at the University.
36. At the University? What does the University have to do with sports?

LISTENING SCRIPT

Holmenkollbakken [hål`menkåll/bak˚ken]; Besserudtjernet [bes`seru/kjæ˚rne]

21.
22. Holmenkollrennet
23.
24. begivenhet [beji'ven/he˚t], en; nasjonal [nasjona'l]; festdag [fes't/da˚g], en
25. tykk, tykt, tykke; genser [gen'ser], en; anorakk [anorakk'], en; kle seg
26. buljong [buljång'], en; pølse, en (ei)
27. internasjonal [internasjona'l]; idrettsstevne [i`dretts/stev˚ne], et
28. hopp [håpp'], et; utlending [u`t/len˚ning], en
29. hoppe [håp`pe], -et, -et; gjelde, gjaldt, gjeldt [jel`le, jal't, jel't]
30. hopper [håp`per], en, pl -e; poeng [påeng'], et; stil, en
31. galt; gå galt [ga'lt]
32. øvelse, en; fra barnsben [ba'rns/be˚n] av
33. holde seg til; langrenn, et; slalåm, en
34. idrett [i`/drett˚], en; drive med
35. sparke, -et, -et; fotball [fot'/ball˚], en; sparke fotball; svømme, svømte, svømt
36. sport [spår't], en

VINTER I NORGE

(fortsatt *continued*)

De kommer ned til Holmenkollbakken og Besserudtjernet.

21 *Georg:* Det var da en svær skibakke, den ser farlig ut.

22 *Arne:* Ja, her er det Holmenkollrennet blir holdt, første søndagen i mars.

23 Da kommer det en sytti-åtti tusen mennesker hit.

24 Det er en stor begivenhet, litt av en nasjonal festdag.

25 *Sigrid:* Vi kler oss i tykke gensere og anorakker for å holde oss varme.

26 Og så kjøper vi buljong og varme pølser.

27 *Arne:* Det er et stort internasjonalt idrettsstevne.

28 En ser mange flotte hopp her, både av utlendinger og nordmenn.

29 *Sigrid:* Du vet det gjelder ikke bare å hoppe så langt en kan.

30 *Georg:* Nei, jeg forstår at hopperne også får poeng for stil.

31 Men jeg er redd for at det ville gå galt om jeg skulle prøve å hoppe på ski.

32 *Arne:* Ja, en bør nok helst ha øvelsen helt fra barnsben av.

33 Men du kan jo holde deg til langrenn og slalåm.

34 Har du drevet mye med idrett?

35 *Georg:* Ja, jeg sparket fotball og svømte en del da jeg studerte ved universitetet.

36 *Sigrid:* Ved universitetet? Hva har universitetet med sport å gjøre?

37. In our country nearly all universities have teams of their own.
38. And the universities arrange matches among themselves throughout the year.
39. Here, too, sports are carried on among the young people in the schools, especially track.
40. But most meets and matches are arranged by private sports clubs.

37. idrettslag [i`dretts/la˙g], et
38. arrangere [arangsje're], -te -t; kamp, en; seg imellom
39. ungdom [ong`/dåmm˙], en; skole, en; friidrett [fri'/idrett˙], en
40. stevne, et; privat [priva't]; sportsklubb, en

37 *Georg:* Hos oss har nesten alle universiteter egne idrettslag.
38 Og universitetene arrangerer kamper seg imellom året rundt.
39 *Arne:* Her drives det også idrett blant ungdommen i skolene, særlig friidrett.
40 Men de fleste stevner og kamper blir arrangert av private sportsklubber.

REPETISJON

Combine the elements in each group to form different grammatically correct and logical sentences:

a)

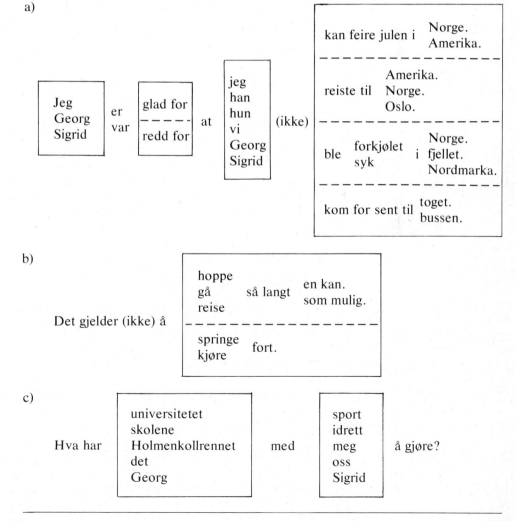

b)

| Det gjelder (ikke) å | hoppe gå reise | så langt | en kan. som mulig. |
| | springe kjøre | fort. | |

c)

| Hva har | universitetet skolene Holmenkollrennet det Georg | med | sport idrett meg oss Sigrid | å gjøre? |

SPØRSMÅL

1. Hva brukes Holmenkollbakken til?
2. Hvor mange mennesker pleier det å komme dit for å se Holmenkollrennet?
3. Hvordan kler folk seg når de går på Holmenkollrennet?
4. Hvorfor kjøper de buljong og varme pølser?
5. Er det bare nordmenn som hopper i Holmenkollrennet?
6. Gjelder det bare å hoppe langt?
7. Hvorfor vil Georg ikke prøve å hoppe på ski?
8. Har du noen gang hoppet på ski?
9. Hvorfor synes Sigrid det er rart at amerikanske universiteter arrangerer idrettsstevner?
10. Hvordan arrangeres idrettsstevner i Norge?
11. Går du ofte på idrettsstevner?
12. Har du drevet mye med idrett?

SAMTALEØVELSE

1. You're telling a friend about going to the Holmenkollen Meet. He asks you if it wasn't cold to stand in the snow, etc. You tell him about ski jumping (he thinks the length of the jump is all that counts, but you set him straight). He asks you if you tried jumping while you were in Norway, etc.
2. You and a Norwegian friend are discussing sports in Norway and America. You discuss the differences in organization, and which sports each of you has participated in.

Grammar

○ 24.1 Mountains and Weather in Norway

In the discussion of Norwegian dialects and New Norwegian in Lesson 22, several references were made to the differences between the dialects of Eastern and Western Norway. These rather extensive linguistic differences, as well as other cultural differences which distinguish the two sections of the country from each other, developed through many long centuries because of the barrier to communication formed by the mountain range running down the center of the country. Through most of Norway's history—up until the advent of the railroad train, the airplane, and modern methods of road building—little traffic passed over these mountains, and that only under the most strenuous and dangerous conditions. The Hardanger Plateau (cf. Lessons 12 and 13), now a hiking and skiing area, was impassable many months of the year. Even today the greatest care must be taken when skiing or hiking there, or in other mountain areas of Norway. Sudden changes in weather can make the mountains extremely dangerous.

For this reason it is of the utmost importance to listen to the weather reports on the radio (at 7.00, 8.00, 13.00, 14.00, 22.00) before planning a trip.

The mountains dividing Eastern and Western Norway also have the effect of dividing the southern part of the country into two different climatic areas. The winds from the Atlantic Ocean drop most of their moisture west of the mountains, and for this reason the annual amount of rainfall in Western Norway is very high. Eastern Norway, though far from being a dry area, has less average rainfall and lower winter temperatures. This climatic difference between east and west is reflected by the separate weather reports for Eastern and Western Norway (from Oslo and Bergen respectively), in addition to a separate report for Northern Norway, the part of Norway near or above the Arctic Circle. Since the weather in Norway is usually quite changeable, it is a good idea to listen to the weather reports whenever any trip, even just one around town, is planned.

○ 24.2 Courtesy Phrases

Most of the courtesy phrases of Norwegian have occurred in the lessons, and they will be summed up here, along with other phrases it is well to know.

A. Meeting: When you meet someone, no matter at what time, you can say **God dag!** or **Morn!** Young people now have adopted **Hei!** In the early morning you may say, instead, **God morgen,** and in the evening, **God aften,** or (especially in the country) **God kveld.** On the telephone, or when you call to someone at a distance, you say **Hallo.** Any of these may be doubled to make them hearty: **God dag, god dag!** or **Morn morn!** If you meet someone who has been your host, you should add **Takk for i går** (if the party was yesterday), or **Takk for sist.** The reply is **Selv takk!**

B. Greeting: You address a man with his family name, unless you know him well enough to use his given name. If he has a title, you may address him by title plus family name: **doktor Lund, professor Seip.** An unmarried woman is addressed as **frøken,** a married woman as **fru** (or **frue** if you do not add her name).

C. How are you? Instead of **hvordan** in the phrases of greeting, some people use the form **åssen,** chiefly in the phrases **Åssen står det til? Åssen går det?** This is very common in informal usage, especially in Oslo. **Hvordan står det til?** can also be varied **Hvordan går det? Hvordan har De (du) det?**

D. Introductions: You may introduce by saying **Får jeg presentere . . ., La meg presentere . . .** The persons introduced say (if they are very formal) **Det gleder meg,** or **Det er en fornøyelse,** but most usually they simply say **God dag** and shake hands. At parties people usually introduce themselves, as noted earlier (Grammar **3.2**).

E. **Vær så god:** This phrase is used whenever you hand someone anything, or when you invite someone to eat, precede you through a dòor, come in, sit down, etc. The answer is simply **Takk.**

F. Please: To ask a favor you start your sentence with **Vil De (du) være så snill å . . .**The way to invite someone to eat with you is to say **Vil du (dere) spise middag (aftens) med oss . . .**The answer is either **Tusen takk, det vil jeg svært gjerne,** or **Tusen takk, men jeg er dessverre opptatt.**

G. Thanking: The simplest form is **Takk,** but this is frequently reinforced as **Mange takk, Tusen takk, Takk skal De (du) ha.** It may be doubled as **Takk, takk.** When you finish a meal, you must always thank your host and hostess immediately by saying **Takk for maten.** Many people shake hands also. When you leave a party or a dinner, you thank your host by saying **Takk for i dag (i aften), Takk for nå, Takk for meg (oss),** etc. The host replies with something like **Takk for at du kom,** or **Selv takk.**

H. You're welcome: When someone thanks you, the usual answer is **Ikke noe å takke for, Ingenting å takke for,** or **Ingen årsak** (lit. 'No cause'). In recent years it has become quite common to reply **Vær så god.** When a guest thanks you for a meal, you answer **Vel bekomme.** If you have some reason for also thanking the person who thanks you, you say **Selv takk,** or **I like måte.**

I. Excuses: If you need to excuse yourself, the word is **Unnskyld.** If you step on someone's toes or the like, you should say **Om forlatelse** (short for **Jeg ber om forlatelse** 'I beg your pardon'). The answer is **Å, jeg ber,** or **Ingen årsak.**

J. Festive occasions: On a birthday you say **Gratulerer med dagen,** or **Til lykke.** At Christmas you say **Gledelig jul,** or **God jul,** and at New Year's **Godt nyttår,** to which the answer is **Likeså** or **Takk i like måte.** A glass of liquor emptied together inevitably calls for **Skål** before it is drunk, and a meeting of eyes again before the glasses are set down.

K. Parting: The older word is **Adjø,** but many other phrases are used. The informal, modern way of saying goodbye is **Morn da.** If you hope to meet again, say **På gjensyn** (or more informally **Morn så lenge**). If you're parting for a long time, say **Farvel.** Late at night you may say **God natt** or **God aften.** At any time of day you may add: **Ha det godt, Hils hjemme, God tur,** etc. Today many young people say: **Hei!** or **Ha det!**

○ **24.3 Emphatic Demonstratives**

The adverb **der** is often used in conjunction with pronouns for emphasis:

19.29 Det der er Tryvannstårnet.

It is frequently used with the demonstratives **den, det, de: Ta den stolen der!** Take that chair! The resultant demonstrative expressions are a bit more emphatic than the demonstrative pronouns alone.

Den, det, de are frequently used with the adverb **her** as substitutes for **denne, dette, disse: Ta den stolen her!** Take this chair!

Her also has demonstrative force in the expressions:

15.12 her på gården	on this farm
14.13; 18.28 her i landet	in this country, here in Norway

△ **LA OSS LYTTE**

1. Anne-Marie skriver til Georg:

Bergen, den 12. desember.

Kjære Georg!

Mange takk for det siste brevet ditt. Det var hyggelig å høre at du liker deg i Oslo, men enda hyggeligere å høre at du kommer til Bergen til jul. Vi gleder oss alle sammen til å se deg igjen.

Du skriver at du kommer hit den 21. Hvis du har lyst, kan vi gå i teatret den kvelden, for da spiller de Ibsen. Det er en meget god forestilling, så det er kanskje best jeg bestiller billetter før du kommer. Den 22. skal vi i selskap hos Arne Solum, som jeg endelig traff for et par uker siden like etter at han hadde kommet tilbake fra Oslo siste gangen. Han fortalte at dere to hadde det svært morsomt sammen. Jeg er enig med deg—han er veldig hyggelig.

Den 24. er jo julekvelden, og da skal vi være hjemme hos oss. Du får lære deg noen julesanger, så du kan synge med. Neste uke skal vi kjøpe juletre, og i år skal det bli et stort ett.

Jeg håper du kan bli her til over nyttår. Arne snakket om at vi kunne dra opp på fjellet og gå på ski mens du er her, og det vil jeg mer enn gjerne.

Håper du har det bra—og på gjensyn.

Hilsen,
Anne-Marie.

2. Sigrid, Georg og Ragnar kommer ned til Besserudtjernet på Holmenkolldagen, litt før rennet skal begynne:

G: For en masse mennesker det alt er her!

R: Ja, det kommer sikkert hundre tusen her i dag, siden det er så flott vær.

G: Hvor ville det være best å stå?

S: Skal vi stå på bakken like her borte? Da kan vi se over mot skibakken.

R: Nei, det er litt langt fra skibakken, synes jeg. Skal vi ikke prøve å finne et sted litt nærmere?

S: Jeg tror ikke vi kan komme ned på tjernet. Det er så fullt av mennesker der.

G: Det er bedre plass der borte på den andre siden, ser det ut til.

S: Ja, der ville det være fint. Og like ved kan vi kjøpe pølser.

G: Ja, jeg la merke til det, jeg også.

R: Er du alt sulten, Georg?

G: Nei, ikke ennå, men jeg må ha noe varmt om en stund.

S: De selger buljong der også, hvis du skal ha noe varmt å drikke med pølsene. Fryser du?

G: Nei da, jeg tok på meg en ekstra genser, men det blir kanskje litt kaldt å stå her.

R: Bare vent til de begynner å hoppe—da glemmer du kulda.

S: Her kommer den første!

G: Det så virkelig flott ut. Hvor mange poeng tror du han får?

R: Å, vi skal snart få se. Ja, han fikk 17, 17, 18—slett ikke dårlig for det første hoppet.

S: Og det var et fint, langt hopp også—nesten 80 meter. Og se på den! For et hopp det var!

R: Han får tre ganger 18—riktig flott.

G: Hvor mange poeng kan de få da?

R: Tre ganger 20 er det høyeste som er mulig, men det hender nesten aldri. Det er sjelden at noen får mer enn 19.

SYTTENDE MAI

ENGLISH EQUIVALENTS

George Smith meets Sigrid Falk outside the National Theater early in the morning on May 17, Norway's Constitution Day (National Holiday).

1. It's still an hour and a half before the parade comes.
2. Let's stroll around a little in the Students' Grove in the meantime.
3. There are lots of people on the streets already.
4. But just wait—soon it will be impossible to move.
5. Why have wreaths been laid down at the foot of that statue?
6. That is in honor of Henrik Wergeland, who first began to celebrate this day.
7. Henrik Wergeland, who was he?
8. He was a very great poet, perhaps our greatest.
9. He grew up at Eidsvoll, where the Constitution was adopted in 1814.
10. He himself used to call the Constitution his six years younger brother.
11. So it was in 1814 that Norway again became independent?
12. Yes, after we had been united with Denmark for more than 400 years.
13. In 1814 we got our own constitution.
14. But we had a king in common with Sweden until 1905.
15. Then, in 1905, we got our own king, Haakon the Seventh, father of Olav the Fifth.
16. Was Haakon Norwegian?

LISTENING SCRIPT

grunnlovsdag (nasjonaldag)

1. halvannen [hala`en], halvannet; tog [tå'g] (parade), et
2. spasere [spase're], -te, -t
3. allerede [alere`de]
4. umulig [umu'li]; røre, -te -t; røre på seg
5. lagt [lak't], from legge; krans, en; fot, en, pl føtter; ved foten av; statue [sta'tue], en
6. ære, en; til ære for; Henrik Wergeland [vær'ge/lann˙] (1808–1845)
7.
8. dikter, en, pl -e
9. Eidsvoll [æi'ts/våll˙]; grunnlov [grunn`/lå˙v], en; vedta [ve'/ta˙], -tok, -tatt
10. kalle for
11. selvstendig [sellsten'di]
12. forenet [fåre'net]; Danmark; etter at
13.
14. konge [kång`e], en; felles [fel'les]; Sverige [svær'je]
15. Haakon [hå`kon]; Olav [o`lav]
16.

THE SEVENTEENTH OF MAY

Georg Smith møter Sigrid Falk utenfor Nationaltheatret tidlig om morgenen den syttende mai, Norges grunnlovsdag (nasjonaldagen).

1 *Sigrid:* Det er ennå halvannen time til toget kommer.
2 La oss spasere litt i Studenterlunden så lenge.
3 *Georg:* Det er masse folk i gatene allerede.
4 *Sigrid:* Men bare vent—det blir snart umulig å røre på seg.
5 *Georg:* Hvorfor er det lagt ned kranser ved foten av den statuen der?
6 *Sigrid:* Det er til ære for Henrik Wergeland, som først begynte å feire denne dagen.
7 *Georg:* Henrik Wergeland, hvem var det?
8 *Sigrid:* Det var en meget stor dikter, kanskje vår største.
9 Han vokste opp på Eidsvoll, hvor grunnloven ble vedtatt i 1814.
10 Han pleide selv å kalle grunnloven for sin seks år yngre bror.
11 *Georg:* Det var altså i 1814 at Norge ble selvstendig igjen?
12 *Sigrid:* Ja, etter at vi hadde vært forenet med Danmark i over 400 år.
13 I 1814 fikk vi vår egen grunnlov.
14 Men konge hadde vi felles med Sverige til 1905.
15 Så i 1905 fikk vi vår egen konge, Haakon den syvende, far til Olav den femte.
16 *Georg:* Var Haakon norsk?

17. No, he was a Danish prince, but he was elected king of Norway.
18. And I don't suppose any other Norwegian king has been so greatly loved by his people.
19. Does the king have great power in this country?
20. No, the power is in the people, who choose representatives to the Storting.

17. dansk; prins, en; valgt [val′kt], from velge (cf. below)
18. høyt; elske, -et, -et
19. makt, en
20. hos folket; velge, valgte [val`kte], valgt; representant [representan′t]; Stortinget [sto`r/ting˚e]

REPETISJON
Combine the elements in each group to form different grammatically correct and logical sentences:

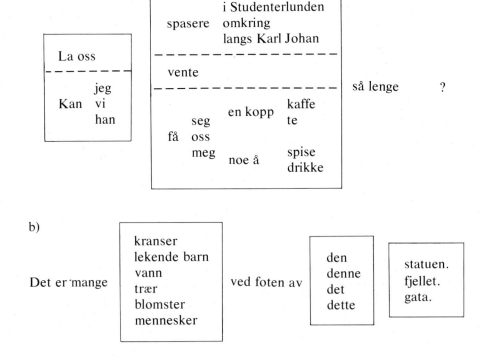

17   *Sigrid:*   Nei, han var dansk prins, men han ble valgt til konge i Norge.

18   Og ingen annen norsk konge har vel vært så høyt elsket av sitt folk.

19   *Georg:*   Har kongen stor makt her i landet?

20   *Sigrid:*   Nei, makten er hos folket, som velger representanter til Stortinget.

c)

Jeg Georg og Sigrid Vi Han	kan	nesten snart	ikke røre på	meg. seg. oss.

SPØRMÅL

1. Hvorfor er Georg og Sigrid nede i byen tidlig om morgenen syttende mai?
2. Er det lenge før toget kommer?
3. Hva skal de gjøre så lenge?
4. Hvorfor blir det snart nesten umulig å røre på seg?
5. Hvem var Henrik Wergeland?
6. Når ble den norske grunnloven vedtatt?
7. Var ikke Norge et selvstendig rike (kingdom) før 1814?
8. Var Norge helt selvstendig mellom 1814 og 1905?
9. Når fikk Norge sin egen konge?
10. Hvem er konge i Norge nå?
11. Hvem var Haakon den syvende?
12. Hvordan ble han konge i Norge?
13. Var han en populær konge?
14. Har kongen mye makt i Norge?
15. Hva består Stortinget av?

SAMTALEØVELSE

1. You are asking a Norwegian student about the Norwegian royal family. You ask who the king is now, how long he has been king, who was king before him, when he became king, etc. He tells you that for a long time Norwegians didn't have their own king, and when you ask why, he explains about the unions with Sweden and Denmark, etc.

2. You have just returned from a year in Norway and are telling a friend about your stay. You tell him (with him asking occasional questions) about where you lived, what you did (maybe you worked or were a student at the University), your trips (Hardangervidda, Nordmarka), special events (Holmenkolldagen, visits to the theater, 17. mai), etc. Try to convince him he should spend a year in Norway, too.

ENGLISH EQUIVALENTS

21. But isn't that children's parade coming soon?
22. Yes, now we had better find a place where we can see well.
23. It's certainly crowded on the sidewalk along Karl Johan now.
24. Here we can stand and look at the parade; it will come right past us.
25. And then the children will march up Karl Johan to the Palace.
26. There the royal family will be on the balcony greeting them.
27. Here they come, with a band at the head.
28. Yes, every school has its own band, and all the pupils follow along behind.
29. I have never seen so many flags in all my life!
30. I think every single child is holding one in his or her hand.
31. Yes, we Norwegians are very fond of our flag.
32. We discovered that during the war when we weren't allowed to use it.
33. Now some bigger children are beginning to come in the parade.
34. Yes, now the secondary schools ('higher schools') are coming, with the "russ" foremost.
35. "Russ," what's that?
36. The pupils in the graduating class of the secondary school are called "russ."
37. They wear red caps, and later in the day they have their own parade, the "russ" parade.

LISTENING SCRIPT

21. barnetog, et
22.
23. fortau [fårr`/tæu˙], et
24.
25. marsjere [marsje′re], -te, -t; slott [slått′], et
26. kongefamilie [kång`e/fami˙lie], en
27. musikk-korps [musikk′/kår˙ps], et; spiss, en; i spissen
28. elev [ele′v], en; følge etter
29. flagg, et; sånn, sånt, sånne
30.
31. være glad i
32. oppdage [åpp′/da˙ge], -et, -et; krig, en; få lov til å
33.
34. russ, en; forrest [får′rest]; høyere
35.
36. avgangsklasse [a`vgangs/klas˙se], en
37. gå med; lue, en; senere på dagen; russetog, et

SYTTENDE MAI

(fortsatt *continued*)

21 *Georg:* Men kommer ikke dette barnetoget snart?

22 *Sigrid:* Jo, nå er det best å finne et sted hvor vi kan se godt.

23 *Georg:* Jamen er det trangt om plassen på fortauet langs Karl Johan nå.

24 *Sigrid:* Her kan vi stå og se toget, det kommer like forbi oss.

25 Og så marsjerer barna opp Karl Johan til Slottet.

26 Der står kongefamilien på balkongen og hilser dem.

* * *

27 *Georg:* Her kommer de, med et musikk-korps i spissen.

28 *Sigrid:* Ja, hver skole har sitt eget musikk-korps, og alle elevene følger etter.

29 *Georg:* Jeg har aldri sett sånn masse flagg i hele mitt liv!

30 Jeg tror hvert eneste barn holder ett i hånden.

31 *Sigrid:* Ja, vi nordmenn er svært glad i flagget vårt.

32 Det oppdaget vi under krigen da vi ikke fikk lov til å bruke det.

33 *Georg:* Nå begynner det å komme større barn i toget.

34 *Sigrid:* Ja, nå kommer de høyere skolene med russen forrest.

35 *Georg:* Russen? Hva er det for noe?

36 *Sigrid:* Elevene i avgangsklassen i gymnasiet kalles 'russ.'

37 De går med røde luer, og senere på dagen har de sitt eget tog, russetoget.

38. I don't suppose it was permitted by the Germans to celebrate the seventeenth of May during the war?
39. No, there were five long years when the day was not celebrated, from 1940 to 1944. (Note: Norway was liberated in 1945, before May 17.)
40. And since that time we have appreciated the day more than ever before.

38. tillate [till´/la˙te], tillot [till´/lo˙t], tillatt
39.
40. sette pris på

Hvert eneste barn har et flagg i hånden.

38   *Georg:*   Det var vel ikke tillatt av tyskerne å feire 17. mai under krigen?

39   *Sigrid:*   Nei, det var fem lange år da dagen ikke ble feiret, fra 1940 til 1944.

40   Og siden har vi satt større pris på dagen enn noen gang før.

REPETISJON

Combine the elements in each group to form different grammatically correct and logical sentences:

a)

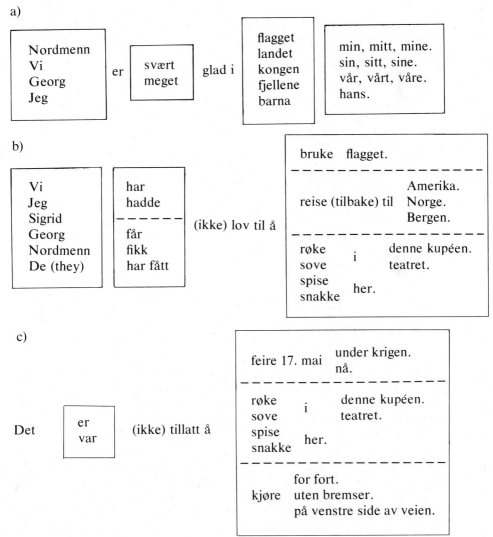

b)

c)

SPØRSMÅL

1. Hva er det Georg og Sigrid venter på?
2. Hvorfor er det best for Georg og Sigrid å finne et sted på fortauet?
3. I hvilken gate går toget?
4. Hvor går det så hen?
5. Hvorfor går det dit opp?
6. Hva er det i spissen av toget?
7. Er det mange flagg å se på Karl Johan?
8. Når oppdaget nordmennene at de var så glad i flagget sitt?
9. Hvem er forrest blant ungdommen fra de høyere skolene?
10. Hva er russen for noe?
11. Har de noe spesielt på seg?
12. Hva gjør de senere på dagen?
13. Hvor lenge varte krigen i Norge?
14. Feiret nordmenn 17. mai under krigen?
15. Hva har nordmenn satt større pris på siden?

SAMTALEØVELSE

1. You are telling a friend about the 17th of May parade in Oslo. He asks you what streets it goes along, who marches in it, etc. You tell about the bands, the "russ," the crowded sdewalks, etc.
2. You are saying goodbye to a Norwegian friend just before you leave to return to America. Be sure to thank him for everything, say how interesting it was to visit Norway, that you hope to come back again soon, etc. He invites you to stay with him whenever you are in town, etc.

Grammar

○ 25.1 Why Are Many Norwegian and English Words Alike?

Many words in Norwegian are strikingly similar to English words. This similarity between English and Norwegian is no accident, for the Germanic ancestors of the modern Norwegian and English peoples were at one time members of the same tribes, roaming around the Baltic and the North Sea as far back as we know anything about them. In later centuries they have continued to be in touch with each other, exchanging many significant cultural influences. By comparing the words of English and Norwegian with each other and with words in the other Germanic languages (German, Dutch, Frisian, Swedish, Danish, Icelandic), we can tell that many of these words must have been in use before the tribes separated, nearly two thousand years ago. These are usually simple, everyday words, such as would be used by people living close to nature: **ku** 'cow,' **hus** 'house,' **ut** 'out,' **sten** 'stone,' **ben** 'bone,' **alene** 'alone,' **god** 'good,' **stod** 'stood,' **to** 'two,' bake 'bake,' **ta** 'take,' **gå** 'go,' and hundreds more. This is the core around which Norwegian and English are built.

In the centuries that have passed since then, both English and Norwegian have gained many thousands of new words. English has mostly picked up expressions from Latin and French, to which it owes the mass of its learned and literary words, such as 'intellectual,' 'adversary,' 'commitment,' 'retention.' The word 'calf' is Germanic and therefore similar to Norwegian **kalv,** but the word 'veal' is French in origin and was introduced by the Anglo-Norman nobles who ruled England after the Norman conquest. In Norwegian the strongest outside influence through many centuries was not French or Latin, but Low German, the language spoken in the great Hanseatic cities of Hamburg, Lübeck, and Bremen, whose commerce dominated northern Europe from the 13th to the 15th century. For this reason Norwegian borrowed a great many words from Low German, such words as **betale, arbeide, bilde, flink, spasere.** The presence of such words in Norwegian makes a knowledge of German a great help in learning Norwegian and vice versa.

In addition Norwegian, like English, has profited from the fact that there is a large international vocabulary for phenomena of modern civilization, mostly derived from Latin and Greek. Norwegian, too, has adopted such words as **hotell, kaffe, te, telefon, telegram, kaptein, desember, ingeniør,** etc. In Norwegian most of them have been respelled to fit their Norwegian pronunciation.

A knowledge of word origins and relationships can be very helpful in learning a new language, but care must be taken. In the course of time many words have changed both meaning and pronunciation. That is why Norwegian **time** 'hour' can not be used to translate English 'time,' nor **tid** 'time' to translate English 'tide.' **Bord** in Norwegian is a table (as well as a board), while **dress** is a suit, not a dress. In English we speak of a 'festive board' and of 'full dress,' but otherwise these words mean something else in English than they do in Norwegian. If you do not let yourself be fooled by such apparent but deceptive likenesses, you will find the awareness of word relationships a real aid to learning vocabulary.

○ **25.2 Grammar Survey**

The following tables include all the variable grammatical forms of Norwegian. Although they are few in number compared to those of most other languages, they are different enough from those of English so that it will pay you to review them at this point. More details are available in the preceding lessons and can be found quickly by consulting the index of grammatical topics.

(a) The nominal inflections. These apply to *nouns, adjectives,* and *pronouns* and (except for the personal pronouns) are based on the two categories of *gender* and *number*. Gender is the division into **en-, ei-,** and **et**-nouns (traditionally called masculine, feminine, and neuter). Number is the division into singular and plural forms, which can apply to any one of the genders. The symbol -O means zero or no ending.

	WITH en-NOUNS	WITH ei-NOUNS	WITH et-NOUNS	WITH PLURALS
Nouns and Articles				
Indefinite	en	ei (en)	et	-er (-e, -O)
Definite				
Suffixed	-en	-a	-et	-ene (-a)
Separate	den	den	det	de
Possessive	Add **-s** to noun stem or its suffixes			
Adjectives				
Indefinite	-O	-O	-t	-e
Definite	-e	-e	-e	-e
Adjectives in -en				
Indefinite	-en	-en	-ent (-et)(-e)	-ne (-e)
Definite	-ne	-ne	-ne	-ne
(Many of these are irregular; cf. Grammar **11.1**)				
Demonstratives				
Near (this)	denne	denne	dette	disse
Far (that)	den	den	det	de
Possessives				
Min, din, sin	-n	-O	-tt	-ne
(*Vår* irreg.)	vår	vår	vårt	våre
Pronouns (it, they; that,those)				
Subject Form	den	den	det	de
Object Form	den	den	det	dem
Reflexive Form	seg	seg	seg	seg
Possessive Form	dens	dens	dets	deres

Personal Pronouns

	First Person		Second Person			Third Person	
	Sg.	Pl.	Sg.	Pl.	Formal	Masc. Sg.	Fem. Sg.
subject form	jeg	vi	du	dere	De	han	hun
object form	meg	oss	deg	dere	Dem	ham	henne
reflexive form	meg	oss	deg	dere	Dem	seg	seg
possessive form	min	vår	din	deres	Deres	hans, sin	hennes, sin

(b) The verbal inflections. In this book the principal parts given for each verb are the *infinitive,* the *past,* and the *participle*. If one knows these, one can produce nearly all other verbal forms by simple rules. Verbs are either *weak* or *strong,* according to the way in which the past is derived from the infinitive stem:

	(a)	(b)	(c)	(d)	STRONG
		WEAK			STRONG
Past	-et	-te	-dde	-de	-O
Perfect Part.	-et	-t	-dd	-d	-et/-tt

The strong are further subdivided according to the vowel used in the past stem, which is usually different from that of the infinitive stem. The remaining forms of the verbs are regular and vary only according to whether the stem ends in a vowel or a consonant:

	IMPERATIVE	INFINITIVE	PRESENT ACTIVE	PRESENT PASSIVE	PRESENT PARTICIPLE
vowel (e.g. **se**)	-O	-O	-r	-es	-ende
consonant (e.g. **spise**)	-O	-e	-er	-es	-ende

The modals are a mixture of strong and weak forms and must be learned separately.

(c) Comparison of adjectives and adverbs. The comparative is formed by adding **-(e)re** to the **en**-form of the adjective, the superlative by adding **-(e)st**. The comparative has only definite inflection (**-e**), the superlative both definite and indefinite.

△ **LA OSS LYTTE**

1. Sigrid og Georg sitter på en friluftsrestaurant på Karl Johan utpå dagen den syttende. De venter på russetoget som snart skal komme.

   G: Du har vel vært russ du også, ikke sant?

   S: Jo da, jeg var med i russetoget og hadde det veldig morsomt.

   G: Er det russen som kjører disse gamle røde bilene jeg har sett så mange av i det siste?

   S: Ja, det er russebiler alt sammen.

   G: Hadde du en slik en da du var russ?

   S: Nei, men et par av vennene mine hadde en, så jeg var ofte med.

   G: Var du ikke redd for å kjøre i dem?

   S: Nei, hvorfor skulle jeg være redd?

G: Det må da være farlig å kjøre i så gamle og dårlige biler.

S: Ja, det kan jo hende det går galt, med det er bare når folk ikke kjører forsiktig. Russen er ikke verre enn andre. Men her kommer russe- toget. Nå skal det bli moro!

2. Ragnar og Georg prater sammen en dag i juni.

R: Nå, Georg, du skal snart tilbake til Amerika?

G: Ja, dessverre, jeg kan ikke bli her lenger nå, jeg må tilbake til avisen.

R: Har du fått skrevet noe på den boka om Norge da?

G: Ja, jeg har skrevet en hel del allerede, og noe av det har jeg alt sendt til avisen. Men nå skal jeg samle det alt sammen i en bok.

R: Skal det være bilder i boka også?

G: Ja, selvfølgelig. Hva slags bok om Norge skulle det bli som det ikke var bilder i? Jeg har tatt masse bilder som jeg har tenkt å bruke.

R: Ja, du skulle ha fått mange fine bilder, slik som du har reist omkring.

G: Ja, jeg har da det, og *det* var nettopp meningen med hele turen. En kan ikke lære noe om et nytt land hvis en bare er på ett sted. En må reise og se seg omkring så en kan treffe og snakke med så mange mennesker som mulig.

R: Ja, da er du sikkert blitt godt kjent her i landet. Du kjenner nok Norge bedre enn vi nordmenn gjør. Jeg tror det blir en god bok, den du kommer til å skrive.

G: Jeg håper da det. Jeg skal iallfall gjøre mitt beste.

R: Hvordan har du tenkt å reise tilbake til Amerika?

G: Jeg skal ta toget til Bergen, og så flyet derfra.

R: Så du skal tilbake til Bergen igjen?

G: Ja, jeg vil gjerne hilse på Arne en gang til før jeg drar.

R: Ja så, det er ikke noen annen der i Bergen du skal hilse på da?

G: Å jo, jeg har da en del andre venner i Bergen også.

R: Ja, jeg har lagt merke til at du har vært temmelig flink til å sende brev dit. Kanskje du ikke blir alene på hjemturen?

G: Ja, hvem vet? Det var kanskje ikke noen dårlig idé. Jeg burde jo ta med meg noe hjem som kan minne meg om Norge.

Vocabulary List (Lessons 21–25)

Nouns

En-nouns

adgang 21.4	anorakk 24.25	balkong 23.22
akt 23	aula 22.15	begivenhet 21.24
annonse 23.3	avgangsklasse 25.36	benk 24.24

Nouns

En-nouns (cont.)

bru (ei) 21
buljong 24.26
dikter 25.8
elev 25.28
festdag 24.24
figur 21.16
filosofi 22.26
fontene 21.23
forelesning 22.12
forening 22.33
forestilling 23.20
forfriskning 23.39
fot 25.5
fotball 24.35
foyer 23.40
friidrett 24.39
garderobe 23.30
gave 24.16
genser 24.25
glede 21.12
gressplen 21.30
grunnlov 25.9
grunnlovsdag 25
hopper 24.30
hybel 22.22
høytid 24.19
idrett 24.34
jul 24.5
julaften 24.12
juledag 24.14

julekveld 24.13
julesang 24.12.
jus 22.26
kake (cookie) (ei) 24.11
kamp 21.20; 24.38
kjemi 22.26
konge 25.14
kongefamilien 25.26
konsertsal 22.14
krans 25.5
krig 25.32
kulde (ei) 24.3
kunst 21.14
kunstner 21.7
litteratur 23.13
lue 25.37
makt 25.19
midtbygningen 22.15
midten (def.) 22.4
moderasjon 22.13
moro 24.18
nasjonaldag 25
olding 21.12
parktante 21.32
port 21.1
prins 25.17
professor 22.38
pølse (ei) 24.26
rad 23.24
representant 25.20

revy 23.5
russ 25.34
samskipnad 22.35
sandkasse 21.36
sang 24.13
scene 23.15
servering 23.40
skole 24.39
skuespiller 23.34
skuespillerinne 23.36
sky 24.1
skøytebane 21.29
slalåm 24.33
slutt 24.2
sorg 21.12
spiss 25.27
sport 24.36
sportsklubb 24.40
statue 25.5
stil 24.30
Studentsamskipnaden
    22.31
tennisbane 21.28
trapp (ei) 23.28
ungdom 24.39
unge 21.36
utlending 24.28
Villanden 23.17
ære 25.6
øvelse 24.32

Et-nouns

barnetog 25.21
barnsben 24.32
bibliotek 22.17
bokmål 22.36
dukkehjem 23.17
eksempel 21.35
fakultet 22.27
flagg 25.29
fortau 25.23
Holmenkollrennet
    24.22
hopp 24.28

Ibsenstykke 23.10
idrettslag 24.37
idrettsstevne 24.27
juletre 24.11
langrenn 24.33
lystspill 23.8
menneske 21.20
musikk-korps 25.27
mål 21.20
nyttår 24.6
nyttårsselskap 24.18
ord 22.35

parkett 23.21
poeng 24.30
program 23.30
russetog 25.37
småbarn 21.34
språk 22.26
stevne 24.40
svømmebasseng 21.27
tog (parade) 25.1
verk 21.8
yttertøy 23.29
århundre 22.4

Names of Places

Besserudtjernet 24
Blindern 22.7
Chat Noir 23.5
Danmark 25.12
Det Norske Teatret
    23.7
Drammensveien 22.18
Eidsvoll 25.9

Frognerparken 21
Holmenkollbakken 24
Kirkeveien 21.28
Monolitten 21.19
Nobels gate 21.9
Norefjell 24.7
Oslo Nye Teater 23.8
Slottet 25.25

Sogn 22.22
Sognsvannsbanen 22.10
Stortinget 25.20
Studentbyen 22.22
Sverige 25.14
Universitetsbiblioteket
    (UB) 22.18
Velferdshuset 22.34

Verbs

ane 21.22
arrangere 24.38
bake 24.11
bestå (av) 22.5
dele ut 24.16
elske 25.18
feire 24.10
forene 25.12
forestille 21.10
fryse 24.2
gjelde 24.29
hoppe 24.29
hvile 21.25
imponere 23.37

innbille 21.8
kikke (på) 22.2
lagt (legge) 25.5
lese (study) 22.25
marsjere 25.25
oppdage 25.32
rage 21.19
rukket (rekke) 23.18
røre 25.4
samle 22.7
skjønne 21.13
sole seg 21.30
sparke 24.35
spasere 25.2

spre 22.7
studere 22.21
svømme 24.35
symbolisere 21.19
synge 24.12
telle 21.22
tillatt (tillate) 25.38
vare 24.17
varme 24.1
vedta 25.9
[velge 25.20
[valgt (til) 25.17
vente (expect) 24.3
våkne 23.11

Adjectives

alminnelig 21.37
berømt 22.16
bestemt 21.17
dansk 25.17
dyktig 23.34
død 23.11
enig 23.38
felles 25.14
forrige 22.4
færreste (få) 23.19
glad 24.13

glimrende 23.33
gratis 21.4
halvannen 25.1
historisk-filosofisk
    22.30
høyere 21.20
høytidelig 22.3
innviklet 22.39
internasjonal 24.27
juridisk 22.29
kjedelig 24.8
lei 21.15

matematisk-
naturvitenskapelig
    22.30
nasjonal 24.24
nynorsk 22.35
privat 24.40
selvstendig 25.11
storslagen 21.6
sånn 25.29
trett 21.25
tykk 24.25
umulig 25.4
underlig 21.16

Adverbs

allerede 25.3
altså 23.16
enda 21.9
flyktig 21.14
forrest 25.34

framme 23.23
galt 24.31
hit 21.13
høyt 25.18

opprinnelig 22.36
slik 21.11
sånn 21.39
temmelig 24.6

Exclamations

jo visst 21.37

Conjunctions

enten . . . eller 22.22 etter at 25.12 til 23.20

Prepositions

imellom 24.38 utover 22.18 utpå 24

Idiomatic Expressions

alt mulig 22.26
de høyere skolene 25.34
du sier ikke det 21.40
for eksempel (f. eks.)
   21.35
fra barnsben av 24.32
fram og tilbake 22.11
hos folket 25.20
i sentrum 22.4
i spissen 25.27
ikke . . . før 24.5
imponert over 23.37
jeg har aldri sett på
  maken 21.5
lei av 21.15
mer enn gjerne 23.15
mye annet enn 21.26
plass til 22.24

på ett sted 22.12
på himmelen 24.1
seg imellom 24.38
senere på dagen 25.37
spredd over 22.7
stort sett 22.29
til ære for 25.6
ute og går 24
utpå høsten 24
ved foten av 25.5
ved universitetet 22.21
å be med 23
å bestå av 22.5
å bli slutt på 24.2
å bo på 22.22
å drive med (idrett)
  24.34
å følge etter 25.28

å få lov til 25.32
å glede seg til 24.9
å gå galt 24.31
å gå i kirken 24.15
å gå med 25.37
å holde seg til 24.33
å høre om 23.10
å kalle for 25.10
å kikke på 22.2
å kle seg i 24.25
å levere fra seg 23.29
å røre på seg 25.4
å sette pris på 25.40
å sparke fotball 24.35
å være enig med 23.38
å være glad for 24.20
å være glad i 25.31

Persons

Edvard Munch 22.16
Gustav Vigeland 21.7
Henrik Wergeland 25.6

Haakon den syvende
  25.15
Olav den femte 25.15

APPENDIX

THE METRIC SYSTEM

In Norway, as in the rest of continental Europe, and in all scientific work throughout the world, the official system of measurement is the metric. This is a very neat and orderly system, based on decimals. Three fundamental units of measure are used: the *meter* for length, the *gram* for weight, and the *liter* for volume. Each of these gets a Greek or Latin prefix to indicate larger or smaller units: *milli-* (1/1000), *centi-* (1/100), *deci-* (1/10), *deka-* (10), *hekto-* (100), *kilo-* (1000). In daily use, however, certain units are more common than the rest, and only these will be presented here, with English equivalents. Notice that instead of decimal points, commas are frequently used.

(1) Distance and area
Short: where we would use inches, they use **centimeter** [sang'ti/me˙ter]: **cm**
    1 in. = 2-1/2 cm   1 cm = 3/8 in.
Medium: where we would use feet or yards, they use **meter** [me'ter]: **m**
    1 ft. = 30 cm   1 yd. = 91 cm   1 m = 39-3/8 in.
Long: where we would use miles, they use **kilometer** [kji'lo/me˙ter]: **km**
    1 mile = 1,6 km   1 km = 5/8 mile
Area: where we would use square miles, they use **kvadratkilometer: km²**
    1 sq. m. = 2,6 km²   1 km² = .4 sq. miles

(2) Weight
Where we would use ounces, they use **gram** [gramm'], or **hektogram** [hek'to/gramm˙], usually abbreviated **hekto: hg**
    1 oz. = 1/4 hg (28 gram)   1 hg = 3-1/2 oz.   1 gram = 1/30 oz.
Where we would use pounds, they use **kilogram** [kji'lo/gramm˙], usually abbreviated **kilo** [kji'lo]: **kg**
    1 lb. = 0,45 kg   1 kg = 2.2 lbs.

In popular usage the terms **fot** 'foot' and **pund** 'pound' are sometimes employed, with approximately the same values as in English.

(3) Volume
Where we would use quarts or gallons, they use **liter** [li'ter]: **l**
    1 qt. = 0,9 1   1 gal. = 3,8 1   1 1 = 1.1 qt.

(4) Temperature
The Centigrade or Celsius scale is used in Norway and is there called **Celsius** [sel'sius]. On this scale the temperature range from the freezing point of water to its boiling point is divided into 100 equal divisions. 0 degrees is set at the freezing point of water, 100 degrees at the boiling point. Thus 0 degrees C. corresponds to 32 degrees F., and 100 degrees C. to 212 degrees F. The equations for conversion between the systems are:

$$F. = \frac{9}{5} C. + 32$$

$$C. = \frac{5}{9} (F. - 32)$$

Some common temperatures are, in terms of both systems:

C.	−17,8	−10	0	10	20	30	40
F.	0	14	32	50	68	86	104

VOCABULARY

The first occurrence of each word is shown by the number following the definitions:

> 9.31 = Lesson 9, Basic sentence 31.
> LL9 = Lesson 9, La oss lytte.
> R23 = Reading selection accompanying Lesson 23.
> S20 = Lesson 20, Spørsmål
> 13.10(R11) = First in Reading selection to Lesson 11, later in
> Lesson 13, Basic sentence 10.

Grammar references are to numbers of grammatical sections.

The letters **æ, ø, å** are listed at the end of the alphabet in that order.

The system used for showing the pronunciation is the same as that used in previous parts of the book. For an explanation see Pronunciation 1.1 ff. When pronunciations are included, they follow the word immediately in square brackets. They are omitted, however, whenever the pronunciation is identical with the regular spelling. For all words which are left unmarked it is assumed that:

1. The stress is on the first syllable only.

2. The stressed syllable has Tone 1 in monosyllables, Tone 2 in polysyllables.

3. The stressed vowel is long if it is final or followed by one consonant, short if followed by more than one consonant.

4. au is always [æu] and **ei** is [æi]; **nk** is [ngk], as in English.

A

absolutt [apsolutt'] *adv.* absolutely 11.31
adgang [a`d/gang`] (en) admission 21.4
adjø [adjø'] *excl.* goodbye *cf. Gram.* 24.2
adresselapp [adres'se/lapp`] (en) address card 17.37
aerogram [aerogramm'] (et) aerogram 17.30
aften [af`t^en] (en) evening 4.10
  aftens (en) supper 8.5
  varm aftens dinner (in the evening) 9.6
akademi [akademi'] (et) academy, scientific society R22
akk *excl.* ah, oh R17
akkurat [akkura't] *adv.* exactly 5.14
akt .(en) act 23.32
albu (en) elbow R19
aldeles [alde'les] *adv.* completely, absolutely 9.39
aldri *adv.* never 2.25
alene [ale`ne] *adj.* alone R18
all, alt, alle *adj.* all 4.2
  i alt in all 12.9
  alt, alt sammen everything 7.37, 5.23
  alt mulig all sorts of things 22.26
  alle sammen all of us (them) 8.30
allerede [alere`de] *adv.* already 25.3 (R22)
allikevel [ali`ke/vell`] *adv.* anyway, just the same 14.25
alltid [all'ti(d)] *adv.* always 6.18
allting [all'/ting`] *pron.* everything R21
alminnelig [almin'(d)eli] *adj.* common 21.37
alt *adj. cf.* **all**
alt *adv.* already 8.37
altfor [al'tfår] *adv.* much too 2.36
altså [al'tså] *adv.* so, thus 23.16 (R12)
alvor [all`/vå`r] (et) earnestness, seriousness R22
  for alvor in earnest R22

alvorlig [alvå'rli] *adj.* serious 16.13
  alvorlig *adv.* seriously R14
Amerika [ame'rika] America 2.2
amerikaner [am^erika'ner] (en) American 2.1
amerikansk [am^erika'nsk] *adj.* American 3.8
Amundsen, Roald 20.18
an *adv; det kommer an på* = that depends 18.2
anbefale [an'/befa`le] (-te, -t) recommend 2.32
ane (-te, -t) have an idea, suspect 21.22
annen [a`en], **annet** [a`ent], **andre** other 4.23; second 1 (*cf. Gram.* 11.1)
  en eller annen one or another R18
  på en annen måte in another way R21
  ikke annet enn nothing but, only 12.25
  mye annet a lot of other things 21.26
  noe annet anything, something else 7.28
  andres other people's R23
annerledes [an`ner/le`des] different 11.12
annonse [anång'se] (en) advertisement 23.3
anorakk [anorakk'] (en) parka 24.25
ansikt [an`sikt] (et) face R13
anstrengende [an'/streng`ene] *adj.* strenuous 16.36
apotek [apote'k] (et) pharmacy 16.38
april [apri'l] April 10
arbeid [ar`bæi] (et) work 3.20 also **arbeide** [ar`bæide] (et) R17
arbeide [arbæi'de] (-et, -et) work 3.23
arbeidergutt [arbæi'der/gutt`] (en) young worker R25¹
arbeidsglede [ar`bæis/gle`de] (en) joy in working R25¹
arm (en) arm R17
armbåndsur [ar`mbåns/u`r] (et) wrist watch R16
arrangere [arangsje're] (-te, -t) arrange 24.38

at [att'] *conj.* that 8.22
att (*New Norwegian*) = **igjen** again LL23
atten [at`t^en] *num.* eighteen 7.30
attende [at`t^ene] *ord.* eighteenth 18
au [æu] *interj* ouch, hey 14.37
august [æugus't] August 10.10
aula [æu'la] (en) auditorium 22.15
aust *cf.* **øst**
austside [æu`st/si`de] (en) east side R24
av [a'] *prep.* of, by, from 2.7
    av sted away 13.18
    dra av sted leave 13.18
    ha godt av benefit from 5.31
    høre av hear from R11¹
    ta av seg take off 16.19
    ved siden av beside 4.25
av [a'] *adv.* off 11.10
    av og til occasionally, now and then R12
    fra barnsben av from early childhood on 24.10
    gå av get off 12.15
    ta av (på en sti) branch off 19.34
avgang [a`v/gang'] (en) departure 20.10
avgangsklasse [a`vgangs/klas`se] (en) graduating class 25.36
avis [avi's] (ei) newspaper 3.23
avslutte [a'v/slut`te] (-et, -et) end R22

B

bad (et) bath, bathroom 4.24; swim R19
bade (-et, -et) go swimming, bathe 10.14
badedrakt [ba`de/drak`t] (en) bathing suit R19
bagasje [baga'sje] (en) baggage 13.1
bak *adv.* back R22
bak *prep.* in back of R14
bake (-te, -t) bake 24.11 (R17)
bakeri [bakeri'] (et) bakery 18.23
bakerst [ba'kerst] *adv.* farthest back R21
bakke (en) hill 19.33 (R15)
balkong [balkång'] (en) balcony 23.22
bandt *cf.* **binde**
bane (en) railroad, railroad or trolley line 19.8
bank (en) bank 17.4
bar *cf.* **bære**
barbere [barbe're] (-te,-t) shave 8.12
barberer [barbe'rer] (en) barber 8.22
barberhøvel [barbe'r/høv`el] (en) safety razor 8.14
barbermaskin [barbe'r/masji'n] (en) electric razor 8.13
barbersalong [barbe'r/salång'] (en) barber shop 8.19
bare *adv.* just, only 1.6
barn [ba'rn] (et) (def pl -a) child 20.9 (R13)
barnesykdom [ba`rne/syk`dåm] (en) childhood disease 16.30
barnetog [ba`rne/tå`g] (et) children's parade 25.21
barneår [ba`rne/å`r] *pl.* childhood years R20
barnsben [ba'rns/be`n] *pl.:* **fra barnsben av** from early childhood on 24.32
barnslig [ba`rnsli] *adj.* childish R22
be (bad, bedt) [ba', bett'] ask, invite 8.1
    be med ask to come along 23
    be ut invite out 8.1
bedre [be'dre] *comp. adj. and adv.* better 7.34 (*cf. Gram.* 10.2)
bedt *cf.* **be**
befri [befri'] (-et, -et) liberate R25²

begeistret [begæi'stret] *adj.* enthusiastic 19.39
    begeistret for enthusiastic about 19.39
begge *adj. pron.* both 12.37 (*cf. Gram.* 12.2)
    begge deler both 17.29
begivenhet [beji'ven/he`t] (en) event 24.24
begrave [begra've] (-de, -d) bury 20.24
begynne [bejyn'ne, by`ne] (-te, -t) begin 3.32
    begynne med begin with 5.25
    til å begynne med to begin with, in the beginning 16.24
behagelig [beha'geli] *adj.* comfortable, pleasant (feeling) R16
behagelighet [beha'geli/he`t] (en) comfort R18
behøve [behø've] (-de, -d) need R20
behå [be`/hå] (en) bra 7
bein *cf.* **ben**
bekk (en) brook R24
bekomme *cf.* **vel bekomme**
beløp [beløp'] (et) amount (of money) 17.15
ben (et) also **bein** leg, foot; bone 10.32
benk (en) bench 21.24
benkerekke [beng`ke/rek`ke] (en) row of benches R17
bensin [bensi'n] (en) gasoline 14.4
    fylle bensin get gas 14.4
bensinstasjon [bensi'n/stasjo`n] (en) gas station 14.6
Bergen [bær'gen] city 2.19
Bergensbanen [bær'gens/ba`nen] the railroad from Bergen to Oslo 12.10
bergenser [bærgen'ser] (en) (pl -e) inhabitant of Bergen 10.4
berømt [berøm't] *adj.* famous 22.16
Besserudtjernet [bes`seru/kjæ`rne] the lake at Besserud 24
best *sup. adj. and adv.* best 7.32
bestemt [bestem't] *adj.* definite 21.17
bestikk [bestikk'] (et) eating utensils 18.19
bestille [bestil'le] (-te, -t) order, reserve 9.13
    bestille time make an appointment 16.2
bestå (bestod, bestått) [bestå', besto', bestått']
    bestå av, bestå i consist of 22.5 (R18)
bet *cf.* **bite**
betale [beta'le] (-te, -t) pay 13.14
betre (*New Norwegian*) = **bedre** LL22
bety [bety'] (-dde, -dd) mean, signify 11.29 (*cf. Gram.* 11.2)
bevare (-te, -t) [beva're] preserve 20.22
bibliotek [bibliote'k] (et) library 22.17
bikkje (ei) dog R14
bil (en) car; taxi 4.9
bilde (et) picture 6.8
bile (-te, -t) drive (a car) 12.31
billett [bilett'] (en) ticket 20.28 (R14)
billettluke [bilett'/lu`ke] (en) ticket window 11.17
billettselger [bilett'/sel`ger] (en) ticket seller 20.28
billig [bil`li] *adj.* cheap 4.32
bilmekaniker [bi`l/meka`niker] (en) automobile mechanic 14.34
bilulykke [bi`l/ulyk`ke] (en) automobile accident 14.24
binde (bandt, bundet) [bin`ne, ban't, bun`net] tie R15
bite (bet, bitt) bite R11
    bite i bite R21
bjørk (ei) *also* **bjerk** [bjær'k] birch 12.25
bjørn [bjø'rn] (en) bear R12

Bjørnsjøen [bjø`rn/sjø˙en] "Bear Lake," lake in Nordmarka 19.24
blad [bla'] (et) leaf R11²
ble *cf.* **bli**
¹**bli (ble, blitt)** stay, remain 2.34
   bli med come along 4.15
   bli ved continue R23
²**bli (ble, blitt)** become, be (with passive); will be 1.42
   bli borte disappear, go away R11²
   bli igjen remain, be left R11²
   bli kvitt get rid of 16.13
   er blitt has, have been 16.31; has, have become LL15
   er blitt til has, have become R20
blikk (et) glance, look R17
Blindern university district 22.7
blod [blo'] (et) blood R20
blodtrykk [blo`/trykk˙] (et) blood pressure 16.28
blomst [blåm'st] (en) flower 12.26 (R11²)
blomsterbed [blåm`ster/be˙d] (et) flower bed R11²
blond [blånn'] *adj.* blonde R12
bluse (en) blouse 7
bly (et) lead (metal) 13.7
blå (-tt, —) blue 7.13
blåpapir [blå`/papi˙r] (et) carbon paper R22
blått (et) blue
bo (-dde, -dd) live, dwell 2.29
   bo på (et hotell) live at (a hotel) LL2 ;22.22
bok (ei) *pl.* **bøker** [bø`ker] book 3.25
bokhandel [bo`k/han˙del] (en) bookstore R17, LL17
bokmål [bo`k/må˙l] (et) Standard Norwegian, Dano-Norwegian 22.36
bonde [bon`ne] (en) *pl.* **bønder** [bøn'ner] farmer 15
bondegård [bon'ne/gå˙r] (en) farm LL15
bondestue [bon'ne/stu˙e] (en) farm house 20.36
bord [bo'r] (et) table 4.17
bort *adv.* away (motion) 17 (*cf. Gram.* 8.2)
   gå bort til go over to 17
borte *adv.* away (location) 1.26 (*cf. Gram.* 8.2)
   bli borte disappear, go away R11²
   der borte over there 1.26
bortover [bortå'ver] *adv.* across, over, along R17
bra *adj. and adv.* fine, good, well 1.6
   bare bra just fine 1.6
   det var bra that's good 1.18
brann (en) fire R25¹
bratt *adj.* steep 14.10
bred [bre'] *adj. also* **brei** wide, broad R15
   i sju lange og sju breie a long, long time R15
bremse (en) brake 14.23
brenne (-te, -t) burn R23
brev [et] letter 6.3
briller *pl.* glasses R22
bris (en) breeze R24
bronkitt [brongkitt'] (en) bronchitis 16.27
bror (en) (pl brødre) brother 3.34
bru (ei) bridge 21.5
bruk (en) use 18.16
   ha bruk for need, have use for 18.16
brukbar [bru`k/ba˙r] *adj.* usable R17
bruke (-te, -t) use 6.5; 7.14
   bruke til use for S20
brun *adj.* brown R14
brutt *cf.* **bryte**
bry (-dde, -dd) bother R12
   bry seg om bother about, care about R12
brygge (ei) dock, pier 20.6

bryst (et) chest 16.15
bryte (brøt, brutt) break R15
brød [brø'] (et) bread R16
brødskive [brø`/sji˙ve] (en) slice of bread 9.25
bu (-dde, -dd) *(New Norwegian)* = **bo** LL22
bukser [bok`ser] *pl.* trousers, pants 7.24
buljong [buljång'] (en) bouillon 24.26
burde (*pres.* **bør; burde, burdet**) ought to 2.37 (*cf. Gram.* 2.3)
buss (en) bus 5.29
butikk [butikk'] (en) store 7
butikksenter [butikk'/sen˙ter] (-sentret) shopping center 18.15
by (en) city 2.34
by (bød, budt) [by', bø'd, butt'] offer 11.22
bygd (ei) rural community R25¹
bygdelag [byg`de/la˙g] (et) organization of people from the same **bygd** R20
Bygdøy section of Oslo 20.4
bygeaktivitet [by`e/aktivite˙t] (en) shower activity R24
byget [by`et] *adj.* showery R24
bygg (en, et) barley 15.26
bygge (-et, -et *or* -de, -d) build 12.4
bygning (en) building 7.5
bymann [by'/mann˙] city dweller R23
bytte (-et, -et) trade, exchange R15
bære (bar, båret) carry 18.8
   bære på carry 18.8
bøker *cf.* **bok**
bør (burde) [børr'] ought to 7.2
både *conj.* both 4.26 (*cf. Gram.* 12.2)
båt (en) 20.4

C

campingbruk [kæm'ping/bru˙k] (en)
   til campingbruk for use in camping 18.17
Chat Noir theater in Oslo 23.5

D

da *adv.* then, 1.20; *conj.* when 11.17 (*cf. Gram.* 12.1c and 18.2)
dag (en) day 1.1
   dagen lang all day long R21
   god dag hello 1.1
   i dag today 1.33
   en fjorten dagers tid a period of 14 days R22
   langt på dag late in the morning R15
   senere på dagen later in the day 25.37
   utover dagen in the course of the day R24
   utpå dagen later in the day R24
   (tre ganger) om dagen (three times) a day 16.39
daglig [da`gli] *adj.* daily R22
   til daglig usually R22
dagslys [dak's/ly˙s] (et) daylight R23
dal (en) valley 19.2 (R11¹)
dalstrøk [da`l/strø˙k] (et) valley district R24
dame (en) lady, woman 4.11
dampe (-et, -et) steam R14
Danmark (et) Denmark 25.12
danse (-et, -et) dance R20
dansk *adj.* Danish 25.17
datter (ei) (pl døtre) daughter 2.21
de, dem, deres [di', demm', de`res] *pron.* they, them, their(s) 4.5
De, Dem, Deres [di', demm', de`res] *pron.* you, you, your(s) 4.4 (*cf. Gram.* 6.1)

deg *cf.* **du**
dei (*New Norwegian*) = **de** LL22
deilig [dæi`li] *adj.* lovely 9.12
dekke (-et, -et) cover R11²
del (en) part 1
  en del several 7.7; a bit, some 24.35
  en god del quite a bit R13
  begge deler both 17.29
  til dels partly R24
dele (-te, -t) divide 11.13
  dele opp divide 11.13
  dele ut distribute, give (presents) 24.16
delvis [de`l/vi`s] *adv.* partly R24
dem *cf.* **de**
Dem *cf.* **De**
den, det, de [denn', de', di'] *art.* the (*when followed by an adjective*) 4.23
den, det, de [denn', de', di'] *pron.* it, that, those 1.5
  dens its R12
  det er there is, there are 3.39 (*cf. Gram.* 5.5 *and* 16.1)
  det håper jeg I hope so 10.38
  jeg tror ikke det I don't think so 9.5
  kanskje det maybe so 8.27
  synes du det do you think so 6.35
denne, dette, disse *dem. pron.* this, these 2.21 (*cf. Gram.* 5.4).
dens *cf.* **den**
der [dæ'r] *adv.* there 1.26 (**der oppe**, *etc. cf. Gram.* 19.2a)
der *conj.* (there) where, as R19
dere, deres *pron.* you, your(s) (*plural*) 2.24
deres *cf.* **de**
Deres *cf.* **De**
deretter [dær'etter] *adv.* after that, it R22
derfor [dær'får] *adv.* therefore R11¹
derfra [dær'fra] *adv.* from there 19.4
derom [dær'åmm] *adv.* about that R23
dertil *adv.* in addition R18
desember [desem'ber] December 10
dessert [desæ'r] (en) dessert 9.18
  til dessert for dessert 9.18
dessuten [dess'/u`tᵉn] *adv.* besides 8.10
dessverre [desvær're] *adv.* unfortunately 1.10
desto *cf.* **jo**
det *cf.* **den**
dette *cf.* **denne**
dikt (et) poem R25
dikte (-et, -et) write poetry R23
dikter (en) poet 25.8 (R16)
din, di, ditt, dine [dinn', di', ditt', di`ne] *poss.* your(s) 2.7 (*cf. Gram.* 6.1)
  din stygge unge you nasty child R21
disk (en) counter R14
disse *cf.* **denne**
dit *adv.* there, to that place 5.26
  er det langt dit is it far 5.26
  kunne du bli med meg dit could you come along there 7.6
ditt *cf.* **din**
dobbelt [dåb'belt] *adv.* double R21
doktor [dåk'tor, dåk'ter] (en) doctor 3.30
dra (dro, dradd) pull; go 13.18
  dra av sted start off, leave 13.18
  dra ut på go out to R20
  dra inn til byen go in to the city R20
drakt (en) suit (woman's) 7

Drammensveien [dram'mens/veien] street in Oslo 22.18
drap (et) murder, killing R25¹
drepe (-te, -t) kill R23
  hvis jeg lot deg drepe if I had you killed R23
dress (en) suit 7.1
drev, drevet *cf.* **drive**
drift (en) operation R24
  i drift in operation R24
drikke (drakk, drukket) [drok`ket] drink 1.49
drikkepenger [drik`ke/peng'er] *pl.* tip 9.36
drive (drev, drevet) operate, conduct, carry on 18.33
  drive med idrett be active in sports 24.34
dro *cf.* **dra**
drosjebil [dråsje`/bi`l] (en) taxi R18
drøm [drømm'] (en) dream R25²
drømme (-te, -t) dream R21
du, deg [dæi'] *pron.* you 1.5 (*cf. Gram.* 6.1)
  du store verden my heavens R21
Dukkehjem [duk`ke/jemm'] (et) *Doll's House,* a play by Henrik Ibsen 23.17
dum [domm'] *adj.* stupid R20
dus *adj.* on an informal basis (*cf. Gram.* 12.1)
  være dus say **du** to each other
dusj (en) shower 4.27
dyktig *adj.* capable 23.34
dyp *adj.* deep 16.25; **dypt** deeply
dyr *adj.* expensive 4.30
dyr (et) animal R12
dyrke (-et, -et) cultivate, raise 15.24
dø (-de, -dd) die 15.36
død [dø'] *adj.* dead 23.11 (R13)
død (en) death R23
døgn [døy'n] (et) 24-hour period 10.14
  døgnet rundt around the clock 10.14
dør (ei) door R12
  hun kom i døren she came to the door R12
  rykke i døren pull at the door R22
dørhåndtak [dø`r/hånnta`k] (et) doorknob R22
dåd (en) deed R25¹
dårlig [då`rli] *adj.* bad, poor, ill 4.18 (R13); 16.3

E

eg (*New Norwegian*) = **jeg** LL22
egen, eget, egne [e`gne] own 11.23 (*cf. Gram.* 11.1)
egentlig [e'gentli] *adv.* really, actually, anyway (in a question) 20.14 (R11¹)
egg (et) egg 18.34
Eidsvoll [æi'ts/våll'] 25.9
eie (-de, -d) own R21
ein, eit (*New Norwegian*) = **en, et** LL22
ekorn [ek`ko`rn] (et) squirrel R22
eksempel [eksem'pel] (et) example 21.35
  for eksempel (f. eks.) for example 21.35
ekspedere (-te, -t) [ekspede're] wait on 7.8
ekspedisjon [ekspedisjo'n] (en) baggage room 13.3
ekspeditrise [ekspeditri`se] (en) (female) clerk 17.27
ekspeditør [ekspeditø'r] (en) clerk 6.25
ekstra [ek'stra] *adj.* extra 9.37
ekte *adj.* genuine 15.11
eldre [el'dre] *comp. adj.* older 4.11
elektrisk [elek'trisk] *adj.* electric 8.13
elev [ele'v] (en) pupil 25.28
eller [el'ler] *conj.* or 4.24
ellers [el'lers] *adv.* otherwise, or 2.31; or else R20
elleve [el`ve] eleven 1
ellevte [el`lefte] eleventh 11

elske (-et, -et) love 25.18 (R23)
en, et *art.* a, an 1.22
    en 50–60 about 50 or 60 15.21
en, ett *num.* one 1.14
    ett etter ett one after the other R23
    den ene, det ene one R13,R15,R21, LL18
en *indef. pron.* one, you, they 9.36
enda *adv.* even, still (before comparatives) 21.9
enda *conj.* although R15
ende [en`ne] (en) end 13.3
    slå over ende knock over R15
endelig [en`deli] *adv.* finally, at last 8.22; by all
    means, definitely 5.20
endring (en) change R24
eneste [e`neste] *adj.* only, single 3.36
eng (ei) meadow R11²
engang [engang']: ikke engang not even R17
engelsk [eng'elsk] *adj.* English 14.19
enig [e`ni] *adj.* in agreement 23.38 (R21)
    være enig (om) agree (about) R21
    være enig med agree with 23.38
    være enig i agree about 23.38
enkel [eng'kel] *adj.* simple R19
enkelt [eng'kelt] *adj.* single, individual R24
    enkelte regnbyger scattered showers R24
enn *adv.-conj.* than (*before comparatives*) 6.33
    ikke annet enn nothing but, only 12.25
    hvor jeg enn ser no matter where I look 19.31
    mer enn gjerne very gladly 23.15
    mye annet enn a lot besides 21.26
ennå *adv.* yet, still 3.38
enten *conj.* either 22.22
    enten . . eller . . either . . or . . 22.22
eple (et) apple 1.35
er *cf.* være
eske (en) box 1.39
et *cf.* en
etasje [eta'sje] (en) floor, story 4.12
ett *cf.* en
etter *prep.-adv.* after 6.26
    etter at *conj.* after 25.12 (LL24)
    etter hvert gradually R20
    etter tur in turn R19
    følge etter follow 25.28 (R12)
    komme etter follow R14
    se etter look, check 6.26
    sette etter set out after R15
    tenke etter reflect, think about R19
ettermiddag [et`ter/midda`g] (en) afternoon 9.29
    (after dinner, c. 2-3 PM)
    i ettermiddag this afternoon R24
    midt på ettermiddagen in the middle of the
    afternoon 9.29
    om ettermiddagen in the afternoon, early eve-
    ning R22
etterpå [et`ter/på`] *adv.* afterwards 17.9 (R14)
eventyrslott [e`ventyr/slått`] (et) fairytale castle
    R22
evig [e`vi] *adj.* eternal, perpetual 13.31

F

fager [fa'ger] *adj.* beautiful R23
faktisk [fak'tisk] *adv.* actually R17
fakultet [fakulte't] (et) faculty 22.27
fall (et) case 18.10 (R14)
    i så fall in that case 18.10 (R14)
falle (falt, falt) fall R11²

fallen *adj.* fallen R25²
fant *cf.* finne
far (en) (pl fedre) father 2.7
fare (en) danger R18
farge (en) color 7.12
fargebånd [far`ge/bånn`] (et) typewriter ribbon R22
farlig [fa`rli] *adj.* dangerous 14.22
    det er ikke så farlig it's not so serious 17.2
fast *adj.* definite, firm R15
    sitte fast be stuck R15
    slå fast determine, substantiate R22
feber [fe`ber] (en) fever 16.21
feberaktig [fe'berakti] *adj.* feverish R22
februar [februa'r] February 10
feil (en) (pl feil) error, mistake R13
    ta feil av mistake, confuse R13
feile (-te,-t) be wrong with 16.20
feire (-et,-et) celebrate 24.10
felles [fel'les] *adj.* common, joint 25.14
felles *adv.* in common 25.14
fellesmøte [fel'les/mø`te] (et) joint meeting R22
fem [femm'] *num.* five 3.19
femte *ord.* fifth 25.15
femten [fem`tᵉn] *num.* fifteen 15.19
femtende [fem`tᵉne] *ord.* fifteenth 15
femti [fem'ti] *num.* fifty 1.39
femtikroneseddel [fem'tikro`ne/sed`del](en) fifty-
    kroner bill 17.18
femtiøres [fem'ti-ø`res] *adj.* fifty-
    øre (stamp etc.) 17.31
ferdig [fæ`ri,fær`di] *adj.* ready, finished 6.24
    pakke ferdig finish packing 14.3
ferie [fe`rie] (en) vacation 12.37
fersk [fær'sk] *adj.* fresh 13.37
fest-arrangør [fes't/arrangsjø`r] (en) arranger of
    banquets R22
festdag [fes't/da`g] (en) holiday 24.24
fetter [fet'ter] (en) (male) cousin 6.4
figur [figu'r] (en) figure 21.16 (R17)
fikk *cf.* få
film (en) film, movie 8.9
filosofi [filosofi'] (en) philosophy 22.26 (R18)
fin *adj.* fine 6.16
finger [fing'er] (en) finger R21
finne (fant, funnet) find 1.22
    finne fram find one's way R12
    finne sted take place R22
    finne ut til find the way out to R19
    det finnes there is, there are 18.4
Finse 12.29
fire *num.* four 9.28
fisk (en) fish 13.35
fiskebolle [fis`ke/bål`le] (en) fishball 18.38
fiskestang [fis`ke/stang`] (en) (pl -stenger) fishing
    pole 13.36
Fisketorvet [fis`ke/tår`ve] the Fish Market (in Ber-
    gen) 5.17
fjell (et) mountain 5.35
    i fjellet in the mountains 12.30
    til fjells to the mountains 10.33
fjellstrøk [fjell`/strø`k] (et) mountain district R24
fjelltrakt [fjell`/trak`t] (en) mountain area R24
fjerde [fjæ`re] *ord.* fourth 4
fjern [fjæ'rn] *adj.* distant R22
Fjernsynet [fjæ`rn/sy`ne] (et) TV (also called) [te`/
    ve`] 19.27
fjor: i fjor last year 6.24
fjord [fjo'r] (en) fjord 5.39

fjordstrøk [fjo`r/strø`k] (et) fjord district R24
fjorten [fjor`tᵉn] *num.* fourteen 25.9
fjortende [fjor`tᵉne] *ord.* fourteenth 14
fjøs (et) cow barn 15.18
flagg (et) flag 25.29
flaggstang [flagg`/stang`] (en) flag pole R25²
flaske (en) bottle 9.11
flatbrød [flat`/brø`] (et) flatbread 15.13
flere [fle`re] *comp. adj.* several 5.19; more (*cf.* Gram. 10.2)
flest *sup. adj.* most 18.32 (R18)
   de fleste most (of) 18.32
   de fleste most people R18
   folk flest most people LL12
flink *adj.* accomplished, good 10.28
   flink til good at 10.28
flott [flått'] *adj.* great, fine, elegant 5.38
flue (en) fly R22
fly (et) airplane 2.27
fly (fløy, fløyet) fly 3.16
   fly på fly to (regularly) 3.16
flyger (flyver) (en) pilot 3.18
flyktig [flyk`ti] *adv.* fleetingly 21.14 (R17)
flypost [fly`/pås`t] (en) airmail 17.27
   med flypost by air mail 17
flyte (fløt, flytt) float R19
flytte (-et, -et) move 4.34
fløte (en) cream 9.21
Fløybanen [fløy`/ba`nᵉn] the funicular railroad at Fløyen in Bergen 5.33
Fløyen mountain in Bergen 5.33
folk [fål`k] (et) people 9.23
   være folk behave properly, be civil R20
folkedans [fål`ke/dan`s] (en) folk-dancing 20.35
folkeeventyr [fål`ke/e`venty`r] (et) folk tale R15
Folkemuséet [fål`ke/muse`e] the Folk Museum (at Bygdøy in Oslo) 20.20
folkemusikk [fål`ke/musikk`] (en) folk music 20.35
folkevett [fål`ke/vett`] (et) common sense R25¹
fontene [fånte`ne] (en) fountain 21.23
for [fårr'] *prep.* for 1.32
   for alvor in earnest R22
   for det meste mostly 12.24
   for en (et) . . what a . . 19.1
   for . . . siden . . . ago 3.17
   for seg by themselves LL17
   for seg selv by herself R21
   for å in order to 17.24 (R12)
   hva . . for noe what 17.36
   nå for tida nowadays 18.32 (R13)
   til ære for in honor of 25.6
   det er ikke fritt for it happens, it can't be denied 19.18
   være glad for at be glad that 24.20
   være redd for be afraid of 16.27
for [fårr'] *adv.* too 3.12
for [fårr'] *conj.* because, for, since 11.19
foran [får`ran] *prep.-adv.* in front of, ahead 6.32
forandre (-et,-et) [fåran`dre] change R22
   forandre seg change R22
forbi [fårbi'] *prep.-adv.* past 17.6 (R12)
fordele (-te,-t) [fårde`le] divide R14
fordi [fårdi'] *conj.* because 7.34
foreldre [fårel`dre] *pl.* parents 15.5
forelesning [få`re/le`sning] (en) lecture (at a university) 22.12
forelsket [fårel`sket] *adj.* in love R21
forene (-et,-et) [fåre`ne] unite 25.12

forening [fåre`ning] (en) association 22.33
forestille (-te,-t) [få`re/stil`le] represent 21.10
forestilling [få`re/stil`ling] (en) performance (in a theater) 23.20
foretrekke (-trakk, -trukket) [få`re/trek`ke] prefer 8.10
forfedre [fårr`/fe`dre] *pl.* forefathers 20.24
forferdelig [fårfær`dᶜli] *adj.* terrible 8.17
forferdet [fårfær`det] *adj.* terrified R21
forfriskning [fårfris`kning] (en) refreshment(s) 23.39
forkjølelse [fårkjø`lᶜlse] (en) cold 16.13
forkjølet [fårkjø`let] *adj.* having a cold 16.12
   bli forkjølet catch a cold 16.12
forklare [fårkla`re] (-te,-t) explain R22
fornavn [fårr`/navn`] (et) first name
   være på fornavn use first names 12.38
fornøyd [fårnøy`d] *adj.* satisfied, pleased R14
fornøyelse [fårnøy`else] (en) pleasure 5.8
forrest [får`rest] *adv.* foremost 25.34
forresten [fåres`ten] *adv.* for that matter, however, actually 18.29 (R12)
forretning [fåret`ning] (en) store, business 18.27 (R17)
forretningsbrev [fåret`nings/bre`v] (et) business letter LL6
forretningsmann [fåret`nings/mann`] (en) (pl -menn) businessman 3.35
forrige [får`rie] *adj.* former, last 22.4 (R13)
   forrige uke last week R13
forside [fårr`/si`de] (en) front page R17
forsiktig [fårsik`ti] *adj.* careful(ly) 14.27 (R13)
forskjell [fårr`/sjell`] (en) difference R18
   forskjell på difference between R21
forskjellig [fårsjel`li] *adj.* different 18.24
forstand [fårstann'] (en) reason, understanding R25¹
forstå (forstod, forstått) [fårstå`, fårsto`, fårstått`] understand 1.12
forsyne (-te,-t) [fårsy`ne] supply 17.39
   forsyne seg help oneself (to food) R13
forsynt [fårsy`nt] *adj.* satisfied, had enough (food) 9.17
fort *adj.* quick, rapid R19
fort *adv.* quickly, fast 11.39
fortalte, fortalt *cf.* fortelle
fortau [får`/tæu`] (et) sidewalk 25.23
fortelle (fortalte, fortalt) [fårtel`le, fårtal`te, fårtal`t] tell 2.10
   fortelle om tell about 3.20
fortid [fårr`/ti`d] (en) past R11¹
fortsette (-satte, -satt) [får`t/set`te] continue 1
foruten [fåru`tᵉn] *prep.* besides R18
fot (en) *pl.* føtter [føt`ter] foot 25.5
   ved foten av at the foot of 25.5
fotball [fott`/ball`] (en) soccer 24.35
   sparke fotball play soccer 24.35
fottur [fo`t/tu`r] (en) hike 12.30
   gå fottur hike, take a hike 12.30
fotturist [fo`t/turis`t] (en) hiker 12.35
foyer [foaje'] (en) foyer, entry 23.40
fra *prep.* from 2.2
   fra de er to år from (the time) they're two years (old) 21.39
frakk (en) (man's) coat 7, 16.9
fram [framm'] *adv.* ahead, forward 1.29
   fram og tilbake back and forth 22.11 (R16)
   finne fram find one's way R12
Fram [framm] famous polar vessel 20.18
framfor *prep.* in front of 19.28

427

Framhuset [framm'/hu`se] the building containing the ship Fram (Bygdøy) 20.17

framme *adv.* at a destination, forward 23.23 (LL11) (*cf. Gram.* 8.2)

framtid [framm`/ti`d] (en) future R11[1]

fransk *adj.* French 14.33

franskbrød [fran'sk/brø`] (et) hard-crusted white bread R16

franskbrødskive [fran'skbrø/sji`ve] (en) slice of French bread R17

fred (en) peace R22

fredag [fre`da] Friday 7

fredelig [fre`d^eli] *adj.* peaceful R11[1]

frem [fremm'] *alternate form for* **fram** LL7

fremme *noun* advancement, promotion R24

fremmed *adj.* strange, unacquainted, foreign R12
fremmede *pl.* strangers R12

fri, (-tt, -e) *adj.* free 19.18
det er ikke fritt for it happens, it can't be denied 19.18

fridag [fri'/da`g] (en) day off R19

Fridtjof Nansens plass 20

frihet [fri'/he`t] (en) freedom R25[1]

friidrett [fri'/idrett`] (en) track and field 24.39

friluftsområde [fri'lufts/åmrå`de] (et) (outdoor) recreation area 19.40

friluftsteater [fri'lufts/tea`ter] (et) outdoor theater 20.34

frimerke [fri'/mær`ke] (et) postage stamp 17.24

frisk *adj.* well, healthy 16.39; fresh R24

frisøndag [fri'/søn`da] (en) Sunday off R19

fritt *cf.* **fri**

frk. *abbrev. of* **frøken**

Frognerparken [frång`ner-] 21

Frognerseteren 19

frokost [fro'/kås`t] (en) breakfast 9.23
til frokost for breakfast 9.23

fru Mrs. 2.18 (*cf. Gram.* 3.2)

frue (en) lady, wife R17

frukt (en) fruit 1.33

fryktelig [fryk`t^eli] *adv.* awfully 10.9

fryse (frøs, frosset) [frås`set] freeze, be cold 24.2

frøken [frø`ken] Miss *cf. Gram.* 3.2; waitress LL3

frå (*New Norwegian*) = **fra** LL22

fuktig [fok`ti, fuk`ti] *adj.* damp 10.6

fulgte *cf.* **følge**

full *adj.* full 13.8

furu (ei) pine 12.24

fy *excl.* phew (expressing digust) 15.32

fylle (-te, -t) fill 14.4
fylle bensin get gas 14.4
fylle ut fill out 17.35

færrest [fær`rest] *sup. adj.* fewest 23.19
de færreste very few (people) 23.19

fødes (fødtes) be born R23

fødselsdag [føt'sels/da`g] (en) birthday R16

født [føtt'] *adj.* born 15.5

føle (-te, -t) feel 16.3 (R12)
føle seg feel 16.3

følge (fulgte, fulgt) [føl`le, ful`kte, ful`kt] follow 16.10 (R12); accompany R13
følge etter follow along after 25.28 (R12)
følge med accompany 17.37
følge med tiden keep up with the times R25[2]

følge [føl`le] (et) company R14

følgebrev [føl`le/bre`v] (et) address card 17.34

før *prep.-adv.-conj.* before 2.25
ikke før not until 24.5

føre (et) skiing conditions 19.16

føre (-te, -t) lead 19.3
føre en samtale conduct, carry on a conversation R21

føreforhold [fø`re/får`håll] (et) skiing conditions R24

først *ord.* first 4.12
første gang the first time R21

først *adv.* first 3.26
først i tredveårene in one's early thirties R12
først klokken to not until 2 o'clock 12.13

førti [før'ti, førr] *num.* forty 25.39

føtter *cf.* **fot**

få *adj.* few R19
noen få a few R19

få (fikk, fått) get, may 4.7; 6.2 (*cf. Gram.* 17.1)
få i orden put in order R19
få lov til be allowed to 25.32
få med include, get in 20.39
få råd til be able to afford R18
få sendt send, have sent 13.9
få tak i get hold of, get 11.31
få øye på catch sight of R14

G

ga *cf.* **gi**

gaffel [gaf'fel] (en) fork 9.31

gal *adj.* wrong, incorrect 24.31 (R22)
gå galt turn out badly 24.31

gammel *adj.* old 2.7 (*cf. Gram.* 3.3d)

gammeldags [gam`mel/dak`s] *adj.* old-fashioned 15.12

gammelost [gam`mel/os`t] (en) a type of strong Norwegian cheese 15.14

gang (en) time 1.14; motion R22
en gang i tiden once upon a time R18
en gang til once more 1.14
i full gang in full swing R22
med en gang right away 13.18
noen gang ever 3.14
noen ganger sometimes R21
på en gang at one time, at once 18.27
det var en gang once upon a time R15

ganske *adv.* quite 3.10

garderobe [gardero`be] (en) cloak room 23.30

gate (ei) street 4.6
nede i gata down the street 18.15

gav *cf.* **gi**

gave (en) gift, present 24.16 (R23)

Geilo [jæi`lo] 12.30

geitost [jæi`t/os`t] (en) goat cheese 15.14

genser [gen'ser] (en) *pl* -e sweater 24.25

gi (gav, gitt) [ji', ga', jitt'] give 9.37
gi tapt give up R25[1]

gift [jif't] *adj.* married 3.37

gikk *cf.* **gå**

gitt *cf.* **gi**

gjelde (gjaldt, gjeldt) [jel`le, jal't, jel't] be valid, be a question of 24.29 (R18)

gjennom [jen'nåm] *prep.* through 5.32

gjensyn [jenn`/sy`n]: **på gjensyn** be seeing you 10.39

gjenta (-tok, -tatt) [jenn'/ta`] repeat R21

gjerde [jæ`re] (et) fence R21

gjerne [jæ`rne] *adv.* gladly, willingly 5.9; usually R12; possibly R13

428

like gjerne just as well R17,22
jeg tar gjerne I'd like 9.10
jeg vil gjerne I'd like 5.23
mer enn gjerne gladly 23.5
gjerning [jæ`rning] (en) deed R23
gjest [jest] (en) guest 4.5
gjøre (gjorde, gjort) [jø`re, jo`re, jor't] do 3.21
   gjøre innkjøp shop 18.14
   gjøre meg kjent med introduce me to LL20
   gjøre klokt act wisely R23
   gjøre vondt hurt 16.24
   som sagt, så gjort no sooner said than done R21
gjørlig [jø`rli] *adj.* feasible R23
glad [gla'] *adj.* happy, glad 24.13 (R13)
   være glad for at be glad that 24.20
   være glad i be fond of, love 25.31 (R13)
   være glad til be contented R21
gladelig [gla`d^{e}li] *adv.* with pleasure, gladly R23
glass (et) glass 1.50
   et glass melk a glass of milk 1.50
glassplate [glass`/pla`te] (en) plate of glass R22
glassrute [glass`/ru`te] (en) pane of glass R16
glede (en) joy, happiness 21.12 (R16)
glede (-et, -et) please 24.9
   glede seg (over) be pleased (about) R23
   glede seg til look forward to 24.9
glemme (-te, -t) forget 5.20
glimrende [glim`rene] *adj.* wonderful, marvelous 23.33 (R16)
god, (-t, -e) [go', gått', go`e] *adj.* good 1.1
   god dag hello 1.1
   god tur bon voyage 10.40
   en god del quite a bit R13
   en god stund quite a while R20
   ha god plass have plenty of space (p. 232)
   ha god tid have plenty of time 11.34
   vær så god here you are, you're welcome 1.31
   like godt just as well R21
   ha det godt be well off R19
   ha godt av benefit from 5.31
   det kan vi godt we can certainly do that 5.25
Golfstrømmen [gål'f/strøm`men] the Gulf Stream 10.24
golv [gål'v] (et) floor R15
gong (*New Norwegian*) = **gang** LL22
grad (en) degree R24
gram [gramm'] (et) gram 17.30 (*cf. Appendix*)
gran (ei) spruce 12.24
gras *cf.* **gress**
gratis [gra'tis] *adj.* free 21.4
graut *cf.* **grøt**
grave (-de, -d) dig R12
   grave ned bury R12; 20.23
   grave opp dig up R12
Gravhalstunnellen on Bergen railroad 12.8
grei (-t, -e) *adj.* nice, fine, convenient 8.3
greie (-de, -d) manage, be sufficient 16.35
   det greier seg that'll do 17.14
grep, grepet *cf.* **gripe**
gress (et) grass R11^1
gresse (-et, -et) graze R11^1
gresshoppe [gress`/håp`pe] (en) grasshopper R11^2
gressplen [gress`/ple`n] (en) lawn 21.30 (R18)
grind [grinn'] (ei) gate R14
gris (en) pig 15.19
gro (-dde, -dd) grow 15.25
grunn (en) ground; reason R17
   i grunnen in reality, basically R17

av en eller annen grunn for one reason or another R22
grunnlov [grunn`/lå`v] (en) constitution 25.9
grunnlovsdag (en) Constitution Day 25
grus (en) gravel R21
   rive i grus level to the ground R23
grusplass [gru`s/plass'] (en) gravel-covered area R21
grustun [gru`s/tu`n] (et) gravel-covered yard R21
grøde (et) growth, produce R25^2
grønn *adj.* green R11^2
grønne (-et, -et) become green R25^2
grønnsaker [grønn`/sa`ker] *pl.* vegetables 9.15
grøt (en) porridge, pudding 15.29
gråte (gråt, grått) cry, weep R21
Gud (en) God R23
gullfisk [gull`/fis`k] (en) goldfish R22
gutt (en) boy 16.32 (R14)
gymnasium (*def. sing.* **gymnasiet**) [gymna'sium, gymna'sie] secondary school 6.22
gå (gikk, gått) [jikk'] walk, go, leave; be showing (of plays and movies) 1.11; 8.8
   gå av get off (trains, etc.) 12.15
   gå fottur hike, take a hike 12.30
   gå galt go badly, turn out wrong 24.31
   gå i kirken go to church 24.15
   gå med wear 25.37
   gå med paraply carry an umbrella 10.4
   gå på ski ski, go skiing 10.25
   gå på skøyter skate 10.27
   gå på universitetet go to the University 22.21 (S6B)
   gå til happen, come about R23
   gå ærend run an errand R14
   gikk og bet was biting R11^1 (*cf. Gram.* 14.1)
   hvordan går det how are things 17.1 (*cf. Gram.* 24.2c)
går; i går yesterday 5.2
   i går kveld last evening R19
gård [gå'r] (en) farm 15.12
   her på gården on this farm 15.12

H

ha (hadde, hatt) have 1.5
   ha det (godt) be well off (= goodbye) 1.5, 1.19
   ha det morsomt have fun R17
   ha det travelt be busy 20.38
   ha godt av benefit from 5.31
   ha kjær love R23
   ha lett for be inclined to R21
   ha lov til be allowed to 11.20
   ha lyst på wish, would like 9.9
   ha med seg have, take along 18.7
   ha rett be right 14.28 (R11^1)
   ha vondt hurt 16.16
   ha øvelse be in practice 24.32
   ha å have to, be duty-bound to R22
   hvordan har du det how are you 1.5
   jeg skulle ha I'd like 1.35
hage (en) garden R11^2; pasture R15
hals (en) throat; neck 16.22 (R15)
halv [hall'] *adj.* half 8.21
   halv seks 5:30 8.37
halvannen [halla`en] *adj.* one and a half 25.1 (R24)
halvtime [hall`/ti`me] (en) half an hour R14
halvøy [hall`/øy`] (ei) peninsula 20.14
han, ham, hans [hann', hamm', han's] *pron.* he, him, his 2.12

handle (-et, -et) shop R13; act R23
hang *cf.* henge
hans *cf.* han
Hardangervidda [hardang'er/vid'da] the Hardanger plateau 12.27
hatt *cf.* ha
hatt (en) hat 7, R18
hav (et) sea, ocean 12.19
    meter over havet (m.o.h.) meters above sea level 12.19
    til havs at sea R24
havn (ei) harbor 5.15
havre (en) oats 15.26
havregrøt [hav`re/grø`t] (en) oatmeal 9.24
havs *cf.* hav
hei (en) heath R24
hei *excl.* hey, hi 1.3
heilt *cf.* helt
heim, heime *cf.* hjem, hjemme
heite (*New Norwegian*) = hete LL22
hel *adj.* whole 5.5
    hele the whole, all, all of 5.39
    hele den deilige sommeren the entire lovely summer R17
    det hele everything R25[1]
    det hele var it all was R22
    i hele mitt liv in all my life 25.29
    i hele natt all night 5.5
heldig [hel`di] *adj.* fortunate 19.10
heller [hel'ler] *adv.* rather, instead 5.25
    ikke heller not either 8.32
helst *adv.* preferably 3.6
    når som helst any time at all 10.3
    det er nok helst I guess it's R11[1]
    jeg røker helst I prefer to smoke 3.6
helt [he'lt] *adv.* completely 10.2 (*cf.* hel); all the way 19.8
hen [henn'] *adv.* away, off 8.4 (*cf. Gram.* 8.2)
    hvor skal dere hen where are you going 8.4
hende (-te, -t) [hen`ne] happen 8.18
    det hender det regner it sometimes rains 10.15
hender *cf.* hånd
¹henge (-te, -t) (*trans.*) hang 16.9
    henge fra seg hang up 16.9
²henge (hang, hengt) (*intrans.*) hang 13.25
    henge i stick to it, keep at it 13.25
    stå og henge hang around R18
    bli hengende ved be detained by R18
henne *adv.* (located) at 17.5 (*cf. Gram.* 8.2)
    hvor ligger banken henne where is the bank 17.5
henne *pron. cf.* hun
hennes *cf.* hun
henover [henn'/å`ver] *prep.* along R16
hente (-et, -et) fetch, pick up 6.8
her [hæ'r] *adv.* here 2.25
    her i dag just today R16
    her i landet in this country 14.13
    her på gården on this farm 15.12 (*cf. Gram.* 24.3)
    her inne in here 4.21 (*cf. Gram.* 19.2a)
herfra [hær'fra] *adv.* from here LL19
hermetikk [hærmetikk'] (en) canned goods 18.38
herr [hærr'] Mr. 3 (*cf. Gram.* 3.2)
herre [hær`re] (en) gentleman 7.8; lord R23
het (-t, -e) *adj.* hot 10.9; fervent R23
hete (hette or het, hett) be named 2.3
    jeg heter my name is 2.4

hilse (-te, -t) greet 2.13
    hilse fra bring greetings from R17
    hilse på meet 2.22
    hilse til greet R18
    jeg skulle hilse I was supposed to say hello 2.13
hilsen (en) greetings LL16
himmel (en) heaven, sky 10.2
    på himmelen in the sky 24.1
historisk-filosofisk [histo'risk-filoso'fisk] *adj.* historical-philosophical 22.30
hit [hi't, hitt'] *adv.* (to) here, hither 21.13 (R12)
hjel [je'l] *cf.* sulte
hjelpe (hjalp, hjulpet) [jel`pe, jal'p, jul`pet] help 7.9
hjem [jemm'] (et) home R Appendix 1
hjem [jemm'] *adv.* (to) home (*also* heim) 10 (*cf. Gram.* 8.2)
    rope heim til middags call to dinner R15
hjemme [jem`me] *adv.* at home 2.30 (*cf. Gram.* 8.2)
    høre hjemme belong, dwell R20
    stelle heime take care of the house R15
hjemtur (en) trip home LL25
hjerte [jær`te] (et) heart R25[1]
hjørne [jø`rne] (et) corner 5.30
hode (et) head R11[1]
    snu på hodet turn one's head R12
holde (holdt, holdt) [hål`le, hål't] hold 9.31
    holde en forelesning give a lecture 22.37
    holde på å be busy at 15.17; be in the act of (*cf. Gram.* 14.1)
    holde seg i ro take it easy 16.36
    holde seg til stick to 24.33
    holde seg til meg stay with me R23
    holde seg varm keep warm 24.25
    holde senga stay in bed 16.34
    holde til stay, have one's haunts R19
    holde våken keep awake R23
holdeplass [hål`le/plass`] (en) (bus, street-car) stop R18
Holmenkollbakken [hål`menkåll/bak`ken] the Holmenkollen (ski jumping) Hill 24
Holmenkollbanen [hål`menkåll/ba`nen] the Holmenkollen train 19
Holmenkolldagen [hål`menkåll/da`gen] the Holmenkollen (ski meet) day LL24
Holmenkollrennet [hål`menkåll/ren`ne] the Holmenkollen meet 24.22
hopp [håpp'] (et) jump 24.28
hoppe (-et, -et) [håp`pe] jump 24.29
hopper [håp`per] (en) jumper 24.30
hos [hoss'] *prep.* with, at, at the house of 2.31
    hos oss at our house 2.31; in our country, here 24.15
    makten er hos folket the power is with the people 25.20
hoste (-et, -et) cough 16.15
hotell [hotell'] (et) hotel 1.22
hovedvei [ho`ved/væi`] (en) main road R14
Hovedøya [ho`ved/øy`a] an island in the Oslo Fjord R19
hr. *abbrev. of* herr
hue *cf.* hode (R20)
hun [hunn'], henne, hennes *pron.* she, her, her(s) 2.17
hund [hunn'] (en) dog 6.36
hundre *num., pl* hundre hundred 4.29
hundrekroneseddel [hun`drekro`ne/sed`del] (en) hundred-*kroner* bill 17.16

hundrevis [hun`dre/vi˙s] *adv.* hundreds 19.22
  hundrevis av hundreds of 19.22
hus (et) house 6.32; building 20.16
huske (-et, -et) remember 11.16
hustak [hu˙s/ta˙k] (et) (house) roof R16
hustru (en) wife R23
hva [va´] *pron.* what 1.38
  hva er . . for noe what's 17.36
  hva slags what kind (of) 3.7
  hva som what 8.18
hvem [vemm´] *pron.* who, whom 2.5
hver, -t [væ´r, vær´t] *pron.* each, every 10.33
  hver en each R23
  etter hvert gradually R20
  til hver en tid at all times R23
hverandre [væran`dre] *pron.* each other R18
hverdagsmat [væ`rdaks/ma˙t] (en) common fare, everyday food 15.9
hverken *cf.* **verken**
hvete [ve`te] (en) wheat 15.24
hvile (-te, -t) [vi`le] rest 21.25 (R13)
hvilken, hvilket, hvilke [vil´ken, vil´ket, vil´ke] *pron.* which, what (of several) 7.12 (*cf. Gram.* 11.1)
hvis [viss´] *conj.* if 2.38 (*cf. Gram.* 13.2)
hvis [viss´] *pron.* whose R23
hviske (-et, -et) [vis`ke] whisper R20
hvit (-t, -e) [vi´t, vitt´, vi`te] *adj.* white 7.33
¹**hvor** [vorr´] *adv.* where 1.22
  hvor . . . . enn no matter where 19.31
²**hvor** [vorr´] *adv.* how (with words of quantity) 1.36
  hvor mange how many 1.36
  hvor mye how much 1.42
hvordan [vor´dan] *adv.* how 1.5
  hvordan det (da) how come 11.33
  hvordan går det how are things (*Gram.* 24.2c) 17.1
  hvordan har du det how are you 1.5
  hvordan står det til how are things 2.11
hvorfor [vorr´får] *adv.* why 6.14
hybel [hy´bel] (en) (rented) room 22.22
  bo på hybel live in a rented room 22.22
hyggelig [hyg`geli] *adj.* pleasant 2.14
hylle (ei) shelf 18.36
hysj [hysj´] *excl.* hush, shhh 15.33
hytte (ei) cabin 12.34
høgd (ei) *cf.* **høyde** (en)
høre (-te, -t) hear 5.6
  høre av hear from R11¹
  høre hjemme belong, dwell R20
  høre med til be a part of R16
  høre om hear about 23.10
  hør her now listen, say 12.38
høst (en) fall 6.23
  til høsten in the fall 6.23
høy (et) hay 15.27
høy *adj.* high, tall 19.28; *adv.* 12.18, *cf.* **høyt**
  de høyere skolene the secondary schools 25.34
høyde (en) height, heights R24
høyfjell [høy`/fjell˙] (et) mountain plateau, heights 12.16
høyre [høy´re] *adj.* right 1.27
  til høyre to the right, on the right 1.27
høyt *adv.* out loud R20; greatly 25.18
høytid [høy`/ti˙d] (en) celebration, event 24.19
høytidelig [høyti´dᵉli] *adj.* solemn 22.3
Haakon, king 25.15

hånd [hånn´] (ei) *pl.* **hender** [hen´ner] hand 9.31
  i høyre (venstre) hånd in the right (left) hand 9.31
  gi hverandre hånden shake hands R25¹
håndveske [hånn`/ves˙ke] (ei) handbag R19
håpe (-et, -et) [hå`be] hope 10.38
  håpe på hope for 18.9
hår (et) hair 8.15

I

i [i´] *prep. -adv.* in 2.17
  i alt in all 12.9
  i dag today 1.33
  i ettermiddag this afternoon R24
  i fjor last year 6.24
  i går yesterday 5.2
  i kveld this evening 4.35
  i morgen tomorrow 4.36
  i morgen tidlig tomorrow morning 4.36
  i morges this morning 6.15
  i natt tonight 19.25, last night R24
  i vår this spring *cf. Gram.* 10.1
  i blant among, in between 12.26
  i det samme just then R15
  i drift in operation R24
  i forretninger on business R17
  i første etasje on the first floor 4.12
  i grunnen actually, basically R17
  i hele natt all night 5.5
  i like måte likewise 2.23
  i radioen on the radio R25²
  i siste øyeblikk at the last moment 11.40
  i spissen at the head 25.27
  i tre og tre trinn three steps at a time R18
  i . . . år for . . . years 3.19
  få tak i get hold of 11.31
  gå i teatret go to the theater 8.6
  ha rett i be right R11¹
  henge i stick to it, keep at it 13.25
  komme i døren come to the door R12
  legge i vei start off 13.20
  prate i vei chat away R20
  sulte i hjel starve to death 18.20
  ta i armen take by the arm R21
  en gang i tiden once upon a time R18
  nede i gata down the street 18.15
  noe i veien something wrong 14.38
  professor i professor of R22
iallfall [iall´fall] *adv.* at any rate 7.16
iblant [iblan´t] *adv. prep.* among 12.26; occasionally R Appendix 1²
Ibsenstykke [ip´sen/styk˙ke] (et) play by Henrik Ibsen 23.10
idé [ide´] (en) idea 6.9
idrett [i`/drett˙] (en) sport, athletics 24.34
idrettslag [i`dretts/la˙g] (et) athletic team 24.37
idrettsstevne [i`dretts/stev˙ne] (et) athletic meet 24.27
igjen [ijenn´] *adv.* back, left, behind, again (*cf. Gram.* 13.3) 8.31
  bli igjen remain, be left R11²
  komme igjen come back, return 9.13
  legge igjen leave (behind) 9.36
  nå igjen catch up with R15
  stå igjen be left (behind) 13.36
  om og om igjen again and again R22
ikke *adv.* not 1.13
  ikke annet enn nothing but, just 12.25

ikke engang not even R17
ikke før not until 24.5
ikke noe nothing 1.32
ikke noe særlig not especially 2.27
ikke noe å takke for don't mention it 1.32
ikke på (with expressions of time) not for R13 (*cf. Gram.* 10.1b)
ikke sant don't you agree, isn't it so 5.37
ikke verst not bad 15.38
slett ikke not at all 4.31
ikkje (*New Norwegian*) = **ikke** LL22
ille *adj.* bad, terrible R17
imellom *cf.* **mellom**
imot *cf.* **mot**
imponerende [impone'rene] *adj.* impressive 12.1
imponert [impone'rt] *adj.* impressed 23.37
importere (-te, -t) [importe're] import 14.20
indre *adj.* inner R24
ingen *adj. pron.* no, none, no one, not any 3.39 (*cf. Gram.* 11.1)
ingen årsak you're welcome (*cf. Gram.* 24.2)
det spiller ingen rolle that doesn't make any difference 14.8
ingenting [ing`en/ting`] *pron.* nothing 16.32
for ingenting for no reason R20
inkludert [inklude'rt] *adj.* included 9.37
inn *adv.* in 4.34 (*cf. Gram.* 8.2)
inn i into 8.19
de hverken visste ut eller inn they knew nothing, were completely confused R22
innbille (-et, -t) [inn'/bil'le] **(seg)** imagine 21.8
innbille noen tell, give someone the impression 21.8
inne *adv.* inside 4.21 (*cf. Gram.* 8.2)
inne i inside, within = **inni** R19
(her inne, *etc. cf. Gram.* 19.2a)
sitte inne med contain, possess R23
innenfor [in`nen/fårr`] *adv.* within R24
innerst [in'nerst] *adj.* innermost R23
innflytter [inn`flyt`ter] (en) immigrant R19
inngang [inn`/gang`] (en) entrance 20.27
inni = **inne i** R19
innkjøp [inn`/kjø`p] (et) purchase 18.14
gjøre innkjøp shop 18.14
innkjøps-sjef [inn`kjøps/sje`f] (en) head buyer R22
innom [inn`åm] *adv. prep.* in 14.6 (*cf. Gram.* 19.2c)
gå innom, komme innom drop in 14.6, 16.3
innover [inn'/å`ver] *adv.* in, into 19.3 (*cf. Gram.* 19.2b)
inntil [inn'/till`] *adv.* until, as many as R22
innviklet [inn'/vik`let] *adj.* complicated 22.39
interessant (—, -e) [int^eressang', int^eressang't, int^eressang'e] *adj.* interesting 5.16
interessert [int^eresse'rt] *adj.* interested 14.36
internasjonal [internasjona'l] *adj.* international 24.27
intet = **ikke noe** R23
is (en) ice, ice-cream 9.19
iskrem [i`s/krem`] (en) ice-cream R19
iskrembutikk [i`skrem/butikk`] (en) ice-cream store R17
isteden [iste'd^en] *adv.* instead R19

J

ja *interj.* yes 1.10; well (*cf. Gram.* 16.2)
ja da yes indeed 3.15

ja så is that so, oh 6.35
ja vel certainly, all right 7.12
ja visst yes indeed 18.5
jakke (ei) jacket 7.23
jamen [jam`men] *adv.* certainly, surely 12.28
januar [janua'r] January 10
jeans (en) *pl.* [dji'ns] jeans 7
jeg, meg [jæi', mæi'] *pron.* I, me 1.11
jente (ei) girl R19
jernbane [jæ`rn/ba`ne] (en) railroad 12.1
jo *interj.* yes (in reply to a negative question) 2.2; *adv.* as you know 2.25 (*cf. Gram.* 18.2); well 6.16
jo da yes indeed 2.2
jo . . desto . . the . . the . . R21
jo visst yes, of course 21.37
jobb [jåbb'] (en) job R18
jord [jo'r] (ei) earth R11²
journalist [sjurnalis't, sjornalis't] (en) journalist 3.22
jul (en) Christmas 24.5
julaften [ju`l/af't^en] (en) Christmas eve 24.12
juledag [ju`le/da`g] (en) Christmas day 24.14; (also called **første juledag** 24.15)
julekveld [ju`le/kvell`] (en) Christmas eve 24.13
julesang [ju`le/sang`] (en) Christmas carol 24.12
juletre [ju`le/tre`] (et) Christmas tree 24.11
juli [ju'li] July 10
juni [ju'ni] June 10
juridisk [juri'disk] *adj.* legal, judicial 22.29
Det juridiske fakultet the Faculty of Law, Law School 22.29
jus [juss'] (en) (study of) law 22.26

K

kaffe [kaf`fe] (en) coffee 1.54
kaffekjele [kaf`fe/kje`le] (en) coffee pot LL18
kake (ei) cake, pastry 9.19; cookie 24.11
kald (-t, -e) [kall', kal't, kal`le] *adj.* cold 4.26
kall (et) call, mission R23
kalle (-te, -t) call 20.15
kalle for call 25.10
kalvestek [kal`ve/stek`] (en) roast veal 9.7
kamp (en) fight, struggle 21.20; (athletics) competition 24.38
kan *cf.* **kunne**
kanskje perhaps, maybe 4.4
kanskje det maybe (so) 8.27
kaptein [kaptæi'n] (en) captain 3.14
kar (en) fellow 15.3
Karl Johan [ka'rl johan'] Oslo's main street 17.8
kart (et) map 5.10
kart over map of 5.10
kasse (ei) cashier's window 17.11
katt (en) cat R22
kelner [kel'ner] (en) waiter 9.3
kikke (-et, -et) [kjik`ke] glance, peek 22.2 (R17)
kikke på glance at 22.2 (R17)
Kikutstua [kjik`kut/stu`a] the tourist cabin at Kikut in Nordmarka 19.25
kilo [kji'lo] (et) kilogram 13.10 (*cf. Appendix*)
kilometer [kji'lo/me`ter] (en) kilometer 12.8 (*cf. Appendix*)
kinn [kjinn'] (et) cheek R16
kino [kji'no] (en) movie theater 8.7
gå på kino go to the movies 8.7

kiosk [kjås′k] (en) newspaper stand, booth R17
kirke [kjir`ke] (en) church 5.19
   gå i kirken go to church 24.15
Kirkeveien [kjir`ke/væi˙en] street in Oslo 21.28
kjedelig [kje`deli] *adj.* boring 24.8
kjele (en) saucepan, pot 18.18
kjeller (en) cellar R15
kjellertrapp [kjel`ler/trapp˙] (ei) cellar stairs R15
kjemi [kjemi′] (en) chemistry 22.26
kjenne (-te, -t) know, be acquainted with 2.15; feel
   R16 (*cf. Gram.* 14.2)
   kjenne til know about R12
kjerne [kjæ`rne] (ei) churn R15
kjerne (-et, -et) [kjæ`rne] churn R15
kjole (en) dress 7, R13
kjær *adj.* dear R15, LL16
   ha kjær love R23
kjærlighet [kjær`li/he˙t] (en) love R23
kjøkken [kjøk′ken] (et) kitchen R13
kjøkkenutstyr [kjøk′ken/utsty˙r] (et) kitchen
   equipment 18.17
kjølig [kjø`li] *adj.* cool R24
kjøpe (-te, -t) buy 4.20
kjøre (-te, -t) [kjø`rte, kjø′rt] drive, ride (in a ve-
   hicle) 5.28
kjøtt (et) meat 9.15
kjøttforretning [kjøtt`/fåret˙ning] (en) meat market
   18.23
kjøttkake [kjøtt`/ka˙ke] (ei) meat ball, meat patty
   (cake) 18.38
klage (-et, -et) complain 15.23
   klage over complain about LL23
klar *adj.* clear 10.2; ready (**til å sende** for sending)
   17.40
klare (-te, -t) [kla`rte, kla′rt] manage, make out
   13.4
klarvær [kla`r/væ˙r] (et) clear weather R24
klasse (en) class 11.15; grade 6.22
kle (-dde, -dd) dress, clothe 16.33
   kle seg dress 24.25
   kle på seg dress, get dressed 16.33
klima [kli′ma] (et) climate 10.6
klippe (-et, -et) cut 8.15
klok *adj.* wise R11[1]
   gjøre klokt act wisely R23
klokke [klåk`ke] (ei) clock, watch 8.36
   klokka (klokken) fem five o'clock 8.36
   hva er klokka (klokken) what time is it (*cf.
   Gram.* 9.1)
klær *pl.* clothes 8.27
knaus (en) large rock R19
kne (et) *pl.* **knær** knee R20
kniv (en) knife 9.33
koffert [kof′fert] (en) suitcase, trunk 13.4
koke (-te, -t) boil, cook R15
kolonial [kolonia′l] (en) grocery store
   (= **kolonialhandel**) 18.30
kolonialbutikk [kolonia′l/butikk˙] (en) grocery store
   18.32
kolonialhandel [kolonia′l/han˙del] (en) grocery
   store 18.21
komme (kom, kommet) [kåm`me, kåmm′, kåm`met]
   come 2.2; get (to a place) 11.17 (*cf. Gram.* 23.3)
   komme etter follow R14
   komme fram get there, reach a destination
   13.37 (*cf. Gram.* 23.3)
   komme igjen return 9.13
   komme med bring 9.35

komme på get on 19.12
komme seg inn enter, get in R22
komme for sent til toget miss the train 11.32
komme til get to 11.17
komme til å be going to, will, shall 15.40 (*cf.
   Gram.* 15.1)
   det kommer an på that depends on 18.2
konduktør [konduktø′r] (en) conductor (on a train)
   11.38
kone (ei) woman, wife 14.26
konfekt [konfek′t] (en) chocolates 1.38
kong [kång] King (term of address) R23
konge [kång`e] (en) king 25.14 (R23)
kongefamilie [kång`e/fami˙lie] (en) royal family
   25.26
kongelig [kång`eli] *adj.* royal R23
kongsgård [kång′s/gå˙r] (en) palace, royal manor
   R23
kongstanke [kång′s/tang˙ke] (en) royal thought,
   idea R23
konsert [konsær′t] (en) concert 20.35
konsertsal [konsær′t/sa˙l] (en) concert hall 22.14
kontor [konto′r] (et) office 6.20
   på (et) kontor in an office 6.20
kontordør [konto′r/dø˙r] (ei) office door R16
kontorist [kontoris′t] (en) office worker R22
kontorsjef [konto′r/sje˙f] (en) office manager R22
kontortid [konto′r/ti˙d] (en) office hours R16
kopp [kåpp′] (en) cup 1.54
   en kopp kaffe a cup of coffe 1.54
korleis [kor′læis] (*New Norwegian*) = **hvordan**
   LL22
korn [ko′rn] (et) grain 15.22
kornsnø [ko`rn/snø˙] (en) granular snow R24
korridor [korrido′r] (en) corridor 11.14
kort [kår′t] (et) card 17.28
kort [kår′t] *adj.* short 7.24
koste (-et, -et) [kås`te] cost 1.38
kott [kått′] (et) closet, tiny room R19
kraft *pl.* **krefter** (en) power, strength R25[1]
kraftig [kraf`ti] *adj.* powerful, strong 20.26 (R15)
krans (en) wreath 25.5
krefter *cf.* **kraft**
krig (en) war 25.32 (R18)
   under krigen during the war 25.32
Kringkastingen [kring`/kas˙tingen] the State Radio
   and TV 19.27
krone (en) *krone,* unit of money 1.39
kropp [kråpp′] (en) body 16.16
kryss (et) cross-roads R12
krysse (-et, -et) cross R14
krystallkule [krystall′/ku˙le] (en) crystal ball R22
Krækkja 13.21
ku (ei) (*pl.* **kyr/kuer**) cow 15.19
kulde [kul`le] (ei) cold 24.3
kule (en) ball R22
kuling (en) gale R24
kulingbyge [ku`ling/by˙(g)e] (en) gale with show-
   ers R24
kunne (*pres.* **kan** [kann]; **kunne, kunnet**) can, be
   able 1.22 (*cf. Gram.* 2.3)
kunst (en) art 21.14 (R18)
kunstner (en) artist 21.7
kupé [kupe′] (en) compartment 11
kusine [kusi`ne] (en) (female) cousin 20
kusma [kus′ma] (en) mumps 16.30
kvarter [kvarte′r] (et) quarter of an hour R22 (*cf.
   Gram.* 9.1)

433

lysegrå [ly`se/grå´] *adj.* light gray R16
lyst (en) desire 9.9
  ha lyst på want, like 9.9
  ha lyst til å want to, like to 20.19
lystspill [lys´t/spill´] (et) comedy 23.8
lytte (-et, -et) listen (**på** to) (LL1)
lærd [lær´d] *adj.* learned R22
lære (-te, -t) learn 10.30, teach 14.30
lærer (en) teacher 3.34
løp (et): **i løpet av** in the course of R22
løpe (løp, løpt) run R12
lørdag [lø´rda] Saturday 7
løve (en) lion R11[1]
lå *cf.* **ligge**
låne (-te, -t) lend, borrow 6.2
låve (en) hay barn 15.27 (R14)

M

magasin [magasi´n] (et) department store 7.2
mai [ma´i] May 25.38
Majorstua [majo´r/stu`a] stop on Holmenkollen and Sognsvann lines 19.12
make (en) equal, like, mate 19.40
  maken til the likes of 19.40
  aldri sett på maken never saw the like 21.5
makt (en) power 25.19 (R23)
mandag [man´da] Monday 7
mandel [man´del] (en) tonsil 16.32
  ta mandlene have one's tonsils removed 16.32
mange *adj.* many 1.30
  mange takk thank you very much 1.30
mann (en) *pl.* **menn** man, husband 14.31 (R13)
mannefall [man`ne/fall´] (et) dying (of men) R23
mars [mar´s] March 10, 24.22
marsjere (-te, -t) [marsje´re, -sje´rte, -sje´rt] march 25.25
maskin [masji´n] (en) machine 6.19
  skrive på maskin type 6.19
maskineri [masjineri´] (et) machinery 14.36
masse (en) lots, lots of 19.12
massevis [mas`se/vi`s] *adv.* lots 13.35
  massevis av lots of 13.35
mast (en) mast 19.26
mat (en) food 3.1
  takk for maten phrase used by a guest to thank the host for a meal 3.1
matematikk [matematikk´] (en) mathematics R22
matematisk-naturvitenskapelig [matema´tisk-natu´r/vitenska`peli] *adj.* mathematical-natural science 22.30
matvare [ma`t/va`re] (en) food (stuff) 18.24
mave (en) stomach R20
med [me´] *prep.-adv.* with 2.11
  med det samme right away 4.35; at the same time
  med en gang right away 13.18
  med vilje intentionally R16
  med visse mellomrom at certain intervals R22
  med vold by force R25[1]
  be med ask along 23
  bli med, være med come along 4.15, 5.7
  drive med be active at (in) 24.34
  få med include 20.39
  gå med wear 25.37
  gå med paraply carry an umbrella 10.4
  ha med have, take along 18.7
  høre med til be a part of R16

komme med bring 9.35
regne med count on R24
sitte inne med contain, possess R23
ta det med ro take it easy 14.23
ta med bring, take along 18.1
medisin [medisi´n] (en) medicine 16.38
medlem [me`d/lem´] (et) member R22
meg *cf.* **jeg**
meget *adv.* very 2.16; much R18
meire (*New Norwegian*) = **mere** LL22
mektig [mek`ti] *adj.* powerful; filling 15.31
melde (-te, -t) [mel`le] report (to) R23
melk (en) milk 1.50
melkeforretning [mel`ke/fåret´ning] (en) store selling dairy products LL18
mellom [mel´låm] *prep.* between (**imellom = mellom**)
  seg imellom among themselves 24.38 (R23)
mellomrom [mel`låm/romm´] (et) interval R22
  med visse mellomrom at certain intervals R22
men [menn´] *conj.* but 2.5
mene (-te, -t) mean 8.28 (*cf. Gram.* 11.2)
mening (en) idea, intention, purpose 18.12
menn *cf.* **mann**
menneske (et) human being, person, (*pl.*) people 21.20 (R13)
mens *conj.* while 3.24
meny [meny´] (en) menu 9.3
mer, mere [me´re] *adj.* more 7.38 (*cf. Gram.* 10.2)
  mer enn gjerne gladly 23.15
merke [mær`ke] (et) note, notice 8.40
  legge merke til notice 8.40
merke (-et, -et) [mær`ke] mark 13.34; notice R21
  merke opp mark 13.34
merkelig [mær`keli] *adj.* strange, remarkable 13.38 (R12)
meslinger [mes`linger] *pl.* measles 16.30
mest *adj.* most 12.24; *adv.* mostly 15.26
  det meste most (of) 18.22
  for det meste mostly 12.24
meter [me´ter] (en) meter 12.19
  meter over havet (m.o.h.) meters above sea level 12.19
mi *cf.* **min**
middag [mid´dag] (en) dinner 1.47
  til middags to, for dinner R15
middagsbord (et) dinner table 15.29
middagstid [mid´daks/ti`d] (en) dinner time R15
midnatt [mid´/natt´] (en) midnight R24
midt [mitt´] *adv.* in the middle 9.29
  midt i byen in the middle of the city 17.7
  midt på ettermiddagen in the middle of the afternoon 9.29
midtbygningen [mitt´/byg`ningen] the middle building (of the University) 22.15
midten [mit´ten] the middle 22.4
midtre [mit`re] *adj.* middle R24
midtsommer [mitt´/såm`mer] (en) mid-summer R16
mild [mill´] *adj.* mild 3.12
min [minn´], **mi, mitt, mine** *poss.* my, mine 2.15
mindre [min´dre] *adj. adv.* less, smaller 10.26
minimum [min´nimum] *adj.* minimum R24
minimumstemperatur [min´nimums/temperatu`r] (en) low temperature R24
minne (-te, -t) remind 14.26 (R11[1])
  minne på, minne om remind of 14.26
  minnes remember, pay tribute to R25[2]
minst *adv.* at least 2.37

435

minus [mi′nus] *adj.* minus R24
minutt [minutt′] (et) minute 5.27
miste (-et, -et) lose 6.15
mitt *cf.* min
moderasjon [moderasjo′n] (en) discount 22.13
mogleg (*New Norwegian*) = mulig LL22
Monolitten [monolit′ten] the Monolith (in Frog-
nerparken) 21.19
mor (ei) (*pl.* **mødre**) mother 2.15
morgen [må`ern] (en) morning 5
   i morgen tomorrow 10.34
   i morgen tidlig tomorrow morning 4.36
   om morgenen in the morning 19 (R15)
morges [mår`res] *adv.:* i morges this morning 6.15
morn [mår′n] *excl.* hello 1.2
   morn morn hi there 5.1
   morn da goodbye, so long 1.20
moro [mor`ro] (en) fun 24.18 (R14)
morsom [mor`såm] *adj.* amusing, entertaining 5.17
   ha det morsomt have fun R17
   være morsomt be fun 18.6
   noe av det morsomste jeg vet more fun than just
   about anything 18.13
mot *prep.* toward, against 4.22
   vende mot face 4.22
   ha noe imot have anything against 15.9
   tvert imot quite to the contrary R21 (imot =
   mot)
   ta imot accept, receive 4.5
motsatt [mo′t/satt`] *adj.* opposite 8.25
mulig [mu`li] *adj.* possible 4.37
   alt mulig all kinds of things 22.26
Munch, Edvard 22.16
munn (en) mouth R17
museum [muse′um] *pl.* museer [muse′er] (et) mu-
seum 5.19
musikk-korps [musikk′/kår`ps] (et) band 25.27
mye *adv.* much 1.42
   nokså mye quite a bit 12.22
mykje (*New Norwegian*) = mye LL22
Myrdal 12.15
møblert [møble′rt] *adj.* furnished 4.11
mørkebrun [mør`ke/bru′n] *adj.* dark brown R19
møte (et) meeting R22
møte, (-te, -t) meet 2.24 (*cf. Gram.* 11.2)
møtearrangør [mø`te/arrangsjø`r] (en) arranger of
meetings R22
møtes (-tes) meet 17.9
må *cf.* måtte
mål (et) goal 21.20
måltid [mål`/ti`d] (et) meal 9.26
månad (*New Norwegian*) = måned LL23
måned [må`net] (en) *pl.* måneder [må`nter] month
4.29
månedslønn [må`nets/lønn`] (ei) monthly wages
R20
måte (en) manner, way 2.23
   i like måte same to you, likewise 2.23
   på en måte in a way 18.33
måtte (*pres.* må; måtte, måttet) have to, must 1.11
(*cf. Gram.* 2.3)

N

nabo [na`bo] (en) neighbor R25[1]
nabolag [na`bo/la`g] (et) neighborhood 18.14
naiv [nai′v] *adj.* naive R13
naken *adj.* naked R19

nakke (en) neck R15
   ta på nakken shoulder R15
Nansen, Fridtjof 20.18
nasjonal [nasjona′l] *adj.* national 24.24
nasjonaldag [nasjona′l/da`g] (en) Independence
Day 25
Nationaltheatret [nasjona′l/tea`tre] the National
Theater (in Oslo) 17.10
natt (ei) *pl.* netter [net′ter] night 4.38
   i hele natt all night 5.5
   i natt tonight 19.25, last night R24
   om natten at night R20
nattetime [nat`te/ti`me] (en) nocturnal hour R23
natur [natu′r] (en) nature 19.10
naturligvis [natu′rli vi′s] *adv.* naturally 15.33 (R11[1])
navn (et) name R19
navnløs [nav`n/lø`s] *adj.* nameless, anonymous
R25[1]
ned [ne′d] *adv.* down (motion) 6.6 (*cf. Gram.* 8.2;
19.2)
nede *adv.* down (location) 5.16 (*cf. Gram.* 8.2;
19.2)
nedgang [ne`d/gang`] (en) descent, (down) en-
trance 19B
nedgravd [ne′d/grav`d] *adj.* buried 20.23 (*cf.* å
grave ned)
nedom [ne`dåm] *adv.* down to R17
nedover [nedd′/å`ver] *prep.-adv.* down (along) 17.6
(R16) (*cf. Gram.* 19.2b)
nei *interj.* no 1.10; oh, my, well 6.15, 19.35
   nei da no indeed 15.37
   nei vel all right, O.K. (after a negative)
16.37
neimen *adv.* certainly, surely (not) 13.12
nemlig [nem`li] *adv.* that is, you see R14
nese (en) nose R16
nest *adj.* next 5
   neste gang the next time R22
nesten *adv.* almost 4.19
nett (*New Norwegian*) = nettopp LL22
netter *cf.* natt
nettopp [net′tåp] *adv.* just (now) 2.2; precisely
LL7
nevø [nevø′] (en) nephew R22
ni *num.* nine 7.19
niende [ni′ene] *ord.* ninth 9
nikke (-et, -et) nod R12
niste (en) food pack R19
nitten *num.* nineteen 25.14
nittende *ord.* nineteenth 19
nitti [nit′ti] *num.* ninety 17.30
Nobels gate street in Oslo 21.9
noe *adv.* somewhat, a little 16.22
noen, noe, noen *pron. adj.* some(one), something;
   any, anything (*cf. Gram.* 11.1) 1.32
   noen få a few R19
   noen gang ever 3.14
   noen ganger sometimes R21
   noe annet something else, anything else 7.28
   noe i veien something wrong 14.38
   ikke noe nothing 1.32
   ikke noe særlig not especially 2.27
   hva er . . . for noe what's 17.36
nok [nåkk′] *adv.* enough 6.11; I guess, surely
18.33 (R11[1]) (*cf. Gram.* 18.2)
   nok av enough R18
noko (*New Norwegian*) = noe LL22
nokså [nåk′så] *adv.* quite 4.18

nord [no′r] north R24, LL20
nordaust [noræu′st] *adv.* northeast R24
nordlig [no`rli] *adj.* northerly R24
nordmann [norr′/mann˙] (en) *pl.* **-menn** Norwegian 10.31
Nordmarka [no`r/mar˙ka] Oslo's forested recreational area 18
Nord-Norge [no`r/når˙ge] North Norway R24
nordside [no`r/si˙de] (en) north side 19.25
nordvest [norves′t] *adv.* northwest R24
Norefjell 24.7
Norge [når`ge] Norway 2.8
norsk [når′sk] *adj.* Norwegian 1.9
Det Norske Teatret 23.7
november [novem′ber] November 10
null (et) zero R24
Numedal 12.31
nummer [nom′mer] (et) number 4.6; size 7.14
ny (-tt, -e) *adj.* new 4.19
   på ny anew R25[1]
nybakt [ny`/bak˙t] *adj.* freshly baked R16
nynorsk [ny`/når˙sk] *adj.* New Norwegian 22.35 (*cf. Gram.* 22.2)
nysnø [ny`/snø˙] (en) fresh snow R24
nytt *cf.* **ny**
nyttig [nyt`ti] *adj.* useful 11.28
nyttår [nytt′/å˙r] (et) New Year 24.6
nyttårsselskap [nyt′tårs/selska˙p] (et) New Year's Eve party 24.18
nær *prep.* near 5.15
nærme (-et, -et) approach R12
   nærme seg approach R12
nærmere *adj.* nearer, closer LL24
nærmest [nær′mest] *adj.* nearest, closest 13.24
nærmest *adv.* closest to R24
nød (en) need R25[1]
nødvendig [nødven′di] *adj.* necessary 16.34
nøyaktig [nøyak′ti] *adv.* exactly, precisely R22
nøye *adv.* carefully, closely R21
nå (-dde, -dd) reach 11.40; attain 21.20
   nå igjen catch up with, overtake R15
nå *adv.* now 1.11; well 5.3; after all R22 (*cf. Gram.* 18.2)
når [nårr′] *adv.-conj.* when 4.34
   nå når now that 12.39
   når som helst any time at all 10.3
nåtid [nå′/ti˙d] (en) present R11[1]

O

ofte [åf`te] *adv.* often R19
og [å′, å′g] *conj.* and 1.7; also 15.16 (R11[2])
   og så videre etcetera 18.38
også [ås`så] *adv.* also 2.15
oktober [åktå′ber] October 10
Olav [o`lav] (en) king 25.15
olding [ål`ding] (en) very old person 21.12
om [åmm′] *prep.-adv.* about, around 2.10; (with expressions of time) in, during, per (*cf. Gram.* 10.1) 9.30
   om og om igjen again and again R22
   gripe om armen grasp by the arm R23
   minne om remind of 14.26
   se seg om look around 11.36
   tenke seg om reconsider R23
   enig om in agreement, agreed R21
   side om side side by side R11[1]
   trangt om plassen crowded 19.17

om [åmm′] *conj.* if, whether 6.24 (*cf. Gram.* 13.2)
   selv om even if R20
   som om as if R12
ombord [åmbo′r] *adv.* aboard 20
   ombord på aboard 20
omkring [åmkring′] *adv.* around 3.26
omtrent [åmtren′t] *adv.* about, approximately 14.17
ond [onn′] *adj.* evil, bad R23
ondskap [onn′/ska˙p] (en) evil R22
onkel [ong′kel] (en) uncle R21
onsdag [on′sda] Wednesday 7
operasjon [åperasjo′n] (en) operation 16
operere (-te, -t) [åpere′re] operate (on) 16.31
opp [åpp′] *adv.* up (motion) 4.15 (*cf. Gram.* 8.2)
oppdage (-et, -et) [åpp′/da˙ge] discover 25.32
oppe [åp`pe] *adv.* up (location) 12.27 (*cf. Gram.* 8.2 and 19.2a)
oppholdsvær [åpp`håls/væ˙r] (et) non-rainy weather R24
opplysning [åpply′sning] (en) information R22
oppmerksom [åppmær′ksåm] *adj.* attentive, aware R24
   oppmerksom på aware of R24
oppover [åpp′/å˙ver] *prep.-adv.* up, upwards 19 (R17)
opprinnelig [åpprin′neli] *adv.* originally 22.36
opptatt [åpp′tatt˙] *adj.* occupied, busy 4.2
opptil [åpp`/till˙] *prep.* up to R21; as many as R22; as much as R24
ord [o′r] (et) word 22.35 (R20)
orden [år′d^en] (en) order, arrangement R16
   alt i orden everything fine, O.K. R16
   i tur og orden one after the other R16
   få i orden straighten out, put in order R19
ordentlig [år′ntli] *adv.* really R11[2]
ordne (-et, -et) [år`dne] arrange 18.26, take care of 17.23
Oslo Nye Teater 23.8
Oslofjorden [os`lo/fjo′^ern] the Oslo Fjord 20.11
oslofolk [os`lo/fål˙k] (et) people living in Oslo 19.10
oss *cf.* **vi**
ost (en) cheese 15.14
ovenfor [å`ven/fårr˙] *prep.* above 12.20
over [å′ver] *prep.-adv.* over 5.10; (in expressions of time) past (*cf. Gram.* 9.1)
   over havet above sea level 12.19
   glede seg over be pleased at R23
   ligge over spend the night 18.3
   et kart over a map of 5.10
overfor [å`verfår] *prep.* opposite, toward R21
overleve (-de, -d) [å`ver/le˙ve] survive R11[2]
overmorgen [å`ver-må˙rn]: **i overmorgen** day after tomorrow (*cf. Gram.* 10.1d)
overnatte (-et, -et) [å`ver/nat˙te] spend the night 12.33
overvann [å`ver/vann˙] (et) surface water (on top of ice) R24

P

pakke (en) package 17.25
pakke (-et, -et) pack 14.3
   pakke ferdig finish packing 14.3
   pakke inn wrap up R14
papir [papi′r] (et) paper 6.7; *pl.* securities, stocks R18
papirhandel [papi′r/han˙del] (en) stationery (store) 6.6

papptallerken [papp'/talær`ken] (en) paper plate 18.19

par [parr'] (et) a couple (of) 1.48

paraply [paraply'] (en) umbrella 10.1

park (en) park 5.20

parkett [parkett'] orchestra seats (behind front section) 23.21

parktante [par'k/tan`te] (ei) 'park aunt' (cf. 21.34) 21.32

pass (et) passport 17.13

passe (-et, -et) fit, be suitable 7.23; take care of, watch 21.34
    passe på watch, guard R12; take care R19
    passe seg watch out, look out 14.21
    det passer bra that's fine 17.25

passere (-te, -t) [pase're, pase'rte, pase'rt] pass R16
    passere revy parade past R16

pen adj. nice, pretty 4.11

penger pl. money 17.21

penn (en) pen 6.13

per [pærr'] (abbr. pr.) per 17.30

perrong [pærång'] (en) platform 11.36

personlig [pærso'nli] adj. personal R22

pike (en) girl 6.38

pille (en) pill 16.39

pipe (ei) pipe 3.6; chimney R15

plante (en) plant 13.40

plass (en) place 2.30; seat R17; square (street intersection) 20 (R16); small farm R14; space 19.17
    ta plass all aboard 11.38
    trangt om plassen crowded 19.17
    plass til room for 22.24

plassbillett [plass'/bilett'] (en) seat ticket, seat reservation 11.16

plassere (-te, -t) [plase're] place R22

pleie (-de, -d) be accustomed, be used to 9.23

plen (en) lawn R21

plikt (en) duty R22

pluss adj. plus R24

plutselig [plut`s^eli] adv. suddenly R19

poeng [påeng'] (et) point 24.30

polferd [po`l/fær`d] (en) polar expedition 20.18

populær [populæ'r] adj. popular 7.31

port (en) gate 21.1

portier [portie'] (en) hotel clerk 4.2

porto [por'to] (en) postal rate, postage 17.27

postkontor [pås't/konto`r] (et) post office 17.24

potet [pote't] (en) potato 9.16

pr. cf. per

praktfull [prak`t/full'] adj. wonderful 19.1

praktisk [prak'tisk] adj. practical 18.33

prate (-et, -et) chat 3.3
    prate i vei chat away R20

presentere (-te, -t) [presangte're] present, introduce (cf. Gram. 20.1A, 24.2)

press (en) press R16

presse (-et, -et) press 8.34

primus [pri'mus] (en) camping stove 18.12

prins (en) prince 25.17

pris (en) price 4.7
    sette pris på appreciate 25.40

privat [priva't] adj. private 24.40

professor [profes'sor, pl. professo'rer] (en) professor 22.38
    professor i professor of R22

program [programm'] (et) program 23.30

prosent [prosen't] (en) percent R18

prøve (-de, -d) try 3.9

puls (en) pulse 16.28

pussig [pus`si] adj. strange 20.15

pust (en) breath 16.26
    trekke pusten breathe 16.26

pust (et) breath of wind R20

puste (-et, -et) breathe 16.25

pølse (ei) sausage 24.26
    varme pølser hot dogs 24.26

på prep.-adv. on, in, at 2.27; (in telling time) to 8.37 (cf. Gram. 9.1)
    på den tiden at that time R22
    på en annen måte in another way R21
    på en gang at one time 18.27
    på ett sted in one place 22.12
    på gjensyn be seeing you 10.39
    på himmelen in the sky 24.1
    på landet to the country R20; in the country R21
    på ny anew R25[1]
    på rommet in the room 4.16
    på universitetet at the university 6.23
    på vei til on the way to 18
    på åkeren in the field 15.22
    bære på carry 18.8
    få øye på catch sight of R14
    gå på kino go to the movies 8.7
    gå på ski ski 10.25 (skøyter skate 10.27)
    ha lyst på want, wish 9.9
    kle på seg get dressed 16.33
    komme an på depend on 18.2
    lure på wonder 8.27
    lytte på listen to 16.25
    komme på avveier get lost R12
    minne på remind of R11[1]
    røre på seg move 25.4
    se på look at 4.14
    skrive på maskin type 6.19
    stige på get on, enter 18.30
    ta på seg put on 8.39
    tenke på think about 8.26
    vente på wait for 14.1
    her på gården on this farm 15.12
    ikke på (with expressions of time) not for R13 (cf. Gram. 10.1b)
    med tanke på dette with this in mind R24
    midt på in the middle of 9.29
    ombord på aboard 20
    resept på prescription for 16.38
    senere på dagen later in the day 25.37
    sikker på sure of, convinced R22

påske [på`ske] (en) Easter 10.33

påsketur [på`ske/tu`r] (en) Easter trip (to the mountains) LL10

R

rad (en) row 23.24

radio [ra'dio] (en) radio R25[2]
    i radioen on the radio R25[2]

rage (-et, -et) tower, rise 21.19

rakk cf. rekke

rakte cf. rekke

rar adj. strange 8.16

redd adj. afraid 16.27
    redd for afraid (of) 16.27

regn [ræi'n] (et) rain 10.7

regnbyge [ræi`n/by`(g)e] (en) shower R24

¹**regne** (-et, -et) [ræi`ne] rain 10.3
²**regne** (-et, -et) [ræi`ne] count R22
    regne med count on R24
    regne opp enumerate R22
regning [ræi`ning] (en) check, bill 9.34
rein *cf.* **ren**
¹**reise** (-te, -t) travel 3.26
    reise fra leave R13
²**reise** (-te, -t) raise R13
    reise seg get up R13
reisesjekk [ræi`se/sjekk`] (en) traveler's check 17.11
rekke (en) row, series R18; number R22
¹**rekke** (**rakk, rukket**) [rok`ket] reach, manage (to do) 19.24; 23.18
²**rekke** (**rakte, rakt**) stretch, reach, hand (over) R21
ren *adj.* clean, pure 8.31; sheer R22
rent *adv.* completely R15
renn (et) (ski) meet LL24
renne (**rant, rent**) run R15
rense (-et, -et) clean 8.34
renseri [renseri'] (et) cleaners 8.33
repetisjon [repetisjo'n] (en) pattern practice 1
representant [representan't] (en) representative 25.20
resept [resep't] (en) prescription 16.38
    resept på prescription for 16.38
rest (en) rest, remainder 8.40
restaurant [restæurang'] (en) restaurant 1.23
rett (en) right 14.28 (R11¹)
    ha rett be right 14.28 (R11¹)
rett *adv.* right, straight 1.29
    rett fram straight ahead 1.29
    rett og slett simply R22
rettferdig [rettfær'di] *adj.* just R22
rettsinn [rett`/sinn`] (et) justice R25¹
retur [retu'r] (en) return trip 11.18
    tur retur round-trip ticket 11.18
revy [revy'] (en) revue 23.5 (R16)
    passere revy march past R16
rik *adj.* rich R19
rike (et) kingdom S25, R23
Rikskringkasting [rik's/kringkas`ting] (en) National Broadcasting Service R24
riktig [rik`ti] *adj.* correct, right R22; *adv.* correctly R14
riktig [rik`ti] *adv.* really, very 2.39
rimelig [ri`meli] *adj.* reasonable 4.7
ringe (-te, -t) ring 20.10
    det ringer på døren the doorbell rings R22
ro (en) quiet, rest 14.23
    holde seg i ro take it easy 16.36
    ta det med ro take it easy 14.23
rolig [ro`li] *adj.* quiet, calm R12
rolle [rål`le] (en) role 14.8
    det spiller ingen rolle it makes no difference 14.8
rom [romm'] (et) room 4.2
rope (-te, -t) call 11.38
    rope heim til middags call to dinner R15
rug (en) rye 15.26
rukket *cf.* **rekke**
rund [runn'] *adj.* round R20
rundt [run't] *prep.-adv.* around 10.14
    rundt om round about R23
    døgnet rundt around the clock 10.14
    året rundt year round 13.31
rusle (-et, -et) stroll R14

russ (en) members of the graduating class of *gymnasium* 25.34
russetog [rus`se/tå`g] (et) parade by the graduating class 25.37
rute (en) route, schedule LL11
    i rute on schedule LL11
rutebok [ru`te/bo`k] (ei) book of time tables 11.25
rygg (en) back R12
ryggsekk [rygg`/sekk`] (en) knapsack 19.20
rød (-t, -e) [rø', røtt', rø`e] *adj.* red 13.32 (R11²)
rødkinnet [rø`/kjin`net] *adj.* red-cheeked R21
rødvin [rø'/vi`n] (en) red wine 9.11
røke (-te, -t) smoke 3.6
røkekupé [rø`ke/kupe`] (en) smoker's compartment (on a train) 11.21
rømmegraut [røm`me/græu`t] (en) cream porridge 15.31
røre (-te, -t) stir 25.4 (R15)
    røre på seg move 25.4
¹**råd** [råd] (et) advice 16.40
    gi et råd give advice, advise R23
²**råd** [rå] (en) means R18
    bli råd til be enough money for R18
    ha/ få råd til be able to afford R18
Rådhus [rå`d/hu`s] (et) city hall 20.1
Rådhusplassen [rå`dhus/plas`sen] the City Hall Square (in Oslo) 20

S

sa, sagt *cf.* **si**
sakte *adv.* slowly R12; softly R16
sal (en) hall R22
samhold [sam`/håll`] (et) unity R25¹
samle (-et, -et) collect 22.7
    samle på collect R22
    samle sammen collect, gather up R22
samling (en) collection R22
samme *adj.* same 4.35
    det samme the same 7.17
    i det samme immediately R15
    med det samme right away 4.35
sammen [sam'men] *adv.* together 5.23
    alle sammen all of them 8.30; all of us LL21
    alt sammen everything 5.23
    til sammen (all) together 13.10
samskipnad [sam`/sji`pnad] (en) association 22.35
samtale [sam`/ta`le] (en) conversation R21
samtaleøvelse [sam`ta`le/ø`velse] (en) conversation practice 1
samtidig [samti'di] *adv.* simultaneously R18
samvær [sam`/væ`r] (et) company 10.39
    takk for samværet thanks for your company 10.39
sandkasse [sann`/kas`se] (en) sand box 21.36
sang *cf.* **synge**
sang (en) song 24.13
sann *adj.* true 5.37
    ikke sant don't you agree, isn't that so 5.37
sannhet [sann`/he`t] (en) truth R23
sannsynligvis [sansy`nli/vi`s] *adv.* probably 7.18
SAS [sass] Scandinavian Airlines System 3.16
satt *cf.* **sitte**
satt, satte *cf.* **sette**
sau (en) sheep 15.21
scene [se`ne] (en) stage 23.15; scene R23

439

se (så, sett) see 4.14
  se etter check 6.26
  se på look at 4.14
  se seg om look around 11.36
  se . . . ut appear, look 6.34
  stort sett for the most part 22.29
seddel, *pl.* sedler [sed'del, sed'ler] (en) bill (of currency), bank note 17.15
seg [sæi'] *refl. pron.* himself, herself, themselves 6.37 (*cf. Gram.* 6.5)
  seg imellom among themselves 24.38
seier [sæi'er] (en) victory R25[1]
seierstro [sæi'ers/tro'] (en) faith in victory R25[1]
seile (-te, -t) sail 10.14
seire (-et, -et) win, be victorious R22
seirende [sæi'rene] *adj.* victorious R25[2]
sekretær [sekretæ'r] (en) secretary R22
seks *num.* six 8.37
seksten [sæi'stᵉn] *num.* sixteen 3
sekstende [sæi'stᵉne] sixteenth 16
seksti [sek'sti] *num.* sixty 1.43
sekund [sekunn'] (et) second R17
selge (solgte, solgt) [sel'le, sålk'te, sålk't] sell 7.35
selskap (et) [sel'/ska'p] party LL24
selv [sell'] *pron.* -self 4.40
  for seg selv by herself R21
  selv takk same to you 4.40
  selv om *conj.* even if R20
selvbetjeningsbutikk [sell'betje'nings/butikk'] (en) self-service store 18.31
selve *adj.* (it)self R19
  selve sommeren summer itself R19
  på selve kulen from the knob itself R22
selvfølgelig [sellføl'geli] *adv.* of course 4.27
selvstendig [sellsten'di] *adj.* independent 25.11
sende (-te, -t) [sen'ne] send 8.29; deliver 8.36; pass 9.22
senderantenne [sen'ner/anten'ne] (en) broadcasting antenna 19.27
senere *adv.* later 9.14
senere pa dagen later in the day 25.37
seng (ei) bed 4.18
  holde senga stay in bed 16.34
sent [se'nt] *adv.* late 11.32; slowly R21
  komme for sent til toget miss the train 11.32
sentrum [sen'trum] (et) downtown 19.8
  i sentrum downtown 22.4
september [septem'ber] September 10
serleg [sæ'rleg] (*New Norwegian*) = særlig LL22
servere (-te, -t) [særve're] serve (food) 12.13
servering [særve'ring] (en) food service 23.40
sete (et) seat R21
seter [se'ter] (ei) (def sg setra, pl setrer) summer farm (in the mountains) 15.20
sett *cf.* se
sette (satte, satt) set, put, place 11.2
  sette etter set out after R15
  sette inn i familiarize with, indoctrinate R22
  sette opp increase R18
  sette pris på appreciate 25.40
  sette seg sit down 11.2
si (sa, sagt) [sak't] say 1.14; tell 1.28
  du sier ikke det you don't say 21.40
  som sagt, så gjort no sooner said than done R21
side (ei) side 4.25
  (like) ved siden av (right) next door 4.25
  side om side side by side R11[1]

siden [si'dᵉn] *adv.-conj.* since, ago 3.17; then 8.6 (*cf. Gram.* 12.1)
  for . . . siden ago 3.17
  lenge siden long ago R22
  lenge siden sist a long time since the last time 15.1
sigar [siga'r] (en) cigar 3.5
sigarett [sigarett'] (en) cigarette 11.22
sikker [sik'ker] *adj.* sure, safe 4.32
  sikker på sure of, convinced R22
sikkerhet [sik'ker/he't] (en) security R23
sikkert *adv.* certainly 4.32
sikt (en) sight; visibility R24
sild [sill'] (en) herring (*cf. Gram.* 15.3)
silkeføre [sil'ke/fø're] (et) powder snow conditions R24
sin [sinn], si, sitt, sine *refl. poss.* his, her, their (own) 6.37 (*cf. Gram.* 6.6)
sint *adj.* angry R12
sist *adj.* last 11.6
  takk for sist thanks for the last time 11.6
  i siste øyeblikk at the last moment 11.40
  i det siste lately LL25
  lenge siden sist a long time since the last time 15.1
  til sist at last R15
sitt *cf.* sin
sitte (satt, sittet) sit 3.3
  sitte fast be stuck R15
  sitte inne med contain, possess R23
sitteplass [sit'te/plass'] (en) seat 11.1
sjekk (en) check LL17
sjel (en) soul R23
sjelden *adv.* seldom 14.31 (R12)
sjette *ord.* sixth 6
sju *num.* seven 1; i sju lange og sju breie a long, long time R15
sjuende [sju'ene] *ord.* seventh 7
sjø (en) sea, (large) lake 10.22
sjøl *cf.* selv
sjølv takk (*New Norwegian*) = selv takk LL23
sjømann [sjø'/mann'] (en) sailor R25[2]
sjøsyk [sjø'/sy'k] *adj.* sea-sick (*cf. Gram.* 10.2c)
sjå (*New Norwegian*) = se LL22
skal *cf.* skulle
skald (en) poet R23
skaldetanke [skal'de/tang'ke] (en) poetic thought R23
skaldskap [skal'd/ska'p] (en) poetic art R23
skape (-te, -t) create R25[1]
skareføre [ska're/fø're] (et) crusted snow conditions R24
skarp *adj.* sharp R16
ski [sji'] *pl.* ski (en) ski 10.25
  gå på ski ski 10.25
skibakke [sji'/bak'ke] (en) ski hill 19.36
Skiforeningen [sji'/fåre'ningen] the Ski Association 18.3 (= Foreningen til Ski-idrettens Fremme, *cf.* R24)
skiheis [sji'/hæi's] (en) ski lift 19.35
skille (-te, -t) separate R25[2]
skilles (-tes, -tes) [sjil'les] get divorced R13
  skilt divorced R13
skip [sji'p] (et) ship 20.18
  seile med et skip sail on a boat LL20
skitt [sjitt'] (en) dirt R21
skitten [sjit'ten] *adj.* -t, *pl.* skitne dirty 8.30

skje (-dde, -dd) [sje′, sjed`de, sjedd′] take place, happen R21
skjorte [sjor`te] (ei) shirt 7.29
skjønn [sjønn′] *adj.* beautiful 10.19
skjønne (-te, -t) [sjøn`ne] understand 21.13 (R14)
skjønt [sjøn′t] *conj.* although R22
skjørt [sjør′t] (et) skirt 7
skjøv *cf.* **skyve**
sko *pl.* sko (en) shoe 7, R16
skog (en) forest 12.22 (R11²)
skogslende [skok′s/len`ne] (et) forest terrain R24
skogsti [sko`g/sti′] (en) forest path R14
skole (en) school 24.39 (LL 11)
    de høyere skolene the secondary schools 25.34
skosnute [sko′/snu`te] (en) shoe tip R21
skrev, skrevet *cf.* **skrive**
skrike (skrek, skreket) scream, cry R21
    skrike ut finish crying R21
skritt (et) step R12
skrive (skrev, skrevet) write 3.24
    skrive på maskin type 6.19
skrivemaskin [skri`ve/masji`n] (en) typewriter 6.18
skrivepapir [skri`ve/papi`r] (et) writing paper 6.1
skuespill [sku`e/spill′] (et) play 8.10
skuespiller [sku`e/spil`ler] (en) actor 23.34 (R18)
skuespillerinne [sku`espillerin`ne] (en) actress 23.36
skulle (*pres.* **skal** [skall′], **skulle, skullet**) shall, is going to, will 1.33; is supposed to 21.10 (*cf.* *Gram.* 2.3)
    jeg skal ha, jeg skulle ha I'd like 1.35, 1.36
skulptur [skulptu′r] (en) sculpture 20.7
skvette (skvatt, skvettet) jump, start R17
sky [sjy′] (en) cloud 24.1
skydekke [sjy′/dek`ke] (en) cloud cover R24
skyet [sjy`et] *adj.* cloudy R24
skynde (-te, -t) [sjyn`ne] **seg** hurry 11.35
skyve (skjøv, skjøvet) [sjy`ve, sjø′v, sjø`vet] shove R18
skøyte [sjøy`te] (en) skate 10.27
    gå på skøyter skate 10.27
skøytebane [sjøy`te/ba`ne] (en) skating rink 21.29
slag (et) blow R22
slags [slak′s] (en, et) kind of 3.7
    hva slags what kind of 3.7
    hvor mange slags how many kinds of 13.38
slalåm [sla`/lå`m] (en) slalom 24.33
slapp *cf.* **slippe**
slapp *adj.* relaxed R20
slett *adv.* completely 4.31
    slett ikke not at all 4.31
    rett og slett simply R22
slik (-t, -e) *adj.* such, like that 16.36; 20.25
    slikt *pron.* such things, things like that 16.36, 17.38
slik *adv.* thus, like that 21.11 (R13)
slippe (slapp, sloppet) avoid, get out of 5.36; drop, release, let go R15
    slippe inn let in R22
    slippe ned lower R15
slips (et) (*pl* slips) necktie 7, 8.39
sloppet *cf.* **slippe**
slott [slått′] (et) palace 25.25
sluddbyge [sludd`/by′(g)e] (en) sleet shower R24
slutt (en) end 24.2 (R21)
    bli slutt på be an end to 24.2
    til slutt at last R21
slutt *adj.* ended R22

slå (slo, slått) strike, hit; mow hay R15
    slå fast determine, substantiate R22
    slå over ende knock over R15
    slåss fight R25²
smak (en) taste LL15
smake (-te, -t) taste 9.14
    smake på taste, savor R19
smal *adj.* narrow 14.10 (R12)
smelte (-et, -et) melt 13.30
smil (et) smile R21
smile (-te, -t) smile R12
smør [smørr′] (et) butter 18.34 (R15)
smørbrød [smør′brø] (et) sandwich 1.48
smørbrødliste [smør′brø/lis`te] (en) sandwich list 9.4
smøre (smurte, smurt) [smø`re, smu`rte, smu′rt] grease, wax R24
små *cf.* **liten**
småbarn [små`/ba`rn] (et) pre-school child 21.34
småbåt [små`/bå`t] (en) small boat R19
småkake [små`/ka`ke] (ei) cookie R13
småpenger [små`/peng`er] *pl.* change 17.18
småsove [små`/så`ve] (-sov, -sovet) nap, doze R20
småting [små`/ting′] (en) little thing R13
snakk (et) talk R14
snakke (-et, -et) speak, talk 1.9
snart [sna′rt] *adv.* soon 9.13
    så snart (som) as soon as 9.13
    snart . . snart . . first . . then R19
snarvei [sna`r/væi′] (en) shortcut R12
sne *cf.* **snø**
snill *adj.* nice, kind 2.24
    er du (De) snill please 9.22
snu (-dde, dd) turn R12
    snu på turn R12
snute (en) snout R22
snø (en) snow 10.25 (*also* **sne**)
snø (-dde, -dd) snow 10.26
snøbyge [snø`/by′(g)e] (en) snow flurry R24
Sogn [sångn] section of Oslo 22.22 (also a fjord community in Western Norway)
Sognsvannsbanen [sång`nsvanns/ba`nen] the Sognsvann line 22.10
sol (ei) sun 4.21
solbrent [so`l/bren`t] *adj.* sun-burned R20
sole (-te, -t) **seg** sunbathe 21.30
solgangsvind [so`lgangs/vinn′] (en) evening (sunset) wind R20
solskinn [so`l/sjinn′] (et) sunshine R23
solsystem [so`lsyste`m] (et) solar system R16
som [såmm′] *rel. pron.* who, which, that 3.34
som [såmm′] *conj.* as, like 2.36
    som om as if R12
    som sagt, så gjort no sooner said than done R21
    først som sist first as well as last, now as well as later R22
    hva som what 8.18
    når som helst any time at all 10.3
    så . . som . . as . . as . . 4.37
sommer [såm`mer] (en) (*pl.* somrer) summer 10.9
    om sommeren in the summertime 10.9
sommerlig [såm`merli] *adj.* summery R17
sommernatt [såm`mer/natt′] (ei) summer night R20
sommervær [såm`mer/væ`r] (et) summer weather R16
sorg [sår′g] (en) sorrow 21.12
sove (sov, sovet) [så`ve, så`v, så`vet] sleep 4.40

sovepose [så`ve/po˙se] (en) sleeping bag 18.9
sovevogn [så`ve/vång˙n] (ei) sleeping car, sleeper 11.30
sovne (-et, -et) [såv`ne] go to sleep R19
spark (et) kick R15
sparke (-et, -et) kick 24.35
  sparke fotball play soccer 24.35
spasere (-te, -t) [spase're] stroll, walk 25.2
spekekjøtt [spe`ke/kjøtt˙] (et) dried mutton 15.16
spesielt [spesiel't] *adv.* especially R24
spille (-te, -t) play, perform 14.8
  det spiller ingen rolle it makes no difference 14.8
spise (-te, -t) eat 1.46
spisevogn [spi`se/vång˙n] (ei) dining car 12.11
spiss (en) point 25.27
  i spissen in front , at the head 25.27
spiss *adj.* pointed 20.16
sport [spår't] (en) sport(s), athletics 24.36
sportsklubb [spår'ts/klubb˙] (en) athletic club 24.40
sprang *cf.* **springe**
spredd *adj.* scattered 22.7
  spredd over scattered around 22.7
springe (sprang, sprunget) [sprong`et] run 11.39
sprøyte (en) injection 16.35
språk (et) language 22.26
spørre (spurte, spurt) [spu`rte, spu'rt] ask 8.23
  spørre om ask about R12
stabbur (et) store-house 15.15
stakk *cf.* **stikke**
stakkars *adj.* poor, unfortunate R18
stanse (-et, -et) stop 5.30
stappfull [stapp`/full˙] *adj.* crowded, jammed 2.27
stasjon [stasjo'n] (en) station 1.28
stasjonsmester [stasjo'ns/mes˙ter] (en) station master R14
stativ [stati'v] (et) rack, stand 19.15
statsbane [sta`ts/ba˙ne] (en) state-owned railroad 11.11
statue [sta'tue] (en) statue 25.5
stavkirke [sta`v/kjir˙ke] (en) stave church 20.31
sted [ste'(d)] (et) place (*pl.* **steder**) 2.29
  dra av sted leave, set out 13.18
  finne sted take place R22
  på ett sted in one place 22.12
  til stede present 16.1
steg *cf.* **stige**
stein (en) stone, rock 5.5
steinete *adj.* rocky 13.27
stek (en) roast 9.14
steke (-te, -t) [stek`te, stek't] fry R19
stekepanne [ste`ke/pan˙ne] (ei) frying pan 18.18
stelle (-te, -t) fix, arrange 14.33
  stelle heime, stelle i huset take care of the house, run the home R15
  stelle med take care of, fix up 14.33
sterk [stær'k] *adj.* strong 13.39
stevne (et) meet 24.40
sti (en) path 13.34
stige (steg, steget) climb, rise 18.30
  stige over rise above R25²
  stige på get on, enter 18.30, 19.9
stigning [sti`gning] (en) rise, climb 19.7
stikke (stakk, stukket) [stok`ket] stick, thrust 16.26 (R14)
  det stikker i brystet I have sharp pains in my chest 16.26
stil (en) style, form 24.30

stille *adj.* still, quiet R13
stillestående [stil`le/stå˙ene] *adj.* static R13
stillhet [still'/he˙t] (en) quiet, stillness R23
stirre (-et, -et) stare R12
  stirre på stare at R12
stiv *adj.* stiff R24
stod *cf.* **stå**
stoff [ståff'] (et) material 7.34
stol (en) chair 4.17
stolt [stål't] *adj.* proud 12.2
stor (-t [sto'rt], -e; **større** 20.26; **størst** 7.3) *adj.* large, big 3.23
  stort sett for the most part 22.29
  du store verden my heavens R21
  den var det ikke stort ved there wasn't much to that R11²
  sette større pris på appreciate more 25.40
storslagen (-t, -slagne) [sto`r/sla˙gen] *adj.* tremendous 21.6
Stortinget [sto`r/ting˙e] the Norwegian national parliament 25.20
Stortingsgata street in Oslo 17.8
straks *adv.* immediately 14.3
stride (stred, stridd) fight R23
stripe (en) stripe R16
strøk (et) district R24
strøm [strømm'] (en) stream R19
strømpe (en) stocking; sock 7
strålende [strå`lene] *adj.* wonderful 10.12
student [studen't] (en) student 6.23
Studentbyen [studen't/by˙en] the 'Student City' (dormitories) in Oslo 22.22
Studenterlunden [studen'ter/lun˙nen] the 'Students' Grove,' a park in Oslo 17.6
studentertid [studen'ter/ti˙d] (en) student days R17
Studentsamskipnaden [studen't/samsji˙pnaden] the Student Association (in Oslo) 22.31
studere (-te, -t) [stude're] attend a university 22.21; study (at something), *cf.* **lese**
stue (ei) living room 3.3; farm house R15
stund [stunn'] (ei) while 3.3
  en god stund quite a while R20
stupe (-te, -t) dive R19
stygg (-t [styk't], -e) *adj.* ugly, nasty 15.32
  hang så stygt til hung so awkwardly R15
stykke (et) piece 7.30; play, movie 8.8; a way 18.15 (R14) (*cf. Gram.* 18.4)
  ti kroner stykket 10 kroner apiece 7.30
styrke (en) strength R24
større, størst *cf.* **stor**
størsteparten [stør`ste/par˙ten] the largest share 13.14
støvel [støv`vel] (en) boot 13.26
stå (stod [sto'], **stått)** stand 2.11
  stå i (en bok, en avis) be printed in 11.25
  stå igjen be left (behind) 13.36
  stå ned ski down LL19
  stå opp get up, out of bed LL10
  stå og henge hang around R18
  hvordan står det til how are things 2.11
sukker [sok'ker] (et) sugar 9.22
sulte (-et, -et) starve 18.20
  sulte i hjel starve to death 18.20
sulten *adj.* hungry 9.8
sunget *cf.* **synge**
sunn *adj.* healthy 13.29
sur sour; nasty, grouchy R11²
svak *adj.* weak R11²

442

svakhet [sva'k/he·t] (en) weakness R25²
sval *adj.* cool R20
svare (-te, -t) answer R21
svart *adj.* black R12
svelge (-et, et) swallow 15.37
svensk *adj.* Swedish 14.20
svenske (en) Swede R18
Sverige [svær'je] Sweden 25.14
sveve (-et, -et) float (through the air) R15
sving (en) curve 14.21
svær *adj.* huge 19.26
svært [svæ'rt] *adv.* very 5.9
    svært så mange sure a lot of LL14
svømme (-te, -t) swim 24.35
svømmebasseng [svøm`me/basseng·] (et) swim-
    ming pool 21.27
sydpå [sy'd/på·] *adv.* in the south R25²
sydside [sy`d/si·de] (en) south side R17
sydvendt [sy`d/ven·t] *adj.* facing south R24
syk *adj.* sick R19 (LL15)
sykdom [syk`dåm] (-men, *pl.* -mer) disease 16.29
sykehus [sy`ke/hu·s] (et) hospital 3.31
sykesøster [sy`ke/søs·ter] (en) nurse 16.1
sykkel [syk'kel] (en) tricycle, bicycle R21
sykle (-et, -et) ride a tricycle, bicycle R21
symbolisere (-te, -t) [symbolise're] symbolize 21.20
symptom [sympto'm] (et) symptom 16.14
syn (et) sight R21
synd [synn'] (en) a shame 2.28; sin R23
    det var synd that's too bad 2.28
synes [sy`nes, syn's] think, be of the opinion 3.11
    (*cf. Gram.* 4.4); be shown, appear R21
    synes du det do you think so 6.35
synge (sang, sunget) [song`et] sing 24.12 (R11²)
    synge med sing along LL24
sytten [søt`t^en] *num.* seventeen 3
syttende [søt`t^ene] *ord.* seventeenth 25.38
sytti [søt'ti] *num.* seventy 3
syv *num.* seven 1
syvende [sy'vene] *ord.* seventh 25.15
særlig [sæ`rli] *adv.* especially 2.27
    ikke noe særlig not especially 2.27
søndag [søn'da] Sunday 7
sønn (en) son R23
sønnesønn [søn`ne/sønn·] (en) grandson R22
sør (en) south 4.23
Sørkedalen (in Oslo) 19.3
sørlig [sø`rli] *adj.* southerly R24
sørover [sø'r/å·ver] *adv.* (to the) south 13.21 (*cf.*
    Gram 19.2b)
sørvest [sørves't] *adv.* southwest R24
sørvestlig [sørves'tli] *adj.* southwesterly R24
søsken *pl.* brothers and sisters; siblings 3.33
søster (ei) (*pl* søstre) sister 3.36; nurse 16
søt *adj.* sweet 8.2
så *cf.* se
så *adv.-conj.* so, as, then 1.31 (*cf. Gram.* 16.3)
    så . . (som) . . as . . as . . 4.37
    så (at) so (that) 10.25
    så lenge in the meantime 16.4
    så vidt barely 11.40
    i så fall in that case 18.10
    ja så oh 6.35
    og så videre etcetera 18.38
    så tar vi let's take 4.9
    vær så god here you are, you're welcome 1.31
så (-dde, -dd) sow 15.26

sånn *adj.* such, like that 25.29 (R14)
    sånt such things, things like that R16
sånn *adv.* thus, like that 21.39
sår *adj.* sore 16.24

T

T [te'] (en) T 13.32
ta (tok, tatt) take 1.40; have removed (by an op-
    eration) 16.32
    ta av seg remove (clothing) 16.19
    ta av på (en sti) take off on (a path) 19.34
    ta det med ro take it easy 14.23
    ta feil av mistake R13
    ta helst prefer 9.20
    ta imot accept, receive 4.5
    ta inn på turn into R14
    ta med take along 18.1
    to opp av take out of, up from R22
    ta plass all aboard 11.38
    ta på seg put on 8.39
    ta seg av take care of, tend to R21
    ta til hatten touch the hat R18
¹tak (et) hold 11.31
    få tak i get hold of 11.31
²tak (et) roof R15
takk (en) thanks; thank you 1.6 (for additional
    phrases of thanking *cf. Gram.* 24.2)
takke (-et, -et) thank 1.32
takknemlig [takknem'li] *adj.* grateful R17
tale (-te, -t) speak R23
    tale om talk about R23
    tale ut express R23
talerstol [ta`ler/sto·l] (en) podium R22
tank (en) tank 14.5
tanke (en) thought R15
    med tanke på dette with this in mind R24
    han kom i tanker om it occurred to him R15
tankebarn [tang`ke/ba·rn] (et) brain child R23
tankefull [tang`ke/full·] *adj.* thoughtful R23
tankerekke [tang`ke/rek·ke] (en) series of thoughts
    R22
tatt *cf.* ta
taus *adj.* silent R23
taushet [tæu's/he·t] (en) silence R25¹
te (en) tea 1.55
teater [tea'ter] (et) theater 8.6
    gå i teatret go to the theater 8.6
telefon [telefo'n] (en) telephone 1.24
telle (talte, talt) count 21.22
telt (et) tent 18.7
temmelig *adv.* rather, quite 24.6
temperatur [temperatu'r] (en) temperature R24
temperaturendring [temperatu'r/en·dring]   (en)
    change in temperature R24
tenke [-te, -t] think, consider; imagine 3.25 (*cf.*
    Gram. 4.4)
    tenke etter think about, reflect R19
    tenke på think about 8.26
    tenke seg think about, consider 7.12; imagine
    15.7
    tenke seg om reconsider R23
    det kan jo tenkes that's a possibility R14
    jeg har tenkt å I've thought about, considered
    3.25
tennisbane [ten'nis/ba·ne] (en) tennis court 21.28
terreng [tærreng'] (et) terrain 12.3
ti *num.* ten 1

tid (ei) time 9.27 (*cf. Gram.* 10.1f)
  en tid a while R13
  en gang i tiden once upon a time R18
  en halv times tid about a half an hour R14
  hele tiden the whole time R14
  nå for tida nowadays 18.32 (R13)
  på den tiden at that time R22
  til hver en tid at all times R23
  følge med tiden keep up with the times R25²
  ha god tid have plenty of time 11.34
  ved tre-fire tiden at 3 or 4 o'clock 9.28
tidlig [ti`li] *adv.* early 4.36
  i morgen tidlig tomorrow morning 4.36
tiende [ti'ene] *ord.* tenth 10
tier [ti'er] (en) ten-*kroner* bill 13.15
til [till'] *prep.-adv.* to 1.27; in addition 1.14; of 18.3 (R14); for 9.18 (*cf. Gram.* 18.3)
  til daglig usually R22
  til dels partly R24
  til en rimelig pris at a reasonable price 4.7
  til fjells to the mountains 10.33
  til frokost for breakfast 9.23
  til havs at sea R24
  til hver en tid at all times R23
  til høsten in the fall 6.23
  til høyre to the right 1.27
  til . . . kroner for . . . *kroner* 7.19
  til leie for rent 4.10
  til middags for dinner R15
  til sammen (all) together 13.10
  til sist at last R15; **til slutt** finally R21
  til stede present 16.1
  til utlandet abroad 17.38
  til venn as a friend R23
  til ære for in honor of 25.6
  til å begynne med to begin with, in the beginning 16.24
  bruke til use for S20
  finne noe til find something for 15.16
  gå til happen R23
  kjenne til know about R12
  komme for sent til toget miss the train 11.32
  komme til å be going to, will, shall 15.40 (*cf. Gram.* 15.1)
  legge merke til notice 8.40
  være glad til be contented R21
  av og til now and then, once in a while R12
  en gang til once more, again 1.14
  flink til å good at 10.28
  hvordan står det til how are things 2.11
  maken til the likes of 19.40
  plass til room for 22.24
til [till'] *conj.* until, before 23.20 (R14, LL13)
tilbake [tilba`ke] *adv.* back 3.29
  fram og tilbake back and forth 22.11 (R16)
  vende tilbake return R20
tilbakevei [tilba`ke/væi´] (en) return path 18.23
  på tilbakeveien on the way back 18.23
tilfelle [til`fel´le] (et) case, instance 19.25
  i tilfelle in case 19.25
tillatt [til'/latt´] *adj.* permitted 25.38
time [ti`me] (en) hour 8.21
  bestille time make an appointment 16.2
  en halv times tid for about half an hour R14
tindrende [tin`drene] *adj.* sparkling R16
ting (en) (*pl.* **ting**) thing 7.7
  en del ting a few things 7.7

tirsdag [ti'rsda, tir'sda] Tuesday 7.27
tjene (-te, -t) earn R18; serve R19
  tjene hos work for R19
tjern [kjæ'rn] (et) pond 19.21
tjue [kju`e] *num.* twenty 3
tjueannen [kjuea`en] *ord.* twenty-second 22
tjuefemte [kjuefem`te] *ord.* twenty-fifth 25
tjuefjerde [kjuefjæ`re] *ord.* twenty-fourth 24
tjueførste [kjuefør`ste] *ord.* twenty-first 21
tjuende [kju`ene] *ord.* twentieth 20
tjuetredje [kjuetred`je] *ord.* twenty-third 23
to *num.* two 1.37
tobakk [tobakk´] (en) tobacco 3.7
tog [tå'g] (et) train 11.15; parade 25.1
togtabell [tå`g/tabell´] (en) time table 11.25
togvindu [tåg/vin`du] (et) train window 12
tolv [tåll'] *num.* twelve 1
tolvte [tål`te] *ord.* twelfth 12
tom [tomm', tåmm'] *adj.* empty 14.5
topp [tåpp'] (en) top 5.35
torsdag [tå'rsda, tår'sda] Thursday 7
torv [tår'v] (et) market place 8.19
traff *cf.* **treffe**
trakk *cf.* **trekke**
trang *adj.* narrow 19.17
  trangt om plassen crowded 19.17
trapp (ei) stairs 23.28 (R12)
travel [tra'vel] *adj.* busy 20.38
  få, ha det travelt be busy 20.38
tre *num.* three 6.33
tre *pl.* **trær** (et) tree 12.23; wood R21
tredje *ord.* third 3
tredve [træd`ve] *num.* thirty 7.15
treffe (**traff, truffet**) [trof`fet] meet 11.7 (*cf. Gram* 11.2)
  treffes meet (with someone) 10.37
tregrense [tre`/gren`se] (en) tree line 12.20
trekke (**trakk, trukket**) [trok`ket] draw 16.26
  trekke pusten breathe 16.26
trenge (-te, -t) need 7.7
  det trenges it is necessary 20.30
trengsel [treng'sel] (en) crush, press 19.18
trett *adj.* tired 21.25 (also **trøtt**)
tretten [tret`tᵉn] *num.* thirteen 17.32
trettende [tret`tᵉne] *ord.* thirteenth 13
tretti [tret'ti] *num.* thirty 3
trikk (en) streetcar 5.29
trikkeholdeplass [trik`ke/hålleplass´] (en) streetcar stop R16
tro (en) faith R23
tro (-dde, -dd) think, believe 2.40 (*cf. Gram.* 4.4)
  tro hva I wonder what R11¹
  tro på believe in R23
  jeg tror ikke det I don't think so 9.5
truse (en) pantie 7
Trygdekassen [tryg`de/kas`sen] the National Health Plan R18
trygdekassenummer [tryg`dekasse/nom`mer] (et) National Health Plan number 16.37
trygg *adj.* safe, secure R12
trykke (-et,-et) press, squeeze R20
Tryvann [try'/vann] lake 19.37
Tryvannskleiva [try'vanns/klæi`va] the skiing hill at Tryvann in Nordmarka 19.36
Tryvannsstua [try'vans/stu`a] the restaurant at Tryvann in Nordmarka 19.37
Tryvannstårnet [try'vans/tå`rne] the tower on the ridge above Tryvann 19.29

Tryvannsåsen [try'vans/å˙sen] the ridge above Tryvann in Nordmarka R24

Tryvasshøgda [try'vass/høg˙da] the summit of the ridge above Tryvann R24

trær *cf.* **tre**

tråkke (-et, -et) tread 19.18

tull (et) nonsense R20

tun (et) yard R21

tung [tong'] *adj.* heavy 13.7; strenuous 13.28
   tungt *adv.* heavily R12

tungvint [tong`/vin˙t] *adj.* inconvenient 18.25

tunnell [tunell'] (en) tunnel 12.4

tur (en) trip 2.26; turn 8.22
   tur retur round-trip ticket 11.18
   etter tur in turn R19
   i tur og orden one after the other, in turn R17
   ha god tur bon voyage 10.40

turde *cf.* **tør**

turist [turis't] (en) tourist 4.3

Turistforeningen [turis't/fåre˙ningen] the Norwegian Tourist Association 12.34

turisthytte [turis't/hyt˙te] (ei) tourist cabin 18.4

turnsko [tu'rn/sko˙] (en) gym shoe R20

tusen [tu'sen] (et) *num.* (*pl.* **tusen**) thousand (*cf Gram.* 7.1)
   tusen takk thank you very much (*cf Gram.* 24.2)

TV [te`/ve˙] (en) TV 19.27

tvert *cf.* **mot**

tvil (en) doubt R23

tvile (-te, -t) doubt R17
   tvile på doubt R17

tviler (en) doubter R23

tvilrådig [tvi`l/rå˙di] *adj.* confused, in doubt R21

tykk *adj.* thick 24.25 (R13); fat R21

tysk *adj.* German 14.20

Tyskebryggen [tys`ke/bryg˙gen] the German Wharf in Bergen 5.18

tysker [tys'ker] **-e** (en) German 25.38

tyve *num.* twenty 7.19

tyvende [ty`vene] *ord.* twentieth 20

tærne *cf.* **tå**

tør [tørr'], **turde** dare R13
   det tør kanskje hende maybe it will happen R13

tørke (-et, -et) dry R21

tørr *adj.* dry 10.8
   verken vått eller tørt neither drink nor food R15

tørre (-et, -et) dry (out) R11²

tørst *adj.* thirsty R12

tøv (et) nonsense R18

tå *pl.* **tær** (ei) toe 19.18

tårn [tå'rn] (et) tower 19.28

U

ubehagelig [ubeha'geli] *adj.* uncomfortable, unpleasant 10.11

ubehagelighet [ubeha'geli/he˙t] (en) discomfort R18

u-båt [u'/bå˙t] (en) submarine R25²

udiktet [u`/dik˙tet] *adj.* uncomposed R23

uff *excl.* oh 6.1

ufrisk [u`/fris˙k] *adj.* unhealthy R23

ufruktbar [u`frukt/ba˙r] *adj.* sterile R23

ufødt [u`/føtt˙] *adj.* unborn R23

uke (ei) week 2.37
   forrige uke last week R13
   midt i uken in the middle of the week R19

ukedag [u`ke/da˙g] (en) day of the week 7

umulig [umu'li] *adj.* impossible 25.4 (R22)

under [un'ner] *prep.* under R17; during 16.12

undergrunnsbane [un`nergrunns/ba˙ne] (en) subway 19.9

underkjole [un`ner/kjole] (en) slip 7

underlig [un`derli] *adj.* strange 21.16

undersøke (-te, -t) [un`ner/sø˙ke] examine, investigate 16.18

ung [ong'] *adj.* young R18; **yngre** [yng're] younger 6.33

ungdom [ong`/dåm˙] (en) youth 24.39 (R18)

unge [ong`e] (en) child 21.36 (R15)

universitet [univærsite't] (et) university 6.23
   på universitetet to the university 6.23
   ved universitetet at the university 22.21

Universitetsbiblioteket [univærsite'ts/bibliote˙ket] the University Library (UB) 22.18

Universitetsgata 17.6

unna *adv.* away 17.26
   langt unna far away 17.26

unnskyld [unn'/sjyll˙] *excl.* excuse me 1.21

unntatt [unn'/tatt˙] *prep.* except 16.17

ur (et) clock, watch R17

urett [u`/rett˙] (en) injustice, wrong R25¹

urimelig [uri'meli] *adv.* unreasonably R19

uro [u`/ro˙] (en) restlessness R22

USA [u' ess' a'] United States of America 6.4

usagt [u`/sak˙t] *adj.* unsaid R20

uskyldig [usjyl'di] *adj.* innocent R22

ut *adv.* out (motion) 6.34 (*cf. Gram.* 8.2)
   be ut invite out 8.1
   se ut look, appear 6.34
   de visste hverken ut eller inn they knew nothing, were completely confused R22

utafor *cf.* **utenfor**

ute *adv.* out (location) 14.1 (*cf. Gram.* 8.2)
   ligge ute sleep outdoors 18.6
   ute og går out walking 24

uten *prep.* without 4.24

utenfor [u´tᵉn/fårr'] *prep.-adv.* outside (of) 17

utenlandsk [u`ten/lan˙sk] *adj.* foreign R22

utfor [u`t/fårr˙] *prep.-adv.* down, off R15
   falle utfor taket fall off the roof R15

utforkjøring [u`tfår/kjø˙ring] (en) downhill (ski) run R24

utgangspunkt [u`tgangs/pong˙kt] (et) starting point 19.5

uti *adv.* out into R19

utland [u`t/lann˙] (et) foreign countries 17.38
   til utlandet abroad 17.38

utlending [u`t/len˙ning] (en) foreigner 24.28

utmerket [u`t/mær˙ket, u'd/mær˙ket] *adj.* (*pl* **utmerkede**) excellent 9.15; *adv.* very well 7.23

utover [u`t/å˙ver] *prep.-adv.* out along, out over 22.18 (R15)
   utover dagen in the course of the day R24

utpå [u`tpå] *prep.*: **utpå dagen** late in the day LL25 (R24)
   utpå høsten late in the fall 24

utrolig [utro'li] *adv.* unbelievably R22

utsikt [u`t/sik˙t] (en) view 5.38

utslitt [u't/slitt˙] *adj.* worn out R25²

utstyr [u`t/sty˙r] (et) equipment 18.1

uvant [u`/van˙t] *adj.* unaccustomed R19

V

vakker [vak'ker] *adj.* (*pl* **vakre**) beautiful 10.18

valg (et) choice R16

valgt *cf.* **velge**
vanlig [va`nli] *adj.* usual 16.30
  som vanlig as usual 23.5
vanligvis [va`nli/vi˙s] *adv.* usually 9.37
vann (et) water 1.51; lake 13.35
vannkopper [vann`/kåp˙per] *pl.* chicken pox 16.30
vanskelig [van`/skeli] *adj.* difficult, hard 12.4
  jeg har vanskelig for å it's hard for me to LL14
vant *adj.* accustomed 14.12
  vant til used to 14.12
vant *cf.* **vinne**
var *cf.* **være**
vare (en) ware, *pl.* groceries R14
vare (-te, -t) [va`rte, va'rt] last 24.17 (R15)
varm *adj.* warm, hot 4.26
varme (en) heat R19
varme (-et, -et) warm, heat 24.1 (R23)
vaske (-et, -et) wash 8.30
vaskeri [vaskeri'] (et) laundry 8.29
ved [ve'] *prep.-adv.* at, by 3.31
  ved dagslys in daylight R23
  ved sjøen by the sea 10.22
  ved tolvtiden around twelve o'clock 9.27 (*cf. Gram.* 10.1)
  ved universitetet at the university 22.21
  bli ved continue R23
  like ved near by 20.40
  like ved siden av right next door 4.25
  den var der ikke stort ved there wasn't much to that R11[2]
vedta [ve'/ta˙] (**-tok, -tatt**) adopt 25.9
veg *cf.* **vei** (official spelling is **veg**)
veggmaleri [vegg`/maleri˙] (et) mural 20.2
vei (en) way 1.28; road 14.9; distance R13
  noe i veien something wrong 14.38
  på vei on the way 18
  fly din vei fly away R20
  legge i vei set out, leave 13.20
  prate i vei chat away R20
veit (*New Norwegian*) = **vet** LL22
veiviser [væi`/vi˙ser] (en) guide R14
vekke (-et, -et) wake 4.36
veksle (-et, -et) change, cash 17.11
vel [vell'] *adv.* well 3.2; I suppose 8.20 (*cf. Gram.* 18.2)
  vel bekomme you're welcome (after being thanked for a meal) 3.2
  ja vel certainly, all right 7.12
  nei vel all right, OK (*after a negative*) 16.37
velbygd [vel'/byg˙d] *adj.* well built R13
veldig *adj.* great, huge 20.19 (LL14)
veldig [vel`di] *adv.* extremely, very 8.2
Velferdshuset [vel`færds/hu˙se] the Student Union 22.34
velge (**valgte, valgt**) [val`kte, val'kt] choose, elect 25.17 (R16)
  velge til elect as 25.17
velkledd [vel'/kledd˙] *adj.* well-dressed R16
velkommen [velkåm'men] *interj.* welcome 2.8
vende (-te, -t) [ven`ne] turn 4.22
  vende mot face 4.22
  vende tilbake return R20
venn (en) friend 2.7
  til venn as a friend R23
venninne [vennin`ne] (en) girl friend 6.39

venstre [ven'stre] *adj.* left 1.27
  til venstre to the left, on the left 1.27
vente (-et, -et) wait 5.24
  vente (+ *direct object*) expect 24.3 (R12)
  vente på wait for 14.1
venteværelse [ven˙te/væ˙r^else] (et) waiting room 16
veranda [veran'da] (en) veranda R16
verd [vær'd] (et) value, worth R25[1]
verd [vær'd] *adj.* worth R19
  det er ikke verdt better not R 19
verden [vær'den] (en) world LL13, R16
  du store verden my heavens R21
verdenskrig [vær'dens/kri˙g] (en) world war R22
verdensmann [vær'dens/mann˙] (en) man of the world R22
verk [vær'k] (et) work (of art) 21.8
verken [vær`ken] *conj.* (*also* **hverken**) neither R15
  verken . . . eller . . . neither . . . nor R15
verre [vær're] *comp. adj.* worse R21
verst [vær'st] *sup. adj.* worst 15.38
  det var ikke verst that wasn't bad 15.38
vertinne [værtin`ne] (en) landlady 4.11
veske (en) (shopping) bag R13
vesle = **lille** R15
vest (en) west R24
Vestlandet [ves`t/lan˙ne] Western Norway 12.21
  på Vestlandet in Western Norway 12.21
vestlig [ves`tli] *adj.* westerly R24
Vest-Norge [ves`t/når˙ge] Western Norway R24
vestside [ves`t/si˙de] (en) western side R24
vet *cf.* **vite**
vi, oss [åss] *pron.* we, us 2.30
vidde (ei) plateau, mountain heights 12.28
videnskapelig [videnska'peli] *adj.* scientific (*also* **vitenskapelig**) R22
Videnskapsakademiet [vi`denskaps/akademi˙e] the Academy of Science R22
videre *comp. adv.* farther 18.38 (R12)
  og så videre etcetera 18.38 (osv.)
vidt [vitt'] *adv.* widely R23
  så vidt barely 11.40
Vigeland, Gustav sculptor 21.7
Vika harbor district, Oslo 17.26
viking [vi`king] (en) viking, (Old Scandinavian) pirate 20.25
vikingskip [vi`king/sji˙p] (et) viking ship 20.20
Vikingskiphuset The Viking Ship Museum 20.21
viktig [vik`ti] *adj.* important R22
vil *cf.* **ville**
vilje (en) will, intent R16
  med vilje intentionally R16
  uten vilje selv without a will of his own R23
vill *adj.* wild 12.3; bad-tempered R15
Villanden [vill'/an˙n^en] The Wild Duck (play by Henrik Ibsen) 23.17
ville (*pres.* **vil** [vill'], **ville, villet**) will, want to 1.14 (*cf. Gram.* 2.3)
  jeg vil mer enn gjerne I'd like very much 23.15
  jeg vil svært gjerne I'd like very much 5.9
vin (en) wine 1.53
vind (en) wind R24
vindpust [vinn`/pus˙t] (et) breath of wind R16
vindstille [vinn`/stil˙le] (en) calm R24
vindu [vin`du] (et) window 4.22
vindusplass [vin`dus/plass˙] (en) window seat 11.17
vinliste [vi`n/lis˙te] (en) wine list 9.3

.vinter [vin'ter] (en) (*pl* vintrer) winter 10.20
   om vinteren in the wintertime 19.13
vintersted [vin`ter/ste˙d] (et) winter place R16
vintervei [vin`ter/væi˙] (en) winter driving conditions R24
virkelig [vir`keli]; *adj.* real R22; *adv.* really 10.35
vis (-t [vi'st], -e) *adj.* wise R11[1]
vise (-te, -t) show, display 2.38
visergutt [vi`ser/gutt˙] (en) errand boy R22
viss certain R22
   med visse mellomrom at certain intervals R22
visshet [viss'/he˙t] (en) certainty R20
visst *adv.* surely 20.26 (R18); apparently 6.1, 14.38
   ja visst yes indeed 18.5
   jo visst yes of course 21.37
vite (*pr.* vet; visste, visst) know 4.4 (*cf. Gram.* 14.2)
   vite om know about 4.5
vogn [vång'n] (ei) (railroad) car 11.13
vognrekke [vång`n/rek˙ke] (en) row of cars R14
vokse (-te, -t) [våk`se] grow 13.40
voksen [våk`sen] *adj.* adult, grown-up R21
vond [vonn'] *adj.* bad, harmful; angry 15.35
   gjøre vondt hurt 16.24
   ha vondt be in pain, have pain 16.16
vri (vred [vre'] *or* vridde, vridd) twist R21
   vri på seg twist, turn away R21
vær (et) weather 10.5
   lettere vær clearing R24
være (*pres.* er [æ'r]; var, vært) be 1.18
   være folk behave properly, be civil R20
   være med come along 5.7
   være på fornavn use first names 12.38
   vær så god here you are, you're welcome 1.31
   det var bra that's fine 1.18 (*cf. Gram.* 3.6)
   er blitt has (have) been, become 16.31 (LL15)
værelse [væ`r^else] (et) room (*cf. Gram.* 20.1)
værmelding [væ`r/mel˙ling] (ei) weather report R24
våken *adj.* (*pl* våkne) awake R23
   holde våken keep awake R23
våkne (-et, -et) awaken 23.11
våpen [vå'p^en] (et) weapon R23
vår (en) spring 10.18
   i vår this spring *cf. Gram* 10.1
   om våren in the springtime 10.18
vår, vårt, våre *poss.* our(s) 2.21
vårsol [vå`r/so˙l] (ei) spring sun LL10
våt *adj.* wet R11[2]
   verken vått eller tørt neither drink nor food R15

W

Wergeland, Henrik poet 25.6

Y

yngre *cf.* ung
ytre *comp. adj.* outer R24
yttertøy [yt`ter/tøy˙] (et) wraps 23.29

Æ

ære (en) honor 25.6
   til ære for in honor of 25.6

Ø

øl [øll'] (et) beer 1.52; (en) a glass of beer
ønske (-et, -et) wish R23
øre (en) øre, 1/100 of a *krone* 1.43
øre (et) ear 16.23
ørret (en) trout 13.37
øst (en) east 4.22 (*also* aust [æust] R24)
østafjells [øs`ta/fjell's] *adv.* east of the mountains R24
Østlandet [øs`t/lan'ne] Eastern Norway 10.26
   på Østlandet in Eastern Norway 10.26
øve (-et, -et) practice, accomplish R25[1]
øvelse (en) practice 24.32
   ha øvelse be in practice, practice 24.32
øvre [ø`vre] *comp. adj.* upper R24
Øvresetertjern 19.22
øy (ei) island 5.39
øye (et) eye (*pl.* øyne) 15.37 (R14)
   få øye på catch sight of R14
   holde øye med keep an eye on LL23
   sette øynene på look at R20
   være snill i øynene have kind eyes R20
øyeblikk [øy`e/blikk˙] (et) moment 6.26
   i siste øyeblikk at the last moment 11.40

Å

å *infinitive marker* to 1.32
   for å in order to 17.24 (R12)
å *excl.* oh 2.27
   å ja oh 20.26
åker [å`ker] (en) field 15.22
   på åkeren in the field 15.22
åpen [å`pen] *adj.* (*pl* åpne) open R21
   under åpen himmel under the open sky R23
åpent *adv.* openly R13
åpne (-et, -et) [å`pne] open R14
år (et) year 3.19
   året rundt year round 13.31
   gjennom hundre år for a hundred years R22
   i . . år for . . years 3.19
   om året a year, per year R22
århundre [århun'dre, å'r/hun'dre] (et) century 22.4
   forrige århundre the last century 22.4
årstid [å`rs/ti˙d] (en) season 10.16
åssen *cf.* hvordan
åtte *num.* eight 7.15
åttende [åt't^ene] *ord.* eighth 8
åtti [åt'ti] *num.* eighty 13.10

INDEX OF TOPICS (GRAMMAR AND PRONUNCIATION)

The numerals after the entries refer to the number of the grammar section in which the topic is discussed.

○ **A. Grammar (see summary in Grammar 25.2)**

☐ B. Pronunciation

CREDITS